ヒトラーの原爆開発を阻止せよ!

“冬の要塞”ヴェモルク重水工場破壊工作

The Winter Fortress:
The Epic Mission to Sabotage Hitler's Atomic Bomb

亜紀書房

勇敢なる者たちに捧ぐ

CONTENTS

第四部

第五部

「自由のためには自分で戦わなくちゃならない。
平和のためにはね。毎日戦って守っていくんだ。
それはガラスの舟のように壊れやすいものだから。
すぐになくしてしまうものだから」

ガンナーサイド隊長ヨアキム・ルンネバルグ

ヒトラーの原爆開発を阻止せよ!

〝冬の要塞〟ヴェモルク重水工場破壊工作

プロローグ

一九四三年二月二七日、ナチ占領下のノルウェー。

山肌をジグザグに刻みながら九人の工作員がスキーを駆《か》っている。おぼろげな月の光より自分たちの勘が頼りだ。若者たちは松の木立を縫うように滑り、雪溜まりや窪みであばたになった雪原を抜けていく。イギリス陸軍の制服のうえに白の雪用迷彩《カモフラージュ》服をまとったその姿は、さながら森をさまようお化けのようだ。幽霊みたいに静かに動き、夜のしじまを破るのは、スキーが雪面をこする音と、たまにストックが見えない枝を打つ音だけ。それさえも、ヴェストフィヨルド谷を抜ける生暖かな風がこもらせる。この風がいずれスキーの跡をもかき消してくれるといいのだが。

拠点の小屋から一キロほど来たところで、木々はさらに鬱蒼となり、勾配もきつくなった。この先は歩いていくほかない。ノルウェーの若者たちはスキーをはずすとひょいと肩にかついだ。きついのはここからだ。重さ一六キロの装備を詰めたザックを背負い、短機関銃と手榴弾、拳銃、爆薬、ナイフで武装した一行は、重たく湿った雪に足を踏み入れ、滑っては這い、這っては滑りながら降りていく。たまに装備の重みで雪にずぼりと腰まで埋まる。あいにく低い雲が月を隠し、闇がいっそう深まった。

と、ついに森がひらけ、一本の道に出た。この道はヴェストフィヨルド谷の北側を通り、西はムース湖に、東は数キロ先にあるリューカンの町に続いている。そして真南に見えるのは、モーナ川の峡谷を隔てて立つ「ヴェモルク（ノルウェー語の正確な発音では「ヴェーモルク」）」——ここが標的だ。

峡谷をはさんでかなりの距離があり、耳もとで風が悲鳴をあげるも、この水力発電所の低い機械音はここまで響いてくる。谷に張り出た岩棚に、発電所とその前面に立つ八階建ての水素工場が鎮座し、一八〇メートル真下には渓谷を縫うようにモーナ川が流れている。谷は深く、昼間でも底にはめったに日が射さない。

仮にヒトラーがノルウェーに侵攻しなければ、そしてこの施設がドイツの手に落ちなければ、眼前のヴェモルクはいまも灯台のごとく照り輝いていたはずだ。ところがいまや連合軍の夜間空襲を警戒し、どの窓も灯火管制により真っ暗だ。谷をまたいで三カ所にケーブルが張ってあるのも、昼間の低空飛行による襲撃の意をくじくためだ。

凍てつく断崖にそそり立つその漆黒のシルエットは、まさに荘厳な要塞だった。工場の職員や車が出入りできるのは単線の吊り橋一本のみで、ここは厳重に警備されている。周辺の斜面一帯には地雷が埋められ、敷地内を警備兵が頻繁に巡回する。サーチライトに警報、機関銃巣が置かれ、兵営はいつでも出動態勢にある。

ここに、これから侵入するのだ。

道路脇に立ち、その目でヴェモルクを拝んだ男たちは、その姿に呆けたように見入った。守りがいかに固いかは白昼の下で見ずともわかっている。これまで何枚もの偵察写真に目を通し、大量の情報を熟読し、青写真を頭に叩き込み、爆薬を仕掛ける手順を模型で何十回も練習してきた。いまでは全員が工場内のあらゆる通路や廊下や階段を脳裡でたどることができる。

この工場の爆破を試みるのは、じつは彼らが初めてではなかった。すでに多くの兵士が目的を果たせぬまま命を落としている。折しも戦火はヨーロッパ、ロシア、北アフリカ、太平洋へと広がり、戦車や爆撃機が大隊を成し、潜水艦や駆逐艦が艦隊を連ね、何千何百万もの兵士が進軍し、世界をまたにかけて両陣営が戦うなか、ノルウェーの山奥にひっそりと立つこの工場こそが、勝敗を僅差で分かつ鍵になると連合国の指導者らは踏んでいた。

ただし、くだんの九人はといえば、ヴェモルクについての微細な知識をもちながらも、この標的にはたしてそれほどの価値があるのかといまだ半信半疑でいた。この工場で「重水」とやらがつくられ、その謎めいた物質をナチスが使えば、ひょっとして「ロンドンをあらかた吹き飛ばせる」とは聞いている。とはいえおそらくは、自分たちにはっぱをかけ死力を尽くさせるための大げさな物言いだろうと思っていた。

どのみち皆全力でやっている。どんな犠牲も覚悟のうえだ。たとえ自分の命だろうと。生きて帰れる望みが薄いのは、端《はな》から承知している。もし侵入に成功し、任務をまっとうできたとしても、そこから脱出できるかはまた別の話だ。いざとなったら戦って出口を確保するまでだが、逃げきれる見込みはどうせわずかに違いない。おのおの生きて捕るまいと覚悟を決めて、ゴムのカプセルにはいった青酸カリの錠剤を軍服の襟やウエストバンドに忍ばせている。

作戦に対する不安や緊張は拭えないが、運を天にまかせるという思いのほうが強かった。何カ月ものあいだ、彼らは故郷を離れて訓練を積み、計画を練り、周到に準備してきた。ともあれ、ついに行動のときが来たのだ。たとえ自分たちが死んだとしても、ほかの作戦に加わった多くの仲間同様、「彼方に散った《ゴー・ウェスト》」としても、そのときはそのときだ。とにもかくにも戦うチャンスはあったのだから。このまま戦争が続いたならば、遅かれ早かれおおかたの人間は死ぬだろう。

　そのころイギリスでは、この作戦の「黒幕」であるライフ・トロンスターが報告を待っていた。任務に向かうべく出立する奇襲隊《コマンド》員たちに、トロンスターはこう約束した。君たちの功績は、今後一〇〇年にわたって人びとに記憶されるだろう、と。それでも彼らの誰ひとり、ここにいるのを歴史に残るためだとは思っていない。本音を言えば、重水の、いやロンドンのためですらない。彼らは目の前で祖国をドイツに侵略された。友を殺され蔑《さげす》まれ、家族を飢えにさらされ、自分たちの権利を力ずくで奪われたのだ。自分たちがいまここにいるのはノルウェーのため、この大地を、人びとを、ナチスの手から救うためだ。

　そのときが来つつある。再びスキーをはくと、若者たちは道をくだり、闇のなかに姿を消した。

第一部

第一章　特別な水

　一九四〇年二月一四日、洒落た身なりの中年銀行家ジャック・アリエは、パリのラ・ペルーズ通りにあるホテル・マジェスティックのドアをあけ、急ぎ足でなかにはいった。エトワール凱旋門にほど近いこの由緒あるホテルは、一九一九年にヴェルサイユ講和条約の交渉をになった外交官から、その後の一〇年にパリに殺到し、この「光の都」を世に広めた芸術家まで、ありとあらゆる客を歓迎してきた。ところがいまやフランス全土がドイツによる侵攻に身構え、手始めはベルギーへの進軍かと神経をとがらせ、大量の避難者でパリがもぬけの殻となりつつあるこの時期に、またしてもホテルで交わされる会話はもっぱら戦争がらみのものになった。ロビーを闊歩するアリエも、じつは銀行関連の用事ではなく、フランス軍秘密情報部「第二局」の諜報員としてここにいる。待っていたのは、フランス軍需相ラウル・ドートリーと物理学者フレデリック・ジョリオ＝キュリー。この三人の密談は異色の戦闘手段にまつわるものだった。

　ジョリオ＝キュリーは妻イレーヌとともに、安定した元素を人工的に放射性元素に変えられることを発見し、夫婦揃ってノーベル賞を受賞した。その科学者が、自分はいま、原子のもつエネルギーを利用するための装置を開発しているところだと切りだした。おそらく潜水艦の動力源として使えそうだが、ひょっとすると史上類のない爆弾がつくれるかもしれない。それにはぜひともアリエの助けが必要だという。じつのところジョリオ＝キュリーは数カ月前に同じ台詞《せりふ》でドートリーを口説いていたのだが、この日はさらに説得力があった。彼いわく、ごく普通のキッチンテーブルに閉じ込められたエネルギーを解放するだけで、世界を火の玉に変えられるというのだ。それを聞いたアリエは、自分に手伝えることがあれば何でもすると約束した。

ジョリオ＝キュリーの話によれば、実験には「重水」と呼ばれる特殊な材料が必要で、この物質を商業生産する会社は世界でただひとつ、ノルウェーのノシュク・ヒドロ（正確には「ヒュドロ」）社だという。アリエは、この会社の筆頭株主であるパリ・オランダ銀行の役員を務めており、したがって同社がヴェモルクに所有する工場の在庫を何であれ大至急、秘密裏に入手するにはうってつけの人物だった。すでにフランスの首相エドゥアール・ダラディエも、この任務を正式に承認しているという。

ただし、ひとつ問題がある、とアリエが言った。ほんのひと月ほど前に、ノシュク・ヒドロ社の顧問弁護士を務めるビャルネ・エリクセンが、パリのオフィスに自分を訪ねてきたという。エリクセンの話によれば、ドイツもまたヴェモルクの生産物に関心を寄せているらしい。すでに数件の発注を出しており、さらにおそらく近い将来、二トンもの重水が必要になると言ってきた。その要求量があまりに多いのに驚き、しかも重水を何に使うかは教えられないとの一点張りだったため、これまで会社は二五キログラム以下の注文にしか応じていないという。

アリエの報告を聞いたドートリーとジョリオ＝キュリーは青くなった。ということは、ドイツもやはり自分たちと同じ研究を進めているに違いない。こうなったら早急にアリエに動いてもらい、ドイツよりも先回りして重水の在庫を確保する必要がある。万が一ノルウェーからの搬出にてこずった場合は、アリエが故意に重水を汚染して実験に使えなくさせることで話がついた。

それから二週間後、アリエはパリ北駅の広い構内を横切り、アムステルダム行きの列車に乗り込んだ。今回の旅では、母親の旧姓「フレス」を名乗っている。ブリーフケースには二通の書類を忍ばせている。一通は、重水と引き換えに用意した一五〇〇万クローネの信用状。もう一通は、重水を極秘に運び出すのに必要なフランス人諜報員を調達する権限を、アリエに与えるというものだ。これで愛読するスパイ小説のヒーローさながら道具は揃った。あと足りないのは「付け髭《ひげ》」くらいか。

アムステルダムから飛行機でスウェーデンのマルメまで飛ぶと、そこから列車に乗ってストックホルムに着いた。ここで三人のフランス人諜報員と密談し、数日後にノルウェーの首都オスロで落ち合う手はずを整えた。三月四日の早朝、アリエは列車でオスロに向かい、オスロ東駅に降り立った。ところが現地のフランス公使館に立ち寄ると、早くも素性がバレたとわかった。ベルリンのドイツ軍情報部《アプヴェーア》からの通信を傍受したところ、「フレスという名で旅行中の不審なフランス人の男を見かけたら、いかなる犠牲を払ってでも身柄を拘束せよ」との内容だったのだ。

だが、これでひるむアリエではない。公使館を出ると最寄りの公衆電話に駆け寄り、さっそくノシュク・ヒドロ社に電話をかけた。それから一時間もたたないうちに、ノルウェー国王ホーコン七世の宮殿からほど近い、ソリ通り七番地にあるノシュク・ヒドロの本社にはいっていった。出迎えたアクセル・オーベール博士に、アリエは貴社が備蓄する重水をすべて買いとりたいと申し出た。博士が信用できる人物か確信がもてないため、重水の用途については触れずにおいた。

長らく社長の座にすわり、百戦錬磨の風格を漂わせたオーベールはきっぱり言った。自分は心情的にフランスの味方であり、これまでドイツに大量の重水をわたすことは断固拒否してきた。アリエが必要とするものは何なりと提供しよう。

翌日、アリエはオスロから一六〇キロ離れたヴェモルクに車で向かった。オーベールもあとを追った。ふたりの訪問はいっさい予告なしだった。

オスロ西方のテレマルク県に広がるハルダンゲル高原の荒涼とした台地では、何千年もの昔から豊潤な水が流れている。水はもっぱら高原から天然貯水湖のムース湖に大量に流れ込む。そこから、峻険なヴェストフィヨルド谷を抜けて走るモーナ川によって、三〇キロ近く離れたティン湖まで運ばれる。

この水の流れが変わったのは一九〇六年、急成長をみせる大手企業ノシュク・ヒドロがムース湖河口にダムを建設してからだ。以来、水の一部は岩盤を爆破してあけた地下トンネルに引き込まれ、トンネル内を五キロほどくだった先にある、ヴェモルク水力発電所へと運ばれる。この発電所で、水は一一本のスチール製の水圧管を通って二八〇メートル落下し、タービン発電機を回転させて、一四万五〇〇〇キロワットの電気を発生させる。ここは当時、世界最大の規模を誇る水力発電所となっていた。

そして、さらにその水のほんの一部、すなわち毎時約一六トンが、断崖の縁から一〇メートルほど離れて立つ、これまた世界最大の水素工場へと送られる。ここで、水は数万個ものスチール製の電解槽に注入される。発電所でつくられた電力の大半は、この工場内の電解槽を動かすために使われ、この槽内を流れる電流によって、水は水素原子二個と酸素原子一個に分解される。こうしてできた水素ガスと酸素ガスは、谷の麓《ふもと》にあるリューカンの化学工場に送られる。ここはいわゆる「企業城下町」で、住民七〇〇〇人の大半はノシュク・ヒドロ社で働いている。水素はおもに化学肥料の製造に使われ、この製品は当時、一大市場をなしていた。

かくして、ハルダンゲル高原からトンネルを通ってムース湖、次に水圧管路、そして電解槽を経てきた水の、さらにそのごく一部が、工場の地階にある特殊な電解槽に流れ込む。この水は濃縮に濃縮を重ねることで、ついには蛇口のしたたりのごとくぽたぽた落ちる水滴となる。この水はいまや比類なき稀少な品だ。これが重水である。

一九三一年にアメリカの化学者ハロルド・ユーリーはこの重水を発見し、のちにノーベル賞を受賞した。ほとんどの水素原子は陽子一個からなる原子核と、その周りをまわる電子一個でできている。ところがユーリーは、原子核にさらに中性子一個をふくむ、異なる形の水素原子（同位体と呼ばれる）があることを発見した。そして、この同位体の原子量（原子の陽子数と中性子数の合計）が一ではなく二であることから、これをデューテリウム（D）（「第二の」を意味するギリシャ語のdeuterosから）または重水素と名づけた。この同位体は、自然界ではごく微量にしか存在しない（全水素の〇・〇一五パーセント）。たとえば普通の水の場合、水素分子（H_2O）四一〇〇万個に対し、重水素分子（D_2O）はたったの一個しかふくまれない。

ユーリーの発見をもとに、さらに数人の科学者が、重水をつくる最善の方法は電気分解であることを突きとめた。電流を流した場合、重水は普通の水ほど簡単には分解されない。そのため水素ガスを取り出したあとの電解槽に残った水は、必然的に重水濃度が高くなる。ただし、重水を大量につくるとなると、膨大な資源が必要になる。ある科学者の計算によれば、たった一キログラムの重水をつくるために、「普通の水を年間五〇トンも処理する必要があり、そのためには毎時三二万キロワット（の電力）を消費するが、それでも得られる純度はせいぜい一〇パーセントほどである」。ごく少量のデューテリウムしか含有しない純度の低い重水をつくるのでさえも、大量の電気をくうのだ。

一九三三年、ノルウェーの名高い青年教授ライフ・トロンスターと、彼の大学時代の級友で、現在はヴェモルク水素工場の主任技師を務めるヨーマル・ブルンが、ノシュク・ヒドロ社に重水素の製造施設をつくってはどうかと提案した。この物質に将来どんな使い道があるかはまだよくわからなかったが、常日頃からトロンスターが学生たちに言うように「まずは技術が先、産業化や応用はそのあと！」というわけだ。ふたりにわかっていたのは、とにかく安価な電力と無尽蔵の水が手にはいるヴェモルクは、重水の生産にうってつけの場所だということだった。

トロンスターとブルンは工場のもつ生来の利点を生かした独創的な装置を考案した。初期のころに設計した装置は、六段階方式のものだ。まずは、たくさんの缶がピラミッド状に積まれた図を頭に浮かべてほしい。ピラミッドを逆さにすると、底は缶が一個だけになる。トロンスターとブルンの設計では、水をまず最上列の缶に注ぐ。実際は缶ではなく、一八二四個の電解槽が並んでいて、ここで水（電解質として苛性《かせい》カリ溶液を混ぜた）に電流が流される。すると、水の一部は分解して水素ガスと酸素ガスになり、これらのガスを取り除いたあとに残った水は、重水濃度が高くなる。その水が、さらにピラミッドの二列目の缶（五七〇個の電解槽）に流れ落ちる。そしてこのプロセスが、さらに電解槽の三列目（二二八個）、四列目（一一〇個）、五列目（三個）と繰り返される。この五列目が終わるまでに膨大な時間と電力が消費されるのだが、それでもまだ槽内の水にふくまれるデューテリウムは、たったの一〇パーセントだ。

そしてついに水はピラミッドの底の缶に流れ込む。この最終段階である六列目は「高濃縮段階」と呼ばれている。水素工場の地階にある、照明のまぶしい広々とした部屋にしつらえたこの装置は、実際は七個の特殊なスチール製電解槽がずらりと一列に並んだものだ。この特別な電解槽では、これまでの段階に倣ったカスケードモデルを採用し、槽ごとに重水が濃縮されるのだが、ただし前段階までは取り残していたガス化したデューテリウムを、ここでは生産工程に戻して再利用することができる。その結果、重水濃度は槽から槽へと移るあいだに急激に上昇する。そして高濃縮段階の最後となる七個目の電解槽まで来ると、ぽたぽた落ちる水滴は濃度九九・五パーセントの重水にまで純化される。

ヴェモルクの工場がこの方法を用いて本格的に生産を開始すると、世界じゅうの科学者が画期的進歩だとこぞって歓迎した。とはいえ、重水の用途がいまだ手探りの状態であるのに変わりはなかった。重水は摂氏〇度でなく四度で凍るので、せいぜい上等のスケートリンクをつくるしか用途がないと笑う者もいた。それでもノシュク・ヒドロ社の顧問を務め、この工場の管理をブルンに託したトロンスターは、重水のもつ可能性を信じていた。急速に発展する原子物理学の分野で利用でき、また化学や生物医学の研究にも貢献するはずだと熱を込めて語っていた。たしかに、ある研究ではごく少量の重水を与えたマウスの老化が遅れたことがわかった。また希釈液に浸した種子は成長が遅くなり、純粋な重水ではまったく成長しなかった。さらに重水は癌の治療に効くに違いないと考える者もいた。

一九三五年の一月に、工場は初めて重水を——一回につき一〇グラムから一〇〇グラムの単位で——出荷したが、事業はパッとしなかった。フランス、ノルウェー、イギリス、ドイツ、アメリカ、北欧、そして日本と、各国の研究施設から注文があるにはあったが、一回の注文はせいぜい数百グラムといったところだ。一九三六年に工場が販売用に生産したのはわずか四〇キログラム。それから二年後に販売量は八〇キログラムに増え、少量とはいえおよそ四万ドルの値がついた。そこで会社は業界紙に広告を載せてみたが無駄だった。どのみち、それほどの需要はなかったのだ。

一九三九年六月、ノシュク・ヒドロ社はこのささやかな副業について監査をおこない、見込みゼロと判断した。誰も重水を、少なくとも投資に値するほどの量では欲しがらない。会社はとうとうこの新規事業から撤退することにした。

ところがブルンが地下の照明を消して数カ月がたち、高濃縮室に眠る特殊な七個の電解槽にうっすら埃が積もりはじめたころ、なんと状況が一変した——折しも当時、原子物理学の世界で一大転機が訪れていたのである。

ここ何十年ものあいだ、科学者たちは古代ギリシャでこの宇宙を構成するものと考えられた「原子と真空」の謎を探り続けていた。かたや実験物理学者は暗室内でさまざまな元素に亜原子粒子を衝突させ、かたや理論物理学者は黒板上に鮮やかな推論をうち立てた。ピエールとマリーのキュリー夫妻、マックス・プランク、アルバート・アインシュタイン、エンリコ・フェルミ、ニールス・ボーアをはじめとする科学者たちが、エネルギーと可能性に充ち満ちた原子の世界の扉をあけた。

イギリスの物理学者アーネスト・ラザフォードは、ウランなどの重たい不安定な元素が自然分解した結果、アルゴンなどの、より軽い元素に変わることを発見した。その過程で放出される大量のエネルギーを計算したところ、ある問題にはたと気づいた。「適当な起爆剤が見つかれば……」ある日、ラザフォードは研究室の同僚に切りだした。「物質のなかで原子の崩壊が一気に進み、この世界を煙のごとく消し去ってしまうかもしれない……誰かが実験中にうっかりこの宇宙を吹っ飛ばしかねないぞ」

そしてついに一九三二年、その「適当な起爆剤」を、別のイギリスの科学者ジェームズ・チャドウィックが発見した。中性子である。中性子は質量をもつものの、正の電荷を帯びた陽子や負の電荷を帯びた電子とは違って電荷をもたず、そのため自由に動くことができる。したがって原子核のなかに送り込むにはうってつけの粒子なのだ。原子核に衝突した中性子は吸収される場合もあれば、陽子をはじき飛ばし、その元素を別のものに変える場合もある。ついに物理学者たちは、この世界の織地に手を加える術《すべ》を発見し、その力を駆使してさまざまな織糸を調べあげ、とうとう自らその手で織地をこしらえるまでになったのだ。

物理学者たちは、ラドンやベリリウムといった物質を中性子の発生源として用い、さまざまな元素に中性子を衝突させては元素の性質を変化させせようと試みた。さらにイタリアの科学者フェルミが先陣を切り、ある種の「減速材」に通すことで中性子の速度を遅らせると、その効果が高まることを発見した。当初、減速材としてはパラフィンワックスと普通の水が最適であると思われた。どちらも水素を多くふくんでおり、この水素原子が中性子（質量が同じ）と衝突すると、ビリヤードの球二個が衝突したときのように中性子のスピードが一部吸収されるからだ。ところがこの方法でウランに中性子をぶつけてみると、なんとも不思議なことが起きた。何より信じがたいことに、はるかに軽い元素が現れたのだ。

一九三八年一二月、ドイツのふたりの科学者――この分野の草分け的人物であるオットー・ハーンとその若き助手フリッツ・シュトラスマン――は、ウラン原子に衝突した中性子が、原子核を少しずつ削りとるか、もしくは原子核に吸収されるだけでなく、また別のことをするのも発見した。なんと中性子は原子をふたつに割ったのだ――つまり核分裂と呼ばれるプロセスである。一九三九年一月上旬には、この発見の知らせが広まり、原子物理学界は興奮に沸き立った。いったいなぜ、どのようにして、ウラン原子は分裂したのか？　そしてそれはどんな作用をもたらすのか？

デンマークの理論物理学者ニールス・ボーアの考察を手掛かりに、物理学者らはウランの原子核が水のいっぱい詰まった風船のような動きをすることに気がついた。陽子や中性子がたくさん詰まっているため、風船の「表面」は薄くのびて広がり、そこに中性子が衝突して吸収されると、ふたつの球体が細いくびれでつながるダンベルのような形になる。そして表面にかかる圧力がついに限界に達すると、くびれ部分がプツンと切れて、ちぎれたふたつの球体——もっと軽いふたつの原子——がものすごい勢いではじけ飛ぶ。その力は、それまで核を結びつけていたエネルギー（結合エネルギー）と同量である。すぐに研究者たちはひとつの数字をはじき出した。それは二億電子ボルト——これはひと粒の砂を跳びはねさせる程度のものだ。たしかにちっぽけな量かもしれないが、それでもたった一グラムのウランにおおよそ二・五セクスティリオン（$2・5\times10^{21}$）個の原子がふくまれていると考えれば、とてつもない量のエネルギーの放出が予想される。ある物理学者の計算によれば、一立方メートルのウラン鉱石は、一立方キロメートルの水を二七キロメートルの上空にまで飛ばすエネルギーをもつという。

　原子に秘められた力は、さらに明らかになっていく。科学者たちは、ウランの原子核が分裂するときに二、三個の中性子が高速で外に飛び出し、それが起爆剤の役目を果たすことを発見した。すなわち一個の原子から飛び出た二個の中性子が、さらに別の原子二個に衝突して分裂を引き起こす。そして、この二個の原子から出た中性子が今度は四個の原子を分裂させる。さらにその四個が八個、八個が一六個と次々に分裂が生じていく。こうしてますます多くの中性子が高速で放出され、ねずみ算式に原子を分裂させることで、科学者は「連鎖反応」と呼ばれるものを誘発し、それにより膨大なエネルギーを生み出すことができるのだ。

　だがいうまでもなく、すぐにある問いが浮かんだ。それはいったい何の役に立つというのか。

このエネルギーを工場や家庭向けの電力供給に使えるのではないかと考える者もいた。さらに爆薬として使えるのではないかと興味をもち、またそのことを恐れる者もいた。ハーンの発見を聞いて一週間とたたないうちに、アメリカの物理学者であるJ・ロバート・オッペンハイマーは自室の黒板に原子爆弾のおおまかな設計図を走り書きした。

合衆国に移り住んだフェルミは、この先に起こることを思って背筋を凍らせた。コロンビア大学のオフィスの窓から外を眺めると、ここニューヨークの歩道は学生たちであふれ、道路には車がひしめき合っている。オフィスの同僚に振り向いたフェルミは、両手をのばしサッカーボールを抱えるようなしぐさをすると、ラザフォードの言葉を思い出し、神妙な顔でつぶやいた。「このくらいの小さな爆弾があれば……」と、窓の外にまた目をやり、「何もかも消え去ってしまうのだ」と。一九三九年の夏の終わりまでにナチス・ドイツがみせた強硬な態度を慮《おもんぱか》れば、戦争の危機が迫るいま、もしつくれるものならそんな爆弾を世界は必要とするかもしれない。そしてそれを手に入れるための計画が、両陣営で慌ただしく練られていくこととなった。

オーストリアを併合しチェコスロヴァキアを占領することで、アドルフ・ヒトラーはそれまで戦わずして自らの目的をかなえてきたが、ついに一九三九年九月一日の午前四時四五分、ドイツ陸軍第一〇三砲兵連隊が最初の「鉄の挨拶」をポーランドにお見舞いした。戦車が大挙して国境を越え、上空を爆撃機が東方に飛び立った。ドイツ軍による電撃戦が始まり、ヒトラーは爆弾には爆弾をとの誓いを立てた。

これに対し英仏は宣戦布告で応じた。九月三日、当時まだ海軍大臣だったウィンストン・チャーチルは、下院議場で立ちあがりこう訴えた。「これはダンツィヒ（ヴェルサイユ条約によってドイツから分離され、国際連盟の保護下に置かれていたが、一九三九年ドイツがその併合を迫りポーランドに侵攻。第二次大戦の直接の原因になった）のために戦うべきか、ポーランドのために戦うべきかといった問題ではない。われわれはナチスの独裁国家という悪疫から全世界を救うために戦うのだ。人類にとってきわめて神聖なあらゆるものを守るために」

それから二週間とたたない九月一六日、ドイツの科学者クルト・ディープナーは、ベルリンのハルデンベルク通り一〇番地にある陸軍兵器局研究部本部のオフィスに腰を据え、数日前に招集したドイツの物理学者八人の到着を待っていた。招集者リストの作成をまかされた若い科学者は、「爆弾の件だ」との説明を受けていた。

三四歳のディープナーは忠実なナチ党員で、その額の生え際同様、控えめで遠慮がちな印象を与える。小柄で痩せた体にやけにぴっちりした服を着て、少年のような丸眼鏡がしょっちゅう鼻の先のほうにずり落ちている。会議の席ではたどたどしい口調で心許なげに話をする。だがその外見や話しぶりとは裏腹に、じつは野心家でやる気に満ちた男だった。

産業都市ナウムブルク郊外で労働者階級の家に生まれたディープナーは、持ち前の賢さと勤勉さで大学進学を果たした。最初はインスブルック大学、その後はハレ大学で物理学を学んだ。大学では外食を楽しみ服の仕立てに気を使う裕福な学生もいたが、ディープナーの暮らしぶりは質素そのものだった。物理学の実験的研究に惹かれ、実験室で脇目も振らずに研究に勤しみ、ゆくゆくは大学教師の職に就きたいと考えていた――むろん、それに伴う収入や名声にも惹かれてのことだったが。ハレ大学の学生当時、出世階段の大事な一歩となる誉れ高きフェンシング・クラブに入会し、試合《デュエル》では顔にいくつか切り傷の勲章も頂戴した。

ディープナーは一九三一年に原子物理学で博士号を取得した。そして一九三四年、ヒトラーがドイツ総統になった同じ年に陸軍兵器局研究部にはいり、成形爆薬を開発する仕事をまかされた。だがそれよりも原子物理学を研究する部門の設立を許可してほしいと数年かけて上司に掛け合ったが、そんな研究など何の役にも立たない「たわごと」だと一蹴された。ところが一九三九年、この分野で急激な進歩があり、原子物理学は「たわごと」どころの話ではないとわかり、晴れてディープナーはチームの立ちあげを命じられたのだ。

九月半ばのその日、ハルデンベルク通りに着いたドイツ科学界の精鋭たちは、誰もがスーツケースを持ち、これからどこに送られるのかと不安気な顔をしていた。ところが出迎えたのがディープナーだとわかると、全員が彼の手をとり嬉々として握手した。何はともあれ前線には行かずにすんだのだ。会議室に集められると、英米仏が核分裂の研究を進めているというドイツの諜報員からの情報が伝えられた。その件ならこの場にいる全員がとっくに知っている。国際的な学術誌にぞくぞくと掲載される論文を誰もが読んでいたし、なかには自ら寄稿する者もいた。とはいえ宣戦布告がなされたいま、科学の野外劇場についにカーテンが引かれることになった。ここに集まってもらった理由は、原子のエネルギーを実際に兵器開発もしくは動力源に利用できるか判断してもらうためである、とディープナーが一同に伝えた。

部屋には一名、早くも前者の目的にひと役買った者がいた。ハンブルク大学の物理化学者パウル・ハルテックは、この四月に核物理学の新たな展開を告げる手紙を帝国戦争省に送っていた。そのなかで彼は自らの予想をこう綴っていた。「ひょっとしたら現在使用されているものとは桁違いの威力をもつ爆薬をつくることができるかもしれません……（この爆薬を）最初に使用した国は、他国に対し覆ることのない優位な立場にたてるでしょう」。この優位な立場を手にするために、ここに集まった者たちがぜひとも尽力すべきだとハルテックは考えた。

それとは反対にオットー・ハーンは、自らの発見が殺人兵器の開発につながるかもしれないと知って震えおののいた。そこで、なんとか開発の意欲をそごうと、爆薬をつくるにしろ、動力用装置を設計するにしろ、技術的に難しい問題が多々あることを指摘した。

最近の研究からハーンには、最も分裂を起こしやすいのは稀少な同位体のウラン２３５（質量数２３５：陽子数92、中性子数１４３）だとわかっていた。もっと豊富に存在するウラン２３８（陽子数92、中性子数１４６）は原子核に衝突した中性子を吸収しやすく、そのため連鎖反応が起きにくい。しかも、分裂した原子から急速に飛び出す中性子のスピードを適切に減速しないかぎり、ウラン２３５であろうと分裂する可能性は低い。さらに、天然ウランにふくまれるウラン２３５とウラン２３８の割合は七対一〇〇〇で、このふたつの同位体を分離する方法もいまのところ存在しない。そしてウラン２３５にとって効果的な減速材を見つけることも必要になるだろう。ハーンいわく、ほかにも未知の課題があるかもしれず、こうした一切合切を考慮すると、目下の戦争に原子のエネルギーを利用しようとしても無駄骨に終わるに違いない。

討論は数時間におよんだが、とうとう科学者たちはひとつの結論に達した。「ほんのわずかでも見込みがあるのなら、やはりやるしかないだろう」

それから一〇日後の九月二六日、ディープナーは再度、自身の「ウラン・クラブ」の会議を招集した。今回はヴェルナー・ハイゼンベルクも出席した。ヒトラーの台頭により、アルバート・アインシュタインをはじめユダヤ人物理学者がぞくぞくと国外に脱出したため、ハイゼンベルクはいまやドイツの理論物理学界のリーダー的存在となっていた。しかし、ディープナーは当初、彼をメンバーに入れることを拒んでいた。欲しいのは理論家ではなく実験家だ。しかもハイゼンベルクは以前にディープナーの学術研究を「素人くさい」と言い捨てたのだ。それでもディープナーは、自分の選んだメンバーたちから考え直すよう説得された。ハイゼンベルクは三一歳の若さでノーベル賞を受賞しており、彼ほど聡明な人物をはずすなど到底考えられないことだった。

ヴェルナー・ハイゼンベルクはノーベル賞を受賞したドイツの物理学者
Norges Hjemmefrontmuseum

だがほどなく彼をウラン・クラブにいれたのは正解だとわかった。会議が終わるころにはクラブの役割分担と方向性が決まっていた。ハルテックをはじめ一部の科学者は、天然ウランから充分な量のウラン235を抽出する方法を探ることにした。またハイゼンベルクをふくめたほかの科学者は、原爆の製造および発電というふたつの目的を兼ねて、連鎖反応理論の解明に取り組むことにした。そして残った者は、最適な減速材についての研究をおこなうこととなった。

ハイゼンベルクはこの理論の解明を軽々とやってのけた。一〇月後半には、早くも二本の画期的な論文の執筆に着手した。同位体のウラン235を分離し、充分な量を球状に圧縮すれば、急速に放出する中性子がただちに連鎖反応を引き起こし、「いま現在ある最強の爆薬より10の数乗倍も規模の大きい」爆発を生じさせるだろう。ハイゼンベルクは、同位体を分離することが「爆薬をつくるための唯一の手段」だが、分離には課題が無数にあると断言した。それでも、ウランと減速材を使ってつねに一定量のエネルギーを生み出す「装置《マシン》」をつくることは可能である。この装置が臨界に達すれば、連鎖反応の速度は安定し、一定の割合で持続するだろう。だがそれでもウラン235の量が問題になる。この稀少な核分裂性同位体の充分量を確保するには、膨大な量の天然ウランを、より純度の高い形で――すなわち酸化ウランとして――入手する必要がある。

減速材に関していえば、ハイゼンベルクは普通の水を選択肢から除外した。普通の水の場合、水素原子は中性子の速度を鈍らせウラン235の分裂を促進させるものの、中性子をかなりの割合で吸収してしまうからだ。結局、候補として残ったのは、すでに減速材として知られているふたつの物質だった。ひとつは炭素の結晶形である黒鉛、もうひとつは重水だ。黒鉛では炭素原子が、重水ではデューテリウムが減速材の働きをする。どちらも中性子の速度を充分に遅くするとともに、吸収される中性子の数を最小限に抑える効果がある。

充分な量のウランと効果的な減速材が手にはいったならば、あとはただ、この装置の最も効率的なサイズ（ウランと減速材の量）、配置の仕方（混合するか層に分けるか）、形状（円筒状か球状か）を計算するだけだとハイゼンベルクは結論した。当初得られた数値から、一トン以上のウランと最適な減速材を層に分けて球状に詰めたものがおそらく最善であると推測された。サイズは大きくなるだろうが、首尾よく機能するだろう。

ディープナーが必要とした方向性をハイゼンベルクが提示し、さらにこのノーベル賞受賞者の名声は、科学者たちにこの方針を納得させるのにひと役買った。ウラン２３５を分離するための研究は引きつづきおこなうが、もっぱら力を注ぐのはウラン装置《マシン》の開発と決まった。これが成功したあかつきには、原子物理学の重要性、そしてその有用性を証明できる。爆弾をつくるのはそれからだ。

ウラン・クラブでの手腕を認められ、ディープナーはベルリンのカイザー・ヴィルヘルム物理学研究所の所長に任命された。これは抜きん出た名声を誇る組織で、国内で最も進んだ研究所である。さらに科学顧問としてハイゼンベルクが理事に任命されたが、それには物理学者として無名同然のディープナーがこの権威ある機関を仕切ることに気色ばむ者を牽制する意図があった。

年の瀬までにディープナーは、ウラン装置の理論を練りあげ、最初の小規模な実験装置の設計に取り組む、ドイツ各地の数十人の科学者たちをその監督下に置いた。そして実験室の設備の手配と、酸化ウランをはじめ重要な材料の調達がいよいよ進められていった。

さらなる研究が待たれるものの、科学者たちの計算によれば、現時点では重水が最善の減速材だと考えられた。したがってウラン・クラブには、この稀少な液体を滞りなく継続的に供給することが必要になるだろう。ところが、あいにく世界で唯一の重水供給元であるノシュク・ヒドロ社のヴェモルク工場があるのは、はるか遠くノルウェーの辺鄙《へんぴ》な谷ときている。しかもこの国は戦時に中立的立場をとっており、取引相手としてあてにならない。それに、この工場はつい最近の一九三九年一一月にやっと重水の生産を再開したばかりで、ひと月一〇キログラムそこそこしか供給できない。ディープナーはドイツ国内に大規模な重水工場を建設することも考えたが、おそらく何千万マルクもの費用がかかり、しかも一トンの重水を生産するのに一〇万トンもの石炭が必要になるだろう。だがいずれにせよ何らかの手をうつ前に、まずは重水が有効な減速材であることを確かめる必要があると、ディープナーもハイゼンベルクも意見の一致をみた。この実験をおこなうには、重水が二五キログラムあれば足りるはずだ。陸軍兵器局の関与を隠すため、ディープナーはノシュク・ヒドロ社の株を二五パーセント所有するドイツの複合企業《コングロマリット》IGファルベンの担当者に頼んで、かわりに重水を注文させることにした。

一九四〇年の一月には、ウラン・クラブ内で重水をもっと自分たちにまわしてほしいと訴える物理学者が増えてきた。そのためノシュク・ヒドロに今後は注文を増やすとの連絡がいき、ゆくゆくは月あたり一〇〇キログラムを毎月供給してほしいとの要求が伝えられた。これほど大量の注文をする理由を同社から訊かれても、IGファルベンの担当者はだんまりを貫いた。重水を使った実験は、すでに高度軍事機密SH－２００に指定されていたのだ。

ところが、ほどなくノルウェー側もジャック・アリエを通じてその目的を知ることとなる――重水はおそらく原子爆弾の開発に使うのだ。

一九四〇年三月五日、ヴェモルクを訪ねたアリエは、自身をパリ・オランダ銀行の役員だと名乗った。ノシュク・ヒドロ社長のアクセル・オーベールはさっそく工場の主任技師ヨーマル・ブルンを呼んで相談した。売れ残った在庫があるほか、すでに生産も再開したため、工場には現在全部で一八五キログラムの備蓄がある。それをすべてオスロまでトラックでひそかに運び出さねばならない。オーベールからそう聞かされたブルンは理由を尋ねた。その年の初めにも、生産を五倍、すなわち、ひと月五〇キログラムまで増量できないかとオーベールから内々に打診され、そのときも理由を尋ねた。だが前回と同じく今度もまた、オーベールはいっさい答えようとせず、さらにこの特別注文のことは決して他言しないようにと釘を刺した。

重水調達の段どりをつけ、さらにスーツケースにぴったりおさまるステンレス製ボトル二六本の製作をリューカンの溶接工に頼むと、アリエはオーベールとともにオスロに戻った。残りの交渉をすませたのち、ノルウェーからボトルを秘密裏に運び出す手はずをつけなくてはならない。オーベールは重水をフランスに無償で提供すると申し出ただけでなく、今後製造する重水についてもフランスの注文を最優先にしようとまで言ってくれた。この寛大な申し出に――そしてこの社長の辣腕ぶりにも――つくづく感嘆したアリエは、この重水はじつはフレデリック・ジョリオ＝キュリーと彼の研究チームが使うことになっているのだと打ち明けた。

三月九日、二台のトラックが凍って滑る急な坂道をくだっていた。一台目のトラックにはブルンが乗っている。オスロ市内の、どこにでもあるような一軒の家の前に着くと、荷台から二六本のボトルが降ろされ、アリエの手に託された。ここはフランス政府所有の家で、ほんの目と鼻の先にドイツ軍情報部の隠れ家《アジト》がある。とはいえ、いかにも見つかりやすい場所こそが、最善の隠し場所ということもある。

さて、次はこれをどうやって国外に運び出すかだ。オスロフィヨルドに潜水艦を呼び寄せて重水を受け渡す大仰な作戦もアリエの頭をよぎったが、今回はストックホルムで調達したスパイ三名の手を借りた、昔ながらの「おとり作戦」でいくとするか。そこで偽名をあれこれ使い、取扱店をあちこち介し、三月一二日の朝ほぼ同時刻にオスロのフォルネブ空港を出発する旅客機二機のチケットを予約した。一機はアムステルダム行き、もう一機はスコットランドのパース行きだ。不測の事態に備え、その日から二日連続で同じ便のチケットも購入しておいた。

三月一二日の明け方、ひどく寒い晴天の朝に、アリエと仲間の諜報員フェルナン・モスは、町の中心部から五キロ南にあるフォルネブ空港にタクシーで向かった。ビジネスマンの格好をしたふたりは、これからアムステルダムに行くところだと声高にアピールしながら、大きな重たいスーツケースを数個、空港のゲート係と荷物係に手わたした。それからすぐに、搭乗予定のドイツ・ユンカース社のJu52に向かって舗装路を歩きだした。隣には同型のパース行きの旅客機が並んで停まっている。

アムステルダム行きの飛行機に荷物が積まれたのを見届け、プロペラが回転しはじめると、ようやくふたりは機内に乗り込もうとした。と、その瞬間、一台のタクシーが猛スピードで舗装路に侵入してきた。乗っていたアリエの仲間ジャン・クナル＝ドゥマールは、アムステルダム行きの飛行機に乗り遅れそうだからタクシーに乗ったままここを通してくれ、とゲート係に泣きついた。それからユンカース機二機をはさんだ、空港ターミナルからは見えない死角の場所にタクシーを停めさせた。そしてトランクから数個のスーツケースを降ろしたが、そこには重水入りボトルが全部で一三本詰まっていた。スーツケースはスコットランド行き旅客機の貨物室に載せられた。この飛行機に、アムステルダム行きに乗るはずのアリエとモスもちゃっかり乗っている。クナル＝ドゥマールはタクシーの後部座席に隠れたままゲートを引き返した。

　それから数分後、アムステルダム行きの旅客機が滑走路を疾走し、天空に飛び立った。ノルウェーとデンマークをまたぐスカーゲラーク海峡の上空を南下していると、ドイツ空軍《ルフトヴァッフェ》の戦闘機二機が現れ、旅客機の両脇をはさみ込んだ。そして機長にこれから進路変更してハンブルクに向かうようにと命令した。旅客機がドイツに着くや、ドイツ軍情報部の捜査官らが貨物室にどっとなだれ込んできた。そしてスーツケースを片っ端から調べると、やけに重たいものが何個かある。あけるとそこにはいっていたのは……石ころがどっさり。

　いっぽうアリエとモスは、くだんの荷物ともどもスコットランドに到着した。その翌日、クナル＝ドゥマールが残りのボトル一三本を無事に運んできた。

　三月一八日までに二六本のボトルはすべてパリのコレージュ・ド・フランス（フランス文部省直轄の高等教育機関）に運ばれ、その古びた石造りのアーチ型地下室にしまわれた。重水をめぐる最初の戦いは勝利に終わった。とはいえ、すぐにもまた次の戦いの火ぶたが切られようとしていた。

第二章　教授

一九四〇年四月九日の未明、それは暗闇のなかトロンハイムをめざしフィヨルド内を二五ノットで進んでいた。スチール製の甲板に雪まじりの北風が吹きすさぶ。ドイツの重巡洋艦アドミラル・ヒッパーと、その後方を囲む四隻の駆逐艦が、かつてのヴァイキングの都を守る三つの要塞に近づくと乗組員全員が戦闘配置についた。

侵入してきた船団にノルウェーの巡視兵は身元を明らかにするよう信号を送った。アドミラル・ヒッパーの艦長は英語で返答をよこした。こちらは英軍艦リヴェンジ、イギリス政府から次の命を受けてここに来た。「トロンハイムに向かうように。ただし敵対的な意図はなし」。スポットライトで海面を照らした巡視兵はアドミラル・ヒッパーのサーチライトに目がくらんだ。と、いきなり艦船は最高速度にスピードをあげ、所在を知られまいと煙幕を張った。信号灯や警告砲が放たれ、夜空がパッと明るく輝いた。ノルウェーの要塞内では警報が鳴り響き、侵入してくる船団に向けて準備できしだい発砲せよとの指令がくだった。

一五分が過ぎた。港の砲台ではようやく弾薬を装塡し終えたものの、今度は電気式の発火装置が作動しない。不慣れなノルウェー兵らがようやく応戦態勢を整えたころには、すでにヒッパーは最初の要塞を猛スピードで突破していた。第二の要塞では警報を鳴らす役目のラッパ手が持ち場で居眠りをしていて、兵士たちが武器をとるのがさらに遅れた。あげく発砲したとたん、サーチライトが故障して攻撃目標を見失った。

午前四時二五分、小艦隊はトロンハイムの港に錨を下ろした。カッター船が歩兵中隊ふたつを軍艦から岸へと運びはじめる。街の誰もがまどろんでいるころ、ドイツ兵たちが港から無防備な通りにぞくぞくとはいっていく。ナチスによるノルウェー侵攻が始まったのだ。


トロンハイムの港から歩いて二〇分のノルウェー工科大学の講堂に、学生や教師、ひと握りの市民らが集まってきた。夜明け前に侵攻の知らせを聞きつけたライフ・トロンスターも、子どもたちがまだ眠っているうちに急いで大学に向かった。トロンスターをはじめ一同がかき集めた情報によれば、どうやらノルウェー全土が攻撃されているらしい。トロンハイムと並行してベルゲン、スタヴァンゲル、クリスチャンサン、さらにはナルヴィークも陥落したが、噂によればオスロはまだ持ちこたえているようだ。誰もが慌てふためき、これからどうすべきか口々に言い合った。集まったなかにクヌート・ハウケリという血気盛んな男がいた。たまたま友人を訪ねてこの町に来ていたのだが、男はありったけの武器をかき集めて皆で戦おうではないかと息巻いた。かたや慎重になるべきだと説く者もいた。わが国のような小国は軍備も充分とはいえず、ドイツと戦ってもまず勝ち目はない。

トロンスターが話しはじめると、一同の視線が彼に集まった。最年少で大学の正教授となった三七歳のトロンスターは、学生のあいだでも人気の教授だ。中背で青い目、すっと鼻筋の通った顔立ちに、淡いブロンドの髪をきっちり横分けにしている。

集まった人びとにトロンスターは次のように語りかけた。自分は陸軍兵器部隊の予備役将校を務め、戦争が勃発したらオスロに向かうよう指示を受けている。軍隊経験のある者はともに行動しようではないか。それ以外の者は、おのおのの良心に従って自らの行動を決めてほしい。それでも、この国があなたがたの力を必要としていることは、忘れないでもらいたい。そう言いおわると、トロンスターは一同に別れを告げた。

このような事態が来ることを、トロンスターは以前から危惧していた。いざ侵攻が始まれば、ノルウェーの「休眠政府」はろくな防衛策もとらず、この国を放っておくのではないか。七カ月前にヒトラーがポーランドに侵攻して以来、ノルウェーが先の大戦時のような中立的立場を維持できないのは火を見るより明らかだった。ヨーロッパ本土での連合国とナチスの戦いは膠《こう》着状態にあり、ノルウェーをはさんで数カ月、どちらが先にこの国を取り込むべく手をのばすか、両者とも相手の出方をうかがっていた。

この国に関心が集まるのには、もっともな理由がある。なにしろノルウェーの長い海岸線は、北海を支配すべく海軍基地を置くのに絶好の場所なのだ。そのあいだもノルウェー政府は、周到な外交こそ軍備増強の必要に勝るとたかをくくっていた。ほんの数日前にも、ノルウェー駐在ドイツ公使のクルト・ブロイアーが、二〇〇〇人を超えるノルウェーの政治家や軍関係者を招待して盛大なパーティーを開催した。宴もたけなわで照明が暗くなり、『砲火の洗礼』というタイトルの映画が上映された。リヒャルト・ワーグナーの音楽にのって爆撃機がワルシャワを壊滅させるあいだ、これは英仏と仲良くした報いであるとナレーターが説く。映画の最後にイギリスの地図が炎をあげて燃えあがり、ナチスの紋章の「鉤十字《ハーケンクロイツ》」が燦然と輝いた。

家路を急ぐトロンスターには、この街がまたたく間にドイツ軍に占領されたとわかった。ドイツ兵が通りを縦列で行進している。街じゅうの橋や重要拠点に機関銃巣や迫撃砲陣地が築かれ、ドイツ語で「抵抗するな」との警告が響きわたる。トロンスターは脇目も振らずに歩き、ようやく緑濃い郊外に立つ二階建てのわが家に着いた。そして妻のバッサに、このままトロンハイムにいては危険だと告げた。これから妻と子どもたちを一六〇キロ南のコングズヴォルにある観光客用の山小屋に連れていき、自分はその足でオスロに出て軍隊に加わろうと考えた。

夫婦はまだ眠っていた七歳の娘シッセルと二歳の息子ライフ・ジュニアを起こすと、急いで着替えを手伝い荷物をまとめた。一五分後、一家はドイツ製の高級車オペル・スーパー6に慌ただしく乗り込んだ。ニード川にかかる橋をわたって南に向かっていると、灰色の爆撃機が二機、上空を横切った。

1940年5月にオスロに乗り込んできたドイツ警察部隊 National Archives of Norway

「あの飛行機はなあに？」シッセルが尋ねた。

「ドイツの飛行機だよ」と父親は答えると、大慌てで家を出てきた理由《わけ》をいま初めて娘に話した。「この国にもとうとう戦争がやって来たんだ」

午後には、オップダールという小さな町に着いた。冬場はここが道の終点になる。この町で聞いた知らせは芳しいものではなかった。ようやく軍への召集がかかったものの、オスロを守るはずの「鉄の環」はただのつくり話だったとわかり、首都はあっけなくドイツに制圧された。一九〇五年に王位に就いたホーコン七世は、上背のある謹厳な人物だが、その国王もノルウェー政府ともどもすでに首都を出たという。ファシズム政党の「国民連合」を率いるヴィドクン・キスリングが、ラジオを通じて新政府樹立を宣言した。もはや首都に駆けつけたところで意味はない。そう悟ったトロンスターは、家族をコングスヴォルの山小屋まで送り届けると、翌朝、地元の軍隊にはいるために出立した。

侵攻の翌日、ようやく眠りから覚めたノルウェー政府が声をあげた。ドイツ公使ブロイアーはホーコン国王に要求を突きつけた。国王はこれを首相のヨハン・ニーゴールスヴォルとその内閣に知らせ、キスリングを受け入れることも降伏することも納得しかねるが、自分は立憲君主であるがゆえ決定権をもたないと述べた。とはいえ、政府が侵略者と和睦する選択をした場合、即座に王位を放棄するつもりだと宣言した。政府は国王の側につき、国王はラジオを通じて国民に呼びかけた。このノルウェーの国から侵略者を叩き出すまで戦って戦い抜くのだ。

国内各地でレジスタンスが組織されたが、英仏の援軍を得たノルウェーは、とりわけ二カ所に兵力を集中させた。ひとつは海軍の要塞ナルヴィーク。そしてもうひとつはオスロからトロンハイムまで長くのびるふたつの谷だ。この一帯をドイツに掌握されれば、首都から国土を南北に走る回廊が分断され、ノルウェーは心臓を奪われたも同然になる。

　ドイツ空軍の掩護のもとオスロから戦車大隊が北進してくるまさにこの地で、トロンスターは自ら戦いに加わった。その任務は、ドイツ軍がノルウェーの防衛戦を越えるのを阻止することだ。そこでコングズヴォルの山小屋を拠点に、敵の動きを報告する人間を集めて組織し、ドイツ輸送機の着陸を阻止すべく、凍結した周辺湖沼の残雪に深さ一メートルもの溝を何本も掘らせた。

ノルウェー国王ホーコン7世とトロンスター
Norges Hjemmefrontmuseum

　それから三週間、経験も兵力も乏しいノルウェー軍は、もっぱらイギリス軍に助けられ、ふたつの谷で熾烈な戦いを繰り広げたものの、トロンハイムまでじわじわと後退を余儀なくされた。四月も末になると、勝ち目はないと見たイギリス軍がついに撤退を始めた。五月一日、この一帯に降伏命令が伝わると、いつの日か再び戦うときのためにトロンスターは仲間と弾薬八一箱を山中に隠した。その日の午後、トロンスターが家族のもとを離れていたあいだに、丘陵を進軍してきた騎兵隊がついにコングズヴォルの山小屋までやってきた。

　土砂降りの雨のなか、泥にまみれた男たちが山小屋の正面階段をずかずかと昇ってきた。隊長は部下と馬を休ませたいから納屋を空けるようバッサに命じた。「納屋には雌牛がいるんです」バッサは流暢なドイツ語で答えた。「外に出したらミルクがとれなくなってしまいます」。母国語であっさり断られ、泡を食った隊長は、それなら山小屋のなかで兵士たちを寝かせてもらおうと詰め寄った。

「なら汚れを落としたからにしてくださいな」バッサが答えた。

部隊の去りぎわにバッサの前に立った隊長は、「この近辺で何か起きようものなら、即刻おまえは銃殺だぞ」と脅しをかけた。

山小屋に戻ったトロンスターは、家族を集めて急遽トロンハイムに引き返した。ナルヴィークではまだ戦闘が続いていたが、それもまもなく終わった。国王ホーコン七世と政府高官は船でイギリスに脱出した。これからはドイツがノルウェーを支配するのだ。ドイツの到来により、トロンスターは大切にしていたあらゆるものを踏みにじられ、ドイツの占領により、ゼロから築いたその人生を奪われることになる。


ライフ・トロンスターの父親ハンス・ラーセンは、トロンスターが生まれる三カ月前に心臓発作で亡くなった。母親のヨセフィーネは四人の息子を育てるため、小さな売店《キオスク》を切り盛りし、さらに近隣のオスロ郊外で裕福な家がひらく晩餐会のメイドとしても働いた。少年時代のライフは、勉強しているか陸上トラックにいるか働いているかのどれかだった。中等学校を卒業し、電力会社で二年ほど働いたのち、化学を学ぼうとクリスティアニア技術学校に入学した。トロンスターが達成した国内記録を見るかぎり、陸上競技にもかなり熱を入れていたに違いない。工場で働き、スポーツに励みながらも、記録に残る最高点で卒業した。そして一九二四年、兵役を務め、ある程度の蓄えもできたころ、ノルウェー工科大学に進学した。

トロンハイムに来て、ようやく科学だけに没頭できるようになると、トロンスターはめきめきと頭角を現した。当時は起きている時間のほとんどを勉学に費やした。「近ごろは毎日、死にもの狂いで勉強しています」と最初の年に母親に手紙を書いた。「お金を送っていただく必要はありません。つとめて質素につましく暮らしています。パンと安物のバターだけで」。そしてついに最優秀の成績で卒業し、国王ホーコン七世から表彰まで賜った。長年の母の苦労に敬意を表し、その旧姓を名乗っていたトロンスターは、いまでは新進気鋭の科学者になっていた。

そのあいだもずっと幼なじみの恋人エドラ――よちよち歩きのころからあだ名はバッサ（「小さくて丸々とした」の意味）――との交際を続けていた。ふたつ三つ年下の女の子で、首都から数キロ西にある、オスロフィヨルドを見わたすサンヴィーカの同じ丘でともに育った。学業のため故郷を離れていたあいだも、この「かわいい天使」そして「ぼくの美しい宝物」に恋文をしたためた。ある日のこと、こう誓った。「ぼくたちは永遠に一緒にいて、お日様の下で一番の幸せ者になろうね」。クリスマスには、「愛を胸に抱いたまま年老いるまで待つ」のは嫌だから、どうか結婚してくださいとプロポーズした。

一九二八年にめでたく結婚したふたりは、新婚生活をベルリンで送ることになった。ノルウェー工科大学から受けた三年間の博士助成の一環として、トロンスターはカイザー・ヴィルヘルム化学研究所の研究員として働くことになったのだ。語学の得意なバッサもまた夫の秘書兼翻訳者として働いた。夫婦ともこのとき初めてナチズムに触れることになる。街のあちこちにヒトラーのアップの写真が飾られ、ヴェルサイユ条約への復讐を誓う見出しが躍っていた。

　任期が終わると夫婦はトロンハイムに戻り、この地で再びトロンスターは研究を続け、原子化学について講義をし、鉄と鋼の酸化表面に関する研究が高く評価され博士号を取得した。その後、再び渡航し、今度はケンブリッジ大学の誉れ高きキャヴェンディッシュ研究所にて、さらに電子化学の研究に勤しみ、大学ではアーネスト・ラザフォードをはじめ一流どころの科学者たちと知り合った。

　一九三二年の夏、夫婦はノルウェーに戻ってきた。それからまもなくして、娘のシッセルが生まれた。日記にトロンスターはこう綴っている。「今日は素晴らしい日だ……ああ、この娘《こ》のなんてかわいらしいこと！」

　実験のみならず理論的研究の才にも恵まれたトロンスターは、自分には多くの道がひらかれていることに気がついた。学生時代から産業界と学究の道のどちらに進むべきかと迷っていた。前者は実入りがよく、一クローネでも節約する日々を送ったあとには魅力的だ。学究の道はそれよりはるかに収入は少ないが、教授職につければ食うには困らず、教鞭をとりながら純粋に科学を研究する恩恵に与《あずか》れる。迷った末に、バッサにこう言った。教授にはなりたいけれど、決めるのは君にまかせる。「お望みとあらば、君が欲しいだけお金を稼ぐことだってできるよ」。大学に戻ってかまいませんよ、とバッサは答えた。まもなくトロンスターはノルウェー工科大学の正教授になり、次々に研究論文を発表し、化合物からいともたやすく火を噴かせては学生たちの度肝を抜いた。大学から歩いてすぐのところに瀟洒《しょうしゃ》な家を購入し、山小屋に行くための車も買った。山小屋では家族でスキーやハイキングを楽しんだ。娘にアイススケートも教えた。そして一九三七年の八月に、息子のライフ・ジュニアが誕生した。手押し車にのっけて庭をぐるぐるまわってやると、息子はいつも大はしゃぎした。

戦前のこの時期、トロンスターはノルウェーの企業数社の顧問も務めており、さまざまな物質の製造方法について助言していた。鋼鉄にゴム、窒素、アルミニウム、そしてノシュク・ヒドロ社の重水もそのひとつだった。

一九四〇年一一月一一日、ドイツによる侵攻から七カ月が過ぎたころ、トロンスターはヨーマル・ブルンに頼まれてヴェモルクを訪れた。細い体つきで、優しげな卵型の顔に丸眼鏡の似合うこの元同級生は、水素工場を改良するのに手を貸してほしいと言ってきた。だが本当のところ、ドイツがやけに重水に興味をもっているのはなぜか、そのことにどう対処すべきか旧友の知恵を借りたいと思ったのだ。

リューカンが陥落してすぐにやってきたドイツの将軍から、ブルンは工場の生産量――そしてベルリンへの搬出量――を急ピッチで増やすよう命じられていた。ただし、重水を何に使うつもりかはいっさい教えてもらえなかった。ブルンはすでに高濃縮用の電解槽を七個から九個に増やしていた。二日がかりで工場を視察したトロンスターは、さびを防ぎアンペア数を上げるためニッケルめっきを施した陽極を採用するなど数々の対策を提案した。これらの対策も講じれば、工場がドイツに供給できる量は一日一・五キログラムに増えるだろう。これで生産量は五倍になる。

工場での用件をすませ、ふたりだけになったトロンスターとブルンは、こんなに大量の重水をなぜドイツが必要としているのか侃々諤々《かんかんがくがく》の議論をした。科学誌の愛読家であるトロンスターは、核分裂研究という新たな分野において、この物質が減速材として関心を持たれていることはすでに知っていた。また自分でも、一九三五年にヴェモルクにおいてアーネスト・ラザフォードと共同で三重水素《トリチウム》（水素のさらに稀少な同位体）をつくることも試みていた。そのときはあいにく失敗に終わったのだが、膨大なエネルギーの放出が予想される核分裂反応を得るために、トリチウムとデューテリウムが利用できるとするラザフォードの理論を、トロンスターはよく理解していた。それでも、大規模な軍事目的に重水が利用できるとの考えは否定した。トロンスターもブルンも、ドイツがデューテリウムを欲しがるのは毒ガスのたぐいをつくるためではないかと推測したが、どのみち実を結ばないだろうと考えた。とはいえ、どんな理由にせよナチスが重水に関心を持っているとなれば、こちらも目を離すわけにはいかないとトロンスターは肝に銘じた。

ブルンは今後も工場にとどまり、増産のための改善措置をふくめ、現職を維持するうえで必要なことは何でもすべきだとふたりの意見は一致した。新たな動きに関する情報をつねにつかんでおくには、それしか方法がない。結局、何か重要な動きがあればブルンがトロンスターに知らせることで話が決まった。

リューカンを訪ねたのちにトロンハイムに戻ったトロンスターは、ノルウェー工科大学で再び教鞭をとり研究を続けた。だがその並外れたエネルギーはもっぱら地下のレジスタンス活動に向けられ、なかでもドイツの占領に抵抗する大学生のいくつかのグループと緊密に協力し合った。学生のなかには非合法の新聞を発行する者もいれば、さらに上のレベルで活動し、海外の情報収集をおこなうイギリスの秘密情報部（ＳＩＳ）と連係をとる者までいた。通称「スカイラークＢ」作戦のもと、こうした学生たちは、暗号化した伝言を人里離れた山奥から無線でロンドンに送り、部隊の移動や海軍の動向について報告していた。

「郵便配達人《メイルマン》」のコードネームで呼ばれるトロンスターは、彼らを技術面で支えるほか、自ら集めた情報も提供していた。産業界の人脈を駆使し、ノルウェーの企業について、またこれらの企業がドイツにいかに協力しているかといった情報を収集した。ノシュク・ヒドロ社のほかにも目をつけている企業は多くある。このレジスタンス活動は、いつ網の目がほつれるかわからない危ういものだったが、それでもトロンスターは新たな糸をひたすら紡ぎ続けた。

一九四一年三月にブルンから、ドイツ当局が今度は科学者を連れて再びヴェモルクに来たとの報告がはいった。彼らは今回、高濃縮段階の前に九段階のカスケードを組むよう求めてきた――そのためには数千個の電解槽を追加しなくてはならない。ドイツは年間一五〇〇キログラムの重水を要求し、「工場を首尾よく稼働させる責任」をブルンに課した。それからまもなく、化学専攻の学生でスカイラークＢのメンバーであるアルフ・ルーケンがトロンスターに接触してきた。ヴェモルクの重水に関するありとあらゆる情報をＳＩＳが欲しがっているのだという。トロンスターは自分の知っているかぎりのことを話し、その情報は無線でロンドンに送られた。

その夏、トロンスター一家は山小屋で数週間を過ごした。ドイツによる占領以降も、トロンスターは妻と子どもたちのためにできるかぎり普段通りに暮らそうと心がけた。とはいえ神経の休まるときはなかった。トロンハイム近郊でスカイラークBの無線機が秘密国家警察《ゲシュタポ》に見つかり、その使用にからんだひとりの学生が拷問を受けた。学生の自白によりさらに数人が逮捕され、そのなかにルーケンもいた。スカイラークBのほかのメンバーは逃走した。ちょうど同じころ、ブルンが緊急の知らせを携えトロンハイムまでやってきた。ドイツがここにきて重水の生産を年間五〇〇〇キログラムまで増やすよう要求し、さらにトロンスターがケンブリッジ時代に知り合ったパウル・ハルテックが、この新たな目標の達成を手伝うべく近々工場にやって来るという。この情報は重要で、すぐにもイギリスに伝えるべきだと察したが、あいにくスカイラークBは瀕死の状態にある。そこでトロンスターはかわりに運び屋を見つけてきた――その男は翌週、船でスコットランドに脱出する計画を立てている。トロンスターは、毎月の生産量をはじめヴェモルクに関する詳細な情報を男に託した。運び屋はタバコの紙にその情報を書き留めた。

ゲシュタポはトロンハイムの抵抗組織を解体寸前まで追い込んでいた。九月九日の朝、ひとりの学生がスカイラークの無線機を安全に保管するための知恵を借りにトロンスターを訪ねてきた。その日の午後、学生は逮捕された。さらにその一週間後、今度はトロンスターの運び屋が埠頭の先端で取り押さえられた。幸いにも連行される直前に、男はタバコの紙を飲み込んでいたのだが。九月二〇日には、すでに逮捕されていたスカイラークのメンバーが、拷問に屈して自分が自白してしまうことを恐れ、ゲシュタポ刑務所の窓格子から仲間にメモを手わたした。「メイルマンは消えるべし」

逃げることになるかもしれない、とトロンスターはバッサに伝え、その二日後、さらに逮捕者が出たと知ると、すぐに妻に切りだした。その日はふたりの一三回目の結婚記念日だった。「ここを出なくちゃならない」。急いでスーツケースに荷物を詰めると、一家は鉄道駅に向かった。午後七時一五分発のオスロ行きの列車が停まっている。まずバッサと子どもたちが先に乗った。トロンスターは、ホームでゲシュタポが待ち伏せしてはいまいかと左右に目を走らせた。無事に列車に乗り込むと、一家は寝台つき個室に落ち着き、トロンスターはこれから戦時にずっとつけることになる黒表紙の小ぶりの日記帳に初めてペンを走らせた。「家族、わが家、世俗の財産……ノルウェーのためにどれもひとまず脇に置いておかねばなるまい」

翌朝の一〇時一五分にオスロに着くと、列車を乗り換えサンヴィーカで降りた。それから丘を上がり、トロンスターの母親が働いていた小さな店の前を通り過ぎた。さらに登っていくと、バッサが子どものころに住んでいた家に着いた。もし誰かに訊かれたら夫はリューカンにいると答えるよう、トロンスターは妻に言いふくめた。それからふたりはしっかりと抱き合った。「ぼくはなんにも怖くないからね」トロンスターがバッサに言った。「それが私には怖いんですよ」妻が答えた。

フィヨルドを見晴らす家の外で、トロンスターは子どもたちの前に膝をついた。「弟の面倒をよくみておくれ」九歳のシッセルに声をかけた。それから四歳のライフの顔をじっと見た。「お父さんがいないあいだ、お母さんの言うことをよくきくんだよ」。父親はふたりに何かお土産をもって帰ろうと約束した。シッセルが頼んだのは腕時計、ライフは電動のゴーカートだ。「ふたりとも仲良くするんだよ」そう言うと、胸にこみ上げるものを抑えきれず、父親は足早にその場を去った。丘をくだっていると、幼いライフが大声で叫んでいるのが聞こえた。「どこいくのお？」

振り返ったトロンスターが答えた。「ノートッデンだよ」

「じゃあ、はやくしなきゃ」ライフは丘の麓のサンヴィーカ駅にちょうどはいってきた列車を指さした。トロンスターは駆け出したが、本当はその列車には乗るつもりはない。ホームでしばらく待ってから反対方向に向かう列車に乗っていくのだ。

オスロに着いて偽の身分証を受けとったトロンスターは、翌朝、借りた自転車で三〇キロ北のサンドウンゲンに向かった。義理の兄弟がそこで林業をしている。伐採用の木に印をつけてその日一日を過ごしながら、戦争が終わるまで「仙人」のごとくこの森にひっそり隠れて暮らそうかと思案した。だがそうはいかないと頭《かぶり》を振る。その晩、バッサに手紙を書いた。どういうわけかトロンハイムを出た夜の日付になっているその手紙には、ドイツに協力する連中が「特別待遇」を受けて、自分が誹謗中傷にさらされるような大学に残ることなど断じてできない、と書かれていた。さらに手紙はこう続く。自分はいまスウェーデンにいるが、「不誠実もしくは非合法」なことはこれまで何ひとつしておらず、今後するつもりもない。この手紙は、妻が万一ゲシュタポに捕まって尋問された場合、無実の証拠として使えるようにとしたためたものだった。

一夜明けた九月二六日の朝、レジスタンスのメンバーふたりがトラックで迎えにきた。三人は一六〇キロ離れた中立国のスウェーデンをめざして車を走らせた。国境まで歩いて一時間の場所に来ると、車を降りて森のなかを歩きはじめた。午後五時には国境を越えてスウェーデンにはいり、その数時間後にトロンスターはスウェーデン軍の駐屯地で拘束されたが、地下組織とのあいだですでに話はついていた。兵士たちはステーキにビール、コーヒーをふるまってくれた。

それからひと月がたち、イギリスにわたるめどがついた。トロンスターは祖国を解放するためにイギリスの地で戦い続けたいと望んでいた。ストックホルムで査証印が押されたパスポートは「片道のみ有効」となっている。輸送機に改造された爆撃機に乗り込むと、酸素マスクを口にあて高高度（地上七、八〇〇〇メートルから一万メートルくらいまでの高さ）で北海を越えた。暗闇のなかを七時間、向かい風に抗い飛び続けた飛行機は、とうとうスコットランドの地に降りた。

一〇月二一日、トロンスターはロンドンのキングズ・クロス駅に着いた。イギリス秘密情報部（SIS）のはからいで、ウェストミンスターの中心部にあるセント・アーミンズ・ホテルに彼の部屋がとってある。ここはSIS本部からほんの目と鼻の先にある。学生時代から勝手知ったるロンドンの町は、いまでは戦闘地帯と化していた。通りを兵士がひしめき合い、ドイツ軍の爆撃機から町を守るおびただしい数の灰色の防空気球で空が黒ずんでいる。

ストックホルムにいたあいだに新聞で電撃戦の記事は読んでいた。その前年の九月七日を皮切りに、ヒトラーはこの国の戦闘意欲をくじくべく、ロンドンの中心部に爆撃機団を送り込んだ。焼夷弾による炎が屋根という屋根を舐め尽くし、爆弾が家や建物を切り裂いた。何千何万もの人びとが空襲で命を落とし、それよりはるかに多くの人が負傷し、家を失った。だがその惨状は、新聞で読むのと実際にその目で見るのとでは大違いだ。一九四一年の五月には空襲もだいぶ鎮まってはいたが、それでもまだ通りには爆撃で破壊された建物の瓦礫が散乱し、すれ違う人びとは暗く沈んだ顔に、どこか腹をくくった表情を浮かべている。

ようやく寝床についたものの、巡回するイギリスの戦闘機がいまも頭上で轟音をあげている。旅の疲れからか、この喧騒のなかトロンスターはあっという間に眠りについた。

セント・アーミンズは馬蹄の形をしたヴィクトリア朝時代のホテルで、秘密の会合にはもってこいの場所だ。豪華なロビーは人びとでごった返し、そこかしこに人目につかない一角がある。ロンドンに来て最初の日曜日、トロンスターはSISのノルウェー課チーフであるエリック・ウェルシュ少佐と向き合ってすわっていた。ウェルシュはスカイラークBの指揮をとり、トロンスターのロンドンへの渡航をお膳立てした人物である。

この諜報員《スパイ》は背が低く小太りで、満月のごとく見事に禿げあがった頭をしている。身なりはだらしなく、ひっきりなしにタバコをふかし、シャツの胸辺りが灰で汚れている。どう見ても英雄《ヒーロー》には見えないのだが、それでも先の大戦では掃海艇に乗り組み勲功を立てた。そして海軍情報部の将校となり、科学者やその研究内容をおもに調査したのち、SISに移動になった。妻はノルウェー人で、作曲家エドヴァルド・グリーグの親戚にあたる。ノルウェー語がわかるため、ノルウェーの塗装会社に職を得たが、この会社はこの国の多くの製造業者を顧客としていた。すぐにわかったのだが、ウェルシュはヨーマル・ブルンやヴェモルクのこともよく知っていた。高濃縮室の床に用いる防食性の特殊タイルを販売したのは、なんとこの男だったのだ。

ウェルシュはあらゆることをよく知っていたが、大半の情報は、「グリフィン（ワシの頭と翼、ライオンの胴体をもち、黄金の宝を守るとされるギリシャ神話の怪獣）」のコードネームで呼ばれる、ドイツ国内の連絡員から入手したものだ。それはパウル・ロスバウトというオーストリア出身の科学者で、ドイツで科学書を専門に出すシュプリンガー出版の顧問を務め、その関係でハーンやハイゼンベルクをはじめドイツの一流の物理学者と親しくしていた。ロスバウトはナチスの原爆計画について早い時期に報告書を提出していたが、この計画が陸軍兵器局の傘下にはいってからは情報入手に遅れが出ていた。ウェルシュはまた、イギリス国内での原爆開発計画に関する内部情報にも通じていた。これは当初、MAUD（ウラン爆発の軍事応用）委員会と呼ばれたが、のちにチューブ・アロイズ委員会と呼ばれるようになった。

ウェルシュはとりとめなく話し、言い間違えも多く、トロンスターに明かしたささいな情報ですら理解しづらいものだった。とはいえ、どのみちウェルシュがここにいるのは自身の秘密を明かすためではなく、この新顔の使い道を探るためだ。かたやトロンスターは初めから腹を割って話をした。ヴェモルクは現在、ドイツのために一日四キログラムの重水を生産している。今後、生産量はさらに増えるだろう。ふたりは午前を通して話し合ったが、話題は重水だけにとどまらなかった。ある情報筋からトロンスターは、ドイツがノルウェーの酸化ウランを確保したと聞いていた。またトロンスターは、オスロやベルリン、ケンブリッジ、ストックホルムにいる元教え子や同僚ともつながっており、今後も彼らから情報を入手できるだろう。トロンスターはウェルシュから、戦争遂行に協力すべく専門知識を貸してはもらえないかと打診された。今後の方針はまだ何も決まっていないものの、ぜひとも手伝わせてほしいとトロンスターははっきり伝えた。

はたしてトロンスターはレジスタンス活動にいっそう深くかかわるようになっていった。ある日は、ロンドンに脱出してきたスカイラークのメンバーと会い、またある日は「わらぶき屋根の家《サッチド・ハウス》クラブ」に顔を出した。これはいわゆる会員制の紳士クラブで、イギリスの秘密機関のメンバーたちの巣窟である。ノルウェーに展開するコマンド作戦をまかされた工作員たちと、ここでハトやカキ料理の晩餐をともにした。その翌日は、トラファルガー広場の先にある亡命政府の拠点「ノルウェー・ハウス」で過ごし、政府高官たちに紹介された――日記には「名のある方々《セレブリティーズ》」と冷ややかに記している。次に面会したのは抵抗組織ミロルグ（正確には「ミーロルグ」）のリーダーたち。トロンハイムにいたあいだ、トロンスターはこの組織の傘下にあるグループに属していた。彼らは亡命政府の国防省に正式に加われるよう働きかけていた。それから、ノルウェー情報機関のEオフィス、その後は国防大臣との面会、さらには皇太子への謁見が待っている。そうこうするあいだも、何をすれば一番この国のためになるのかをトロンスターは探り続けていた。

ロンドンに来て最初の六週間にたびたび呼ばれたのは、チューブ・アロイズにかかわるイギリスの科学者たちとの会合だった。どれもウェルシュを介して誘われたもので、ウェルシュはトロンスターを、「貴殿が興味をもっておられるであろう事柄に精通した」人物だと喧伝していた。なかにはケンブリッジ時代から知っている科学者もいれば、新たに知り合った科学者もいた。デューテリウムを発見したハロルド・ユーリーにも紹介された。ユーリーはアメリカ独自の原爆計画のためにロンドンでの情報収集をまかされていた。ドイツが重水を必要としている理由について、このときようやくトロンターは腑に落ちた。やはり原子の研究に使うのだ。おそらくは爆弾をつくるために。いまだ不明なことはただ一点、この原爆製造レースでドイツはどこまで歩を進めているのか。

この数週間に、ヴェモルクの生産をいかに阻止するかを話し合う作戦会議にも何度か参加した。トロンスターもよく知っている化学者で、いまではチューブ・アロイズを率いるウォレス・エイカーズは、工場を空爆するというイギリス空軍省の作戦を検討する場にトロンスターを呼んだ。ほかにも「クレヴォヤント（千里眼）」と呼ばれる作戦もあり、これはヴェモルクをふくめノルウェー南部にある六つの水力発電所を、六チームに分かれた工作隊が同時に攻撃するというものだ。だがトロンスターはどちらの作戦にも異を唱えた。ヴェモルクは夜間空襲の標的には適さないし、後者はあまりにも無謀な作戦だ。かわりにトロンスターが提案したのは、ノルウェー人部隊による奇襲攻撃もしくは内部からの破壊工作だった。

自分の意見がどんな形で採用されるのか、いやそもそも採用されるのかすらおぼつかないが――たしかに自分は外部の人間に違いない――こうした会議でこれといって得るものもなく、またヴェモルクについて早急に何かしら手をうつべきだとのイギリス側の危機感も薄れているように思えた。スコットランドで六週間にわたるノルウェー陸軍の訓練に参加してきたトロンスターは、一二月の終わりが近づいても、自国を解放する戦いに自分がどうかかわればいいのかいまだ模索していた。トロンスターには戦争遂行に役立つ科学的研究に専念してほしいと望む声が多かったが、当の本人は戦いの場に戻りたかった。ある晩遅く、日記にこう綴っている。「自分もノルウェーの大義のため前線で戦う者たちの傍らにいたいのだ」

第三章　ボンゾー

一九四一年一二月二日の夜明け前、外で吠える犬の声でクヌート・ハウケリは目を覚ました。部屋の空気はひやりと冷たく、ロンドンから八〇キロ南西の広大な森林地ストーダム・パークを見わたす窓も霜で白く覆われている。ハウケリは真新しいイギリス軍の制服にそそくさと袖を通した。糊のきいた襟がごわごわする。まあ軍支給のブーツほどには堅くないが。

外に出ると、ざっと二五人ほどのノルウェー人がいた。祖国のために戦うことを目的とした奇襲部隊《コマンド》の訓練に自ら志願してきた者たちだ。あらゆる階層や職業に属し、金持ちもいれば貧乏人も、そしてその中間もいて、大都市や小さな町、あるいは辺鄙《へんぴ》な田舎から出てきた者もいる。なかには一度も銃を手にしたことのない者もおり、かたや射撃の名手もいる。やっと一八になったばかりの少年もいるが、ほとんどは二〇歳代だ。年長者もわずかにいたが、それでも皆三〇代で、ハウケリもそのひとりだ。それぞれ戦争が始まる前は学生や漁師、警察官、銀行員、工場労働者といった面々だったが、この世界で自分の居場所を探してきた流浪者もいて、ハウケリもまたそのひとりだった。

第一印象だと、ハウケリはどこにでもいるごく普通の人間だ。双子の妹のシグリはハリウッド映画のスターで「フィヨルドの海の精《セイレン》」と呼ばれたが、ハウケリはべつだんハンサムな男ではない。金髪で青い目、体格は普通でやや猫背。身長も一七八センチとごく平均だ。それでも、しわくちゃの笑顔から一転して精悍《せいかん》な顔つきに変わるところなど、その風貌には何かしら人の記憶に残るものがある。

アイルランド人の白髪混じりの特務曹長は、アメリカの西部劇のスターにちなんで「トム・ミックス」と呼ばれているが、彼にとってはハウケリもそのほか誰もが皆一緒だ。どんな手を使ってでもいいから、とにかく人を殺し、標的を破壊し、生き延びる術を教えこむべき相手である。曹長が教えるルールはただひとつ、「敵に少しのチャンスも与えるな」。これはハウケリにはありがたかった。子どものころからルールというものにつねに神経を逆撫でされてきたからだ。

朝の六時。新兵たちの一日は、ミックスが「足の焼き入れ」と好んで呼ぶメニューから始まる。広大な敷地をかなりのスピードで行進する、というものだ。一時間もやれば、新兵たちの足は鍛えられるというよりマメだらけになる。それから短時間で朝食をかき込むと、武器についての講習が始まる。「これはおまえたちの友だ」ミックスは指にかけた拳銃をくるりとまわす。「おまえたちが頼れる唯一の友。ちゃんと扱えばよく面倒を見てくれるぞ」。それから新兵たちを木立のなかに連れ出すと、立ち方――両膝を曲げて、両手で拳銃の持ち手を握る――そして撃ち方を伝授する。続けざまに二発撃ち、敵を確実に倒すのだ。状況が許すかぎり「低い位置を狙え。腹に一発お見舞いすれば、ドイツ兵は一二時間のたうちまわって死ぬだろうよ」。ハウケリは子どものころから狩りをしていたが、これはまたずいぶんと違うやり方だった。

射撃の訓練を二時間したあとは、さらに二時間をジムで費やす。前転そして後転。高い台から飛び降り、くるりと前転して直立姿勢をとる。サンドバッグを拳で叩く。そしてお次はレスリング。素手で敵を倒し、武器を取りあげる方法を習う。腰に長ナイフをぶら下げたミックスは、訓練の合間に、自分が第一次大戦で戦ったときの武勇伝や、極東に駐留していたときの話を披露する。ほかの教官たちも似たりよったりで、口を揃えて言うには「ドイツ人をごまんと殺したぜ。つま先立ちしてやっと死体の山を見わたせたものさ」

短い休憩のあとは通信の訓練だ。一同はモールス信号の送受信の仕方を教わった。続いて昼食が終わると二時間かけて初歩の爆破の授業を受ける。「爆薬を扱っているときは絶対にタバコは吸うな」というミックスは、火のついたタバコをくわえている。ルールは破るためにあるという大事な教訓をここでも教わる。授業では丸太を吹き飛ばし、岩を空高く放りあげる。まだ耳鳴りの残る新兵たちはオリエンテーリングの授業に移り、地図とコンパスを手に敷地内をまわり、さらには野戦の技術、標的にこっそり近づく方法、森を抜けるルートの見つけ方を教わる。午後の五時から八時までは自由にくつろぎ夕食をとれるが、またぞろ夜の訓練がスタートする。そしてさらなる武器、さらなる爆薬、さらなる素手での戦闘の訓練が今度は暗闇のなかで続くのだ。

連日このスケジュールが繰り返され、訓練のたびにハウケリのブーツや襟は柔《ソフト》らかに、自身は屈強《ハード》になっていった。のっけからそこそこ馴染んでいたハウケリは、さらに水を得た魚のようになった。ときおり部屋に呼ばれて士官や精神科医から質問を受けた。訓練は大変か？　きつくはないか？　やめたいと思わないか？　この手の訓練はまず誰にでも向いているものではない、と彼らは言う。だがハウケリには向いていた。二発を瞬時に続けて撃つのが条件反射になり、紙製の人型標的を狙うとみるみる急所に当たるようになった。手榴弾を投げるタイミングの計り方がわかり（ミックスいわく「爆発するころにはここからロンドンまで行けるぞ」）、ためらわずに投げられるようになった。至近距離での戦いやナイフの使い方もうまくなった。爆破の腕を磨き、一〇秒の導火線でも慌てず騒がず点火できるようになった。

それから三週間がたったころ、ここまでは――ここまでのすべてが――訓練のほんの準備段階だったと告げられた。指導教官はハウケリについてこう報告している。「冷静で抜け目のないタイプ、窮地にあっても立派に仕事をこなせるに違いない……恐れを知らない男だ」。ハウケリは野戦技術、武器、爆薬、読図で「優」の評価をもらった。ただし通信の成績はただの「良」だったが。

一二月二〇日、日本が真珠湾に奇襲攻撃を仕掛け、母国アメリカが参戦して一三日後、ハウケリはさらなる訓練を受けにスコットランド行きの列車に乗り込んだ。彼にはやるべきことがあった。息子がイギリスに向けて発つ前に、その母親がゲシュタポに放った言葉のとおりに。

一九〇五年、スウェーデンとの連合を解消したノルウェー新政府は、立憲君主国を設立することを選択した。以後は選挙で民主的に選ばれた議会が最高権威となり、国王は儀礼的な国家元首となる。ノルウェー王家の血をひくデンマークのカール王子が国王の最善の候補とされたが、王子は国民投票で賛同を得た場合にのみ、この役目をになうと宣言した。そして正式に選出され、国王ホーコン七世として王位に就いた。

その同じ年に、ビョルグルフ・ハウケリはアメリカ合衆国に移り住んだ。腰を落ち着けたのはブルックリンのフラットブッシュ。その父親がいつか息子に継いでほしいと願っていた、リューカンから八〇キロ西のハウケリセーテルにある、ハイカーやクロスカントリー・スキーヤー向けの山小屋からは、これまたずいぶんと離れた場所だ。ニューヨークで地下鉄建設が本格的に始まったおかげで、土木技師には仕事がたっぷりあった。ビョルグルフは、オスロから移住してきた看護師のシグリ・グーリエと結婚し、一九一一年五月一七日――ノルウェーの憲法記念日――に双子のクヌートとシグリが生まれた。妹よりもクヌートのそばにいたのは小さなテディ・ベアで、いつも両手でしっかり抱いて離さなかった。クマの名前はボンゾーといった。

その翌年の四月、一家は汽船に乗って母国ノルウェーに帰ってきた。両親は故郷が恋しくなったのと、子どもたちをノルウェー人として育てたいと考えたからだ。近年の好景気からみて、帰郷するにはいまが絶好のタイミングだった。

船が大西洋をわたっているとき、イギリスの豪華客船タイタニック号から遭難信号が送られてきた。ハウケリ一家を乗せた船も急いで進路を変えて生存者の救出に向かったが、あまりに遠く離れていたため、現場に到着したときは時すでに遅かった。

帰郷した父親はオスロで土木工事の会社を立ちあげ成功し、子どもたちを育てるための家も買った。幼いころからクヌートはやんちゃ坊主だった。もともと読字障害があって、落ち着きがなく、学校が大の苦手。一日じゅう硬い椅子にすわって先生の退屈な話を聞くのはクヌートにとって拷問だった。少しばかりどもる癖もあり、皆の前で話しなさいと言われるとますますもって緊張する。そこでいたずらをやらかしては一日を切り抜けた。あるときは教室の真ん中で蛇を放し、ほかにも諸々の理由から、しょっちゅう教室の外に出された。クヌートは戸外にいるほうが好きだったが、街なかでは外で思いきり遊ぶ機会もめったにない。おまけに母親は息子が汚れるのを嫌がって、庭で遊ぶときも上部に穴をあけた袋を頭からすっぽりかぶせるのだ。家にはルールや制限が山ほどあった。双子の妹は絵描きになってパリに住むのを夢見たが、彼女もまた両親に反発していた。

クヌートが自由に動きまわれる唯一の場所は、ハウケリセーテルにある山小屋だった。週末や夏休みになると、テレマルク県の山や湖で祖父のクヌート・シニアと一緒にスキーや釣り、キャンプや狩りを楽しんだ。祖父が語ってくれる、ノルウェーの地に暮らし、この地を守ってくれるという妖精《トロル》の物語をクヌートは信じていた。こうした生き物がいると思うと、大好きな森がますます不思議で魅力的なものに見えてくるのだ。

つねに冒険を求めてやまないハウケリは、一八歳になるかならないかで合衆国へと旅立った。ちょうど同じころ妹もパリに発った。ハウケリはマサチューセッツ州立大学に入学したが、結局卒業はせず、ジョン・スタインベックやアーネスト・ヘミングウェイに心酔し、自分も旅に出ることにした。中西部まで来ると農場で働き口を見つけた。農場での仕事も、広々とした平原も気に入ったが、いかんせん農家の清教徒的な風習には閉口した。夕食のときも農家の主人が唱える長たらしいお祈りが終わるまで、えんえんとおあずけをくらうのだ。ある晩のこと、ハウケリは自分にお祈りをさせてほしいと頼んでみた。それからノルウェーの短い歌――神様とはさっぱり関係ない――をチャッチャと歌うと、数週間ぶりの食事みたいに皿に顔を埋めてがつがつ食べた。

それから数年がたち、ハウケリは再びノルウェーに戻ってきた。父親がオスロで最大の銀行に高給の職を見つけてくれたのだが、ハウケリはそれを断った。カネならもっと稼げるさ。マスを釣ればいい。父親にそう言うと、さっさと出かけていった。それから数カ月、釣りに勤しんだが、またもやじっとしていられずに、今度はベルリンに旅立った。そして向こうで工学の勉強をはじめ、ドイツ語を習い、ようやく自分の将来のことを考えはじめた。折しも一九三六年、ベルリンではオリンピックが開催され、ヒトラーによるプロパガンダ目的のパレードをハウケリもその目で見た。ある晩、下劣な言葉を吐きまくる酔っぱらいのナチ党員とひと揉めし、一発殴ってのしてやった。

とうとうハウケリはまたオスロに戻ってきた。双子の妹はというと、パリでアメリカの映画プロデューサー、サミュエル・ゴールドウィンの目にとまり、ゲイリー・クーパーの相手役に抜擢され、映画主演が決まっていた。いっぽうハウケリは、いいかげん自分の職業や人生について真面目に考えてくれとの父親の懇願についに屈することになる。そして父親の会社で働き、合衆国から工学機器を輸入し、ボーディルという名の若い娘に恋をした。彼女は、野外での数々の冒険で痛めた背中を手当てしてくれた理学療法士だった。

一九四〇年四月の初め、ハウケリはナルヴィークで桟橋の工事を終え、数日休みをとってタラ釣りを楽しんだあとトロンハイムに立ち寄った。そのとき、ナチスが侵攻してきたのだ。ノルウェー工科大学に行き、教授のトロンスターが自身の立場を明確にするよう説くのを聞いたハウケリは、さっそく数人の学生とともに貨物列車を乗っ取り、一路首都へと向かった。ところがオスロまであと半分というところで、線路が封鎖されたとわかる。そこで列車を乗り捨て、バスでそこから最も近い陸軍の動員拠点のあるリレハンメル郊外に向かった。だが着いてみると、そこにはハウケリたちに支給できる武器はないという。この拠点で、ナチスがオスロを掌握したことを知った。それを聞いたハウケリの連れの多くが悲しみ、涙を流した。その後、ドイツが国王に退位を迫り、政府に辞職を要求しているとの情報がはいった。ホーコン七世がこれを拒否したために、ドイツ空軍の爆撃機が森に隠れた国王を殺害しようと狙っているという。国王の暗殺に向かう爆撃機を見かけたと思ったハウケリは、自分の指導者は誰か、そして自分の役目は何かにようやく気づき、初めて自分も涙した。

ついにハウケリはドイツ軍と戦っている連隊を探しあてた。指揮をとる大佐はクラッグ・ライフル一挺と三〇発分の弾薬を手わたすと、ハウケリを戦闘に送り込んだ。それから三週間、軍隊経験など皆無にもかかわらずハウケリは戦った。ハウケリの大隊は山道でドイツ軍の戦車列を待ち伏せし、火炎瓶や単装砲で敵を一掃したが、成功したのはその一回きりで、あとは次々と反撃をくらい、じりじりと押し戻された。

連隊がやむなく降伏すると、今度はオスロとトロンハイムをつなぐふたつの谷でいまなお続く戦闘に加わるべく向かったが、同郷の兵士たちはすでに退却したあとだった。そこでいったん首都に出て、両親が住むヒルケヴァイエン七四番地の広々としたアパートに向かった。父親は留守だったが、母親が息子を出迎えた。自分の持ち物がまだ置いたままの寝室にはいると、ハウケリはドアを閉めた。「何してるのかい？」母親がはいってきた。

「探しものさ」ハウケリが答えた。

「おまえは外に出て戦ってくるんだよ」母親がぴしゃりと言った。

　言われなくてもそのつもりだよ。ハウケリはクローゼットからブーツとスキーを引っぱりだした。実際これを取りに戻っただけさ。これから親友のスヴァッレ・ミッツスカウと連れ立って北に向かい、戦略上の要《かなめ》となる港湾都市ナルヴィークに行くつもりだった。ところが道中で吐き気をもよおし、吐いたものに血が混じった。ようやく胃の具合がおさまったころには、すでにナルヴィークでの戦闘も終わっていた。降伏を余儀なくされたノルウェー軍の最高司令官は、ドイツの収容所に送られる前にノルウェーの全国民に訴えた。いつか来たる戦いのために「忠誠を守り、そして準備せよ」

戦前のクヌート・ハウケリは、ちょっとばかり「流浪者」だった
Private Collection, Haukelid Family

　司令官の言葉を胸におさめたハウケリは、ひとまずドイツの占領者からできるだけ離れようと、ボーディルとともに山にはいった。そしてその夏は釣りをして、来たるべき戦いをしのげるだけの金をたくわえた。その後、ミッツスカウがオスロにいて自分に会いたがっているとの知らせを受け、ハウケリは首都に出た。親友はじつはイギリスにわたり無線の訓練を受けたのち、同国の潜水艦に乗

ってノルウェーに戻ってきたのだという。一緒に戻った仲間はトロンハイムでスカイラークＢを立ちあげるべく北に向かい、ミッツスカウはオスロ地区でスカイラークＡの設立をまかされた。それでハウケリを助っ人に呼んだというわけだ。

それから数カ月、ふたりはオスロ郊外の森のなか、小屋を転々としながら無線信号をイギリスに送り続けたが、返信は来なかった。また市中のネットワークを通じて、首都を占拠するドイツ高官らの情報を収集した。ヒトラーにかわって独裁政治を遂行する国家弁務官ヨーゼフ・テアボーフェン、ドイツの軍隊を監督するニコラウス・ファルケンホルスト将軍、そして治安部隊を指揮するナチス親衛隊（ＳＳ）中佐ハインリヒ・フェーリスといった面々だ。それでもロンドンといっこうに連絡がつかないことから、ミッツスカウは自分たちが入手した情報を伝え、新たな無線機を調達する目的で、釣り船に乗って再度イギリスにわたった。ところが、パラシュートでノルウェーに戻ってきた際に、せっかく持ち帰った無線機が修復不能なほどに壊れてしまった。それでもめげずにふたりは活動を続け、キスリングの誘拐までも企てた。ハウケリとその友は危険を物ともしない肝のすわった男たちだが、いかんせん素人の悲しさで、何をやってもうまくいったためしがなかった。

一九四一年の前半にミッツスカウと、同じ組織の仲間であるマックス・マヌス（ノルウェーのレジスタンスの英雄。のちに本を執筆）がゲシュタポに逮捕されたが、どちらもなんとか脱出に成功した。それからすぐに今度はハウケリが拘束されたが、ノルウェー警察は彼を釈放した。こうして何度もつまずきながら、それでもハウケリたちは独自に諜報活動を続けていた。

国家弁務官のテアボーフェンは、痩せてメガネをかけた元銀行員で、ヒトラーを早い時期から支持してきたが、この地でナチスの支配を確固たるものにすべく、じつにてきぱきと行動した。「新たな秩序」に忠実でないノルウェー人を、裁判官や聖職者、行政官、ジャーナリスト、企業の上層部、警察官、地方自治体の長、教師といった影響力ある立場から次々と追放した。ノルウェーの国会は閉鎖され、議員は解任された。オスロ中心部に立つ国会議事堂にはナチスの旗がひるがえり、いまではここにテアボーフェンの行政機関がはいっている。ナチスの親衛隊もまた、そこからほど近い、町の一ブロックを占める荘厳なヴィクトリア・テラッセに陣取っていた。

親衛隊中佐ハインリヒ・フェーリス（左）と国家弁務官ヨーゼフ・テアボーフェン（中央）
Norges Hjemmefrontmuseum

ナチスの支配はオスロだけにとどまらなかった。夜間外出禁止令の開始時刻を過ぎて移動するか、身分証や外出許可証を携帯せずに所定の区域を離れることは禁じられた。ラジオは禁制品になった。違反したものは投獄されるか、何であれナチスが決めた処罰を受けた。というのも、法を施行するのはいまや警察ではなくナチスだからだ。検閲の承認印なしにはノルウェー国内で何も出版できなくなった。「ヒトラーはノルウェーの救済者である」と教える新しい教科書が発行された。石炭やガソリン、食料、ミルク、衣服にまで厳しい配給制が敷かれ、人びとはぎりぎりの生活を強いられた。魚の皮で靴をこしらえ、古新聞で服をあつらえるまでに困窮する者も出た。そのいっぽうで、ドイツは極上の肉からノルウェーの工業製品、豪奢な家屋敷まで、自分たちの欲しいものを手当たりしだいに接収した。

ノルウェー人のなかには新たな秩序の支持にまわった者もいた。その他大勢はただ言われるままに行動した。ただし、なかにはナチスに反旗をひるがえす者もいて、路面電車でドイツ兵に席を譲るのを拒む者から、拳には拳で応じるべく地元で抵抗組織を立ちあげる者までいた。こうした力ずくの抵抗もハウケリにはやぶさかでなかったが、それでも自分がどこでどう動けばいいのかわからずにいた。

一九四一年九月、オスロじゅうの労働者がミルクの配給に反対してストライキを起こした。ソ連の侵攻により徐々に食料の補給路が断たれるなか、ヒトラーは断固たる態度で占領地を管理するよう要求し、テアボーフェンは対応を迫られた。そのうえドイツ国家保安本部長を務める親衛隊大将のラインハルト・ハイドリヒが当時オスロに来ており、国家弁務官としてはその面前で気弱なところを見せるわけにはいかなかった。ノルウェーにおける自身の権力を脅かすものは誰であろうと「ひざまずかせる」と息巻いたテアボーフェンは、ついに戒厳令を敷いた。何百人もの逮捕者が出て、治安責任者のフェーリスはさっそくストライキの首謀者二名の処刑を命じた。

それと同時にゲシュタポによる地下組織の追跡もいよいよ激しくなり、ついにトロンハイムのスカイラークBが解体に追い込まれた。ナチスはすぐさまオスロとのつながりを洗いざらい調べあげた。その結果、ミッツスカウをはじめ数人が一斉に検挙された。ハウケリは急遽、ボーティルと内々で結婚式を挙げたのち、スウェーデンに逃がれた。

まもなくゲシュタポのジークフリート・フェーマー大尉が、新たな糸口を見つけるべく、ハウケリの両親が所有するヒルケヴァイエン七四番地のアパートに押しかけた。オスロでレジスタンスの捜査主任を務めるこの元弁護士は、仲間の将校のように堅苦しい灰色の軍服や黒の制帽を身につけることはめったになく、普通のスーツを好んで着用し、端正な顔立ちに笑みを浮かべて尋問相手の緊張を緩め、密告者を手なずけた。自分を猟犬に仕立てた親衛隊中佐のフェーリスからノルウェーに呼ばれたフェーマーは、地元民に溶け込もうと努め、まずはこれも仕事のうちとばかりにノルウェー人女性をベッドに連れ込み言葉を習った。身長一八三センチのブロンドで、記憶力に優れ、頭の切れるフェーマーは、レジスタンスのあいだで「人民委員《コミッサール》」（旧ソ連およびその加盟共和国における行政執行機関の職名）と呼ばれていた。

フェーマーがアパートに着いてみると、そこにいたのはハウケリの母シグリと新妻のボーディルだけだった。フェーマーは外で待たせた車の前にふたりを連れていくと、この車でこれからムッレル通り一九番地にあるゲシュタポ刑務所に連行すると告げた。刑務所に向かう車のなかでフェーマーは、息子がどこにいるか知らないかとシグリに詰め寄った。するとシグリはこのドイツ人将校の顔をぴしゃりと平手打ちした。フェーマーがもう一度尋ねる。さらにしつこくもう一度。

「あの子は山にいますよ」とうとうシグリが答えた。幸い母親は、アメリカ政府が発行した息子のパスポートをゲシュタポが来る前に処分していた。

「そいつは違うね」とフェーマー。「イギリスにいるはずだ。すでに北海をわたったとスウェーデンの連絡員から聞いている。いったいあっちで何をしてるんだ？」

「あの子が戻ってきたらわかるでしょうよ！」母親はきっぱり言った。

フェーマーはさらに尋問すべくシグリとボーディルをムッレル通りまで連れていったが、それ以上のことは聞き出せないまま、ふたりは釈放された。

じつのところ、ハウケリは当時まだイギリスにわたっていなかった。母と妻が連行されたと聞いたのは、まだストックホルムにいたときだ。そこでいったんオスロに戻ったのだが、取り締まりが厳しくて地下活動など到底できそうにないことから、いま一度国境を越え、ついに飛行機でイギリスにわたった。ロンドンに着いて最初に会ったのは、裏で手をまわしたエリック・ウェルシュだった。ウェルシュはハウケリに会うなり、いますぐノルウェーにとんぼ返りしてスパイとして働いてもらいたいと要請した。だがハウケリにはほかに考えがあった。ちゃんとした軍事訓練を受けて戦いたい。それが彼には母国を解放する唯一の道に思えた。そこでウェルシュはハウケリをノルウェー・ハウスに送ってよこした。

ここトラファルガー広場を見わたす屋根裏のオフィスで、ハウケリはマルティン・リンゲと初めて顔を合わせた。ノルウェー陸軍大尉の灰緑色の制服を着たリンゲは屈託のない笑みを浮かべ、がっちりとハウケリの手を握ってきた。リンゲが面接した新兵候補者の例に漏れず、たちまちハウケリもこの将校の魅力にすっかり心を奪われた。もともと俳優だったリンゲは、一九四〇年の四月にトロンハイム近郊に上陸してきたイギリス部隊に加わったのだ。

最初、リンゲはノルウェーの近況や、お互いがよく知っている場所について話を振った。ハウケリの心を読もうとしたのは間違いない。何がしたいのか、その理由は何か、そしてそれを成し遂げる力がこの男にあるのだろうか。君がその気なら、やってもらいたいことが山ほどある、とリンゲが切りだした。さっそく二〇〇人ほどの小規模な中隊にはいってもらおう。これはイギリスの管轄下にあるが、ノルウェー人のみで構成される部隊だ。軍隊経験があれば役には立つが、必ずしも必要ではない。というのもこれから訓練するのは、もっぱら敵地で用いることを想定した型破りな戦闘手段だからだ。これはいわば、しかるべき人間をしかるべき場所に置くことが命運を左右する戦いである。訓練は厳しく、ときに情け容赦のないもので、実戦はそれに輪をかけて過酷なものとなるだろう。詳しいことは教えてもらえなかったが、それでもハウケリはぜひとも参加したいと申し出た。

第1ノルウェー独立中隊の創立者マルティン・リンゲ Norges Hjemmefrontmuseum

「結婚はしてるかね？」リンゲが尋ねた。ハウケリはイエスと答えた。ほとんどの新兵はノーと答えるが、それに対してリンゲはこう返すのがつねだった。「そいつはけっこう。未亡人に花を贈らなくてすむからね」。リンゲもまたハウケリをひと目で気に入り、第一ノルウェー独立中隊に喜んで迎えいれた。それから一週間もたたないうちに、ハウケリはブーツとイギリス軍の制服を支給されたのだ。

長いこと列車に揺られたあと、今度は連絡船に乗り、スコットランド西部の寒風吹きすさぶ海岸沿いにあるモラー湖をわたると、ようやく訓練の次の段階が待っていた。狩猟用の古びたロッジ「ミーブル」にいる教官のなかには、すでにこの訓練を終えたノルウェー人もいて、今度は先導役となり、必要に応じてイギリス軍指揮官の指示を通訳していた。

ここではストーダム・パークでの行進のかわりに、鬱蒼とした藪のなかを這いまわり、氷のように冷たい川を歩いてわたり、険しい渓谷を懸垂下降《ラッペル》する（体に巻いた二本のロープを使って岩壁を降りること）――あるいはロープを伝って向こう側にわたる――といったメニューが用意されている。イギリス製やそのほか外国製の武器を手に、男たちは直感での射撃（視覚を使わずに撃つ）を練習し、接近して発砲するやり方を教わった。マツの木立の陰に潜み、いきなり飛び出してくる標的を撃つ。実物大の建物のなかを移動し、部屋という部屋をまわっては敵がいないか確認する。爆破の訓練では、丸太を吹き飛ばすことから鉄道車両や工場を破壊することまでを習得する。あらゆるサイズの爆弾や発火装置を自分の手でこしらえる。ほんのちょっとの量の爆薬を、しかるべき場所にしかるべきタイミングで仕掛ければ何ができるか知ったハウケリは舌を巻いた。軍隊は立ち往生し、兵器工場は廃物と化すのだ。

生徒たちはモールス信号の送受信を手早くできるようになった。ナイフを使って音も立てずに人を殺す方法も練習した。骨をよけ肉を切り裂くように刃先を走らせるのだ。どうやって金庫に押し入るか、毒を仕込むか、クロロホルムを嗅がせて相手を抵抗できなくさせるかも教わった。地図やコンパスを使わず記憶だけを頼りに標的にたどりつく方法も習った。野外でいかに姿を隠すか、沼のなかを這って進み気づかれずに敵のもとにたどりつくか、物音ひとつ立てずにいかに敵を倒すか——しかも武器をいっさい使わずに——を学んだ。

「これは戦争だ。スポーツじゃない」教官はしつこく言った。「だからクイーンズベリー・ルール（グローブの使用、一ラウンド三分制などを規定した近代ボクシングの基本ルール）は忘れろ。『禁じ手』なんて言葉も忘れるんだ。そのほうが手早く始末するには都合がいい」。ハウケリは手の側面で鋭い一撃を加えれば、相手を麻痺させることも骨を折ることも殺すことすらできると知った。人の急所は、首の後ろ、背骨のやや右か左の辺り、のど仏から鼻梁まで、こめかみ、そして腎臓だ。こうした場所への一撃を、マネキン人形を相手に手の骨が折れるほど執拗に練習した。

クリスマスや大晦日など、ごくたまに夕方から休みがとれると、それも学習の機会になった。教官はハウケリたち部隊の面々をパブに連れ出し、皆でアルコール度の強いエールやウイスキーをしこたま飲んだ。最初は楽しい時間に思えたのだが、あとから知ったのは、自分たちがひと晩じゅう観察されていたということだ。飲み過ぎた奴はいないか、みっともないさまを見せた奴はいないか、そして何より最悪なのは、余計なことをぺらぺら喋った奴はいないか。いついかなるときもガードを緩めてはならないのだ。

こうしたすべての教えが組み込まれているのが、日中および夜間におこなわれる襲撃演習だ。ミーブルの教官たちはこれを「事業計画《スキーム》」と呼んでいる。新兵たちには鉄道線路や敵軍の兵舎、空港や工場などの標的が割り振られる。そして自分たちで攻撃計画を練るのだ。どのルートをとるか、誰が偵察に行き、誰が仲間を掩護し、誰が標的を攻撃するか。それから本物の武器と必要なものをすべて携帯し、いざ計画を実行する。可能であれば実弾を装填することもある。襲撃は何時間もかかるものも、ときにはミーブルを数日離れるものまである。教官と一部の新兵がゲシュタポの役を演じ、襲撃を何がなんでも阻止すべく、必要なら手荒いまねもいとわない。

　これは容赦のない訓練で、今度もまた折あるごとに辞めたくないかと尋ねられた。だがハウケリは首を横に振った。いま学んでいるのはたしかに従来の戦闘、前線が定まっていて敵の側面から攻撃を仕掛けるといったたぐいの戦闘ではないが、あのダビデだってゴリアテと戦ったのだ（巨漢の兵士ゴリアテが羊飼いの少年ダビデの放った石を額に受けて転倒し、そのすきにダビデがゴリアテの剣を抜いてとどめを刺した。旧約聖書「サムエル記上」）。それに「ギャング養成学校」（ドイツではミーブルのような場所をこう呼ぶと教わった）こそ自分がはいるべき場所なのは重々承知している。ミーブルのチーフも同感で、ロンドンの上官にこう報告している。ハウケリは「すこぶる頼りになり、勘の働く男です。まったくよくやっています。怖いもの知らずなのです。どんな特殊任務も首尾よくこなせる優秀な生徒がまたひとり見つかりました」

　ミーブルを去るころにはハウケリにも、自分の所属するこのノルウェー中隊が唯一無二のものではないとわかってきた。じつのところ、これはイギリス特殊作戦執行部（ＳＯＥ）と呼ばれる包括的な組織の一部であり、この組織は欧州ならびにその他の地域に国ごとの支部を置いている。

　ウィンストン・チャーチルが首相に選ばれてすぐに設立されたこの組織の使命は、ナチスに奇《コ》襲部隊《マンド》による作戦を仕掛けて「ヨーロッパを燃え立たせる」ことだ。イギリス経済戦争相でＳＯ

Eの初代長官ヒュー・ダルトンは、その目的を次のように定義した。「われわれは敵の占領地域において、アイルランドのシン・フェイン党や、日本といま戦っている中国のゲリラ組織、またウェリントンとともに戦って目覚ましい活躍をしたスペインの非正規軍（ナポレオンのスペイン侵攻に対して戦ったスペインのゲリラのこと）に匹敵する抵抗勢力を組織しなければならない……われわれは、産業・軍事施設への破壊工作、労働運動やストライキ、継続的なプロパガンダ、反逆者やドイツ指導者を標的とするテロ行為、ボイコットや暴動など、さまざまな手段を用いなければならない」。SISのセクションD（Dは「破壊《ディストラクション》」）と陸軍の類似組織MI（陸軍省情報部）から生え抜きの人材と手法を取り込み、セント・アーミンズ・ホテルの三部屋でこの組織を立ちあげた黒幕たちは、自らの組織を「非紳士的戦争省」と呼んでいた。

一九四二年一月一四日、ハウケリは第一ノルウェー独立中隊の拠点、すなわちスコットランド高地のアヴィモア近郊にある第26特別訓練学校（STS）に到着した。ハウケリはとにかく実戦に出たくてうずうずしていた。ここでは、ざっと一五〇人のノルウェー人が、ごつごつした花崗岩の山の頂《いただき》と、マツの森を縫う急峻な渓谷と、どこまでも広がる荒地とにそれぞれ立つ、三つの狩猟用ロッジ（グレンモア、フォレストロッジ、ドラミントゥール）で生活している。ただ「26」とだけ呼ばれるこの場所は、ハウケリから見れば故郷とさほど代わり映えのしないところだが、だからこそ作戦の準備にはまさに理想的な土地なのだ。ところが着いてすぐにわかったのだが、あいにく当面の予定がまだ何も決まっていなかった。

ミーブルでハウケリが訓練を受けているあいだに、イギリスはふたつの大規模な陸海空の作戦を遂行した。ひとつはノルウェー北部のロフォーテン諸島、もうひとつはノルウェー西部の沿岸都市モーロイとヴォグソイが標的だった。この二カ所をまとめて攻撃することで、沿岸部でのドイツ軍による支配を弱め、強力な爆薬トリニトロトルエン（ＴＮＴ）の製造に使う魚油の生産を止めるのが目的だった。一九四一年一二月二七日、イギリスの駆逐艦がモーロイを爆撃し、沿岸の砲列を封じてドイツ軍の兵舎を全壊させた。イギリス空軍が発煙弾を落として、迎え撃つドイツ軍の目をくらまし、その隙に六〇〇人ものイギリス軍部隊が海岸堡《ほ》を強襲した。そのなかにリンゲ大尉とその部下二〇名もいた。モーロイの駐屯軍は攻撃開始からまもなく降伏し、ヴォクソイもあっけなく陥落した。だが不幸なことにリンゲは襲撃のさなかに殺害された。ドイツ軍の本部を急襲したときに狙撃兵に撃たれたのだ。

　いっぽうロフォーテン諸島では、ノルウェー独立中隊のメンバー七七名がイギリス軍の上陸部隊と行動をともにした。兵士らはすみやかに前進した。日暮れまでにはドイツの要塞数カ所をおさえ、ナチス当局者を捕まえた。イギリスが来たのはこの地にとどまるためだとわかると、島民たちも出てきて攻撃に加勢した。ところがその翌日、怒り狂ったドイツ軍が空と海から反撃してくるとの情報にイギリスの指揮官が怖じ気づき、あろうことか即刻退却を命じたのだ。ノルウェーの奇襲部隊《コマンド》をふくめた空軍は島から撤退し、怒った島民たちの罵声を浴びた。彼らはナチスからの報復を受けるのが自分たちだとわかったのだ。

　ハウケリがＳＴＳ26に来た当初、部隊はすっかり意気消沈していた。ロフォーテンでの失敗に加え、イギリスがこの作戦を亡命ノルウェー政府に知らせていなかったことが露呈し、激しい怒りが沸き起こった。それに輪をかけてリンゲ大尉の死が兵士たちの心をへし折った。自分たちの任務が自国の指導者の意に沿ったものでないなら、いっそ正規軍に加わったほうがマシだと多くの者が息巻いた。亡命政府にとって自分たちなど、役に立つどころか面倒ばかり起こす「張り子の虎」や「山賊見習い」のたぐいにすぎないとこぼし合った。おおっぴらに楯突いた一〇人ほどの隊員は処罰を受けて追放された。

ハウケリはことの成り行きを待つほかなかった。いずれにせよ、自分と同じく何もかも捨ててイギリスにわたり戦闘訓練を受ける同郷人に囲まれているのは嬉しかった。ハウケリはこの地に飛行機で来たのだが、大半の仲間は、予測不能の荒れた北海を越えてシェトランド諸島に向かうノルウェーの漁船団、通称「シェトランド・バス」に乗ってやってきた。中隊のなかには、なんとたったひとりで漕ぎ舟を漕いでやって来た強者《つわもの》もいる。それからリューカン出身の、パイプをめったに口から離さない二三歳のひょろ長の兵士イェンス＝アントン・ポウルソンのように、半年かけて世界をまわり――ノルウェーからスウェーデン、フィンランド、ロシア、トルコ、エジプト、インド、南アフリカ、そしてカナダ――最後にイギリスの海岸にたどりついた者もいた。

それから二週間、ハウケリは新たな仲間とともに訓練に励み、雪に閉ざされた山間を歩きまわった。STS26では食料がいつも満足に支給されず、原則として狩りは禁止されているものの、栄養補給に雄ジカを捕まえてもまず大目に見てもらえた。子ども時代の相棒のテディ・ベアにちなんで「ボンゾー」と呼ばれたハウケリには、狩りはいい気分転換になった。

SOEノルウェー担当局長ジョン・ウィルソン中佐
Norges Hjemmefrontmuseum

それでも中隊はいまだ暗い影をひきずっていた。ところが一月三一日、夜行列車でロンドンから数人の訪問客がやってきた。中隊はその射撃の腕前や襲撃の手管を披露し、その後、一棟のロッジに集まって夕食会がひらかれた。主賓は亡命政府のノルウェー国防大臣オスカル・トルプ、そしてSOEの副部長コリン・ガビンズ少将である。トルプは、ノルウェー亡命政府とイギリスとの協力関係は新たな時代にはいったと熱のこもったスピーチをした。ノルウェーにおけるわれらの目標はふたつある。まず長期的な目標は、いままでは陸軍の指揮下にはいったミロルグの増強で、これは将来の連合軍によるノルウェー侵攻を見込んでのことだ。そして短期の目標は、破壊工作を実行し、ドイツの軍事経済を弱体化させる攻撃を支援すること。独立中隊はこの先鋒を務めることになるが、ただしノルウェー側の承諾なくして今後いかなる作戦もおこなわれることはない。トルプが話し終えると、男たちはテーブルをバンバン叩いて喝采を送った。

次にトルプとガビンズは、これから中隊を指揮することになるふたりの将校を紹介した。ひとりは新たにイギリス特殊作戦執行部（SOE）のノルウェー担当局長に就任したジョン・ウィルソン中佐である。ウィルソンは、自分には「ヴァイキングの血」が流れているが、頭頂部の銀髪と同じく年月を経て薄まってきたと話した。小柄だが背筋をピンと伸ばし、厳粛な声で静かに語り、ふるまいは毅然としている。戦前には国際スカウト機構の代表を務め、SOE訓練学校の企画と運営に手を貸していた。その彼の隣に立つのは、軍服姿に制帽をかぶったライフ・トロンスターである。ドイツによる侵攻が始まったあの運命的な朝、ハウケリはこの男をつかの間目にしていた。ウィルソンとの緻密な協力のもと、これより先はトロンスター大尉がこの中隊の訓練、作戦の立案ならびに遂行を監督することになる。

翌日、客人たちは野営地を見てまわり、兵士たちと言葉を交わした。その晩、ノルウェー国防大臣のトルプが指揮をとり、リンゲ大尉の追悼式がひらかれた。一同は歌をうたい、聖書の一節を読み、この国がスウェーデンから独立する前の、一八九五年に書かれた詩をノルウェー人の牧師が暗唱した。

求めるは救われし自由なる国
自由を誓うまでもない国よ
求めるは私の、そして貴方の国……
いまだその国を持たぬなら
勝ちとろうではないか、私と貴方の手で

一同が賛辞を送った男が自ら集め、そして率いたこのノルウェー中隊は、やがて彼に敬意を表して「リンゲ中隊」と呼ばれるようになった。そしてこの先はライフ・トロンスター大尉が、自由のために戦うこのノルウェーの兵士たちの指揮を預かることとなった。

第四章　ダム管理人の息子

一九四二年三月一二日の木曜日、アイナル・シンナルランはノルウェー南部の港町クリスチャンサンの病院で手術台に腰かけていた。医者が、左足を手術するには麻酔をかけねばならないとしつこく諭している。その一週間前のこと、シンナルランは転んで膝の皿を脱臼した。自分で無理やりもとの位置に戻したのだが、膝の裏に血が溜まり、ただごとでなく腫れてきた。麻酔は嫌だ、とシンナルランは断った。すぐにクリスチャンサンを発つことになっていて、薬のせいで回復が遅れると困るのだ。手術は恐ろしく痛いぞ、と医者はいま一度警告した。それでも「嫌だ」。医者はやれやれと首を振った。この患者、どうやら頭のネジまではずれているらしい。

シンナルランが手術台に深くすわり直すと、看護師が左足をがっちりとおさえた。医者が足に手術用メスを入れる。シンナルラン——赤毛で肩幅の広い筋骨隆々の——は覚悟を決めた。いつも気さくな笑みを浮かべるその顔がみるみるこわばった。歯をくいしばり、細い目がさらに糸のように細くなる。ひらいた傷口のなかを医者がまさぐるあいだ、思わずうめき声が漏れた。膝の皿の裏から血液などの液体を抜きとると、医者は骨をもとの位置にはめ戻し、傷口を縫いあげた。回復するまであと二、三日は入院したほうがいい。だが今度もまたシンナルランは断った。きつく包帯を巻いてもらえばなんとかなる。その二時間後、杖を頼りに足をひきずり、やっとのことで階段を降りると、タクシーに乗り込んだ。

港に出ると、船員用宿の向かいの船具店にはいった。話し好きの陽気なやもめの店主が奥の部屋に案内してくれた。ひと息つこうと思ったが、足がずきずき痛んでろくに休めやしない。仕方なく、回転式拳銃《リボルバー》に油をさして気をまぎらわせた。シンナルランの計画では、まもなく入港してくる六二〇トンの沿岸蒸気船ガルテスン号の乗組員をなんとか説き伏せ、進路を変えて北海を越えたスコットランドのアバディーンまで自分と仲間を運んでもらう算段だった。それまでの辛抱だ。そして辛抱こそ、彼の一族の十八番《おはこ》でもあったのだ。

何世紀にもわたってシンナルランの一族は、蛇のような形をしたムース湖の湖畔で暮らしてきた。ここは一年のうち半年ものあいだ、スキーをはかないとたどりつけない過酷な辺境の地だ。ムース湖から東に走る流れの速いモーナ川はヴェストフィヨルド谷を縫って進み、水は幾度か滝となり七〇〇メートルの落差を流れていく。

一六世紀になると、モーナ川のほとりに木造の家からなる小さな村が生まれた。数百人ほどの住民は日陰の土地で暮らしていた。一年の大半は、渓谷にそそり立つ崖の裏に太陽がすっぽり隠れてしまう。よそ者は歓迎されず、それどころか村の住人はこう噂された。「悪魔のごとく不遜な連中で、一番の楽しみは司教や牧師、執行官やお偉方を殺すこと――あらゆる原罪の大半を背負っている」。ずいぶんと大げさな話だが、たしかにここは人を寄せつけない場所ではあった。それでも、この地域や数々の滝、とりわけ一〇〇メートルを超える落差を轟々《ごうごう》と水が流れ落ちるリューカンフォッセンの滝の美しさに、遠方からも観光客が吸い寄せられた。画家たちはかろうじてしぶきのかからない場所に立ち、その壮大な姿をカンバスに捉えようと試みた。彼らの風景画には決まって背後にそそり立つ標高一七〇〇メートルのガウスタ山が描かれた。

二〇世紀にはいると画家や旅行者は押し寄せる実業家たちに道を譲る。一九〇五年にノルウェーの技術者サム・アイデと物理学者クリスチャン・ビルケランは、大気中に自然発生する窒素を取り出し、これを用いて肥料をつくる方法を発明した。その工程には大量の電気が必要だったが、轟然たるリューカンの滝はまさにうってつけの場所だった。

ムース湖のダム Norges Hjemmefrontmuseum

こうしてノシュク・ヒドロ社が設立され、まもなくヴェストフィヨルド谷に技術者や建設作業者が殺到した。そしてムース湖にダムを築き、丘の斜面を爆破してトンネルをあけ、水圧管を通し、一連の発電所と工場を建設した。昔からある村の近くに新しくリューカンの町が誕生した。何百軒もの家や工場労働者用の宿舎が立ち並び、街灯のついた通りが碁盤の目のように広がり、鉄道線路に駅、教会、消防署、警察署、学校、病院、そして公園やダンスホールまでもが建てられた。

ついに文明化の波がヴェストフィヨルド谷にまで押し寄せてきたかに見えたが、一九一八年、アイナル・シンナルランがダム管理人ハンス・シンナルランとその妻エーレンの第八子として生まれたこの年も、ムース湖での暮らしは従来とさほど変わらぬものだった。シンナルラン一家はリューカンから西に二〇キロほど離れたダムの傍らに立つ、大きな板張りの山小屋に暮らしていた。麓《ふもと》の発展とはいっさい無縁のこの一帯は、一一月から夏の初めまでスキーをはかないとたどりつけない場所である。一家は長い冬に備えて、必要な食料や衣服やその他の日用品を貯め込んだ。壊れたものは何でも自分たちの手で修理するほかなかった。

子どものころからアイナルは、歩くのと同じくらいの時間、スキーをはいて過ごした。スキーをはいて材木を運び、ダム周辺の雑用をこなした。スキーをはいて隣の農家に出かけ、友だちと遊んだ。スキーをはいて凍った湖をわたり、家から一五キロ離れたホヴデン島の小学校に通い、スキーをはいてリューカンの中学校に通った。それだけでなく、スキーは娯楽でもあった。兄たちは大会に出場するレーサーやスキージャンパーで、その証拠に兄と共有の部屋の棚には小ぶりだが名誉ある銀のトロフィーがずらりと並んでいた。ほんの遊びで兄弟は、マラソン並みの距離をスキーで滑ってガウスタ山の麓に行き、三時間かけて頂上に登り、超特急で五分以内に滑り降りると、晩ご飯を食べに家に戻った。

文明の端っこで暮らしてはいたものの、シンナルランの一家にもそれなりの夢はあった。ハンスとエーレンはムース湖周辺にいくらか土地を買い、ダムの隣によろず屋をひらいた。子どもたちのなかには、看護師やホテルのオーナー、ダム管理人の助手、そして技術者になった者もふたりいる。きょうだいのなかでも一番賢くて、母親の「秘蔵っ子」だったアイナルは、学校で優秀な成績をおさめ、一般工学を学ぼうと地元の専門学校に進んだ。その後オスロに行き、名高い工兵士官学校で兵役に就いた。アイナルの夢は、ダムのような何かでっかいものをつくること。そのとき、戦争が勃発したのだ。

一九四〇年四月九日、受話器を置いたエーレン・シンナルランはすすり泣いた。ドイツが侵攻してきたいま、息子たちはすぐにも戦争に行くことになるだろう。オスロでは、アイナルが早くもその真っ只中にいて、頭上をドイツ空軍の爆撃機が轟音とともに空港に向かうのを目撃した。アイナルも動員されたが、ノルウェー陸軍の多くの兵士と同じく散発的に敵と戦うも、わずか一カ月で退却と敗北の屈辱を舐めた。いっぽう兄のトーシュタインとオーラヴは弟よりも実戦を経験し、ふたりがリューカン周辺で加わった抵抗運動は白熱し、この町はノルウェー南部で最後まで降伏を拒んだ町のひとつとなった。ふたりは疲れ果て傷心のままに帰郷した。

五月半ばにアイナルがムース湖に戻ると、ドイツ軍部隊がダムのそばに立つ兄のホテルを根城にし、兄を召使いのごとくこき使い、兄の店から食料やビールを巻きあげていた。兵士たちは部屋をさんざん汚しまくった。壁のこすり傷を見るからに、ブーツをはいたまま寝ていたに違いない。

それでもどうにか日々の暮らしは戻ってきた。アイナルはノシュク・ヒドロ社でダム工事の現場監督に雇われ、再び実家で暮らしはじめた。そして、ベルゲンに住むグードヴァイグという名の若い娘とデートするようになった。ふたりを引き合わせたのは、アイナルの幼なじみでノシュク・ヒドロ社の同僚でもあるオーラヴ・スコーゲンだ。スコーゲンはいまリューカンにいて、グードヴァイグの姉妹とつき合っている。四人は一緒にスキーをし、自転車で山間までの遠出を楽しんだ。

けれどシンナルランとスコーゲンにはまた別の顔があった。ドイツによる侵攻以来、ふたりはこの地域に誕生したばかりの抵抗組織ミロルグの一員として、あらゆる手を使ってドイツを弱体化させようと心に決めていた。スコーゲンは組織のリーダーに名を連ね、シンナルランは武器を蓄えるとともにムース湖周辺で信頼できる一〇人の男たちを集めた。またシンナルランはオスロと地元を往復し、地下新聞を印刷するための謄写機を手に入れた。さらに自宅近くに無線機を設置したいとオスロのミロルグに掛け合い、山小屋の床下を掘って保管用の地下室までこしらえた。なのに肝心の無線機がなかなか調達できずにいた。

一九四一年の秋、ゲシュタポに逮捕されたリューカンの地元の少年が、処分を軽くしてもらおうと密告者に身を転じた。シンナルランがムース湖畔の山小屋に武器を隠し持っていることを捜査官に教えたのだ。ゲシュタポはシンナルランを連行したが、山小屋で見つかったのは、非合法とはいえごく普通のラジオだけだった。それでもリューカンの留置所に一〇日間収容された。ようやく釈放されたシンナルランは、大義のために働くことを以前にも増して心に誓った。

一九四二年の年が明けてすぐに、シンナルランは再びオスロに出向いた。そこでミロルグの無線チーフに会い、自分をイギリスに送って無線士になるための訓練を受けさせ、無線機を持ち帰らせてくれと頼み込んだ。そして「アイナル・ハンセン」の名義で偽のパスポートを支給された。三月の初め、シンナルランは家族に、自分はこれから山にはいり、しばらく狩猟の旅に出かけてくると告げた。だが実際は、クリスチャンサンの西方にある港町フレッケフィヨルドに行き、そこからイギリスの船に拾われる手はずになっていた。足を怪我したのは、クリスチャンサンに向かう途中のことだったのだ。

　フレッケフィヨルドでレジスタンスのメンバー二名、巻き毛のオッド・スタルハイムとその相棒アンドレアス・ファスティングと落ち合った。スタルハイムは船長の息子で独立心旺盛な若者であり、すでにレジスタンスの仲間うちで伝説的人物となっている。ドイツによる侵攻からほどなく小さな船を乗っ取り、「ヴァイキング号」と名づけたその船でスコットランドにわたると、マルティン・リンゲが集めた第一期の新兵に加わった。それからノルウェーに戻ると、一年と半年かけて南部に広範な諜報ネットワークをつくり、ドイツの海軍の動きや要塞建設に関する情報を収集した。ところが、ついにゲシュタポに追われ国外に脱出せざるをえなくなり、シンナルランも連れていくようにと地下組織から指示を受けたのだ。だがフレッケフィヨルドでスタルハイムに会ったシンナルランは、北海に嵐が来たせいで渡航が中止になったと告げられた。となると別の手を考えなくてはならない。スタルハイムに追っ手が迫っているため、国境を越えてスウェーデンに逃げるのは論外だ。そのときス

レジスタンスの闘士オッド・スタルハイム
Norges Hjemmefrontmuseum

タルハイムが蒸気船を乗っ取ることを思いついた。そこでチェスをしながら三人は沿岸蒸気船ガルテスン号の乗っ取り計画を練りあげた。

だが乗っ取りを手伝うにも、まずはこの足を医者に診てもらわなくては。


手術から二日後の三月一四日、シンナルランはクリスチャンサンの港からガルテスン号に乗り込みフレッケフィヨルドへと向かった。一泊の船旅のあいだ、杖をつきつつ、蒸気船の乗客や乗組員、積み荷や燃料となる石炭の量を調べ歩いた。乗客はただひとり、洗礼式に出るために海岸を北にあがったスタヴァンゲルまでいく予定の男だけだ。ドイツ人はひとりもいない。乗組員は全部で二二人。船長のクヌードセンはがっしりした体格の老練な船乗りで、自分の船を乗っ取ろうとする輩《やから》を快く迎えてくれるとはまず思えない。ガルテスン号はノルウェー産タバコのはいった木箱二個のほか、いかにも沿岸で運ぶたぐいの積み荷を載せている。燃料庫には六〇トンの石炭が積んであり、スコットランドまで行くには申し分のない量だ。翌日、蒸気船がフレッケフィヨルドに着くと、シンナルランは仲間の乗っ取り犯と落ち合うべくいったん船を降りた。

それから数時間後、シンナルランは再びゆっくりと港に向かって歩いていた。服の襟にはさっきと同じく国民連合のバッジをつけている――新たな秩序に従う、ごく普通のノルウェー人といったふうに。風の冷たい夕暮れにドイツ兵と腕をからめてそぞろ歩く地元の娘たちと同様に。

ただし旅行鞄に眠るリボルバーは別の筋書きを語っている。

鮮やかな緑や黄に塗られた木造家屋が並んだ玉石の小広場を抜けて波止場に出ると、港湾労働者たちがガルテスン号に最後の積み荷を積んでいるところだった。白く塗られた船体がさらに深く水面に沈み込む。

蒸気船に乗り込むと、シンナルランは昨夜泊まった船室に向かった。それから三〇分後、スタルハイムとファスティングも波止場に着き、甲板に乗り込んだ。夕方五時、三度目の汽笛が最後に鳴ると、足もとで船が震えながら息を吹き返し、スクリューが暗い水面を叩きはじめた。煙突から真っ黒な煙を吐き出し、ポンポンと音を立てて蒸気船は波止場を離れた。

船が港の外に出ると、シンナルランは弾薬を込めたリボルバー二挺を腰のベルトにねじ込み、ロープを数本腰に巻きつけて船室を出た。緊張で顔がこわばる。正直、心臓が飛び出しそうだ。この手の仕事はお手の物のスタルハイムとは違って、自分は何の訓練も受けていない。何かへまをやらかしたらどうしよう。

午後六時二〇分、ラウンジの外でスタルハイムと合流した。いざふたりでドアをあけ、船長を拘束すべくなかにはいろうとした瞬間、船の二等航海士が背後からやってきた。二等航海士がスタルハイムに乗車券を見せるよう声をかけた。一瞬どうしたものかわからず、シンナルランはラウンジのドアノブからそっと手を離した。「あいにく着くのが遅れたもんで」顔色ひとつ変えずにスタルハイムが答える。「船に乗ってから払おうと思ってたんです」

スタルハイムは船賃の支払いをすませるため、二等航海士の後ろをついていった。数分後、再びシンナルランとスタルハイムはラウンジの前に立った。それからドアをそっとあけ、最初にスタルハイム、続いてシンナルランがおのおのリボルバーを手になかにはいった。「両手をあげろ！」スタルハイムが叫んだ。なかにいたのは船長とスタヴァンゲルに向かう乗客だけだ。スタルハイムがもう一度繰り返して言うと、ようやくふたりは言われた通りにした。それからスタルハイムがこう言った。「われわれはノルウェー海軍の将校だが、ここにいるのはわれわれふたりだけではない。いまこの瞬間に仲間が機関室を襲っている。これからは私がこの船の指揮をとる」

船長が抗議したが、スタルハイムがさえぎった。すぐにシンナルランが船長と乗客をロープで縛りあげた。それから乗っ取り犯二名は船橋《ブリッジ》に上がった。ブリッジにいた一等航海士が脇の出口から逃げようとしたが、いまやだいぶ自信のついたシンナルランがこれを制止した。舵手は舵をあけわたそうとしたが、スタルハイムはそのまま進路を変えずに進むよう指示した。甲板の下ではファスティングが、この計画のために調達した釜焚き二名を連れて機関室を掌握し、ほどなくガルテスン号は一発も発砲することなく彼らの手に落ちた。

さて次はアバディーンまでの航海を乗り切らねばならない。スタルハイムはまっすぐ西に向かおうと考えたが、船はいまドイツ兵のいる沿岸の要塞に接近しており、せめて日が沈むまでは予定通りの進路をとるべきだと舵手から忠告された。次に停まるはずの港に向かっていないとわかれば、ドイツ兵に怪しまれる恐れがある。いったん暗くなれば、おそらく翌日の夜明けまで、船がいなくなったことに気づかれずにすむだろう。

スタルハイムはこの忠告に従うことにし、暗くなってから舵手はようやく進路を変え、海岸線から遠ざかった。まもなくフレッケフィヨルドでの打ち合わせどおり、仲間のひとりがロンドンに無線で連絡をとった。「われわれは六〇〇トンの沿岸船を拿捕した……現在アバディーンに向かっている。明朝にはドイツ機による襲撃が予想されるため、航空機による護衛を頼みたい」

　眠気覚しにコーヒーを飲みながら、スタルハイムとシンナルランはひと晩じゅうブリッジで待機していた。夜明けに霧が海面を覆うと、遠くから飛行機の轟音が聞こえてきた。ドイツの探索機かと怯えたふたりは最悪の事態に備えた。全員が救命胴衣をつけ、救命ボートの用意をした。スタルハイムは双眼鏡で上空をくまなく見まわしながら、飛行機のエンジン音でイギリス軍かドイツ軍かを聞きわけようとした。霧の切れ間から一瞬、尾部に銀色と黒の鉄十字（ドイツ国防軍の紋章）が見えた。すると再び霧が船をすっぽりくるんだ――ああ、助かった。

乗っ取られた船ガルステン号 Norges Hjemmefrontmuseum

　午後二時、とうとう空は晴れわたり、乗っ取り犯はブリッジのなかをそわそわと歩きまわった。これでまた船が丸見えだ。そのとき、ファスティングが水平線上にまたも機影を見つけた。赤、白、青と、イギリス空軍の色が目に飛び込んできた。喝采があがり安堵のため息が漏れた。飛行艇が蒸気船のうえを旋回し、スタルハイムは二等航海士に信号を送るよう命じた。「ガルテスン号はアバディーンに向かっており、水先案内を頼む」。少し間があって飛行機は信号を返した。「おめでとう《コングラッチュレーションズ》」これでやっと護衛がついた。
翌朝、武装したトロール船がアバディーンから迎えにくると、機雷原を縫って船を港まで誘導してくれた。

ところが港に着いたとたん、思いもよらずシンナルランはすぐに夜行列車でロンドンに送られることになった。


地下鉄のベイカー・ストリート駅を出ると、ライフ・トロンスターはまっすぐチルターーン・コートのなかにはいった。ここは一ブロックを占めるマンションで、真下にロンドン地下鉄が走っている。アーチ型のドアの脇にかかった真鍮のプレートには「部局間調査局」と書いてある。H・G・ウェルズなら喜びそうな、いかにもうさん臭い名前である。ウェルズはこのマンションの最初の住人のひとりであり、一九一四年に発表した小説『解放された世界』のなかで、原子爆弾に「巻き込まれた者は皆生命を失ったり、火傷を負ったり」すると予言した。この「調査局」はじつはイギリス特殊作戦執行部（ＳＯＥ）の秘匿名で、チルターーン・コートはその人員を収容するベイカー・ストリート沿いの建物のひとつなのだ。

トロンスターは長い廊下を進み、ノルウェー担当局のオフィスにはいった。ウィルソン中佐から、ガルテスン号の乗っ取り犯一名に会ってほしいと呼ばれてきたのだ。

ロンドンで宙ぶらりんの数週間を過ごしたのち、いまやトロンスターはノルウェーの対ドイツ戦に必要不可欠な存在となっていた。スコットランドで将校訓練を受けたおかげで、陸軍大尉の階級と多少の筋肉痛、そして現場で戦う男たちとの緊密な絆を得ることができた。またナチスに軍事資源を提供するノルウェー企業について綿密な報告書をまとめてＳＯＥを監督する経済戦争省に提出し、この報告書は主要な攻撃目標を決めるのにひと役買った。さらにノルウェーの抵抗組織について、ならびにそのイギリスとの連携について今後の計画を立てる政府内のふたつの上級委員会にも加わった。またミロルグの重要性を理解していたことで、オスカル・トルプやノルウェー陸軍総司令官ヴィルヘルム・ハンステーンとの友好も温めた。一九四二年の春になると、情報収集やスパイ活動、破壊工作を展開するノルウェー最高司令部第四セクションの代表として、故国ノルウェーにおける対ナチス秘密戦争の中心的役割をになうまでになっていた。

現場での戦闘からは遠ざかっているものの、トロンスターはナチスの脅威がどこまでおよんでいるかつねに諜報を怠らずにいた。ロフォーテンの急襲が失敗に終わったのち、ドイツ軍部隊が大規模に増強され、その数は二五万人にのぼり、そのためノルウェー国民はドイツ兵のために食料や住居を強制的に提供させられ窮乏にあえいでいた。ゲシュタポの拷問者は収容者の腹を踏みつけ、真っ暗な独房に何週間も閉じ込めるという――収容者のなかには口を割るより自ら命を絶つことを選ぶ者もいた。トロンハイムのレジスタンスに加わった親しい友人たちも冷酷無比に殺害された。ノルウェーが自由を勝ちとる日も近いと信じることで、トロンスターは気持ちを奮い立たせようと努力した。新たな年の始まりに日記にこう綴っている。「この目的を果たすためには、どれほど大きな犠牲だろうと甘んじるほかない」

家族もまた苦労と無縁ではなかった。何カ月ものあいだ、トロンスターのもとには何の知らせも届かなかった。それからわかったのは、バッサと子どもたちがトロンハイムに戻ってすぐに、家と財産をドイツ軍に接収されたということだった。路頭に迷った母子はオスロに出ると、家族ぐるみの友人の助けを借りて、町の中心から一一キロ西のホーヴィークに借家を見つけた。ところがゲシュタポの捜査官フェーマーがやってきて、バッサを尋問すべく連行し、ヴィクトリア・テラッセにひと晩留置した。夫が行方をくらました理由を問いつめられたバッサは、以前に受けとっていた、自分が消息を断った理由を説明する夫の手紙を見せた。一夜明けてフェーマーはバッサを解放したが、つねに脅しをかけておくべく、折あるごとに自分に報告するよう命じておいた。トロンスターは、妻や子どもたちと早くまた会えるよう、そしてこの苦難のときに家族と離れて暮らさざるをえない理由《わけ》をどうかわかってもらえるよう、毎日のように祈った。

ウィルソンの部屋で待っていた、ノルウェーから来たばかりのこの若者と、トロンスターは挨拶を交わした。ウィルソンとスタルハイムの話が本当ならば、このムース湖の現場監督アイナル・シンナルランこそ、彼らにとって願ってもない人物なのだ。おそらくこの若者にはノルウェーにとんぼ返りしてもらうことになるだろう。

「君に聞きたいことがふたつある」トロンスターが口を切った。「まずひとつ。君がいなくなったことを、いまごろ誰かが心配していると思うかね？」

「いいえ、それはないと思います」とシンナルランが答えた。「狩りをしに山に出かけて当分帰らないと言ってきたので」

トロンスターはウィルソンをちらりと見た。今度はウィルソンが質問する番だ。この三カ月、一緒に仕事をするうちに、ふたりはたちまち互いを理解し信頼し合う仲になっていた。「じつは、君が心配されないうちにハルダンゲル高原にパラシュートで戻れるよう訓練を受けてもらいたいのだが、どうかね？　われわれはヴェモルクの状況をつねに知っておきたいと思っている」。シンナルランはこくりとうなずいた。「すまないが……」とウィルソンが続けた。「君にはきわめて過酷な任務に取り組んでもらうことになる。もはや一刻の猶予も許されない。しかも、当分のあいだ、いかなる支援も約束できない。追って仲間が――知っている者もいるかもしれない――そっちに向かう予定だ。早い話、ノシュク・ヒドロ社で何が起きているのか、われわれはひどく心配しているのだ」

ウィルソンとトロンスターは工場の生産量が増えていることについて詳しく説明した。ヴェモルクでのドイツの動き、重水の使用目的、さらに工場の警備や職員に関する詳細など、わかったことをすべて知らせてもらいたい。シンナルランはあらためてこの任務を引き受けると約束した。

いまではノルウェーでどんな作戦が計画されているかが耳にはいる立場にいるトロンスターは、先の一二月にイギリス空軍省がヴェモルクへの空爆を却下したことを知っていた。このSOEによるクレヴォヤント作戦はドイツの重要産業への電力供給を断つのが目的であり、すでに計画は大詰めの段階まで進み、六カ所の標的にはヴェモルクもはいっていた。リューカン出身のポウルソンが率いる部隊が召集され、ヴェストフィヨルド谷に照明を設置するため、この地に降下する予定になっていた。照明があれば夜間でも爆撃機を工場の上空まで誘導できるだろう。ポウルソンはさらにティン湖の連絡船《フェリー》を沈めるようにとの指令も受けていた。フェリーはリューカンと外の世界をつなぐ主要な輸送路なのだ。だがノルウェーの重要なインフラに、これほど広範な危険きわまる徹底攻撃を加えることにトロンスターは反対し、そのかいあって数週間前に土壇場で作戦は縮小され、アルミニウムを製造する西海岸の水力発電所一カ所のみに絞られることになった。

シンナルランが来る前に、トロンスターとウィルソンはポウルソンの部隊を四月にその地域に送り込み、標的に破壊工作を仕掛け、ロンドンと直接無線交信できるゲリラ組織をつくらせようと決めていた。シンナルランには、ポウルソンたちが到着するための準備をまかせてもいい。またノシュク・ヒドロ社で顔がきき、しかもイギリスにわたっていたことを誰にも知られていないのだから、職場に戻って内部で諜報員として働いてもらうこともできる。

面談が終わると、トロンスターは一杯やりにこの新人を近くのパブに連れ出した。何を頼まれてもこの若者が——現に相当多くのことを頼まれていたのだが——ためらうことなく進んで引き受けてくれるのにはほとほと感心した。ヴェモルクの重水がなぜそれほどまでに重要なのかいっさい説明も受けていないのに。ノルウェーには彼のような「若き英雄」がもっと必要だと、その晩遅くにトロンスターは日記にしるした。


三月二八日の土曜日、シンナルランがノルウェーを離れて二週間とたたない、よく晴れた月の輝く夜、その長方形の角張った胴体と幅広の翼から「空飛ぶ納屋のドア」と呼ばれるイギリスのホイットリー爆撃機がノルウェーの海岸線に近づいた。対のロールスロイス製エンジンのすさまじい轟音とともに、機体をかたかた揺らしながら、ムース湖北の目標地点をめざし上空をゆっくりと進んでいく。機内ではリンゲ中隊の新米軍曹アイナル・シンナルランが降下のときを待っていた。白のパッド入りジャンプスーツに寝袋、紅茶のはいった魔法瓶《サーモス》が、凍てつく寒さのなか体を温めてくれる。傍らの大きなスチール製の筒型コンテナにはいっているのは、ステンガン（イギリス製短機関銃）二挺、自動拳銃《ルガー》一四挺、六四〇発の弾薬、そして二〇本の戦闘用ナイフ。小さいほうのコンテナには着替えに偽装書類、二万ノルウェークローネ、拳銃二挺、八〇〇枚の写真が撮れるカメラ、そのほか目録リストに「組織のメンバーへの贈呈品」と書かれたわずかな物資がはいっている。

　機体は何事もなく海を越え、ノルウェーにはいった。ドイツ軍からの対空砲火もなく、ホイットリーの爆撃手二名は持ち場で静かに控えている。あと一時間もしないうちに、機体の腹から暗闇に飛び込まなければならないのだ。頭上に絹のパラシュートがひらいてくれることを願いながら。

　シンナルランは怖くて縮みあがった。

　その前の一週間、これ以上ないほど略式の訓練を受けた。敵地に送られるＳＯＥの諜報員は、普通なら最低でも一〇週間の集中訓練を受ける。まずストーダム・パークでの予備訓練から始まり、ミーブルでの準軍事訓練、そして締めの「花嫁学校」では秘密工作員になるために知っておくべきありとあらゆることを教わる。シンナルランはＳＴＳ（特別訓練学校）52で二日間を過ごしたが、ここは無線士になるための専門学校で、無線機の使い方と暗号化したメッセージの送受信の仕方について短期集中コースを受けた。それからＳＴＳ51、すなわちマンチェスター郊外の広々とした公園内にある飛行場に行き、パラシュート降下の訓練を受けた。通常なら七日間かか

パラシュートで飛び降りるノルウェー人コマンド
Norges Hjemmefrontmuseum

るが、シンナルランは三日で終えた。STS51の入口の壁には大きな貼り紙が二枚はってある。ひとつは敵地にはいる兵士たちに「自分を英雄《ヒーロー》と思うなかれ」と忠告する。もうひとつは「飛行機からいかに飛び降りるかは関係ない。母なる自然の導きでどのみち地面に着くのだ」と教える。「ただし、いかに受けとめてもらえるかは、まったくもって君たちしだいである」。初日はマットのうえで前転と後転を練習し、それから曲芸用のブランコに乗せられ、今度は高所から落ちるあいだに同じ動作をおこなう練習をした。

パラシュートをつけていても羽毛のようにふわりと地上に降りられるわけではない、と曹長からは教わった。地面に石のごとくぶつかるのだ。垂直運動から水平運動に即座に切り替えられないパラシュート兵は骨折する——たいていは足を折るが、ときにはさらに腕や肋骨の二、三本が折れることもある。お望みなら、この学校の医務室に行けば証拠がいくらでも見られるはずだ。

二日目、シンナルランは高さ一〇〇メートルはある木の台に立っていた。据えつけの気球に備えつけられたこの台を、まるで「外洋に浮かぶ小型ヨット《ディンギー》」みたいだという者もいる。背中にパラシュートをくくりつけたシンナルランは、台の中央にぽっかり空いた穴から飛び降りた。胃が喉まで出かかる二〇メートルもの急降下は、突如パラシュートがひらいて止まった。シンナルランの着地は荒っぽく、すでに痛めた左足にはさらなる災難だった。最終日には本物の飛行機からのジャンプに――なんと二度も――成功した。「すこぶる熱心な生徒だった」と指導教官は記録に書いた。ただし「訓練はかなりの急ぎ足だったが」

ホイットリーがいよいよ降下地点に近づくと、シンナルランは教わったことを頭のなかで急いでさらった。「足を揃えて、静かに飛び出す。パラシュートをひらくときは全身の筋肉をリラックスさせる――」。昼間に、視界のきく平坦な場所に降りるのと、真夜中に、岩や崖、凍った――ただし完全に凍っているとはかぎらない――湖の散らばる敵地に降りるのとではわけが違う。シンナルランはタフな男だが、怖いものはやっぱり怖い。

午後一一時四四分、降下号令をかけるフォックス軍曹が、配置につけとシンナルランに叫んだ。最初にフォックスは補給品のはいった大型コンテナを空中に投下した。それからシンナルランが開口部ににじり寄ったが、どうしても両足を魔界に投げだす気にはなれない。フォックスは片手をあげてさっと降ろし、行けと合図した。シンナルランはためらい、ここは予定の場所と違うと叫んだが、その声はエンジンの轟音でかき消された。フォックスがまた合図を出す。それでもシンナルランは躊躇する。二〇分間、飛行機は降下地点上空を旋回し、シンナルランにはここが正しい位置なのかも、それから自分自身にもいよいよ自信がなくなった。とうとうフォックスは、尻込みする部下に近づくと、燃料がなくなるからもう長くは飛べないぞと怒鳴りつけた。

「戻るぞ」とフォックス。

「いいえ、飛びます」と答えたが、それでもあいかわらず固まって動けない。

足もとの小さなコンテナには、仲間への土産物に混じって、持ち手にイギリスの議会議事堂が描かれた銀のスプーンがはいっている。無事に飛んで生きて帰ったら、これを母さんにあげよう。

午前〇時を数分過ぎ、ひとたび深呼吸すると、シンナルランは漆黒の闇に落ちていった。

第五章　公道《オープンロード》

一九四二年四月二三日、チューブ・アロイズ委員会の会合が、ロンドンはオールド・クイーン・ストリートに立つ一七世紀のタウンハウスでひらかれた。背高の窓から早春のセント・ジェームズ・パークがよく見わたせる。ノシュク・ヒドロの競合社、インペリアル・ケミカル・インダストリーズ（ＩＣＩ）の元研究部長ウォレス・エイカーズが率いる科学者たちには、いつもと同様、話し合うことがたくさんあった。起爆の実験的研究、アメリカとの協力、同位体分離設備の拡張、そして酸化ウランの追加注文。毎度のことながら会議ではドイツの動向が話題になったが、今回はいつにも増して緊迫感がある。

一九三九年以降、イギリス科学界の重鎮たちはナチスが原子爆弾を手に入れるのではないかと恐れてきた。ヒトラーがポーランドに侵攻し、さらに、近いうちに「向かうところ敵なしの兵器を使う」つもりだと豪語したことで、この脅威はいよいよ差し迫ったものとなり、イギリス空軍省の研究部門を率いるサー・ヘンリー・ティザードもようやく腰をあげ、イギリスでも新たな爆弾の製造を検討するよう提案した。政府の首席科学顧問を務め、レーダーをはじめとする新技術の開発をになってきたティザードの発言は説得力をもっていた。こうしてこの分野の研究がスタートを切ったのだ。

このイギリス人の背中を押したのは、ともにドイツから脱出してきた若きユダヤ人物理学者オットー・フリッシュとルドルフ・パイエルスのふたりである。一九四〇年三月一九日に「超爆弾の構築について」という彼らの覚書が、ティザードの机に青天の霹靂《へきれき》のごとく届けられた。そのなかでフリッシュとパイエルスは、重さわずか一ポンド（約四五〇グラム）の純粋なU235が――ふたつ（もしくはそれ以上）に分割して、それらを高速で衝突させると――いかに「太陽の内部に匹敵する温度で……おそらく大都市の中心部で……広い範囲にわたって生命を破壊」する爆発を引き起こすかを詳細に説明した。さらに近い将来、ドイツの科学者たちが「この兵器を入手する」かもしれないと不安をあおった。そして、この脅威に対抗する手段はただひとつ、イギリスもこの技術を手に入れるほかないと結論した。

その翌月、イギリス政府はMAUD《モード》委員会を発足させた。そしてパイエルスやフリッシュをはじめ傑出した科学者数人による探索的研究がスタートした。真っ先に提案されたのは、稀少なウラン235をウラン238から分離する設備をつくることだ。ただしそれには戦艦一隻ほどの費用がかかるだろう。一九四一年七月に委員会は原子爆弾製造計画の指針をうちだした。ところがティザードはとくに費用面からいまだ乗り気ではなく、アメリカにいっさいまかせるのが得策ではないかと考えた。だがここにきてこのプロジェクトはチャーウェル卿という擁護者を得た。チャーウェルはオックスフォード大学の物理学者で、チャーチルに言わせれば「地平線の彼方にいる専門家連中の暗号を解読し、何についての話かを、ごく普通のわかりやすい言葉で私に説明してくれる」人物だった。一九四一年八月二七日、チャーウェルは二年以内に最初の爆弾を製造する目標を立てるべきだと進言した。このプロジェクトが成功する確率は一〇分の一にすぎないと専門家たちは見積もったが、チャーウェルは、自分としてはせいぜい「五分五分」といったところだと首相に伝えた。ただしこう言い添えた。「それでもドイツに開発の先を越されるのは許しがたいことです。そのせいでわれわれは戦争に負けるかもしれず、またたとえ連中のほうが負けたとしても、あとからどんでん返しをくらうかもしれません」

チャーチルは戦時内閣にこう訴えた。「個人的にはいまの爆弾で充分満足しているが、改良の道を塞いではならないとの思いがある」。内閣もこれに同意し、こう約束した。「この兵器の開発を進めるのに、時間、人手、材料、そして資金を惜しんではならない」。かくしてチューブ・アロイズ委員会が設立される運びとなったのだ。

そのあいだもドイツの爆弾にまつわる恐怖はつきまとった。四方八方でひそひそ話やうわさ話、脅威や事実が語られ、それらがないまぜになり、政府が「情報」と称する、いかにも混沌とした醸造物がつくられた。たとえば、路面電車に乗っていたふたりのドイツ人パイロットが「きわめて危険」で地震並みの威力をもつ「新型爆弾」について話しているのを誰かが小耳にはさんだ。またドイツから移ってきたある物理学者は、爆弾をつくるようナチスの政府高官から圧力があったことを伝え、連合国は「急がねばならない」と忠告した。また別の物理学者は、ドイツ国防軍《ヴェアマハト》がカイザー・ヴィルヘルム物理学研究所を接収したと警告した。ストックホルムの大使館付き陸軍武官はこう報じた。「またも耳にはいったのだが、ドイツはとてつもない威力をもつウラン爆弾の製造にかかっており、これはあらゆるものを爆破し、たった一個の爆弾の威力でひとつの町を壊滅させることができる」。また別の報告によれば、ヴェルナー・ハイゼンベルクがナチ占領下のデンマークに暮らすニールス・ボーアと一九四一年の九月に謎めいた面会をした際に、爆弾をつくることは可能であり「われわれはそれに取り組んでいます」と認めたという。

新たな情報を入手するのはもっぱらエリック・ウェルシュの本分だった。ベルリンの舞台裏で何が起きているか、このイギリス人はグリフィンを介していくらか察しをつけていた。パイエルスとフリッシュもまたドイツの物理学者をリストアップし、原子の研究について彼らが発表した論文を分析することで、ドイツが爆弾に関心をもっていることをうかがわせる証拠をあげた。またしてもこれらの材料が醸造物に追加されたが、それでも決定的なものは何もなかった。

イギリスが入手した情報のうち何よりの手掛かりは、ヴェモルクでのドイツの動きにあった。工場の重水を使ってナチスがウラン研究に取り組んでいることを、一九四〇年の四月にすでにジャック・アリエがイギリスの同胞に警告している。それから二カ月してパリが占領されると、ジョリオ＝キュリーが保管していた一八五キログラムのノルウェー産重水が、ドイツに押収されないうちにイギリスの船でひそかに国外に搬出された。二六本のボトルはウィンザー城に運び込まれ、その後チューブ・アロイズの科学者たちがこれを使って実験を始めるまでここに保管された。

一九四二年にはいってもドイツがあいかわらず重水に注目していることは、プルトニウムと呼ばれる元素が新たに発見されたために、いっそう深刻な意味をもつことになった。イギリスは爆弾を製造するために充分な量のウラン２３５を入手すべく、同位体の分離に集中して取り組んでいた。ただし、すでに英米の科学者にはこれが爆弾につながる唯一の道ではないとわかっていた。検閲のカーテンが完全に降りる前の一九四〇年の中頃に『フィジカル・レビュー』誌に掲載され、広く世に知られることになった論文で、あることが明らかになっていた。すなわちウラン（原子番号92）に中性子を当てると、一部の中性子は稀少な同位体ウラン235の原子核を分裂させるが、そのほかの中性子ははるかに多く存在するウラン238の原子核に吸収され、その結果、ウラン238はその同位体であるウラン239に変化する。この同位体は不安定で、ベータ線放出と呼ばれる現象――原子核のなかの陽子の数が一個増え、同じ数の中性子が減る――によって崩壊する。こうして誕生した新しい元素ネプツニウム（原子番号93）もすぐにまた崩壊し、別の、ただし今度は安定した元素が誕生する。これがプルトニウム（原子番号94）である。

そして連合国の実験でさらに判明し、いまでは機密扱いとなっているのは、プルトニウムがウラン235と同じく核分裂性であり、爆弾の材料として使えるということだ。しかもウラン235とは違って、プルトニウムはウランと化学的に異なるという理由から、プルトニウムを分離するほうがより簡単で費用もはるかに節約できる。ウランと減速材を使って核分裂反応を持続できる原子炉をつくれば、爆弾を製造するのに充分な量のプルトニウムが生成できるだろう。ただし連合国の物理学者の計算では、この種の原子炉には三トンから六トンの重水が必要となる。そして同程度に大量の重水をドイツがヴェモルクで製造しようとしているとの情報を、イギリスはトロンスターを通じてつかんでいた。

四月二三日にひらかれたチューブ・アロイズの会議でエイカーズをはじめとする科学者たちは、SOEが新たに調達したノルウェーの連絡員（仕事の速いシンナルラン）からの報告について話し合った。送られてきた暗号文によれば、重水の生産は月一二〇キログラムまで増大し、いまもなお増え続けているという。何か手を打たねばならない、とオールド・クイーン・ストリートの面々は決断した。それも早急にだ。チャーチルの戦時内閣に送られた会議の議事録にはこう綴られている。「最近の実験から元素94は軍事目的においておそらくウラン235と同程度の価値があるとわかり、さらにこの元素は重水を用いる工程にて製造するのが最善であることから、本委員会は、できればノシュク・ヒドロ社の生産を止めるべく何らかの手を打つべきであると勧告する」。たとえこれまでは違ったとしても、ここにきてヴェモルクは間違いなく重要な攻撃目標になった。

それからの数週間、突如としてトロンスターの頭は重水のことでいっぱいになった。五月一日にウィルソンからの伝言で、ノシュク・ヒドロ社が重水の在庫をドイツのどこに、そして誰に送っているかを突きとめてほしいと頼まれた。また同じ日に、イギリスにおける重水工場の建設についてエイカーズと話し合った。それからすぐに今度はエリック・ウェルシュと会って、ヴェモルクの内外に諜報ネットワークをつくるよう要請された。

シンナルランはすでにかなりの情報を送ってきているが、やはりそれだけでは充分でない。ナチスはプルトニウムを製造するために原子炉をつくろうとしているのではないかとチューブ・アロイズ委員会は推測した。そうだとすれば兵器が目的なのは間違いない。となれば彼らの動きを何もかも知っておかねばならない。ドイツで諜報活動をおこなうのはまず無理だが、ナチスの科学者がヴェモルクやオスロ、ストックホルムまで出向くことはあり、これらの土地でトロンスターには情報提供を頼める親しい人間がいた。

五月一一日にトロンスターは手紙を二通したためたが、その文面には切羽つまるものがあった。最初の手紙の宛名は、「主人《マスター》」すなわちヨーマル・ブルンである。トロンスターは、重水の生産量はもとより、工場の詳細な見取り図や設計図、写真を送ってほしいと要請した。さらに、「ぼくらのジュース」をドイツが使う件でわかったことは何でも、そして「相手先にご挨拶したいから」重水の送付先の住所も教えてほしいと頼んだ。トロンスターはこう書いた。「君にとってこれは戦争遂行のための協力のひとつと思ってくれ！　何としても探ってもらわねばならない」。そして手紙の最後に「ミッケル（キツネ）」とサインした。これはイギリスに来てからのトロンスターの新たなコードネームである。

二通目の手紙は、元教え子で現在はオスロ大学教授のハーラル・ヴァルゲランに宛てたものだ。ヴァルゲランはハイゼンベルクのもとで学んだことがあり、ほかにもドイツの科学者数人と親しくしていた。「ぼくの親愛なる若き友へ」と呼びかけたこの手紙は、やや謎めいた言い回しで書かれている。「ドイツ人たちがこのとびきり小さな生き物をうまく手なずけたのか知っておかなくてはなりません」。そしてヴァルゲランが先だってニールス・ボーアに会いに出かけた折につかんだ情報をすべて知りたいと打ち明けた。トロンスターはこの元教え子に、ファシズム党の国民連合に紛れ込んで、それから「早急にありとあらゆることを吸収すべく」研究旅行でドイツにわたるよう試みてほしいと指示を出した。

この二通の手紙をウェルシュに託した際にトロンスターは、シンナルランとヴェモルクにいるブルンとの連絡ルートを完全に分けておくよう秘密情報部（SIS）と特殊作戦執行部（SOE）の双方に念を押した。くれぐれも両者のあいだに接点があると疑われてはならない。少し前にテラヴォーグで起きた惨事の二の舞はごめんだった。

そのひと月ほど前、イギリスのこのふたつの機関がそれぞれ作戦を遂行すべく、ベルゲン南西の沿岸部にある同じ島を侵入地点とした。四月一七日、リンゲ中隊の兵士二名が、抵抗組織を立ちあげ破壊工作をおこなうために小舟に乗って島に着いた。ところがその数日前にこの地でSISの諜報員が目撃されたことから、すでにゲシュタポが警戒体制を敷いていた。うっかり村民と言葉を交わしイギリス産の小麦粉を分けてやったがために、リンゲの兵士が来たのがバレた。ふたりは民家に追いつめられ撃ち合いになった。ひとりが死亡し、もうひとりは捕まり、ナチスの親衛隊将校ひとりが殺された。国家弁務官テアボーフェンはこの大胆不敵な戦闘行為に加え、村で武器庫が見つかったことに激怒した。いまやノルウェーは自分の支配下にあるのだ。そのことを、ここテラヴォーグを見せしめにして、ノルウェーの全国民にいま一度教えてやらねばならない。

そこで村を破壊するよう命じ、じきじきにそのようすを見守った。家や建物はことごとく焼き払われ、港では船という船が沈められ、家畜類はすべて殺され、住民は男も女も子どももひとり残らずほうぼうの強制収容所に送られた。さらに、逃げようとして捕まった市民一八人が銃殺隊により処刑された。国家弁務官はゲッベルスの教えを忠実に守ったのだ。「連中がわれわれを愛せないというなら、せめてわれわれを怖がるよう仕向けなければならない」

自分のためにスパイ活動をしている者たちが同じ目に遭うのではないかとトロンスターは危機

感をつのらせた。このことを考えるとひどく気持ちが落ちこんだ。広大なハムステッド・ヒースの公園を見わたす家で自分がこうしてぬくぬくと寝ているあいだも、同郷の仲間はつねに危険と背中合わせでいるのだ。そう思うとなおのこと胸が締めつけられた。

もしもドイツ兵に呼び止められたら、しかもリューカンではドイツ兵がつねに巡回しているのだが、リリアン・シーヴェルスターはただこう答えるつもりだった。ダム管理人補佐のトーシュタイン・シンナルランと結婚した姉のマッゲンに会いに、これからムース湖までいくところだと。町の本屋で働く一八歳の美しい娘リリアンは、笑顔とその魅力でこれまでたいていのことは乗り切ってきた。六月のその日は畳んだ紙切れを持っていたが、これは町にいる友人から手わたされたものだ。おそらくはヴェモルクで実験助手を務める兄のグンナルの記したメモだろうが、何が書いてあるかリリアンには知る由もなく、また決して中身を見たりもしなかった。そのほうがいいのだ。知らないことを白状するなどできないから。ダムに着くと誰からも見られていないのを確かめてから、何の変哲もない丸い石ころの裏に紙切れを隠した。まもなくその紙切れをリリアンの幼なじみのアイナル・シンナルランが回収し、こうしてヴェモルクに関する情報がまた新たに一片、集められるのだ。

ノルウェーにパラシュートで降りた夜、シンナルランは北西から吹く強風にあおられ、岩だらけの丘まで飛ばされた。体を思いきり地面に叩きつけられ、背骨がアコーディオンみたいにぎゅっと縮んだ。起きあがってパラシュートを回収していると、腰の辺りでポキッと音がしたが、それでも放っておくしかない。自分のあとから投下された小さなコンテナはすぐに見つかったが、武器のはいった筒型のコンテナはどこにも見当たらなかった。暗闇のなかで見つけるのはまず無理そうだ。

ガウスタ山のシルエットからして、ムース湖から少なくとも北西に一〇キロは離れた場所に降りたようだ。背中にズキンと痛みが走り、膝も触れるとまだ痛むが、それでもわが家をめざし、岩だらけの丘陵を進んでいった。夜が白々と明けてきたころに、ようやく家にたどりついた。家族のなかで兄のトーシュタインだけがアイナルがどこに行っていたかを知っている。家族は皆、アイナルを暖かく迎え、狩りの長旅はどうだったかと口々に尋ねてきた。痛む背中の理由《わけ》を訊かれても言葉を濁し、ゆっくりと再会を喜ぶ暇もなかった。

シンナルランはそそくさとスキーをはくと、リューカンに行く途中の山小屋で活動を続ける親友のオーラヴ・スコーゲンに会いにいった。地元ミロルグのリーダーを務める、広い額に褐色の巻き毛のスコーゲンには友がどこにいたか見当がついていた。だがパラシュートで戻ってきたと聞くと、すぐに武器のはいったコンテナを見つけなければと血相を変えた。ふたりは降下地点まで出かけてみたが何も見つからない。おそらく雪溜まりに埋もれてしまったらしく、コンテナの回収は諦めるしかなさそうだった。

ムース湖から北に三〇キロほど行ったカルホーヴドで、シンナルランはダム工事の仕事に復帰した。ベルゲンに住むグードヴァイグとはなかなか会う時間がとれなかったが、ときおり手紙は送っていた。ただし裏の活動については内緒にしていた。シンナルランはさっそくヴェモルクに関する情報収集にとりかかった。情報は自ら偵察して集めることもあったが、大半は工場内の人脈を介して入手したものだった。

シンナルランは知らなかったが、ヨーマル・ブルンもまたヴェモルクに関する大量の情報をロンドンに流していた。一九四一年一〇月三日、パウル・ハルテックとドイツの科学者一名が領事のエアハート・シェプケとともにリューカンにやってきた。記章で飾り立てた軍服に見合う熱心なナチ党員のシェプケは、在ノルウェー国防経済幕僚部のメンバーとして、第三帝国のためにノルウェーの産業を利用する責務をになっていた。一行のお供をするビャルネ・エリクセンは、以前はノシュク・ヒドロ社の顧問弁護士を務めていたが、いまでは引退したアクセル・オーベールのあとを継いで社長の座に就いていた。かつて会社は連合国を支持していたが、ドイツによる占領以降、エリクセンは愛国心より要は会社の存続のほうが大事だとの立場をとった。一部の社員が身も蓋もなく言うように、「ヒドロよ永遠なれ……ノルウェーなんて知ったこっちゃない」というわけだ。

重水施設をブルンが案内したのち、一同はリューカンにある豪華な管理棟に集まった。贅沢な晩餐に舌鼓をうったあと、暖かな暖炉を囲み、葉巻をくゆらせ、ウイスキーをちびちびやりながら、シェプケはようやく本題にはいった。工場の生産量が足りず、何かしら手をうたねばならない。ドイツによる侵攻から一年と八カ月でヴェモルクは計三九〇キログラムの重水を出荷したが、そもそもドイツの注文は年に一五〇〇キログラムであり、この調子では当初の目標にはるかにおよばない。しかも今後は生産量を三倍以上に増やし、年間五〇〇〇キログラムを製造してもらう必要がある。

ここでハルテックが口をひらいた。生産量をそこまで上げる方法はふたつある。ひとつは、現行の電気分解施設を拡張すること。すなわち、最初のカスケードにおいて電解槽の数を増やし、さらに高濃縮施設の規模を倍にする。あとひとつは、電解処理中にガス化したデューテリウムを無駄にせず確実に再利用するための新技術（触媒交換法）をテストして導入する方法だ。結局、どちらも実行することで話が決まった。

ブルンは、これらの案を採用すべく計画を立てるよう指示を受けた。だがおいそれと手を貸す気にもなれず、しかも重水が必要とされる理由がいまもって不明なことから、すぐには腰を上げなかった。じつのところ、この数カ月、ブルン自らが高濃縮室の電解槽にタラ肝油をこっそり入れて重水を泡立たせ、生産を遅らせていたのだ。とはいえ、この方法で製造妨害を続けても、いずれバレるに違いない。一九四二年一月、ブルンはベルリンに来るよう命じられた。そしてハルデンベルク通り一〇番地の陸軍兵器局での会議に何度か呼ばれ、またもしつこく増産を迫られたのだが、その相手はもっぱらクルト・ディープナー博士と名乗る人物だった。これほど大量の重水を何に使うのかとブルンが尋ねると、ディープナーいわく「キニーネ工場」に送ってトニックウォーター（少量のキニーネ・レモン・ライムで風味をつけた炭酸飲料。ジンやウオッカに混ぜて飲む）をつくるのに使うという。まったく笑えない冗談だ、とブルンは思った。

それから数日かけて、ブルンはハルテックとともに工場での今後の方針を練りあげた。どれほどの費用がかかろうと、一刻も早くこの改善策を実行しなければならない。そうすれば、少なくとも一日八キログラムの生産が見込めるだろうとハルテックは予想した。さらに、ノシュク・ヒドロ社の所有するほかの二カ所の水力発電所でも重水工場の建設を検討する必要がある、とブルンは告げられた。ソーハイム（これもリューカンにある）とノートッデンにあるこれらの発電所は、ヴェモルクに比べて規模が小さく、電解設備も貧弱ではあるが、このふたつを足せば一日六キログラムの追加供給が見込まれ、合計すれば年間五〇〇〇キログラム、もしくはそれ以上の生産が可能になる。

ブルンがベルリンで会った科学者のなかには、ノルウェーの苦境に同情し、ひそかにヒトラーへの嫌悪を口にする者もいた。彼らはブルンに、誰に何を言うかよく気をつけるよう忠告し、とくにディープナーのような熱心なナチ党員には注意したほうがいいと教えてくれた。それでも何のために重水が必要なのかを明かす者は誰もおらず、ブルンを安心させるためか戦争目的で使うわけではないと言いきった。この旅はブルンにとって心穏やかならぬものだった。「ヒトラー万歳」と叫ぶ声がひっきりなしに聞こえ、「敵の盗み聴きには注意せよ」と路面電車の看板が警告する。カイザー・ヴィルヘルム研究所の食堂ですら粗末な食事しか出ず、室内にもほとんど暖房がはいっていない。ある日、街で数人のユダヤ人の少女とすれ違ったが、ブラウスに黄色い星が縫いつけてあるのが目にとまった。

工場に戻ってくると、ブルンはしぶしぶ設備拡張に手をつけた。高濃縮用の電解槽の数を倍の一八個に増やした。九段階のカスケードはすでにかなりの規模だったが、さらにこれを拡張し、四万三〇〇〇個を超える電解槽を組み込むことにした。また触媒交換法のパイロットテストにも着手し、さらにソーハイムとノートッデンについての計画も立てられた。

五月にはテアボーフェンがヴェモルクを訪れ、その後ハルテックが再度やってきて、自身の新たな触媒交換法に改良を加えてからこれを採用した。生産量はアップし、一九四一年一二月には平均月八〇キログラムだったのが、一九四二年六月には一三〇キログラムに増え、いまも増加の一途をたどっている。ソーハイムとノートッデンでも近いうちに操業が開始される予定だ。

こうした情報はすべて、それぞれ別個に活動するシンナルランとブルンによって集められ、暗号化した伝言の形で、まずはオスロに、その後スウェーデンへと運び屋を介して届けられた。伝言は歯磨き粉のチューブのなかにこっそり詰めたものもあれば、国境を越える使者の背中に貼りつけたものもあった。その後、飛行機でロンドンに運ばれ、ようやくベイカー・ストリートのチルターン・コートにたどりつくのだ。

シンナルランからのある報告では、工場の警備の貧弱さがつぶさに語られていた。彼いわくドイツは「周囲の手つかずの自然に守られていると過信している。夜勤の守衛を務めるのはたいていゲオルグ・ニーフースという中年の気のいい男で、近隣に住む者だ。この男を傷つけてはならない。その仕事はただ窓ごしに作業員の許可証をチェックするだけで、その前に、橋のところでふたりの哨兵がすでに確認をすませている」

さらにブルンが送ってよこした「ブドウ糖強化のための高濃縮施設」と題する報告には、工場の在庫目録がふくまれており、そこには高濃縮用電解槽の鉛管からサンドシール、ゴム製の接続部品、フランジ（軸や管などの端に付ける輪状の金具）までもが記録されていた。建物の青写真や詳細な装置の図面、生産量をマイクロ写真にしたものも続けて届けられた。それは重水施設をつくるのに、もとい、いまある唯一の重水施設を破壊するのに必要なありとあらゆることだった。

一九四二年六月四日、クルト・ディープナーがじっと見つめるなか、上等なスーツや軍服を着た客人たちが、カイザー・ヴィルヘルム研究所の本部であるハルナック・ハウスの講義室にぞろぞろとはいってきた。原子の研究にかかわる科学者のほかにも、出席者にはドイツの陸海空軍の兵器局をそれぞれ統括する、エミール・レープ将軍、カール・ヴィッツェル提督、エアハルト・ミルヒ空軍元帥の姿がある。新しく軍需・軍事生産相に就任した周到なアルベルト・シュペーアが、原子力計画の今後の方針を決定すべく彼らを呼び寄せたのだ。これはそもそもディープナーが音頭をとって始めた計画なのだが、その彼を差しおいて報告をおこなうため壇上に立ったのはハイゼンベルクだった。

ウラン・クラブは結成から最初の二年間、原子科学の研究において着実に前進していた。ナチスの軍事的勝利のおかげで、科学者たちはヴェモルクの重水を手に入れやすくなった。重水は減速材として黒鉛よりも優れており（じつは中心的科学者のひとりヴァルター・ボーテによる計算間違いだったのだが）、しかもこの炭素の産物よりも高濃度の状態で入手しやすいとの最終的な判断がくだされ、重水はますます頼みの綱とされるようになった。さらに科学者たちは数トンものベルギー産ウランと、フレデリック・ジョリオ＝キュリーから接収した、亜原子粒子の衝突を研究するためのサイクロトロンも手に入れていた。

七〇人を超える科学者が各地の研究所に散らばり、ありとあらゆることについて基礎段階ではあるが必要な研究を続けていた。テーマは核分裂生成物のエネルギーから、ウラン235同位体の各種分離方法、ウラン装置の設計、そしてついにはこの装置から生成される新たな核分裂性物質「元素番号94（アメリカではプルトニウムと呼ばれる）」にもわたっていた。カイザー・ヴィルヘルム物理学研究所の隣では、新たな実験室（招かれざる客を寄せつけないよう「ウイルス・ハウス」と呼ばれた）の建設も始まった。このとき未来は明るく輝いているかに見えた。

進展ずくめのなかでもとくに活気あふれるのはウラン装置の開発だった。一九四一年の九月にライプツィヒで、ローベルト・デュペル教授がハイゼンベルクの手を借りて、中性子源となるベリリウムを中心にして酸化ウランと重水を同心円状に二層に配置した、球状の小さな装置をこしらえた。そしてこの装置を大型の水槽に沈め、実験結果が出るのを待った。すると、わずかながらもたしかに中性子の増加が観察されたことから、この装置がウラン235の原子を順調に分裂させたことが裏づけられた。重水と高濃縮ウランの層をさらに増やせば、ハイゼンベルクの「第六感」によれば、核分裂反応が一定の割合で持続する原子炉《パイル》ができるはずだ。このとき以降、「われわれの前には原子爆弾につながる公道《オープンロード》がひらけた」と、ハイゼンベルクは発言した。ディープナーにも異存はなかった。あとはこの諸々の基礎研究をすべて産業化につなげられるかどうかが成功の鍵になるとディープナーは考えた。

ところが、それから二カ月が過ぎ、東部戦線でソ連が反撃に転じ、ヒトラーの要請でドイツが目先の戦時需要を満たすことに専念しだすと、ディープナーの上司で、当初から「原子のたわごと」をおもしろく思っていなかったエーリヒ・シューマンが研究の見直しを求めてきた。一二月一六日、シューマンはこの計画を、基礎応用科学の研究をおこなう産業志向型の民生機関「帝国研究評議会」にまかせてはどうかと将軍らに進言した。たとえ兵器がつくれたとしてもまだ遠い先の話だとシューマンは判断したのだ。そこで将軍たちは、一九四二年二月に開催される次回の兵器局の会合に決定をゆだねることにした。そのころになると、評議会の主要な科学者のひとりであるアブラハム・エサウが、包括的な組織を率いるにふさわしい人物として頭角を現していた。無線電信分野の草分け的存在で物理学の教授、そしてナチス・ドイツで少なからぬ影響力をもつエサウは、ディープナーが一九三九年にウラン・クラブを率いることになった折に、陸軍によって核分裂研究からはずされていた。ここにきてエサウはその仕返しに乗り出したかに見えた。

二月二六日にひらかれた兵器局の第二回会合において、ディープナーは一三一ページにもわたる労作の報告書で自らの主張を明らかにした。「現況では、原子エネルギー（の利用）のための準備をしておく必要がある……なにしろこの問題については、敵国、とりわけアメリカが大々的に取り組んでいるからである」。それぞれ五トンのウラン鉱と重水、そして連鎖反応が持続する装置さえあれば、一〇から一〇〇キログラムのプルトニウムを使って「最大の威力を持つ爆弾」をつくることも夢ではない。ディープナーはこの目標に向けて段階的な計画を提案した。目標達成に必要なのは、そのための人員と物資、資本だけである。

その同じ日に帝国研究評議会は、ハーン、ハイゼンベルク、エサウをおもな講演者とする、原子物理学関連の会議を独自にひらいていた。会議の出席者はこの技術の将来性にいたく感心して帰路についた。ゲッベルスは日記にこう書いている。「原子を破壊するというこの分野の研究はかなり進んでおり、その成果をひょっとすると戦争遂行に使えるかもしれない。このわずかな努力でこれほどとてつもない破壊力が得られるとなれば、この戦争の行末は恐ろしいものに思えてくる」

とはいえ陸軍の将軍たちを納得させるまではいかなかった。ディープナーは成功を確約することはできなかったのだ。一年以内に完成する保証もないのに膨大な出費と労力を要求するその言い分は説得力をもたず、陸軍はウラン・クラブの管轄を帝国研究評議会にゆだねることにした。しかもディープナーにはさらなる試練が待ち受けていた。ハイゼンベルクが新たにカイザー・ヴィルヘルム物理学研究所の所長に選ばれ、自分はオフィスを去らねばならなくなったのだ。

この大改革から四カ月が過ぎても、ディープナーはいまだこの計画を産業規模で進める望みを捨てていなかった。そして一九四二年の六月、このプロジェクトの手綱を握っていたシュペーアが、どれほどの支援をすべきか判断をくだすべく、カイザー・ヴィルヘルム研究所の本部ハルナック・ハウスにて会議を招集したのである。

会議ではまずハイゼンベルクが壇上に立ち、科学者たちの研究成果を報告した。明るい金髪をかきあげる青い目のすらりとしたハイゼンベルクが聴衆の目をひくさまは、ディープナーには決してまねのできないものだった。最初に原子科学の理論をざっと説明すると、次に同位体の分離、ウラン装置、そしてプルトニウムの生成について具体的な説明にはいった。それから、この科学の技術的応用がどんな可能性を秘めているかを語り、聴衆の度肝を抜いた。ウラン装置があれば「船舶、ひょっとしたら飛行機にも使える史上最大の動力源」が手にはいるだろう。そしてプルトニウムがあれば「いま現在あるすべての爆弾の何百万倍もの威力をもつ」爆弾がつくれるだろう。ニューヨークに爆弾を落とすことを想像したひとりの将軍が、そんな爆弾をつくるとしたら、どれくらいの大きさになるだろうかと尋ねた。ハイゼンベルクは両手を丸めてこう答えた。「パイナップルくらいの大きさですね」

それから一転してハイゼンベルクは期待を萎ませにかかった。彼いわく、どれもまだ基礎研究の段階にすぎない。もっと理論を発展させ、もっと実験をおこなう必要がある。しかも前途には多くの障害がある。重水の供給もしかりだ。いつの日か、はるか未来に、爆弾が「戦争の潮目を変える」かもしれないが、まずは実験用の原子炉をつくる必要があり、それさえまだ道は遠いと締めくくった。

そこでシュペーアが、プロジェクトにはどれほどの資金が必要かと尋ねた。ハイゼンベルクは全部で三五万マルクだと答えた――実際、たいした額ではない。V1飛行爆弾やV2ロケットなどの開発では、プロジェクトを完了し戦争に使えるまでにするのに科学者たちは何十億マルクもの資金と数万人もの人員を要求していた。シュペーアは拍子抜けし、いっぽうディープナーはハイゼンベルクがそんなはした金を口にしたことに憤慨した。パイナップルほどの爆弾が間違いなく戦争の勝敗を決めるなら、そしてその製造に真剣に取り組む気があるのなら、よほどの資金なくして結果など出るわけがない。

会議を終えたシュペーアは、ドイツの目下の戦略に最も利すると自ら信じる飛行爆弾等の計画に力を入れるべく舵を切った。ただし原子エネルギーの利用に関する基礎研究は続けられることになった。帝国研究評議会がこのプロジェクトの指揮をとり、兵器局は資金面で援助する。科学者には必要な物資が供給され、研究のため今後も兵役は免除される。ただし、とくに再検討すべき理由がないかぎり、研究はあくまで将来の可能性に着目するもので、目下の戦争に利用するための大規模なプロジェクトはいっさいおこなわない。

それでもディープナーは諦めなかった。そして、ベルリンから南西四〇キロのゴットウにある、陸軍兵器局のクンマースドルフ実験場で自身の研究に戻った。この計画の草創期に集めた大勢の若い物理学者とともに、ディープナーは他の科学者たちが考えたものとはかなり異なる設計の、独自のウラン装置の開発をひっそりと続けていた。そして着実に爆弾への道を歩んでいたのだ。

一九四二年六月一七日、ウィンストン・チャーチル首相は葉巻をくわえ、月光に明るく照らされた大西洋の海原を眺めていた。ボーイング・クリッパー飛行艇の操縦室にすわり合衆国をめざして飛ぶあいだも、あまたの問題が脳裡をよぎる。欧州本土がことごとくヒトラーの手にくだったいま、英米の爆撃機が夜ごとドイツを叩いてはいるものの、英仏海峡をわたった侵攻がおそらく大陸を解放できる唯一の道に違いない。だが連合軍にその準備ができているとは到底いえないのはチャーチルにもわかっていた。侵攻の時期を遅らせるよう合衆国大統領フランクリン・D・ローズヴェルトを説得しなければならない――大西洋を越える二八時間の旅の目的はおもにふたつあり、これがそのひとつ。あともうひとつは原子爆弾にまつわる相談だった。

シャンパン一杯と浅い眠りのあと、チャーチルは信頼を寄せる機長ロジャーズの傍らで着陸に備えシートベルトを締めた。クリッパーはワシントン記念塔を過ぎ、ポトマック川に着水した。ここ首都ワシントンで陸軍参謀総長のマーシャル将軍と面会すると、その翌日にはローズヴェルト一家の所有地があるニューヨーク州のハイドパークに飛んだ。大統領は滑走路でチャーチルを出迎えた。外から見ると、ふたりはまったくの好対照をなしている。かたや背が低く威勢のいいイギリスのブルドッグ、かたやのっぽで物腰柔らかなアメリカのライオン。それでもチャーチルとローズヴェルトはどちらも狡猾な政治家であるのはもちろん理知的な人間で、大戦をくぐり国民を率いる重圧をともに背負っていた。そしてふたりはよき友でもあった。

ローズヴェルトは身体の不自由を補う特別な手動レバーをあつらえた青のフォード・フェートンを運転し、客人をハドソン川沿いの絶壁をめぐるスリル満点のドライブに連れ出した。二時間のあいだ、ふたりは戦況について語り合い、チャーチルは、人がひしめく円卓越しに向き合うより所有地を車ですっ飛ばすほうが、はるかに落ち着いて話ができると上機嫌だった。

その週の前半にローズヴェルトは、アメリカ陸軍による大規模な原爆開発計画を提案する報告書に目を通していた。大統領の筆頭科学顧問で、レイセオン（アメリカの航空機・防衛機器メーカー）を創立したヴァネヴァー・ブッシュがこの計画の陣頭に立ち、費用は五億ドルと見積もられた。

この計画の発端はイギリスのチューブ・アロイズによる計画と多くの点で似通っていた。一九三九年八月、欧州から移住してきたばかりの科学者たちと会ったアルバート・アインシュタインは、ローズヴェルトに手紙を送り、ドイツに先んじて核分裂を爆弾に応用することを検討する必要があると警告した。その後、第一級の物理学者による「ウラン委員会」が設立され、それから二年間、資金はわずかでも野心あふれる科学者たちが研究をおこない、イギリスでの発見を歓迎し、破壊的な新兵器をつくることは可能であることを——そして成功への道筋がいくつかあることも——発見した。一九四二年の夏になると、ドイツがすでに原子炉を完成させたとの噂がヨーロッパからはいってきた——アメリカではまだ実現できずにいるというのに。ある科学者（ハンガリー出身の亡命物理学者レオ・シラード）はブッシュに手紙を書き、アメリカも断固取り組むべきだと強く迫った。「ドイツの爆弾がアメリカの諸都市を壊滅させる前に、われわれに備えができているとは到底思えません」

「オーケー、Ｖ・Ｂ（ヴァネヴァー・ブッシュのイニシャル）」とだけの手書きのメモで、ローズヴェルトはこの計画を進めることを承認し、これは「マンハッタン計画」とのコードネームで呼ばれることになった。「大きければ大きいほどいい」との、いかにもアメリカらしいやり方で、重水を用いた原子炉からプルトニウム、そしてウラン２３５同位体の分離など、原子爆弾をつくるありとあらゆる手段を検討するよう上からの決定がくだった。

六月二〇日、ハイドパークにある大邸宅の、玄関ポーチを見おろす狭くて薄暗い書斎で、ローズヴェルトとチャーチルは話し合いをもった。以前は子どもたちが勉強部屋として使っていた部屋だが、いまはローズヴェルトがひとり静かにこもる場所で、壁には本棚が並び、船の写真が飾られ、巨大なオークの机が部屋いっぱいを占めている。

　チャーチルは地球儀の脇に腰をおろすと、いよいよ本題を切りだした。「われわれより先に敵が原子爆弾を手に入れたらどうなる！」。のちにこの会話を振り返り、チャーチルはこう書いている。「たしかに科学者のあいだでも大いに議論され、出てくる専門用語も素人にはちんぷんかんぷんだが、連中の推論をいくら疑ってみたところで、このおぞましい分野で先を越される致命的なリスクを負うわけにはいかない」。両国とも「互いの情報をまとめ、対等の立場で協力し合い、どんな成果であれ平等に分かち合う」ことが必要だ。チャーチルは議論になるのを覚悟していたかもしれないが、その心配は無用だった。この提案にローズヴェルトは諸手をあげて賛成し、イギリスではナチスによる空爆が続いているため合衆国を活動の拠点とすることに話が決まった。
　ふたりはドイツが重水《ヘヴィーウォーター》――「不気味で、奇っ怪で、何やら恐ろしげな言葉だ」とチャーチルはのちに語っている――の生産に注目している件についても話し合った。首相がロンドンに戻って数日後、戦時内閣はヴェモルクへの攻撃計画を最優先で進めることに決定した。

第二部

第六章　コマンド指令

リューカン出身のイェンス＝アントン・ポウルソンはとにもかくにも任務に就きたかった――指揮官が与えてくれないなら自分でこしらえるまでだ。ポウルソンは世界をほぼ一周してイギリスにたどりつくと、リンゲ中隊に加わった。一九四一年一〇月にイギリスに来て以来、あまたの作戦があるのは耳にしていたが、実行されたものはひとつもない。何より楽しみにしていたのは、クレヴォヤント作戦を実行する六つの部隊のひとつで自分が指揮をとることだった。おもな任務はヴェストフィヨルド谷に照明を設置し、夜間にヴェモルク発電所まで爆撃機を誘導すること。なのに作戦は中止となり、ポウルソンが日記に書いたように「おれの一世一代のチャンス」がその手から滑り落ちた。

かくして一九四二年二月の下旬、ポウルソンは新たな作戦を提案すべく、スコットランドからロンドンのお偉方のもとにはせ参じた。ウィルソン中佐の部下に面会したポウルソンは、小部隊を組織してテレマルク県周辺にレジスタンス組織を立ちあげ、鉄道線路に破壊工作を仕掛ける作戦を提案した。そして詳細を報告書にまとめると、この提案が検討されているあいだ、ひとまずスコットランドに戻っていた。

ところが数週間が過ぎても返事は来なかった。そのあいだ、ポウルソンは空港を襲撃する訓練に送られた。さらに四月初旬にはＳＴＳ31に行くよう命じられる。ここはイングランド南部の森林地ボーリューにある通称「花嫁学校」。そこで三週間にわたりスパイ活動や地下生活の訓練を受けた。そこでは、いかに自分の正体を隠すか（「大半は本当の話にしておけ」）、標的を尾行するか、内通者を引き抜くか（「酒の一、二杯が役に立つ」）、地下支部を組織するか、秘密の拠点をつくるかを教わった。それから、いかに敵のスパイ活動を出し抜くかも学んだ。たとえば、どのように尾行をまき（「わざと人気《ひとけ》のない長い通りを歩いてから、さっと人混みに紛れ込め」）、周囲に気を配り（「聞き覚えのある声、見覚えのある顔は、あとをつけられている証拠だ」）、上手なアリバイをこしらえるか。さらに教官から教わったのは、標的をいかに監視するか、街の風景に溶け込むか、建物に押し入るか、手錠をはずすか、部屋を見て瞬時に脱出口を見つけるか。ポウルソンはマイクロ写真や暗号文、あぶり出しインクなどを使って秘密の伝言を残すのが得意になった。それは、自分がそれまで想像していた戦闘とは何もかもが違っていた。

さらには敵についてのありとあらゆること、その組織や制服、規則から捜査方法、無線傍受の能力、尋問の技術までを学んだ。万が一事情聴取を受けた場合は、教官いわく「そこら辺によくいる真正直で間抜けな市民だとの印象を与えるのだ」。訓練学校の教官ウールリッチ少佐は生徒たちにこう説いた。「覚えておけ。一流の工作員は絶対に捕まらない。だがなかには……つい気を抜く奴もいる。そんなときこそ要注意だ。絶対に気を抜くんじゃないぞ。敵がいま眠っているなどと勝手に思い込むな。奴らはおまえたちを四六時中見張っているかもしれない。決して用心を怠るな」

ポウルソンがＳＴＳ31を卒業したときの教官の報告は、よくもあり悪くもありといったところだ。「第一印象よりもはるかに頭は切れる。というのもかなり引っ込み思案だからだ。しかし任務については完璧に理解している……おそらく副司令官にはうってつけの人間だろう」。身長一八八センチと背が高く、濃褐色の巻き毛に細面の顔、明るい青い目をしたポウルソンは、人が集まる場所では地味に引っ込んでいるタイプで、壁際でパイプの煙の雲に隠れているのが好きだった。それでも「副司令官にはうってつけの人間」というのはまったくもって的外れな評価であった。

ポウルソンはリューカンで生まれたが、ここの住民はお日様を浴びて育つか、暗い日陰で育つかのどちらかだといわれる。ノシュク・ヒドロ社の上級職員はヴェストフィヨルド谷の日当りのよい北斜面に立つ豪邸に住み、平社員の家はもっと下の川沿いにある。父親が町で同社の主任技師を務めていたイェンス＝アントン・ポウルソンは、日の当たる場所で育った。一族には名士が連なり、貴族や船長、陸軍高官、イギリスの勲爵士《ナイト》の爵位を授かった者までいて、ムース湖に浮かぶ島をふくめハルダンゲル高原に一万エーカーほどの土地をもっていた。

父親と祖父から名前をもらったイェンス＝アントンは七人きょうだいの六番目に生まれた。幼いころは、まだ金髪だった巻き毛を片手でまっすぐになでつける癖があり、人前では恥ずかしがり屋で、いつも写生帳や冒険物語に顔をうずめていた。戦争や極地探検、大自然でのサバイバルの物語を手当たりしだいに読んでいたが、本の虫のわりに学校はあまり好きではなかった。興味があるのはもっぱら外の世界。一一歳の誕生日に散弾銃をもらうと、まもなく初めて雷鳥《グラウス》を仕留めた。一〇代の前半は、近所に住む親友のクラウス・ヘルバルグと一緒にハルダンゲル高原を飛びまわり、スキーや釣り、狩りにハイキングを楽しんだ。もの静かで落ち着いていて、周囲から一目置かれるポウルソンは、いつしか仲間うちで暗黙のリーダーになっていた。

将来は何になりたいかポウルソンに迷いはなかった。陸軍将校だ。生真面目なポウルソンはルールや管理が好きだった。リューカンの学校では、同年齢の子どもたちは二クラスに分かれていた。ひとつはやんちゃで手のつけられないクラス、もうひとつはお行儀のよいクラス。荒れたほうのクラスをなんとかおとなしくさせたいと考えた校長が、ポウルソンとヘルバルグをそのクラスに移してみると、数カ月のうちに教室に規律が戻った。一五歳になると軍事訓練キャンプでひと夏を過ごした。そこでカービンタイプ（銃身の短いライフル）のクラッグ・ヨルゲンセン銃を自分用に与えられ、歩調を揃えた行進の仕方を教わった。二〇歳になると陸軍第二師団の下士官学校に入学した。その学校にいたときにドイツによる侵攻が始まったのだ。所属する大隊はもっぱら防衛陣地に配置されたが、五日もたたないうちに降伏しスウェーデンまで撤退した。「人生で一番悲しい日だった」とポウルソンは綴っている。戦うことすらできなかったのだ。

スウェーデンでしばらく宿営したのちノルウェーに戻り、それから数カ月リューカン郊外に身を潜めていたが、何かしたくてうずうずしていた。けれど船でイギリスにわたるめどがつかず、結局スキーで中立国のスウェーデンに引き返すと、そこから世界をまわる旅

グラウス作戦の指揮官イェンス＝アントン・ポウルソン Norges Hjemmefrontmuseum

に出た。トルコで目にしたのは「泥や石造りの小屋に、叩いた油缶の屋根」。カイロで学んだのは「ハエと露天商は最大の悪疫」。ボンベイまでの荒れた船旅で経験したのは「腹痛に頭痛」。インドで野営したときは「大量のシラミと同宿したが、できればご遠慮願いたかった」。それでも祖国を離れて旅した経験のない若者にとっては大冒険で、目から鱗の旅だった。半年にわたる放浪のあいだ、ときおり自分には優れた兵士になる資質があるのだろうかと不安になることもあった。ある晩、日記にこう書いた。「戦火を浴びて初めて自分がどう動くかがわかるのだ」

　スパイ訓練を終えてＳＴＳ26に戻ったポウルソンは、リューカン周辺でレジスタンス組織を結成する自らの提案が通ったことを知る。いよいよ自分がどんなたぐいの兵士かがわかるのだ。グラウス作戦の精鋭部隊は数週間以内に出発し、ポウルソンが指揮をとることになった。作戦決行の合図が出るまで、ポウルソンとその仲間は、この作戦名の由来となった高地に生きる雷鳥《グラウス》のように、このうえなく過酷な冬を生き延びなければならない。

　ところが不運な延期が何度か続いた末に、ノルウェーの夏は日照時間が長いことから、まもなくチームの出立は危険すぎるものになった。この地にパラシュート降下できるのは、ごく短い時期に限られる。一年の半分は夜でも明るすぎて、ドイツ軍に見つからずに飛行機が山間を飛ぶことは不可能なのだ。そしてもう半分の、とりわけ長い冬のあいだは、満月の時期を選んで降下をおこなう必要がある。その時期なら、暗闇にかろうじて射す天然の明かりを頼りに、パイロットは地表の目印から進路を確認でき、パラシュート兵は安全な着地点を選べるのだ。

　かくして作戦は九月下旬まで延期となり、ポウルソンは正規軍に再びはいるべきかと思案した。

クヌート・ハウケリをはじめ中隊の仲間も同様の思いでいた。とはいえイギリスに逃れてきたノルウェー陸軍の兵士たちも、同じく無為無策に業を煮やしていたのだが。結局、近いうちに出番があるとリンゲ中隊の指揮官に諭されて踏みとどまった。

そのあいだ、ポウルソンは自分の率いるチームのメンバーを最終的に決定した。まずはアーネ・ヒェルストルプ。小柄だが胸幅の広い配管工で、育ちは違うが生まれはリューカンだ。侵攻時にドイツと戦ってくらった弾丸一発をいまも尻に大事に抱えている。ポウルソンとともに世界をまわり、リンゲ中隊に加わっていた。次はクヌート・ハウグラン。くしゃくしゃの金髪に華奢な体つきの二四歳の青年で、少年のような痩せた顔に凛とした知性を秘めている。リューカン出身の大工の息子で、いまや第一級の無線士だ。そして、ポウルソンがスコットランド高地でよくつる

アーネ・ヒェルストルプ
Norges Hjemmefrontmuseum

グラウス隊の無線士クヌート・ハウグラン
Norges Hjemmefrontmuseum

クヌート・ハウケリ
Private Collection, Haukelid Family

クラウス・ヘルバルグ
Norges Hjemmefrontmuseum

んでシカ狩りに出かけたクヌート・ハウケリ。この男は、ハルダンゲル高原を生き延び作戦をまっとうする術を知っている。

ところが作戦のゴーサインを待つあいだ、山間で訓練を受けていたハウケリは、ある日うっかりつまずき、はずみで自分の足を撃ってしまった。医者は、すっかりしょげかえったこの奇襲隊《コマン》員《ド》に、少なくとも一〇月までは「任務に不適格である」と宣告した。ポウルソンはただちにかわりのメンバーを選んだ。幼なじみのクラウス・ヘルバルグだ。背が高く見事に引き締まった、人一倍丈夫な体に、いたずらっぽい目をしたヘルバルグは、この早春にイギリスにわたりリンゲ中隊に加わっていた。パラシュート降下の訓練を受けてもらう必要はあるが、そのための時間はある。

八月いっぱいポウルソンたちは作戦の準備をし、自分たちと一緒に降ろされる八個の筒状コンテナに詰める装備を揃えた。目録は二ページにわたり、重量は三二〇キロ近くになった。内訳は、スキー用具にブーツ、ゲートル、ウインドブレーカーにウールの下着類、寝袋に調理器具、各種工具、タバコ、ロウソク、テント、灯油、ザック、地図、しもやけ用軟膏、無線装置とその電源用に六ボルトの充電式バッテリー二組、銃器類に弾薬、そして食料。無線士のクヌート・ハウグランは自分の要求した物品に誰よりもこだわった。イギリスの補給将校を何かと悩ませながらも、バッテリーの正確な型番をはじめ、作戦に必要な無線機器をこと細かに指定した。それが彼流のやり方だった。

八月二九日、蒸暑くときおり雷雨に見舞われたその日、ポウルソンは作戦の最終確認をするためロンドンに出向き、チルターン・コートでウィルソン中佐とライフ・トロンスターに面会した。グラウス隊はリューカンから北北西に一六キロ離れたランゲショー湖付近に降下することとし、地上からアイナル・シンナルランが飛行機を誘導してくれることになった。ハウグランは地元リューカンの抵抗組織にいたときからシンナルランと知り合いだし、そもそもチーム全員がシンナルラン一家をよく知っている（アイナルの兄トーシュタインは町の伝説的スキージャンパーなのだ）。ただし、万一何かの事情でシンナルランが案内役を務められなくなった場合は、隊員たちは視界のきかない土地に降り、自力でムース湖に向かわねばならない。ウィルソンとトロンスターは作戦内容を伝え、その目的は、将来の攻撃計画に備えるため「少人数の独立した組織をいくつか」立ちあげることだと説明した。攻撃目標とは、ドイツの通信網や橋、道路など。ただしヴェモルクの話は出なかった。ポウルソンの知るかぎり、ここはクレヴォヤント作戦が中断されて以降、攻撃目標からはずされているはずだった。

その二日後、グラウス隊はゲインズ・ホールにあるＳＴＳ61に向かった。ケンブリッジ郊外のテンプスフォード飛行場にほど近いこの壮大な邸宅は、かつてオリヴァー・クロムウェルの住まいだったが、いまではＳＯＥが海外に送り出す工作員の出発地になっている。グラウス隊はここで訓練を続けながら待機することになる。

同じ日の八月三一日、チューブ・アロイズの本部、すなわちオールド・クイーン・ストリートの煙のこもった部屋で、トロンスターはグラウス隊がヴェモルクへの攻撃を指揮してはどうかと提案していた。テーブルを囲むのは、統合作戦司令部の作戦計画責任者ロバート・ネヴィル大佐、ウォレス・エイカーズ、そしてエイカーズがＩＣＩの研究部長だった当時の補佐役で、いまやイギリスの原爆計画の鍵を握るメンバーとなったマイケル・ペリンである。

一九四一年一〇月にルイス・マウントバッテン卿が統合作戦司令部を引きつぐと、陸海空軍を合わせた作戦をまかされたこの部門は大混乱に陥った。以後、王家の血を引くこの四二歳のイギリス海軍のヒーローが指揮した作戦は、とにもかくにも波瀾万丈の経緯をたどる。そしてこの八月半ばに惨憺たる結果に終わったディエップ上陸作戦の記事が、いまようやく新聞の見出しから消えかけたところだった。

チャーチルがアメリカから戻ると、戦時内閣はヴェモルクを攻撃目標とする作戦について検討するようマウントバッテンに要請した。彼の部下で、この作戦計画をまかされたイギリス海兵隊員のネヴィルは、自分たちだけでこの仕事をやれると思っている節があった。

四人の男たちはヴェモルクでの重水製造を止める作戦について、いくつかの候補をあげて検討した。それらは（1）ノシュク・ヒドロ社の従業員が内部から攻撃、（2）ポウルソンとそのチームが潜入、（3）SOEの攻撃部隊六名が水圧管路を爆破（先のクレヴォヤント作戦とよく似ている）、（4）二五人から五〇人の統合作戦部隊が襲撃し、水圧管路と工場を破壊、（5）イギリス空軍による空爆、である。

トロンスターは空爆に異を唱えた。この一帯で製造される水素とアンモニアの量を考えれば、大規模な爆発が起きてリューカンの町全体が吹っ飛びかねない。しかもどんな爆弾だろうと、工場内の奥深くまで届き、地下の高濃縮設備を破壊するのはおそらく不可能だ。また工場内で働いている者を工作員に引き抜く案――つまり内部者による犯行――については、そんな仕事をまかせられるほど信頼できる人間を工場で集められるとは思えない。かわりに自身のグラウス隊が先頭に立って直接攻撃してはどうだろうか。彼らならこの一帯に土地勘があるし、そのうえ最近届いたばかりの情報によれば工場の警備はそれほど厳しくないとのことだ。追って六名からなる後発隊を送って破壊工作を実行すれば、成功する確率は充分あるだろう。

ネヴィルは迷った――ドイツ側の警備は報告よりも厳重かもしれない。よってグラウス隊には案内役を務めさせ、イギリスの工兵隊が襲撃するほうがいいだろう。兵士が五〇人もいればどんな抵抗に遭っても敵をねじ伏せられるだろうし、人数が多ければ工場にもっと大規模な攻撃をおこない、以後は脅威の対象から除外できるかもしれない。問題は工兵たちがどうやって工場から、ひいてはノルウェーから脱出するかだ。この作戦だと、工兵たちが「特攻部隊」になる可能性がきわめて高いことはネヴィルも承知していた。

最終的な判断をくだすのはマウントバッテンだと四人ともわかっているが、ヴェモルク襲撃作戦でどうやらグラウス隊がひと肌脱ぐことになりそうだった。

トロンスターは自分も現場で作戦に参加したくてたまらなかった。たしかに戦争遂行には貢献している。自分には独自の情報網もある。イギリスの防衛産業を支援すべくノルウェー人科学者も引き抜いた。心配される化学兵器による攻撃についても助言した。リンゲ中隊の方針や訓練、作戦を決めるのにも手を貸している。それでもときおり、自分は報告書やら会議やらで机上の戦いをしているにすぎないと感じてしまうのだ。この「異常な生活」から離れたかった。自分がこうしてロンドンにいるあいだも、戦争の重圧に苦しむ人たちがいる。親しい友が何人も命を落とした。ゲシュタポは自分の家族を家から追い出し、自分の消息をつかもうと妻を責め立てている。ブルンもシンナルランも故国のために日々命がけで諜報活動を続けている。自分も同じことがしたかった。

この三月に三九歳の誕生日を迎えると、トロンスターはタバコをやめ、ひたすら運動に励むようになった。六月にはＳＴＳ51でパラシュート訓練を受けた。毎晩、自宅近くの広々としたハムステッド・ヒースの公園で「ちょっとしたコマンド訓練」にも勤しんだ。

自分はどんな任務もこなせるはずだと信じ、ＳＯＥの長官であるガビンズ少将に自分をグラウス隊に加えてほしいと直訴した。けれどもガビンズは、ロンドンこそがトロンスターの持ち場なのだと説得した。連合国としては、この男の見識と指導力を失うリスクはおかせない。しぶしぶ後方にとどまることにしたトロンスターは、前にも増してリンゲ中隊の指揮に打ち込むようになった。

故国からはいってくる知らせが、トロンスターの意志をいっそう揺るぎないものにした。ノルウェー全土で、ごく普通の市民が、ありとあらゆる手段で果敢にドイツに抵抗していた。その年の前半、教師たちはナチスの要求に従って生徒に新たな秩序を教えることを拒否し、ストライキを決行した。テアボーフェンはとりわけ頑なに抵抗した教師――その数五〇〇人――を北極圏の港町ヒルケネスの強制収容所に送り込んだ。一六日間にわたる移動のあいだ、教師たちは蒸気船の古びた木造の貨物倉に詰め込まれ、食べ物も水もろくに与えられず、そこにはトイレもなかった。湾岸施設で一日一二時間、ソ連兵の捕虜とともに強制労働につかされ、満足な食事も寝場所も与えられず、気分しだいで殴られた。なかには命を落とす者もいた。気がふれた者もいた。それでも彼らは抵抗を続けた。

「戦争とは人の心を頑なにするものだ」。艱難《かんなん》に耐える彼らの近況を思い、トロンスターは日記に綴った。「人間らしい心を取り戻すのは、たやすいことではないだろう」

九月いっぱいクヌート・ハウケリは、傷が治るのを待ちながらスコットランドのそぼ降る雨を眺め、自分もグラウス隊に加われたらどんなによかったのにと腹の底から悔しがった。ところが仲間から届いた手紙によれば、彼らもまた自分と同じく宙ぶらりんの状態らしい。「イギリスの某所」と題した手紙でポウルソンはこう書いてよこした。「ぼくらがもう出発したと思ったら、そいつは大間違いだ……決して来ない晴天をもう一週間も待っている。ほかはいたって申し分ないが——この建物には看護婦部隊《ファニー》がわんさといるからね」。それから九月九日には「今日も赤信号、幸運を祈るだけだ。出発の準備はとっくにできている」

仲間が無事に降下したとの知らせをハウケリは待っていた。彼らが無線でトロンスターとつながり、テレマルクで拠点を構えれば、リンゲの別部隊とともに自分も合流するつもりだ。このしょうもない足さえなんとかなれば……。

九月末にもう一通手紙が届いた。「案の定、また戻ってきた。エンジントラブルだ」。翌日、グラウス隊からまたも連絡がはいった。「また失敗。北海の霧のせいだ。チクショー！　だがめげるもんか」

それから連絡がぷっつりとだえた。きっとみんなすでに出発し、いまごろはハルダンゲル高原に着いていることだろう。おれ抜きで。

一〇月一日、占領下のノルウェーでドイツ軍を指揮するニコラウス・フォン・ファルケンホルスト将軍は、ヴェモルク構内を闊歩し、その天然の防衛に感心しつつも、イギリスの山賊どもから工場を守るにはどう見てもこれでは不充分だと感じていた。投光機を設置し、警備とパトロールを増やし、自分の部隊用に兵営を置き、おそらく対空砲も用意する必要がある。周辺の斜面にも、発電所までのびる水圧管路沿いにも地雷を敷かなくてはならない。敷地を囲むフェンスも高さを上げ、上には有刺鉄線を巻くべきだ。工場に続く狭い橋には補強した門が要る。

石を彫り上げたような顔立ちのファルケンホルストは昔かたぎの軍人だ。ドイツの高貴な一族の出で、第一次大戦に従軍し、何度か昇級したのち、再び母国が戦争に突入した。ポーランドに侵攻した折にファルケンホルストの活躍は輝きを放った。そこでヒトラーがノルウェー侵攻の指揮官を探していたとき、一九一八年にフィンランドで短い任務を務めたこともあってファルケンホルストにお呼びがかかったのだ。

ヒトラー総統からは、計画を立てるのにほんの数時間の猶予しかもらえなかった。ノルウェーのことなどほとんど何も知らないファルケンホルストは、地元の本屋で見つけたベデカー社（ドイツの老舗出版社）発行の旅行案内書で得た知識を一部参考にして攻撃計画を立てた。侵攻は成功し、おかげで前進を続けるドイツ軍に新たな指揮官は来なかった。かわりに自分がノルウェーに据えおかれ、番兵のごとくこの国を守ることになったのだ。テアボーフェンや親衛隊とはそれなりにうまくやっていたが、この占領国を締めつけるべく連中が手を染める残虐行為には辟易していた。とはいえヒトラーから命令があれば、なんであろうと自分も従うことに迷いはなかった。

ヴェモルクの視察を終えたファルケンホルストは、工場の管理者や技術者、作業員、警備の者を一堂に集めた。そして、わずか一一日前にグロムフィヨルドの発電所がイギリスの奇襲部隊により爆破され、発電所に頼っていたアルミニウムの製造が停止したと説明した。ファルケンホルストはひとりの警備員を背後からぐいと引き寄せると、奇襲隊員がいかにすばやく残忍に襲ってくるかを全員の前で実演してみせた。連中は、ごく普通に乗客にまぎれて列車やバスで町にやってくるかもしれないが、「消音装置つきの自動小銃にクロロホルム、手榴弾やメリケンサックで武装している」と脅かした。したがってヴェモルクもこれに備えなければならない、と締めくくった。

作戦が失敗した際の代償——破壊工作を助けた者にとっても——はまもなく明らかになった。一〇月五日、トロンハイム郊外の鉄鉱石鉱山をイギリスの軍服姿の男たちが襲撃し、ドイツの諜報機関によると、これは明らかにノルウェーのレジスタンスが手引きしたものだった（じつはトロンスターが計画し、リンゲ中隊が実行した）。翌朝、住民が目覚めると、街じゅうに緊急事態を宣言する貼り紙がはられ、弁務官のテアボーフェンが親衛隊中佐ハインリヒ・フェーリスと大勢のゲシュタポ要員を引き連れて、夜行列車で到着していた。その二週間前に、オスロにあるヴィクトリア・テラッセの本部がイギリス空軍による空爆を受けたばかりで、親衛隊は血に飢えていた。

町の広場でテアボーフェンは一席ぶった。「私は真摯に、善意から、この国と国民のためを思っている……私は寛大な心で長いこと待っていたが、今度こそは厳しい処置をとらざるをえないとわかった。わが国家社会主義党（ナチ党のこと。正式には国家社会主義ドイツ労働者党）はいったん介入の必要があるとなれば、民主的な方法には従わない。小さな魚を仕留めて大きな魚をとり逃がしたりはしない。大きなやつを、後ろに隠れようとするやつを捕まえるまでだ……今夜、住民にはその意味がわかるだろう」。テアボーフェンと親衛隊は「諸々の破壊行為を償うために」地元の名士一〇人——弁護士、新聞編集者、劇場の支配人、銀行の支店長、船舶仲買人など――を選び出した。その後、全員がフェーリスの処刑隊によって後頭部を撃ち抜かれた。

スウェーデンとの国境の閉鎖が徹底され、フェーリスの指揮のもと、レジスタンスのメンバー――早い話が禁制品（無線機、武器、あるいは大量の現金）を持っている者――のしらみつぶしの捜索が始まった。フェーリスの部隊は、おびただしい数の人や車、家屋、農場を片っ端から調べあげた。あげく九一人の市民、さらには一五歳以上のユダヤ人男性がひとり残らず逮捕された。そのなかには処刑された者までいた。

今後いかなる襲撃も阻止し、ノルウェー国民の意欲をくじこうと、テアボーフェンはさらに手を尽くした。国境の取り締まりが強化され、配給カードや移動許可証が導入された。死をもって処罰できる法律違反には、国家の敵を匿うことや国外脱出を試みることもふくまれるようになった。ノルウェー全土で何千人もの人間がむやみやたらと逮捕された。ドイツの収容所への移送も増えた。内通者はレジスタンスの仲間の名を明かすよう迫られ、拷問はいっそう激しさを増した。レジスタンスのメンバーだと判明した者の行方がわからないと、ゲシュタポはかわりに親きょうだいを連行した。

一〇月半ば、ヒトラーは連合国の奇襲部隊《コマンド》による攻撃に対し、一段と厳しい処罰を与えるべく、ファルケンホルストをはじめヨーロッパ全土の将軍に秘密の命令、すなわち「コマンド指令」を通達した。「今後はヨーロッパもしくはアフリカにおいて、いわゆるコマンド作戦にかかわったすべての敵国部隊を最後の一兵にいたるまで抹殺するものとする。これは軍服を着用した兵士であろうが、爆破隊であろうが、武装・非武装にかかわらず、また戦闘中であろうと逃走中であろうと関係ない……たとえ投降するようすを見せたとしても、原則として助命を許してはならない」。この指令は文書による、もしくは暗黙のいかなる戦争規約にも明らかに反するものだった。

第七章　健闘を祈る

一〇月一二日、ポウルソンと無線士のハウグランにロンドンに来るようウィルソン中佐からお呼びがかかると、グラウスの隊員たちは、またしても作戦が延期になるのか、さもなくば作戦そのものが中止になるのかと肝を冷やした。最初に飛ぼうとしたときは、濃霧のためにパイロットが飛行を中止した。二度目の挑戦では、隊員たちを乗せたハリファックス機がノルウェー上空に着いたところでエンジン一基が焼けて、やむなく引き返した。危うくスコットランドにパラシュート降下するはめになるところを、パイロットが重い荷物を投下させ、機体を軽くしてなんとか緊急着陸させたのだ。そして再度挑戦の準備ができたころには、その月のうち月明かりの充分な短い時期が過ぎてしまった。「ついに来たぜ《ファイナリー》」――作戦の命を受けた飛行機が車輪を上げていざ飛び立つ瞬間、リンゲ中隊の隊員がよくいう台詞《せりふ》――がここにきて「永久に無理さ《ネヴァー》」になりかけた。

　チルターン・コートで会った中佐はすぐに本題にはいった。グラウス隊はリューカンでレジスタンスを組織するかわりに、イギリス陸軍によるヴェモルク攻撃の先遣隊を務めてもらうことになった。その任務は第一に、パラシュートの降下地点もしくはホルサ・グライダーの着陸地点を偵察する。第二に、本隊を迎える準備をし、飛行機を誘導するため照明を点灯するとともに、ホーミング・ビーコン（位置確認用の無線標識）を発信する。第三に、攻撃当日の夜、二五人から三〇人のイギリス工兵を標的まで案内する。だが工兵たちの脱出の手引きもするのか、また何のためにヴェモルクの発電所と重水施設を爆破するのかウィルソンはいっさい語らなかった。ふたりもまた尋ねるほど愚かではなかった。

この任務は極秘扱いであることをウィルソンは強調し、任務の変更はノルウェーに着くまでヘルバルグとヒェルストルプのふたりには黙っておくようにと命じた。さらに、部隊はハルダンゲル高原にやみくもに降りることになった。というのも安全上の理由から、アイナル・シンナルランは迎えにこないことになったのだ。それだけでなく彼ともその家族ともいっさい接触をはからないことになった。動線を交えなければ、ドイツにつながりを嗅ぎつけられることもない。グラウス隊はできれば次に月が満ちはじめる一〇月一八日に出発し、準備の時間を考えて作戦はその翌月に決行する。それからウィルソンは、地図や偵察写真が山と積まれた部屋にふたりを連れていった。ヴェモルク周辺で工兵が安全に着地できる場所を選んでほしいという。山間にひらけた場所があるからそこはどうかとの案も出たが、はたしてイギリスの兵士たちが雪に覆われた過酷な土地を移動できるのだろうかとポウルソンは不安を覚えた。一一月ともなれば、早くも吹雪に見舞われ、熟練のスキーヤーでもなければたどりつけない場所なのだ。

結論が出たら教えてくれ、とウィルソンが言った。

リューカン出身のふたりには地図など要らなかった。この辺一帯は隅から隅までスキーや徒歩でまわって知っている。ポウルソンとハウグランは同じ結論に達した。スコーランの湿地帯だ。ここはムース湖の東端の人里離れた場所にある。ダムの南西に位置しており、すぐ隣には、冬期は閉鎖される、リューカンとラウランを結ぶ山岳道路が走っている。ここならほんの一三キロ先のヴェモルクまで、イギリス工兵隊はただまっすぐ道をくだっていけばいいだけだ。

とくにハウグランにとって、ここは勝手知ったる場所だった。子どものころ、よく家族でこの道に沿ってラウランまでハイキングし、途中でマスを釣ったりクラウドベリーを摘んだりしたものだ。あるときここで家族とキャンプをしていると、一番上の兄のオッタルが猩紅熱《しょうこう》で倒れてしまった。父親はザックを胸にかけ、一四歳になる大きな息子をひょいと背中にかつぐと、山や谷を越えて医者のもとに駆け込んだ。そのとき、真の強さとはどういうものか幼いクヌートは知ったのだ。

ポウルソンとハウグランが自分たちの結論を伝えると、ウィルソンは統合作戦司令部にそれを知らせた。それから数日かけて、ふたりは作戦を通してどんな伝達を、いつすべきかの説明を受け、暗号や合い言葉を教わった。指示はすべて口頭で伝えられ、ふたりはそれをしっかり頭に叩き込んだ。「ここはピカデリー」と、工兵隊を迎えるときにポウルソンが言う。すると「レスタースクエアじゃなかったの？」と返事が返ってくるはずだ。一一月にグライダーで沼地に降りてくるイギリス軍部隊などほかにいるとは思えないが、合い言葉の必要性をポウルソンたちは問わずにおいた。

スコットランドに発つ当日、ウィルソンはふたりを呼んで最後のミーティングをおこなった。そして「この任務はことのほか重要である」と告げた。「ドイツの手に大量の重水がわたるのを何としても阻止せねばならない。連中はこれを実験に使うつもりで、その実験が成功すれば、おそらくロンドンを地図から消し去るほどの爆弾ができるのだ」。おいおい、中佐は正気で言ってるのか、とふたりは思った。そんなことができる爆弾など、この世にあるわけがない。ひょっとして自分たちの尻を叩くためにあんなことを言ったのか。いずれにしても、ふたりはこの作戦を成功させるためにベストを尽くすと約束した。

「健闘を祈る」ウィルソンが言った。

ＳＴＳ26があるドラミントゥール・ロッジの、小さな暖炉のある狭い部屋で、ヨアキム・ルンネバルグは「フィールドフェア（ノハラツグミ）」作戦本部を立ちあげた。この若き少尉はノルウェーの縮尺地図を壁に貼り、冬期に必要なサバイバル装備をリストアップした。すべては先だって承認された、ロムスダールの谷で抵抗組織を結成する任務のためだ。ルンネバルグとリンゲ中隊の仲間ビルゲル・ストロムスハイムは、さらにこの谷を拠点にして、ドイツの重要な鉄道補給路を遮断する計画なのだ。

ノルウェー・ハウスでマルティン・リンゲと初めて会ってから一年と半年あまり、ルンネバルグは大半の同郷人と同じく、ひたすら作戦を待ち続けていた。リンゲから、あいにく第一志望の海軍に空きはないが、ノルウェー独立中隊にならまかせたい「きわめて重要な仕事」があると口説かれた。それから数カ月かけて訓練を受けたのだが、こんな「殺し屋学校」なんぞにはいってしまったことにひどく面食らい、ときおり夜も眠れなかった。これまで育った平和で静かな暮らしと、ここの生活はあまりにかけ離れたものだったからだ。

ルンネバルグはノルウェー北西部の海岸にある名高い港町オーレスンで生まれた。一族は何代にもわたり大型の客船や貨物船、平底荷船、積み替え上屋《うわや》からロープ工場、輸出業まで、漁業関連のありとあらゆる事業を営んできた。

子どものころからルンネバルグは、外にいるときが一番気持ちが落ち着いた。アルペンスキーが大好きで、機会があればいつも競い合って滑っていた。しょっちゅう山に出かけては何日も過ごす。とくに好きなのはオリエンテーリング。一〇代になるころには自信もついて、単独で出かけては地図とコンパスだけを頼りに道を見つけた。「自然のなかにひとりでいても、ちっともひとりだって気はしなかった」とのちに語っている。「怖くなんかなかったさ。自分のなかで何をすべきかちゃんとわかってたからね」

二〇歳になるころには、いずれ家業を手伝おうと決めていた。義務兵役に召集されると、軍隊にはいるかわりに測量士の助手に志願した。そのため戦争が勃発したときに動員はされなかった。後ろめたい気持ちでオーレスンにとどまるうちに、友人たちは戦地に出かけていった。何人かは亡くなり、親友は降伏の白旗を振るドイツ兵におびき寄せられ殺害された。ルンネバルグは地下活動には加わらなかったが、オーレスンを占拠するナチスのことは嫌悪していた。ナチスの兵士らは通りを行進し、歌をうたい、市民を取り締まる官憲のごとくふるまっている。ルンネバルグはいてもたってもいられなかった。とうとう一九四一年の三月、船でイギリスにわたる手はずをつけた。

両親から引きとめられるのを心配したルンネバルグは、自分が旅立ったあとに両親に届くよう手紙を残した。「この状況に平気な顔をしているのが、ぼくにとってどんなにつらいかわかってほしいのです。なぜぼくが夕食のテーブルに顔を出さないか、なぜぼくのベッドが空っぽなのか、いまごろ不思議に思っていることでしょう……それでもわが愛する祖国のたくさんの家族と同じ犠牲を払っていることに、どうか慰めを見いだしてください。それに、このノルウェーの地を離れ、海に漕ぎ出し、自由を取り戻す最後の望みにかけるいまほど、ぼくは自由を感じることはありません。お母さん、お父さん、兄弟たち、どうかくれぐれも体に気をつけて……いずれまた会える日が来るでしょう。世界のどこに行ったとしても、ぼくはあなたがたとともにいます」。ルンネバルグは全長一四メートルほどの釣り船で荒れた北海をわたり、船酔いに苦しむ乗組員の傍らでたびたび舵をとった。

ノルウェー中隊に加わったとき、ルンネバルグは二一歳になっていた。それまで軍事訓練を受けたこともなければ、実戦もレジスタンス活動の経験もない。にもかかわらずＳＯＥの訓練学校では、とりわけ爆破と襲撃の演習でいかんなくその能力を発揮した。そして、教わっている残虐な行為ともどうにか折り合いをつけた。どんな状況下でも生き延びるための訓練なのだと納得したからだ。

訓練を終えたルンネバルグは、いよいよ任務に送られるときが来たと思った。ところがリンゲからロンドンに呼ばれ、こう声をかけられた。「これから洋服屋にいくぞ」。そこで新兵の指導教官という新たな役目のために真新しい制服に身を包むことになった。当初はもっぱら翻訳と渉外の仕事（探偵小説を読んで英語を身につけた）に就いていたが、新たな部隊を次々に担当するうちに、むしろ率先して指導をおこなうようになっていた。ストーダム・パークからミーブル、そして最後にアヴィモアへと派遣された。そのあいだに爆破のエキスパートになり、訓練生がおこなう橋や鉄道駅、兵舎に対する爆破計画の多くを考案した。初めのうちは自分にこの仕事は向かないと感じていた。自分は実際の任務に就き、現場で仕事をすべきではないか、と。ところが作戦の指揮官からチームに加わるよう誘いがかかるたびに、ＳＯＥはこうつっぱねた。「だめだ。おまえはここに必要な人間なのだ」。しまいにはとうとう自分の役目を受け入れて、訓練生たちを引き連れスコットランドのあちこちで襲撃演習をおこなった。ただし爆薬を使うかわりに訓練生は標的に白墨で印をつけて終わり、というものだったが。自分の指導を通じて訓練生が学んだことが任務の成功につながるのなら、それなりにやりがいはある。だがそのあいだも、自分で作戦を立てては上官に提出したが、どれも実行に移される気配はなかった。

一九四二年の秋、ついにＳＯＥはフィールドフェア作戦を正式に承認した。ルンネバルグの準備が整い、満月の時期が来たら、いよいよ作戦を開始すべくストロムスハイムとともにノルウェーに降下することになったのだ。

「一番、行け！」ハリファックス機に吹き込む寒風を切って投下係が叫んだ。一九四二年一〇月一八日、午後一一時三六分。興奮と恐怖に息をのみつつ、ポウルソンは機体の底にあいたハッチの縁に腰かけた。そして反対の縁に頭をぶつけないよう用心しながら体を前に傾けた。と、その瞬間、落ちていた。それもかなりの速さで。機内に張られたワイヤーとパラシュート袋をつなぐ五メートルのヒモがピンと張る。すると繭から蝶が生まれるように収納袋からパラシュートがふわりと現れた。体は急降下し、絹のパラシュートが空気をはらんで膨らむと、両肩のベルトが勢いよく上に引っぱられた。飛行機のエンジン音がしだいに遠のき、ポウルソンは三〇〇メートル上空からゆっくりと降りていた。

眼下には、明るい月の光に照らされたハルダンゲル高原が広がっている。雪を頂く山脈、点在する丘や湖沼、川や渓谷。この地は美しくもまた恐ろしくもあり、つねに敬意を払うことを忘れてはならないとポウルソンは承知している。海抜一〇〇〇メートルのこの地では予想もつかぬ天候に見舞われ、大の男も立っていられないほどの突風が吹き荒れる。冬には、岩のうえで日なたぼっこしていたスキーヤーが一瞬で嵐に巻き込まれ、氷と雪の白銀の闇に視界がゼロになり、気温は摂氏マイナス三〇度以下まで急降下する。ノルウェーの言い伝えでは、気温があまりに急激に、あまりに低く下がるので、たき火の炎すらも凍るという。ひとつはっきり言えるのは、備えのない者なら二時間で死ぬということ。

ドイツ軍はノルウェー侵攻の際に約九〇〇〇平方キロにわたって広がるこの高原を迂回し、占領後のいまもこの一帯には日没までに戻れる距離しか立ち入らない。この広大な土地には道路もなければ常時住む人もない。点在する狩猟用の小屋にたどりつけるのは熟練のスキーヤーかハイカーだけだ。渓谷にはカバの木が見られるが、あとはただひたすら生命のない凍った岩だらけの丘陵が続き、一キロ進んでも景色はまったく変わらない。

着陸に備えて眼下の景色に目を走らせたポウルソンは、ヴェモルクから三二キロ西の落下予定地点であるルークヒェスの平坦な湿地帯が見当たらないことに気づいた。見えるのはただ、ところどころ雪に覆われた巨石や岩だらけの丘陵――首の骨を折るにはまったくちょうどいい場所だ。

ポウルソンは地面に叩きつけられるように落ちたが、幸い怪我はなかった。急いでパラシュートを切り離したので、岩の突き出た地面を突風に転がされ肋骨を折るのは免れた。続いて降りてきたグラウス隊の仲間に声をかけた。ヒェルストルプとハウグランは無事だったが、運悪く尖った岩のうえに落ちたヘルバルグはおそるおそる歩いている。見ると太ももの後ろが腫れていたが、どうやら骨は折れていないようだ。ヘルバルグは愚痴のひとつもこぼさない。

パラシュート降下にてハルダンゲル高原へ
Private Collection, Haukelid Family

それから数時間かけて、荷物のはいった八個のコンテナを探しまわった。一番大事なのはストーブとテントと寝袋。これらの必需品がないと、嵐に襲われたらかなりまずいことになる。コンテナは見つかったものの、だいぶ時間も遅くなったので、ひとまず風を避けてひと晩しのげる場所を見つけることにした。隊員たちは大きな岩の陰に固まってテントを張ることにした。寒いが耐えられないほどではない。全員が長袖の下着を着て、長ズボン下にウールの靴下を二枚重ねてはいている。そしてギヤバジン製のズボン、ボタン付きシャツ、分厚いセーターを着て、そのうえからパーカーをはおり、風を通さないズボンをはいている。ウールのニット帽に手袋二枚、さらにはバラクラバ帽（目出し帽）とゴーグルも用意していたが、いまのところ出番はなさそうだ。

　ポウルソンがタバコポーチからパイプを取り出し、タバコの葉を詰めると、このいつもの儀式で心なしか皆の緊張がほどけた。パイプに火をつけて二、三服したかと思うと、任務変更をまだ伝えていなかったふたりに声をかけた。「じつは新しい命令がくだった」とヘルバルグとヒェルストルプに切りだした。ここに来た目的はレジスタンス組織の立ちあげではなく、じつは破壊工作の先遣隊を務めるためだ。計画を聞いたヘルバルグは、これはイギリス軍部隊にとって特攻任務になるのではないかといぶかった。イギリス兵たちはいったいどうやってノルウェーから脱出するというのか？　とはいえ、もっと大きな仕事にかかわれることに四人のノルウェー人奇襲隊《コマンド》全員の血が騒いだ。ハウグランも胸の内でつぶやいた――たいした役にも立てないのなら、わざわざ飛行機から占領下の母国に飛び降りたりするもんか。

　ふたつのテントに分かれ、パラシュートを敷物代わりに広げると、四人は寝袋に潜って眠りについた。目が覚めると透き通るような青い空が広がり、周りを囲む丘陵が空を鋭く縁どっている。あのはるか彼方のじめじめしたスコットランドから、ついに故郷に戻ってきたのだ。空気は乾いて爽やかだ。地形を調べたポウルソンは、自分たちが降りたのは予定地点から一五キロ以上も西に離れたソンガ谷だと推測した。

　それから二日かけて、周辺に散らばった残りのコンテナをどうにか回収することができた。ところが、なかを調べてみると、かなり深刻な問題がいくつか発覚した。まずひとつ、イギリス軍の補給係は、小型のプリムス・ストーブに使う充分な量の灯油を詰め忘れていた。ストーブが使えさえすれば、イギリス工兵と落ち合う予定のスコーランの湿地帯まで、荒涼とした山岳地帯を越える直線コースで行くことができる。しかし、山地を横切るにはそれなりの熱源を確保できないとかなり危険だ。こうなれば、待避できる小屋があり、薪にするカバの木が生える谷を抜けていくほかない。ただしそれだと距離がかなりかさみ、移動には数日余計にかかるだろう。

もうひとつ、補給係はハウグランが頼んでおいた無線装備に致命的なミスをおかしていた。あろうことかアンテナ用の竹棒を入れ忘れたのだ。しかも無線機とホーミング・ビーコンの電源に使うのに、標準仕様のフォード車のバッテリーのかわりに、その二倍は重たいバッテリーがはいっている。さらに始末の悪いことに、バッテリーは「イギリス製」の表示つきだ。充電にかかわった者が万一捕まった場合は、このイギリスとのつながりのせいで窮地に立たされかねない。アンテナの代用品にしようと、ストックをパラシュートのヒモで束ねて試してみたが、ロンドンまでの交信はかなわなかった。かくして一行は、司令塔との無線連絡も、イギリス工兵の到着に間に合うよう降下地点に着けるかもおぼつかないまま、ハルダンゲル高原を越える七二キロの旅に出ることとなった。

第八章　気合い充分

一〇月二〇日、アイナル・シンナルランは真っ暗ななかで仕事をしていた。短刀のような形の凍ったランゲショー湖のほとりで、今夜もまた夜通しグラウス隊の到着を待っていたのだ。あまりの寒さに顔がしびれてくる。木の一本もない岩だらけの原野を吹き抜ける風から、嵐が近づいているのがわかる。夜のBBCニュースで、チームが降下する知らせを受けとっていた。いつもの「ロンドンからのニュースです」のかわりに「ロンドンからの最新のニュースです」とあったのだ。ところが一昨日も昨日も、そして今朝もまた、風と厳しい寒さに顔をひりつかせながら手ぶらで家に戻ってきた。

この半年間、シンナルランは二重生活を送り、つねに見つかる不安を抱えて毎日を過ごしてきた。昼間はノシュク・ヒドロ社で働き、夜はネットワークを駆使して情報を集めた。ヴェモルクで内通者を数人確保していたが、工場でいくつか探りを入れるよう頼んでいたひとりがリューカンの警察署に連行された。そのときは何事もなくすんだが、それでも自分もふくめ大勢の仲間のうち誰かがうっかり口を滑らせるか、一度でもミスをおかせば、おそらく命の保証はない。だがこっちはこれほどの危険をおかしているのに、必要な情報がロンドンの司令塔からろくにはいらないこともままあった。通信機能の問題か、はたまた知る必要のある人間にしか知らせない極秘情報というわけか。

自ら志願した仕事ではあるが、かいもく姿を見せない男たちのために、危険をおかしていつまでここに通い続けられるのだろうか。数日のうちにオスロに出て、仕入れたばかりの情報をわたし、次に自分が何をすべきか探ってこよう。それまではランゲショー湖での徹夜の番を続けるしかない。

電話が鳴って、ヨーマル・ブルンは受話器をとった。相手はバルグと名乗るオスロ大学の学生で、リューカンからかけているという。「キツネ」が「主人」に至急、じかに会いたいとのこと。だがトロンスターはいまロンドンにいる。この件について相談したいので自分がヴェモルクまで行ってもいいかとバルグが尋ねた。ブルンは工場のある険しい岩棚のうえに住んでいる。

「一時間後にお待ちしています」とブルンは答えた。

受話器を置くと、近ごろ警備が強化された吊り橋の警備詰め所に電話をかけ、持ち場につくドイツ兵に来訪者を通すよう指示しておいた。しばらくして、ミロルグの「輸出部」に所属する学生が徒歩でやってきた。学生は、できるかぎり早くここを発つ支度をするようブルンに言った。ウィンストン・チャーチル自らが、ブルンを至急ロンドンに呼び寄せるよう命じたのだという。

ブルンは妻のトミーも同伴させてほしいと懇願した。さらに、ここを出る前にできるかぎり情報を集めるから、少し時間をくれないかと頼んだ。バルグは了承し、自分もヴェモルクにとどまってブルンのオスロへの旅支度を手伝うことにした。

その二日後の一〇月二四日、ヨーマル・ブルンと妻のトミーは吊り橋をわたり、バスでリューカンに向かった。上司にはオスロの病院に予約があると伝えておいた。ブルンが持ってきた重たい袋には、図面と写真、書類、そして二キログラムの重水がはいっている。バルグとともに夫妻はフェリーに乗ってティン湖をわたると、列車で首都に着いた。夫妻を市街の隠れ家まで送り届けると、バルグは立ち去った。ここから先はミロルグの別の輸出係、グランの出番だ。集めた情報を手わたすと、これはマイクロ写真にして別ルートで運ぶとグランが教えた。

追加の青写真や図面のほかにも、ブルンには伝えたいことが山ほどあった。ヴェモルクはもはや自然の防衛だけに頼ってはいない。工場と水圧管路を囲むフェンスに工兵らが有刺鉄線を巻きつけ、地雷や偽装爆弾、警報と連動した仕掛け線を設置しはじめた。さらに自動小銃を持つ一〇〇人近くのオーストリア部隊が、いまやリューカン、ヴェモルク、そしてムース湖のダム近辺に宿営している。工場にかかる吊り橋には二四時間の警備がついた。サーチライト用の電線が工場の屋上まで張られ、まもなく対空砲も設置される予定だ。ゲシュタポがリューカンにはいり、一番いいホテルを根城にしたとの噂もある。

グランはブルンに新しいパスポートと移動許可証を手わたすと、道中で万一捕まったときのことを考え、夫妻の名前が刻まれた結婚指輪を自分にわたしてほしいと頼んだ。スウェーデンに発つ前の晩、隠れ家のドアをしつこく叩く者がいた。ゲシュタポに尾行されたグランが、やっとのことで追っ手を巻いてきたのだ。もはやこの隠れ家も安全ではない。グランは夫妻を連れて大急ぎで暗い街を走り抜け、王宮の裏手にある豪華なアパートにもぐり込んだ。翌日、夫妻は新たな担当者とともにオスロから北に向かう列車に乗り、国境近くの農場でひと晩過ごしたのち、見張りのない橋を歩いてスウェーデンにわたった。

ちょうど同じころ、アイナル・シンナルランはオスロに着いた。シンナルランが集めたヴェモルクの警備に関する最新情報は、ブルンからの報告を裏づけるものだった。首都にいるあいだに、シンナルランはランゲショー湖での夜ごとの見張りはもうやめてよいと知った。仲間はもう来ない。教えてもらったのはそれだけだった。


グラウス隊がイギリスを発った翌朝の九時きっかりに、マーク・ヘニカー中佐は、ロンドンから一四〇キロ西のソールズベリー平原にあるバルフォード軍事基地に立つ、寒いトタンのカマボコ兵舎にはいっていった。三六歳になるこの中佐は、きれいに手入れした口ひげをたくわえ、フランスでの従軍経験で培った精悍な顔つきをしている。兵舎のなかにはふたつのイギリス工兵中隊の兵士たちがいた。入隊前、この若者たちは機械工や電気技師、大工、靴職人、配管工など、ほとんどが腕の立つ職人だった。

ヘニカーは工兵たちに告げた。おまえたちが戦闘に備えて「気合い充分」なのはわかるが、ひとつ言っておかねばならない。目下、大規模のきわめて危険な極秘任務を控えている。万が一失敗したら、ドイツはおそらく半年以内にこの戦争に勝つだろう。志願者をつのるが、結婚したばかりだとか、近々子どもが生まれる予定だとか、自分には能力がないとの理由で辞退したい者がいても恥じることはないし、こちらも問いつめはしない。ヘニカーは、統合作戦司令部によるこのヴェモルク襲撃作戦のための訓練と計画立案を気乗りしないままに引き受けた。降下地点にたどりつくという大仕事をイギリス空軍がはたしてちゃんとやれるのか、どうにも気がかりだったのだ。しかもわが工兵たちが制服姿で標的を襲ったあと、私服に着替えて撤退するというのも職業軍人として気にくわない。兵士たるもの戦って出口を確保すべきだ。とはいえ命令は命令だ、とやはり腹の虫が治まらない上官は言い捨てた。

独身の工兵はひとり残らず前に出て志願した。そのうちのひとり、体格のいい二一歳のウォリス・ジャクソンは、爆破の技術に長け、新兵に規律を叩き込むのが一番の楽しみだ。フランス語も話せて、リーズに残した母親と三人の姉妹に心のこもった手紙を何通か書いている。ジャクソンの隣に立つのは、元トラック運転手のビル・ブレイ。引き締まった体の男で、来年の一月に初めての子どもが生まれる予定だ。

誰かに訊かれたら、アメリカのパラシュート部隊との耐久試合に備えた訓練だと答えるようへニカーは工兵たちに言いふくめた。バルフォード基地での最初の一週間、ジャクソン、ブレイほか数十人のイギリス工兵は、行進し、射撃を練習し、わらのむしろで眠り、足を健康に保つ方法（乾いた靴下を重ねばきするなど）の講義に耐えた。それから船でウェールズ北部に運ばれると、重たいザックを背負い、スノードニアの山々をえんえんと歩かされた。夜明けに出発し、日暮れに戻る。それを毎日繰り返すのだ。人数のわりに毛布が足りず、夜は体をくっつけ合って眠る。ブレイは山頂でついに精根尽きて倒れ込んだ。仲間が駆け寄ってきてすぐに立たせると、荷物を分担してかついでくれた。倒れて起きあがれない者はお払い箱になる。こんな訓練がなぜ必要なのか、任務とはどんな内容なのか、どこでやるのか、尋ねたところで返ってくる答えは同じだった。「知る必要はない。いまのところはだ」

任務のコードネームを知る者すらほとんどいなかった。それは「新人作戦《フレッシュマン》」。ヘニカーがこの名称を快く思わないのは、この計画への自身の不安の核心を突いているからだ。統合作戦司令部は、配下の工兵たちをパラシュート降下ではなく、飛行機に曳航されたグライダーに乗せて標的まで運ぶことを決定した。たしかにドイツはベルギー侵攻時にこの静かなグライダー部隊を使い、難攻不落とされたエバン・エマール要塞のなかに着陸させたが、イギリスが作戦でこれを使うのは今回が初めてだ。ヘニカーは自分の部下たちが任務をまっとうし生きて帰ってくることを願っていた。新たな分野を切りひらくなどまったくどうでもいいことだ。

いっぽうヘニカーのイギリス空軍における同輩、トム・クーパー空軍大佐は、この作戦のために、最新モデルのグライダーであるホルサＭＫＩを選んだ。先端から尾翼まで二〇メートル、翼から翼まで二六メートルあるこのホルサ機は、頑丈な木製の骨組みにアーチ型の合板張りの構造だ。棺桶に似ている、などという者もいる。その狭い胴体内に最大積載量四トン——たとえばジープや大砲など——を収容できる。機内には二八名の兵士がすわれる折りたたみ式の木の座席がついている。パイロット二名が乗るコックピットには簡単な操縦桿とペダルがあり、それからコンパス、そして対気速度（航空機と大気との相対速度）に気圧、昇降速度、曳航索の角度（パイロットはこれを「ぶらぶら《ダングル》の角度《アングル》」と呼ぶ）を示す計器類が並んでいる。

この「ぶらぶら」の時間が、じつはクーパーの悩みの種だった。彼の第三八飛行大隊は通常、エンジン二基を搭載したホイットリー爆撃機を使っており、グライダーのパイロットもこの機種に曳航されるための訓練を積んでいる。しかし、ノルウェーは北海を越えた六四〇キロ先にあり、そんなに遠くまでグライダーを曳航する――さらに必要とあらば戻ってくる――のはエンジン四基を搭載するハリファックス機にしかできないことだ。乗員にはグライダーを曳航する場合と曳航しない場合の両方でハリファックス機を飛ばす訓練が必要であり、したがって、ほかの部隊からこの重たい爆撃機を借りてこなくてはならない。当然ながら、自分たちにあてがわれる機体はイギリス空軍の誉れとはほど遠いものになるだろう。それに飛行が順調にいったとしても、乗員たちがノルウェーでどんな危険に遭遇するかクーパーは案じていた。パイロットは壊れやすいグライダーを、夜間に、しかも天候が荒れやすく地形の定まらない、どことも知れぬ場所に着陸させなければならないのだ。

クーパーは自分の懸念を統合作戦司令部に訴えたが、地上の受け入れ部隊を仕切ることになるウィルソン中佐とライフ・トロンスターもまた同じく懸念を伝えていた。だがこの作戦の立案者たちは指摘されたリスクを、何をさておきヴェモルクを破壊しない場合のリスクと照らし、やはりグライダーを使うべきだとの結論にいたった。

統合作戦司令部は九月と一〇月にひらいた一連の会議で、すでに戦術計画を決定していた。イギリス空軍による夜間爆撃は標的に命中する確率が低く、多くの民間人を犠牲にしかねない。リンゲ中隊の隊員による破壊工作も却下されたが、それは爆破を成功させるには一〇〇キロをゆうに超える爆薬が必要で、それほど大量の爆薬を少人数部隊では運べないという理由からだ。だがそれだけでなく、ノルウェー人は発電所や重水工場を爆破するのに充分な訓練を受けていないと思われていた。かくしてイギリス工兵隊に白羽の矢が立ったのだ。

襲撃には一五人いれば足りるが、標的にたどりつくまでに数人が殺害される可能性も考え、統合作戦司令部はそれぞれ一五人からなる部隊ふたつで遂行すれば、必ずや任務をまっとうできると判断した。結局、作戦立案者が会議で報告したように、「ほぼ確実に、このフレッシュマン作戦は一回きりの試みとなるので、絶対に成功させなければならない」というわけだった。

ＳＯＥは、工兵たちをカタリナ飛行艇で輸送し、襲撃後に空から脱出するチャンスを与えてはどうかと提案した。ただし、その場合は飛行艇が湖まで降りていかねばならず、しかも湖面が凍っている恐れもあることから、この案は却下された。パラシュートで降りる案もボツになった。工兵たちを工場近くで降ろすためには、飛行機はかなり低空を飛び、リューカンに相当近づかなくてはならず、そうなると気づかれる恐れがある。さらに悪くすれば、でこぼこの地面に落ちて負傷する工兵が続出しかねず、また広範囲に散らばって降りてしまうと仲間をすぐに見つけられない可能性もある。いっぽう高度三〇〇〇メートルから放たれるグライダーなら工兵全員をひとまとめにして、作戦に必要な全装備もろとも着地させることができる。発見されるリスクを減らすため、作戦は降下したその晩に決行すべきだと作戦立案者は判断した。

計画はついに決まった。グラウス隊は照明を用いて二機のグライダーに合図を送り、それぞれ一五名の工兵を乗せたグライダーをスコーランの湿地帯に着地させる。さらにユーレカ・レベッカ方式という、今回初めて用られる新技術を採用することも決定した。これは無線信号を使って飛行機にホーミング・ビーコンを発信するというものだ。グラウス隊は、可能であれば自転車に乗って、イギリス工兵隊を連れてヴェストフィヨルド谷の北側の道路をくだり、工場まで誘導する。ヴェモルクに着いたら工兵隊は吊り橋をわたって数人の警備兵を倒し、一四〇キロ近い爆薬を仕掛け、発電所の発電機と水素工場を爆破する。工場から脱出する際には、二名ないし三名の小グループに分かれて私服に着替える。それから、スウェーデンまでの四〇〇キロを超える道のりを、ときに人の多い場所も抜けながら、徒歩で移動するのだ。工兵たちは地図と一〇日分の食料、そして巡察隊に出くわしたときのためのちょっとしたノルウェー語の表現（「お母さんに頼まれて買物にいくところです」など）を身につけておく。

シンナルランとブルンから届いたばかりの情報によれば、ヴェモルクでは兵士が大量に投入され、新たに警備が増強されたとわかり、統合作戦司令部による計画を現況に合わせたものにする努力が急がれた。部隊を二五〇〜三〇〇人に増やすか、もしくはアメリカ軍の爆撃集団にうってつけの昼間の大規模空爆をおこなってはどうかとの提言もなされた。しかし、この変更をおこなうと数カ月は作戦が遅れることになる。しかも昼間の時間帯に空爆などすれば、夜間爆撃よりもさらに多くの市民の命を奪うことになるだろう。

ここにきてこの作戦はいよいよ危険なものであるとわかったが、マウントバッテン卿は当初の予定どおりフレッシュマン作戦を進めるようチャーチルの背中を押した。「この時期におこなうことがきわめて重要であり、次の満月の時期だとますます厄介な状況になるでしょう」とマウントバッテンは進言した。また戦時内閣の閣僚を務めチューブ・アロイズの最高責任者でもあるサー・ジョン・アンダーソンも、ドイツの新型爆弾の脅威を鑑《かんが》みて、この任務は「最優先とすべきものだ」とあらためて作戦立案者に念を押した。

一一月二日の正午、ヘニカーは疲労困憊の工兵たちを列車に乗せ、ロンドン北部の名もない駅に運んだ。駅では大型車のハンバー・スナイプがずらりと並んで出迎えた。窓にカーテンをひいた車列は工兵たちを乗せ、ブリッケンドンベリー・ホールにあるSOEの産業破壊工作学校STS17に連れていった。ここは、ごく最近までは私立の小学校だったジャコビアン様式の大邸宅である。

フレッシュマン作戦に参加したイギリス工兵隊第261野戦中隊（最前列の左から4人目がマーク・ヘニカー中佐） Denis Bray

天候も着陸場所も予測のつかない状況のイギリスにひとつ分《ぶ》があるとしたら、それは標的そのものに関する情報量だ。ブリッケンドンベリー・ホールに滞在するヘニカーの部下たちを待っていたのはライフ・トロンスターだった。シンナルランとブルンからの情報のおかげで、トロンスターは建物の青写真のほかにも、標的とする装置の写真や図面を工兵たちに提供できた。ヴェモルクの内外で従業員や警備の者がつねにどこにいるかも教えておいた。工兵たちにはしだいに工場に関するありとあらゆることがわかってきた。ドアの錠の型から、鍵の在処、地下の重水濃縮施設に降りる階段の段数まで。イギリスにおける産業破壊工作の達人、ジョージ・リーム少佐は、工兵たちの訓練用に重水濃縮用電解槽の木造模型までこしらえた。

だがひとつだけ問題があった。グラウス隊がイギリスを発ってすでに二週間以上も過ぎたというのに、トロンスターにまだ何の連絡も届いていないのだ。あの四人のノルウェーの若者がいなくては、無線で常時連絡がとれなければ、どう考えてもフレッシュマン作戦は中止せざるをえない。


クヌート・ハウグランは寒くて空腹で疲れておまけにびしょ濡れだった。ソンガ谷沿いを後ろからスキーで一列についてくる仲間も同じありさまだ。三〇キロを超える装備を背負ったハウグランは、たびたび重たい雪に深く埋まった。ワックス代わりにスキーに塗ったロウソクの蠟《ろう》もちっとも役に立たない。こう暖かな天気だと新雪がガムみたいにスキーの裏に貼りついて、カタツムリの歩みになる。ちゃんとしたスキー用ワックスも持ってきているが、量が限られるので作戦決行の夜にとっておかなくてはならないのだ。

ハウグランはカバの林や岩だらけのごつごつした地形を避けて、川や小さな湖の縁に沿って進んでいた。真冬ならスキーをはいて川や湖をまっすぐ突っきるなど造作もないが、一〇月二四日の朝、水面はまだ完全には凍っていない。ところどころわたれそうな箇所はあるが、いざわたってみると氷の表面を水が覆っているせいでブーツも靴下もびちゃびちゃになった。数キロ進んで立ち止まると、ハウグランはじめ一行はザックの中身をすべて空けて、それから食事のために短い休憩をとった。ポウルソンが各自に分配したのは、四等分したペミカンをひと切れ、クラッカー四枚、ひと塗り分のバター、チーズひと切れ、チョコレートひとかけら、それとひと握りのオート麦と小麦粉——これで今日一日の分だ。ペミカンとは粉末乾燥肉と溶けた脂肪、乾燥フルーツを混ぜて圧縮したもので、いまはこれが一番のご馳走だった。それでも毎日全員が、摂取するカロリーのおそらく二倍は消費している。休憩が終わると今度は空《から》のザックを背負い、四人は来た道を引き返し、朝の出発点に戻る。そして残り半分のこれまた重さ三〇キロを超える装備と食料をザックに詰める。神々に背いて巨岩を永遠に運ばされるシーシュポス（ギリシャ神話の人物で「徒労」の寓意を持つ）のごとく、四人はまたも重たいザックを背負って、原野の同じ道をやっとこさ引き返すのだ。スキーの向ける先をちょっと間違えただけで腰まで雪に埋まってしまう。

猛吹雪のせいで降下地点から出発するのが一日遅れた。一〇月二一日の夜、外ではひと晩じゅう吹雪が吹き荒れ、テントのなかの四人は八個のコンテナの隙間に身を寄せ合った。朝起きると、湿った雪が一メートル以上も積もっている。さて、これから七二キロの道のりが待っているのだ。理想的な条件であれば、この距離なら二日もあればスキーで滑っていけるだろう。ただし必需品以外は雪に穴を掘って埋めたとはいえ、それでもまだ運ばなければならない荷物が二五〇キログラムもある。無線装置一式にバッテリー二基、ユーレカ・ビーコンに手榴弾、野外用装備に武器、そして備蓄用食料。四人で分けても各自六〇キロを超える。二度に分けないと運ぶのは無理だ。同じ道を引き返してまた戻ると一往復半で合計二一六キロメートルになり、おまけに雪の状態は理想的とはほど遠いときている。

出発してから三日目が終わるころ、降下地点からまだ一三キロしか進んでいなかったが、四人はソンガ湖畔で空き家になった農家を見つけ、そこで小麦粉と冷凍肉にありついた。火を熾し、鍋に雪を入れて湯を沸かすと、凍った肉を入れてとかした。約一週間ぶりに腹いっぱいになるまで食べた。パチパチはぜる炎のそばに、濡れた靴下やブーツ、衣服を並べると、湯気を立てて乾いていく。さらにありがたいことに、小屋にはびっくりする贈り物が待っていた。なんとポウルソンが子どものときに父親からもらった、木とカンバスでつくった古びた橇《そり》があったのだ。侵攻のときにノルウェー軍が借りていったまま、めぐりめぐってこの農家にたどりついたらしい。

それから六日間、一行は荷物を分けてリュックと橇で運び、ゆっくりとだがそれでも着実に東へと進んでいった。これでやっと引き返さなくてよくなったが、それでも進むのは難儀した。一度などポウルソンが半分凍った湖面を踏み抜き水中に落っこちたが、ヒェルストルプがとっさに薄氷のうえに腹這いになってストックを差し出し、ポウルソンをひきずりあげた。おまけにポウルソンの左手のできものが膿んできて、スキーで滑るとき以外は左手を吊っておかねばならなくなった。夜になると、あいかわらず道中で見つけた小屋に鍵を壊してはいっては休憩をとったが、農家ほどの戦利品にはありつけなかった。仕方なく自分の分のペミカンを、冷たいままか、ときにはオーツや小麦粉を足して暖かい粥にしてむさぼるように食べたが、それでもつねに空《す》きっ腹を抱えていた。

日がたつにつれ四人はだんだん痩せてきて、無精ひげはのび放題、ひっきりなしの風や寒さや重労働のせいで頬や唇に水ぶくれもできた。そのうえいつもびしょ濡れで、夜のあいだに服を干してもすっかり乾いたためしがない。スキーも完全防水どころか水を吸って丸太のように重たくなった。カナディアンブーツもぼろぼろになり、毎朝千枚通しで縫いあげ、かろうじて靴の形に整える。あのスコットランドでの過酷な訓練を経験していなければ、皆とっくに音《ね》をあげていたに違いない。

道中に暖をとりにはいった小屋から、ハウグランはアンテナ用の支柱にしようと釣り竿を失敬してきた。そしてある晩、無線装置を作動させようとしたら、いきなりショートしてしまった。寒風吹きすさぶ戸外から暖かい小屋のなかに入れた際に、機材が結露に覆われたせいだったが、気づいたときはすでに遅かった。この次は、必ずなかがすっかり乾くまで待って作動させなくてはとハウグランは心に誓った。

一〇月三〇日、スコーランの湿地帯から南西一一キロの地点で、ポウルソンは小さな日記帳にこう書いた。「ぼくらは相当参っている」。一行はライナルと呼ばれる土地で見つけた小さな狩猟小屋にひとまず腰を落ち着け、今後の方針を決めることにした。ヘルバルグは自分が農家にひとりで引き返し、貯蔵庫から食料を再度調達してこようと申し出た。ポウルソンとヒェルストルプは湿地帯まで一番楽に行けるルートを探しにいき、ハウグランはいま一度、無線でロンドンとの交信を試みることにした。

無線士の仕事が何をおいても重要なのは皆わかっていたが、そのことを誰より痛感していたのはハウグラン本人だった。暗闇のはるか彼方から届く声、手を差しのべ、命を救ってくれる声——その声を聞くために自分はここにいるのだ。ずっと無線士になりたかったハウグランだが、その夢に火をつけたのは一〇代のころに読んだ海洋冒険小説で、そこには乗組員全員の命を救った無線士が登場した。リューカンの高校を卒業すると、オスロの陸軍通信学校にはいった。モールス信号機を操作するのはピアノの練習をするようなものだ。最初は不器用でぎこちなく動作ものろいが、練習に練習に練習を重ねれば、ある日気づくと達人になっていて、何も考えずにトン・ツー打てるようになる。

一九三九年に卒業すると、ノルウェーとアイスランド間を航行する三〇〇〇トン級の商船で無線通信員の仕事に就いた。海上での戦闘はすでに始まっており、ハウグランは、遠方の沈みかけた船から救助を求める遭難信号を聞きつけたが、自分の船からあまりに離れていて役に立てないとわかった。ノルウェーが侵攻されると、何よりナルヴィークでの攻防戦で自分の技術が緊急に必要とされるに違いないと考えた。先見の明のあるハウグランは山間を駆けまわり、敵の軍隊や大砲陣地を突きとめては指揮官に無線で知らせた。迫撃砲や焼夷弾、機関銃からの攻撃をひっきりなしに浴び、それらがもたらす阿鼻叫喚を目のあたりにした。ある晩、急ごしらえで掘った塹壕に隠れていたら、男がひとり、うえから倒れ込んできた。男の胸は弾丸で蜂の巣になり、頬にも弾が一発貫通していた。人と見分けのつかぬような死体のそばを通ることもままあった。そのあいだもハウグランはずっと無線機を離さなかった。自分は仕事の速い無線士だし、試練を経た兵士だけがわかることを学んでいた。すなわち緊迫した状況でも不思議なほど落ち着いていられるのだ。事態が悪くなればなるほど、ハウグランはますます慎重に、冷静になっていった。

とうとう武装解除の命令がくだると、怒りと絶望、混乱と悲しみがないまぜになって襲ってきた。いまやヒトラーがノルウェーを牛耳り、ハウグランはただそれを受け入れるほかなかった。オスロに出てラジオ工場に職を得ると、ほどなく自ら進んでレジスタンスに加わり、無線機を組み立て、無線局を立ちあげた。ゲシュタポや国家警察にたびたび逮捕されたが、その都度あれこれ言い逃れては釈放された。それでもとうとう密告者に正体を暴露され、逃げるほかなくなった。ドイツは彼の首に一〇〇〇クローネの賞金をかけていた。

イギリスに着いてすぐにハウグランはリンゲ中隊に加わった。「もの静かで、気合い充分、勤勉かつきわめて聡明である」とストーダム・パークの教官は報告した。「勇気にあふれ、骨身を惜しまない。モールス信号のエキスパート」とミーブルの教官たちは口を揃えた。その後、無線士の専門学校ＳＴＳ52に進むも、こっちのほうが教わりたいと教師たちをうならせた。ハウグランは暗号の作成やモールス信号の打電を誰より速くこなし、ありあわせの材料で無線機をこしらえた。何をするにもよくよく考えてから行動するので、皆がひと仕事終えたころもまだ計画を練っている、とからかう輩もいた。それでも教官はこう報告している。「頭の回転が速く、細かいことにもよく気がつく……個々の緊急事態に即した理にかなった行動がとれる」

ところがいま、初めての作戦に参加してすでに一三日もたつというのに、いっこうに無線機を作動させられずハウグランはいらだっていた。ライナルの小屋にひとりこもって、今度こそ失敗しないぞと意気込むと、無線機とアンテナの支柱をセットした。今回は無線機とバッテリーをひと晩じゅう小屋のなかに入れておいた。準備ができると、スイッチを入れた。この短波信号が、ノーサンプトンシャーはグレンドン・ホールに置かれたホームステーションの通信員に届くことを祈りながら。

するとすぐに応答があったが、直後に通信がとだえた。一四キログラム近くもある「イギリス製」のバッテリーが切れたのだ。ひと月は保《も》ってもらわなくては困るのに。それでもめげずに手動式の発電機で充電を試みたが、クランク式のハンドル部分が短すぎて思うようにまわせない。やっと動いたと思ったら、今度は発電機のコードの絶縁体が焼けだした。こんな大型のバッテリー向けではなかったからだ。こうなったら新しいバッテリーをどこかで調達するしかない。

ようやく仲間がライナルの小屋に戻ってきた。ヘルバルグは突風のなか農家までの長旅を終えてくたくたで、ポウルソンとヒェルストルプも半分凍った湖に危うく落ちかけた。そしてハウグランもまた、バッテリーの件でこれまた気の滅入る報告をせざるをえなかった。小屋のなかに重たい空気が流れる。あと一六日で、月はヴェモルク襲撃作戦に格好の位置にくる。それまでに着陸場所を偵察し、気象状況を報告し、工場の情報を集めて連絡し、イギリス工兵を迎える準備を終えなければならないのだ。なのに、まだ目的地までこの先何キロもあり、しかも無線機すら使えないときている。

バッテリーを埋めたあと、四人で話し合った末、誰かひとりが先にムース湖のダムまで行き、このダムで働くトーシュタイン・シンナルランに助けを求めることに決めた。自分が行こう、とヘルバルグが申し出た。たったいま農家まで往復してきたばかりだというのに、まだこの距離を行けるのか。この幼なじみにつくづく感心したポウルソンはあとから日記にこう書いた。「ヘルバルグは昔のことわざを地でいく奴だ。『男たるもの限界まで進み、さらにその倍をも進む』」。

グラウス隊はシンナルラン一家との接触を禁じられているが、もうほかに打つ手はない。ポウルソンはそう判断をくだした。無線機がなくては任務など果たせやしない。

ダムに着いたヘルバルグは、まもなくトーシュタイン・シンナルランを見つけた。ふたりは顔見知りではなかったが、トーシュタインは弟のアイナルから、近いうちにその近辺で味方の客人の訪問を受けるかもしれないと聞いていたのだ。自分たちは「特別な任務」に就いている、とだけヘルバルグは話した。トーシュタインは新しいバッテリーのほかに新品のブーツと食料も用意すると約束してくれた。ただし少し時間はかかるという。アイナルがその手の物をどこかに隠し持っているはずだが、トーシュタインはその場所を知らなかったのだ。そこでヘルバルグはいったん彼と別れた。

新雪が降り、気温も下がったおかげで地面の状態がよくなり、それから二日間、あとの隊員たちはずんずんと東へ進んだ。ヘルバルグはダムから帰る途中、川をわたっているときに仲間との合流を果たした。

一一月五日の夜明け前、グラウス隊はついに、スコーランの湿地帯から東に五キロ離れた場所にあるサン湖畔の小屋にたどりついた。四人の男たち――汚れてひげぼうぼうで餓死しかけた――は力尽きて小屋のなかにどっと倒れ込んだ。ブーツはずたずた、セーターは縮んでぼろぼろ、ザックのうち二個はバッテリーから漏れた酸であちこち穴があいている。男たちはその晩、死んだように眠った。

翌日、ハウグランは再びアンテナ作りにとりかかった。まず釣り竿を縛って二本の塔をつくり、五メートルほどの間隔をあけて立たせ、塔のあいだに絶縁銅線をわたす。次に板を数枚釘で打ちつけ、それを小屋の壁にしっかりと固定する。そして無線機につないだ電線をのばして小屋の窓の隅から外に出し、板を経由して、二本の塔をつなぐ銅線まで引っぱりあげる。ハウグランが作業しているあいだ、ポウルソンとヒェルストルプは着陸地点を調べに湿地帯までスキーを走らせ、ヘルバルグはトーシュタインが新しいバッテリーを調達してくれていることを祈ってダムに向かった。

一一月九日、外はすっかり暗くなり、ハウグランはようやく無線機を再始動させる準備を終えた。シンナルランからもらった新しいバッテリーもセットして、今度こそ準備万全のはずだ。メッセージもちゃんと暗号処理してある。目の前に置いたメモ用紙には、一見でたらめの文字が並んでいる。メッセージは短くてすばやく送れるものでなければならない。ドイツはノルウェーからの送信を発見すべく無線方向探知局を備えている。ハウグランの通信が長すぎて、しかもドイツのふたつの探知局が近くにあった場合、クロス方位法で自分たちの位置がわかってしまう恐れがある。簡潔さとスピードが命を救うこと——自分の命も、そして仲間の命も——をハウグランは無線士として重々承知している。

ハウグランが無線機のスイッチをいれた。新しいバッテリーは途切れることなく電気を送り込んでいる。三人の仲間が脇で固唾を飲んで見守るなか、寒さと興奮に震える指で、ハウグランは自分の個人識別用コールサインを発信した。するとすぐに返信が来た。ついにホームステーションとつながったのだ。ポウルソンたちは歓声をあげ、彼らの無線士を褒めちぎった。

ハウグランはさっそく最初のメッセージを送った。「岩だらけの場所だが着地は成功。待たせてすまない。吹雪と霧のため谷を通るしかなかった。一メートル以上の積雪で重い装備を抱えての山越えは無理だった。間に合うよう目的地に着くには急がねばならなかった。続きは次の交信にて」

グラウス隊はついに間に合った。これでやっと工兵たちを標的まで案内できる。

第九章　心許ない運命

ハイドパークに隣接するキングストン・ハウス・サウスの五階のオフィスで、ライフ・トロンスターは書類の山に向かっていた――大半が赤のスタンプで「極秘」と押してある。報告書に議事録、無線通信文に手紙がうず高く積まれている。てきぱき書類をさばきながら、ときどき鉛筆で何かさらさら書き込み、秘書のガルド・ヴォルフ・フールームに返事を口述するが、そのほかはもっぱらオフィスに二本ある安全な電話回線を使って直接返事を伝える。そのほうが早いし、誤解が生じる心配もなく、ただでさえ多い書類を少しでも減らせる。なにしろ書類はすべてデスクの後ろにある巨大なスチール製の金庫に保管しなくてはならないのだ。

書類の洪水に辟易していたトロンスターは、グラウス隊からいきなり立て続けに届いた通信文を見つけて跳びあがらんばかりに喜んだ。その一週間前、グレンドン・ホールの通信員がグラウス隊に接触できたと思ったのだが、コールサインがどこか変だった。トロンスターはすぐにこう返信した。「連絡をくれて非常に嬉しい……万事順調であることを祈る」。ところが返事がいっこうに来ない。最悪の事態を心配したトロンスターは、セキュリティ・プロトコルを破ることにはなるが、運び屋を送ってアイナル・シンナルランに連絡をとり、グラウス隊と接触をはかるよう頼むことにした。だがその前に、再び無線がつながったのだ。「バッテリーが切れたため、タンテ・ヒァスティ（アイナル・シンナルランのこと）に接触するほかなかった……グライダーの着陸予定地から六キロの場所にいる」。さらにメッセージは続く。「この一帯の敵軍はオーストリア軍だ。さらにざっと九二人のドイツ兵が来る予定。それでも作戦はうまくいくだろう。電話線は切っておく必要がある。命令を待つ……雪が多くて自転車は使えない」

トロンスターとウィルソンは統合作戦司令部と相談したのち、質問をリストにして折り返し送り、「引きつづき頼む。幸運を祈る」と終えた。それから数日にわたって伝言がひっきりなしに届き、それによれば、グラウス隊のユーレカ・ビーコンは正常に作動し、着陸地点はドイツ部隊からは見えない理想的な場所で、「全長七〇〇メートルほどの、木も岩もない格好の平らな地面」だという。それから「技師のブルン」が妻ともども姿を消したことも報告してきた。グラウス隊の情報収集力はなかなかのものである。

一一月一二日、トロンスターはオフィスから歩いてすぐのサウス・ケンジントン・ホテルでエリック・ウェルシュと落ち合った。ふたりがノックした部屋は、スヴァッレ・ハーゲン博士夫妻の名で予約してある。この偽名をイギリスの諜報機関からもらったブルンが、妻のトミーとともに出迎えた。にこやかに挨拶を交わしたあと、男たち三人は腰をおろし、ヴェモルクについて話し合った。八月下旬にクルト・ディープナーがノシュク・ヒドロの本社にじきじきに出向き、「大至急、作業を遂行」するため「必要なあらゆる手段」を講じるべきだと活を入れた。九月いっぱい工場の拡張工事が続けられ、触媒交換装置の第一弾がカスケードの第六段階に導入された。ソーハイムとノートッデンでも重水施設の建設が進められているという。

ブルンはまた、逃亡のほんの二週間ほど前にハンズ・スースと話してわかったこともふたりに伝えた。ハンズ・スースは、ハルテックに協力しヴェモルクの改良を手伝う科学者のひとりだが、彼を反ナチだと踏んだブルンは、ドイツが重水に関心を寄せている件について尋ねてみた。ウラン装置に使う中性子減速材として五トンの重水が必要なのだとスースは明かしたが、自分たちの研究は戦争に「ただちに応用」するものではまったくないと答えた。むしろ長期的なプロジェクトで、おそらく平和目的で利用するに違いないとのことだった。

スースは包み隠さず語っているはずだとブルンは言うものの、このドイツの物理学者はおそらく希望的な観測をしているか、あるいはナチスの計画の全容を知らされていないかのどちらかだ。兵器製造を担当する陸軍兵器局の科学者ディープナーが深く首を突っ込んでいるからには、平和目的に限るものとはおよそ考えにくい。ヴェモルクはざっと一五〇〇キログラムの重水を「キニーネ工場」に出荷している。そのうえディープナーは自身のウラン装置用にさらに三〇〇〇キログラムを欲しがっている。一年以内に工場がフル稼働したならば、それがディープナーの手にわたることになるのだ。

見過ごすわけにはいかない、とトロンスターが言った。すでにヴェモルクを爆破する計画が動いている。ブルンには数日以内にさらに図面と詳細な情報を提供してもらいたい。襲撃に備えるイギリスの奇襲隊員たちにそれをわたすのだ。自身が建設に手を貸した工場を破壊するのにためらいもあったが、チューブ・アロイズからその研究成果や「ＴＮＴ一〇〇〇トン」に等しい「超爆弾」の話を聞くにつれ、ドイツを阻止せねばならないとトロンスターはますます確信するようになっていた。

リンゲ中隊の隊員たち Norges Hjemmefrontmuseum

　この作戦と並行して、ほかにも多くの作戦にトロンスターはかかわっていた。少し前にスタートした「ビターン（サンカノゴイ）作戦」は親ナチスのノルウェー人と内通者らの暗殺を企てるもので、まだ計画段階の「カーハンプトン作戦」は商船団を拿捕するというオッド・スタルハイムの発案によるものだ。またリンゲ中隊の隊員の多くもここにきてグラウス隊と似た任務についていた。隊員たちは破壊工作を計画し、無線局を立ちあげ、ノルウェー全土でレジスタンスの地下組織を結成した。作戦名のリストは、おそらく鳥類学者が見たなら目を輝かせて喜びそうなものだ。チャフィンチ（ズアオアトリ）、コッカレル（若い雄鶏）、クロウ（カラス）、フェザー、ホーク（タカ）、ヘロン（サギ）、ラーク（ヒバリ）、マラード（マガモ）、パートリッジ（ヤマウズラ）、ペンギン、フェザント（キジ）、レイヴェン（ワタリガラス）、スワン、スラッシュ（ツグミ）などなど……。

　心配の種は尽きないが、それでも家族が無事でいるとの知らせがトロンスターの心を慰めた。一〇月にバッサから手紙が届いた。「あなたのちっちゃな息子はなかなかの大物ですよ。ハラハラすることもあるけれど、かわいらしくて、とっても楽しい子……シッセルは思いやりのある優しい娘《こ》です」。

そして自分については「何もかも順調です」と書いてある。それでも「クリスマスまでに戦争は終わるでしょうか？　はやく平和が訪れますように」と気にかけ、夫の仕事や暮らしぶりを教えてほしいと頼み、「またお互いの顔を見られるとき」をどんなに待ち遠しく思っているかと綴った。妻の手紙はどうやら夫の手紙と行き違いになったようだ。ほんの数日前にトロンスターはこう書き送っていたからだ。「ぼくは元気です。君や子どもたちと離れていてもなんとか人間らしく暮らしています」。そして元の職業とはまったく関連のない「興味深い仕事」をずっと長いことやっていると書き、最後にこう綴った。「静かにひっそりと暮らしてください。どうかぼくのことは心配しないで。なんとか乗り切って、またみんなに会える日を楽しみにしています……君に心から会いたいよ……ふたりのあいだを信じよう。すぐに戻ってきます。どうかそれまで気持ちを強くもっていてください」

一一月一五日午前一一時三〇分、チルターン・コートでトロンスターはウィルソン、ヘニカーほか数人とともに、フレッシュマン作戦を最後にもう一度見直した。トロンスターはグラウス隊から届いたばかりの伝言を伝えた。工兵たちはスノーシューを持参したほうがいいが、たとえ悪条件でもヴェモルクまでの道のりは五時間もかからないだろう。作戦決行の夜、グラウス隊はムース湖のダムとリューカンをつなぐ電話線を切っておく。工場に続く扉には見張りが二名いるが、工兵たちなら楽に倒せるだろう。ただしリューカンから援軍が来れば、吊り橋はあっけなくおさえられてしまうに違いない。ヘニカーは、工場まで誘導するグラウス隊員は二名いれば充分で、彼らにはイギリス軍の戦闘服を支給すると申し出た（万一捕まることがあっても、ノルウェー人とわからないように)。彼らの役目は工兵隊が吊り橋をわたる手前で終わる。ほかのグラウス隊員は無線交信を続け、ユーレカ・ビーコンを破壊する。この技術をイギリスはドイツの手にわたしたくないからだ。

会議の空気は全体に明るいものだった。終わり近くに、トロンスターは工場の図面を広げた。そして、この作戦がいかに重要かはむろん承知しているが、発電所にあるすべての発電機を破壊すればリューカン住民の大半が生活に支障をきたし、さらにこの国の生命線である肥料の供給が絶たれることになると警告した。そこで一二基ある発電機のうち二基だけは残す案について説明した。これだと重水製造への影響は同じだが、ヴェモルクを水素工場として残すことができる。ヘニカーはこの件について上官に訊いてみると言ったものの、計画を変更するには時間がかなり逼迫していた。

その晩の日記に書いたようにトロンスターは、この「見栄えのいい紛うことなき勇敢な軍人たち」からどうせていよく断られたのだろうと思った。それでもひるまず報告書をまとめたが、これが結局は功を奏し、爆破対象から二基の発電機がはずされることになった。報告書には次のように書いてあった。「ノルウェーの工場を破壊するうえでの賢明な方針は、すなわち損害を必要最小限──ドイツが戦争に勝利するのを阻止するかぎりにおいて──にとどめておくことであり、それ以上の破壊があってはならない」

サン湖畔の小屋では、ポウルソンが窓のない暗い部屋の片隅で、薪ストーブにのせた大鍋の番をしていた。鍋のなかでヒツジの頭のシチューがぐつぐつ煮たっている。いっぱしのコック気どりのポウルソンは、シチューをおいしくしようと缶詰の豆や倉庫で見つけた材料を手当たりしだいに鍋に放り込んだ。とはいえ誰も文句などいうわけがない。皆死にそうに腹をすかし、テーブルにクロスまで掛けて待っていた。

その日の昼間、ハウグランとヘルバルグは小屋に戻る途中に、群れからはぐれた一匹のヒツジが岩にはさまり動けなくなっているのを見つけた。そこでヒツジを殺すと背中にかついで小屋に持ち帰った。皮をはいでぶつ切りにすると、ポウルソンがさっそくシチューをこしらえた。

とうとうポウルソンが席につくよう皆に声をかけた。ご馳走の用意ができたぞ。おいしそうなにおいが鍋から漂い、一同はごくりとつばを飲み込んだ。外では風がびゅうびゅううなり、壁の隙間から雪片がひらひら舞い込んでくる。たった一本のゆらめくロウソクの炎のもと、お互いの顔すらよく見えない。

大鍋を両手にもってテーブルに向かったポウルソンは、床に敷いたトナカイの毛皮でうっかり足を滑らせた。鍋の重みで体がよろけ、ポウルソンはひっくり返り、シチューが床いっぱいにこぼれ出た。ヒツジの頭も何もかも。全員が床を、そしてコックを見た。それから無言で一斉に膝をつくと、おのおの自分の皿にすくえるかぎりのものをすくった。とうとうシチューはきれいさっぱりなくなった。あとに残ったのは骨のかすと、「ぼくのスープにはいってた毛」についてヒエルストルプがひとしきり飛ばしたジョークだけ。それでもひとり残らずおいしいと思った。そして、腹いっぱいで寝床についた。

月が満ちはじめる一一月一八日までの三日間、グラウス隊はあいかわらず忙しく働いた。標的までの経路を偵察し、ヴェモルクと反対側の隠れた場所から橋の警備を監視した。

ヘルバルグは食料とバッテリーを調達しに、あいかわらずムース湖まで行ったり来たりしていた。ある晩、トーシュタイン・シンナルランに会いにいくと、かわりにアイナル・シンナルランがそこにいた。ヘルバルグはほかのグラウス隊員の名は言わなかったし、シンナルランもあえて尋ねたりはしなかった。シンナルランはただ、この先、食料や装備、ヴェモルクの情報など必要なものがあれば何でも協力すると言ってくれた。こうしてたちまちシンナルランはグラウス隊の一員になった。

誰よりも忙しかったのはハウグランで、ロンドンとのあいだを飛び交う伝言をひっきりなしに暗号化したり解読したりしていた。日課となっている交信は真夜中にもおこなわれ、モールス信号を打つときだけ寝袋の殻から這い出てくる。送信内容はもっぱら天候に関するものだ。風の向きや強さ、雲の高さ、視界の程度。ここまできたら天気がすべてで、これは作戦の直前までまったく予測がつかないのだ。ある日は快晴。次の日は雲が高いところにあり、そのまた次の日は低い雲が谷をすっぽり覆い隠す。雪がちらほら降る夜もあれば、ただ凍るように寒いだけの夜もある。ただし、風だけはつねに変わらず吹いている。突風がくるくると向きを変えて吹き荒れ、何度もアンテナの支柱をなぎ倒すので、その都度誰かが屋根に上がって立て直さなくてはならなかった。

一一月一七日、この日まで三日続けて快晴だった。この日、ハウグランは午後の交信でこう伝えた。「ムース湖などの大きめの湖は凍っていない。ここ三晩とも空は明るく、よく晴れている。気温は摂氏約マイナス五度。強い北風が今夜は静まっている。素晴らしい天気」

その同じ日、かたやスコットランドは薄曇りの憂鬱な天気だった。ＳＴＳ26にいるクヌート・ハウケリは、グラウス隊の任務についても、友人たちの運命についても何ひとつ知らずにいた。一〇月の前半、医者からようやく訓練と過酷な任務へのゴーサインが出た。なのに、ノルウェーに降下し、レジスタンスを結成する計画についてひと言の話もなければ、ほかのどんな作戦にもいまだお呼びがかからない。かわりにイギリス南部に行って、装甲戦闘車の訓練を受けるよう命じられた。敵地で隠れて行動する奇襲隊員《コマンド》になれないなら、いっそのこと陸軍にでもはいって二七トンもの吠える鋼鉄の塊に乗り込み、真正面からドイツにぶつかるのも悪くないか。すぐにも敵に見つかるだろうが、重機関銃と対戦車砲を備えた戦車隊《コマンド》を指揮できるならへっちゃらだ。

暗闇のなか北海を猛スピードで進むハリファックス機のドーム型背部銃座に身を縮めてすわるマーク・ヘニカーは、乗員たちがこの窮地を無事乗り越えられるよう祈っていた。ヘッドフォンから白熱したやりとりが聞こえてくる。

「隊長、どれのことですか？」

「主翼桁の隣のやつだ」パイロットで分隊長も務めるウィルキンソンが新人の航空機関士に怒鳴った。どの燃料弁を開け閉めするのか新人が迷っているのだ。「後生だからさっさとやってくれ。

エンジンがとまっちまうぞ」

「右のやつですか？　それとも左？」

「右のやつだ、主翼軸のすぐ後ろの。ちがう、このばか！　それじゃない」

「さっぱり動きません」

「逆にまわすんだ。ちきしょう！　どうしたってんだ？」

ヘニカーの目の前を大きな雲が勢いよく通り過ぎた。左側のエンジン一基が止まり、機体が左右に激しく揺れた。と、いきなりぐんぐん降下していく。ほんの数分前、ヘニカーはハリファックスの快調なエンジン音を聞きながら、猛スピードで空を駆け抜ける爽快な気分を味わっていた。眼下には雲海が広がり、頭上の星々はビロードにちりばめられたダイヤモンドのようだ。今日は一一月一八日、月が満ちる最初の日。ヘニカーは、飛行機とグライダーの搭乗員をノルウェーの地に慣れさせる目的で、ハリファックス二機を着陸地点までテスト飛行させ、そのうちの一機に自分も同乗することにしたのだ。

緊迫したやりとりのなかヘニカーの耳に、雲底を抜けた先に何があるか航法士がパイロットに教える声が聞こえた。「いきなりノルウェーの海岸が目に飛び込んでくるか、その瞬間に山に突っ込むか、どっちかだ」

「基地に引き返すしかない」ウィルキンソンが言った。「ああ神よ、願わくばわれらを無事に戻したまえ！」

ハリファックス機は激しく傾き、ヘニカーはスコットランドまでの六四〇キロを持ちこたえられるのかといよいよ不安になった。この「巨大な怪物《モンスター》」が海に落っこちたなら一〇分以内に沈むだろう。燃料がまだ満タンなら沈むのはもっと速い。

それから二時間後、一行はスコットランド北東の先端にある辺鄙《へんぴ》なイギリス空軍の飛行場スキッテンに無事着陸した。もう一機のハリファックスを操縦していたトム・クーパー空軍大佐も、すぐあとに帰還した。ハルダンゲル高原の夜空は晴れていたというのに、この飛行機に乗っていた者は誰ひとり着陸地点を確認できなかった。クーパーは山や谷にぼんやりした「光と陰」の帯が広がり、まるでトラの縞のようだったとヘニカーに語った。理想的とはほど遠い天候に、スコーランの湿地帯を確認できる鋭い目もないからには、グライダーを着陸地点に誘導するユーレカ・レベッカ信号だけがこの作戦の頼みの綱というわけだ。

厳しい日程のなかクーパーは、この作戦に備えて自分にできるかぎりのことをした。第三八飛行大隊のパイロットは何十時間にもわたるハリファックスの操縦訓練を受け、無線標識により着陸地点を完璧に狙えるようになった。最後の夜間練習で模擬標的の上空を飛んだときも、四〇メートル足らずしかはずさなかった。グライダーのパイロットも同じく懸命に練習を積んだ。それでもクーパーには、たとえ昼間でもスムーズに正確に着地するには相当な技術がいるのはわかっていた。

さらにクーパーは、グライダーとハリファックスをつなぐ曳航索に組み込む通信回線を冷凍庫に入れてテストしてみた。ノルウェー上空の極寒の大気にさらされても回線が使えることが絶対に欠かせない。上層部には、乗員らにもっと訓練を受けさせ、ハリファックス両機にもっとメンテナンスをおこなう必要があると強く訴えた。しかし、彼の上官のひとりが書いているように、これで間に合わせるしかなく、というのも「やめるにはもう遅すぎて、最善を祈るほかなかった」からだ。すでにチャーチルには、フレッシュマン作戦の準備が整ったと伝えてあった。

スキッテンのコックたちは帰還した乗員たちに食べさせるためのベーコンと卵をかき集め、いっぽうヘニカーはベッドにはいり数時間ほど体を休めた。その翌日、一一月一九日の午前一〇時三〇分、グラウス隊から気象報告が届いた。今日も雲ひとつない天気、北西の風も穏やかだ。ヘニカーは作戦にゴーサインを出すか決めるためクーパーと会って相談した。夕方までには兵士たちも飛行機も準備が整うだろう。ただひとつ問題は、この天気が持つかどうかだ。ここスキッテンにもクーパーの部下の気象予報士がいるが、統合作戦司令部はノルウェー人の気象学者スヴァッレ・ペッテルセン中佐の意見も聞くようにと彼を送ってよこした。マサチューセッツ工科大学の元教授ペッテルセンは朝からずっと海図と最新の気象情報に丹念に目を通していた。そしてグラウス隊の伝言とは異なり、スコットランドから北海の北にかけて強い偏西風が吹いていることを懸念した。夜遅くなれば状況が厳しくなる恐れがある。ペッテルセンは二、三日待ったほうがいいと助言した。そのころには「北極気団の発生」により理想的な条件が得られるだろう。ヘニカーとクーパーはこのノルウェー人気象学者の予想について検討したが、スキッテンの気象予報士の予想では警鐘は鳴らなかったため、ノルウェー時間の午後六時三〇分に作戦を開始することに決定した。

ウォリス・ジャクソン、ビル・ブレイをふくめた三〇名のイギリス工兵は、とうに作戦準備を終えていた。工兵たちはサンドイッチで腹ごしらえしたあと、スキッテン飛行場の敷地内の、スコットランドの殺風景な海辺に立つカマボコ兵舎の脇でタバコを吸っていた。軽口を叩き合う者もいたが、それもこれから出陣する男たちの強がりにすぎない。ただ黙って気持ちを落ち着かせる者もいた。最後の出撃要旨説明《ブリーフィング》があるはずだが、すでに知っておくべきことは知っている。これからノルウェーに向かい、発電所と水素工場を爆破するのだ。

オックスフォード大学の教師でなくとも、標的の位置と内容くらいは割り出せる。ブリッケンドンベリー・ホールからバルフォード基地に戻ってくると、工兵たちはノルウェー製とラベルのついた服を与えられ、スノーシューをつけて歩く訓練を受けたが（背高の草地で練習した）、それはもちろん氷と雪の国に向かう確たる証拠だった。ほかにも、発電所を訪れたり、ノルウェー人科学者（トロンスター）から電気分解槽の仕組みについて何度か講義を受けたりして、およその見当はついた。しかし、ヴェモルクで製造されるこの「きわめて高価な液体」が何の役に立つのかは、工兵たちにはいまださっぱりわからなかった。それでも行く先々で機密保持が徹底され、軍服の記章をはずすよう命じられたことから、さぞかし重要なものに違いないと察しはついた。

スコットランドに向かう前の、最後のバルフォードでの一週間で、工兵たちは攻撃の予行演習をし、毎日何キロもひたすら歩いた。隊員のひとりが足首をねんざすると、中尉が軍医にこう言った。「こいつには四〇〇キロを歩いてもらわなくちゃならない。一〇〇パーセント治ってそれができるようになるだろうか？　こいつが死んでおれの責任になるのはごめんだ」。この工兵は任務を降ろされたが、そのとき仲間は誰もがこの先の過酷な行程を覚悟した。より恐ろしいのはどっちだろうか。木製のグライダーで北海を越える三時間半の空の旅か、はたまた占領地を通ってスウェーデンまで歩く長丁場の逃避行か。

それでも逃げ出す者はいなかった。

ここスキッテンでは、ほとんどの工兵が家族に手紙を書いたが、なかには自分の不安な気持ちをおくびにも出さない者もいた。ウォリス・ジャクソンは母親にただこう書いた。「母さん、ぼくの洗濯物と手紙をここに送ってもらってかまいません。次の休暇を楽しみにしています。たくさんの愛を込めて、ウォリー。追伸、暖かいベッドのなかでこれを書いています」。風邪をひいて喉が痛いビル・ブレイは、出立の数時間前に妻に短い手紙を書いた。「これから襲撃に行くことを君に伝えたくて急いで書きます。どこかは言えませんが、数週間かそこら連絡がなくても心配しないでください。クリスマスには戻るのでチキンを注文しておいて……ダーリン、ぼくが君を愛していて、君に夢中だってことを忘れないで。ぼくはちゃんと戻ってくるからあまり心配しないでね、さよなら、神のご加護がありますよう。永遠に君を愛する亭主ビリーより」

工兵たちの休憩が終わると、ヘニカーとふたりの中尉アレクサンダー・アレンとデイヴィッド・メトヴェンが手短にブリーフィングをおこなった。「何が起ころうと」とヘニカーが最後に言った。「誰かが目標に到達し任務をまっとうしなければならない。見つかったからといって足を止める言い訳にはならないぞ」。そして幸運と成功を祈ると締めくくった。それから男たちは装備をつけた。スチール製のヘルメットをかぶり、青いロールネックセーターのうえにイギリス陸軍の制服を着た。各自ステンガンを持ち、背中のザックには一〇日分の食料、寝袋、爆薬その他の装備がはいっている。標的を青いマルで囲み、ノルウェー西部の海岸への偽の脱出ルートを書き込んだシルクの地図を持つ者もいた。作戦遂行後に追っ手をまくため、これをわざと落としていくのだ。

小雨のそぼ降るなか工兵たちが滑走路までずんずん歩いていくと、そこには黒いホルサ・グライダー二機が、それぞれ二機のハリファックスの後方に停まっていた。ウィルキンソンがハリファックスAを操縦し、クーパーも同乗して飛行全体を監督する。二六歳のカナダ空軍パイロット、アーサー・パーキンソンがハリファックスBの機長を務める。ハリファックスの乗員たちが機体を点検するあいだ、工兵たちがグライダーに乗り込んだ。ジャクソンはグライダーA、ブレイはグライダーBに乗る。大半が二〇代前半の若者で、見ていたひとりは彼らがまだ少年のような顔つきだったと振り返る。青年たちは機内で各自位置につき、安全ベルトを締めた。足底の床に張った波状の金属板の細長い溝は、グライダー飛行につきものの反吐《へど》で足を滑らせないためにある。へニカーが最後にもう一度、工兵たちに幸運を祈ると声をかけると、地上員が蝶番《ちょうつがい》のついたグライダーの尾部を閉めた。パイロットたちが牽引の準備をするあいだ、工兵たちは所在なく互いに顔を見合わせ、この作戦の行く末に思いをはせた。

予定時刻をやや遅れてハリファックス機二機はエンジンを始動させた。ウィルキンソンはピンと張った長さ一〇〇メートルの麻のロープでグライダーAを引っぱりながら、先に滑走路に進路を向けた。午後六時四五分、手を振る乗員を乗せたハリファックスは轟音とともに滑走路を進んでいく。その後ろにグライダーが続き、時速約一一〇キロの速度で二機は空を昇っていった。それから一五分後、ハリファックスBとグライダーBも飛び立った。乗員と工兵合わせて四八名がこの作戦に参加した。ヘニカーは地上から機影をじっと見据えた。この作戦を計画していた早い段階で、ヘニカーは自分が部下たちを率いると志願したのだが、上層部がそれを許さなかった。

両機が離陸したことを、スキッテンの無線通信員が統合作戦司令部とSOE本部に伝えた。その晩の日記にトロンスターはこう書き留めた。「今夜、大きな二羽の鳥に続いて二羽の小鳥が心許ない運命へと飛び立った」

「ガール（女児誕生）」——サン湖畔の小屋にいたハウグランのもとに暗号電文が届いた。工兵たちがこっちに向かっている。ハウグランが受信確認を返すと、ポウルソンは三人を連れてスコーランの湿地帯で選んだ全長約七〇〇メートルの着陸場所までスキーを駆った。現地に着くと、すでに日は暮れて天候が変わっていた。西から中程度の風が吹き、空に雲をまき散らしている。視界はまだ良好だが、ハルダンゲル高原のことだから一瞬で変化しかねない。

丘の中腹でユーレカ・ビーコンのアンテナとバッテリーをセットするハウグランとヒェルストルプを残し、ポウルソンとヘルバルグは着陸場所を目立たせるため雪に覆われた沼地に降りた。歩幅で距離をはかり、一五〇メートルの間隔を空け、雪面に六個の赤色灯をL字型になるよう並べた。飛行機が近づいたらスイッチを入れ、さらにポウルソンがL字の角に立ち、白色灯を掲げてグライダーを誘導する手はずになっている。とはいえハリファックス機の到来に最初に気づくのはハウグランだ。機体が近づくと、そのレベッカ装置がハウグランのユーレカ装置に短波信号を送る。するとハウグランのヘッドフォンに電子音が響き、今度はユーレカがこの信号を別の周波数を使ってレベッカに返信し、その信号から航法士は着陸地点までの距離と方向を把握できるのだ。

すべての支度を終え、寒風の吹く暗闇のなかユーレカを囲むグラウス隊の面々には、工兵たちを見つからずに標的まで誘導し、ヴェモルクの警備を突破できるという自信があった。とにかくグライダーが無事に着地さえしてくれればいい。たとえ一機でも。ところが一分また一分と過ぎるうちに、ちぎれ雲が低くたれ込め月を隠し、北西の風がびゅうびゅううなりをあげて吹きはじめた。

第一〇章　消息不明

ユーレカの前で雪面に膝をついたハウグランの耳に、ヘッドフォンを通して鮮明な音が聞こえてきた。午後九時四〇分。しだいに強まる風のなかポウルソンに叫んだ。「レベッカが聞こえる。ついに来たぞ！」。ポウルソンは着陸地点まで急いでスキーを走らせた。途中で、ハリファックスの到着に備えて待機するヘルバルグとヒェルストルプに手を振って合図した。「ライトをつけろ！」ポウルソンが大声で叫んだ。「ライトだ！」。すぐにふたりは雪面に並べた赤色灯をつけた。L字の角に立つと、ポウルソンは白色灯の光を手で何度も塞いでは離した。周囲を風がくるくるまわる。見上げると、低い雲の切れ間から月が顔を出しては消える。懐中電灯の光が弱すぎて雲の向こうのパイロットに見えないのだろうか。たとえそうでもユーレカの無線標識が近くまで誘導してくれるはずだ。数分たつと、南西の方角から近づいてくるハリファックスの低いうなり音が聞こえてきた。

「聞こえた！」ハウグランが大声で叫んだ。自分の声がどのみち仲間に届かないのはわかっているが。

エンジン音がしだいに大きくなった――ハリファックスはたしかに頭上を飛んでいる。皆、暗闇からグライダーの姿が現れるのを今か今かと待った。ところが、だんだんとエンジン音は遠ざかり、ハウグランのヘッドフォンも静かになった。あいかわらずポウルソンは光の信号を送り、並んだ赤色灯が空っぽの夜空に光を放つ。だがグライダーの姿は見えない。影も形もだ。ハリファックスから切り離されていないなら、またもう一度戻ってくるのか？　それとも二機目のハリファックスがすぐにやってくるのだろうか？　航法士はレベッカを使ってこちらの位置を突きとめられなかったのか？　あるいはグライダーのパイロットが着陸場所を目視で確認できず、降下をためらったか？　数分待ってみたが答えは出ない。するとまた、ハウグランのヘッドフォンから電子音が聞こえてきた。

「二機目が来たぞ！」ハウグランが叫んだ。

さっきと同じくエンジンの低いうなりが暗闇から聞こえてくる。今度は東からだ。けれど音はちっとも大きくならず、グライダーの姿も見えない。それから一時間、ユーレカは数回、電子音を鳴らし、別の方角から何度かエンジン音も聞こえてきた。ユーレカのバッテリーがそろそろ切れそうだが、すぐに充電する術はない。それからぱったり静かになった。ポウルソン、ヘルバルグ、ヒェルストルプの三人はとうとう懐中電灯を消し、ハウグランのところに戻ってきた。たしかに天気はおもわしくなかったが、それでもこんなに飛行機が近くまで来ていて、なぜ姿が見えないのかさっぱりわからない。

月を背に飛んでいると、徐々に視界が悪くなり、ハリファックスAの乗員たちは、自分たちがいま地図のどこを飛んでいるのか見当がつかなくなった。どの谷も山も湖も同じに見える。大海原の波のひとつを追うのとどっちが楽だろう。航法士の計算によれば、着陸地点まであと三〇～

五〇キロのはずだ。ところが地上のどこにも赤いLの印など見当たらず、あげくにレベッカが作動しない。結局、機体は暗闇をさまよい、燃料計の目盛りはみるみる下がっていく。操縦室にいたクーパーはスコットランドに引き返すことを決断した。もうすぐ午前〇時をまわる。すでに五時間近くも飛んでいるのだから、そろそろ潮時だ。

　離陸してからウィルキンソンは、まずハリファックスをスキッテンから南東の方角に向けた。雲の層の隙間を縫うように飛ぶと、三〇〇〇メートル上空に快晴の空がひらけた。飛行機とグライダーをつなぐ内部相互通信装置《インターカム》が作動しないため、光のモールス信号を使ってしか連絡がとれない。ただし、その他の点では、北海をわたる飛行は穏やかだった。ノルウェーの西海岸に高い雲があったため、航法士はその南端をまわる針路をとることにした。ところが、まだ陸地も見えないうちにレベッカの電源が喪失し、何をやっても動かない。こうなるとスコーランの湿地帯を目視だけで見つけなくてはならない。

　現時点でクリスチャンサンの東にいると判断し、ウィルキンソンは北に針路を向け、連なる湖をたどってヴェモルクまで行こうと考えた。行程の半分までは自分たちの位置をしっかり把握できていた。雲が点々とあるだけで月は明るく輝き、連なる谷の霧は晴れている。けれど、さらに進んでいくうちに、自分たちが地図のどこにいるか徐々にわからなくなってきた。針路は守っていたが、午後一一時近くになり、すでに目標地点の上空にいるころなのに雲の切れ間からそれらしき場所をさっぱり確認できない。そこでウィルキンソンは東に針路を向けた。クーパーは目印になるような湖を通らないかと期待した。だがそれもかなわず、今度は南東に二〇分進むと海岸が見えた。そこでまたヴェモルクに戻るためUターンした。そしてこの時点でクーパーはスコットランドに引き返すことを決めたのだ。

新たな針路を定めて進んでいくと、二七〇〇メートル上空で雲にすっぽり覆われた。後ろにグライダーを曳航したままウィルキンソンが操縦桿を上にあげるも機体が反応しない。氷が爆撃機とグライダーの双方の翼を覆いはじめた。エンジンを全開にして轟音を立てながら機体はようやく上昇した。高度三七〇〇メートルまで昇ったが、ハリファックスはこの高度もスピードも維持できず、再び雲のなかに落ちていく。四本のプロペラがはね散らかした氷片が機体に衝突し、対空砲火を浴びたような背筋の凍る音響を発する。クーパーに選択の余地はなかった。高度を下げて氷を溶かさなければ持ちこたえられない。ウィルキンソンは高度二〇〇〇メートルまで急降下したが、高度を下げると乱気流はいっそうひどくなった。雲はみるみる厚くなり機体が激しく揺れだした。

ホルサ・グライダーもまた曳航索に引かれるままに前後に揺れ、急上昇したかと思うといきなり急降下し、ふたりのパイロットにはなす術もない。後ろにすわる工兵たちの体も激しく揺さぶられる。木製の胴体がいまにもふたつに裂けそうにぎしぎし軋んだ。身の毛のよだつ瞬間がこれでもかと続き、いくら神に祈ったところで無駄だった。そのとき、ぐらりと前方に大きく傾くと、着氷した曳航索がぶちんと切れた。一一月二〇日、午前〇時一一分。ハリファックスAは雲のなかに消え、かたやホルサはきりもみ状態で落ちていった。

スコットランド人のパイロットふたりにはどうすることもできなかった。すでにグライダーの操縦はほとんど効かない。暗闇のなか、ほぼ視界ゼロの未知の土地で、それでもしゃにむに着地を試みようとした。グライダーは急降下し、風の悲鳴が機内を突き抜ける。シートベルトを締めてはいるが、後ろの工兵たちはまるで騎手を振り落とす野生馬に乗っているかのようだ。荷物が宙に散乱する。「不時着態勢をとれ！」パイロットが叫ぶと、工兵たちは腕を組み肘を抱えて着陸に備えた。だがそんなことをして何になろう。要は、木箱にはいったまま空を落ちているのだ。ハリファックスから切り離されていくらもたたずにグライダーは山腹に墜落した。パイロット二名は即死だった。グライダーの先端部はガラス張りで、彼らの体を保護するものは何もなかった。工兵六名も墜落時に死亡した。生存者九名のうち、ほとんどの者が重傷を負って動けない。ひと握りの者が機体から雪のなかになんとか這い出した。グライダーの両翼はもぎとられ、胴体は真っぷたつに折れている。山肌一面に荷物が散乱し、氷点下の気温が肌を刺す。いったい、ここはどこなのか。

ハリファックスBを東に向けたパーキンソン空軍大尉もまた、やはり切り離された自分たちのグライダーを探していた。その少し前、彼らも着陸地点の上空を旋回し、レベッカは信号を送ったものの、グライダーを放てるほど目標地点に近づくことはできなかった。燃料が切れかけたため、パーキンソンはやむなく作戦を中止し、スコットランドに戻ることを決意した。ところがやはりハリファックスAと同じ邪悪な厚い雲に遭遇し、午後一一時四〇分、南西海岸のエーゲルスン付近でグライダーを失った。そのためグライダーがどこに落ちたのかよく見ようと高度を下げた。

谷の上空を行ったり来たりし、パーキンソンと乗員たちは暗闇のなかグライダーの在処を必死に探した。と、突然、すぐ目の前にヘスタ山が現れた。パーキンソンはエンジンを全開にしてかわそうとしたが無駄だった。機体は猛烈な勢いで山頂に接触し、はずみで後部銃手が機外に放り出された。そのまま猛スピードで頂上を越え、それでも止まらず岩だらけの高原を七〇〇メートルほど進むうちに機体は岩に切り裂かれバラバラになった。燃えあがる残骸の周辺に、さらに六人の乗員の遺体が散らばった。なかには内臓が飛び出し、手足がちぎれたものもあった。

いっぽう谷を越えた六キロあまり先では、グライダーBが木々に覆われた山の急斜面に横倒しになっていた。先端部はちぎれ、パイロット二名は死亡した。それでも暗闇と霧のなか、どうにかこうにか着地に成功し、一五名の工兵のうち一名を除いて全員が生存していた。天候が悪化するなか、生存者一四名はできるかぎり互いの傷の手当をし、仲間の亡骸を寝袋にくるんだ。

アレクサンダー・アレン中尉は部下二名に命じて助けを呼びにいかせた。山の斜面を這うようにして降りると、ふたりは突風と叩きつける氷や雪のなか、滑っては転びながらも岩だらけの丘陵を越えていった。とうとうヘッレランという村にたどりつき、一軒の家のドアをノックすると、トロン・ホヴランという三〇代半ばの男が出てきた。この男の父親で地元の保安官を務めるテオドールも、まもなく顔を出した。どちらも英語があまり話せなかったが、工兵たちは自分たちが乗ってきたグライダーが墜落したことを懸命に伝えようとした。そして助けてほしいと頼み、さらにここからスウェーデンまではどのくらいかと尋ねた。とてつもなく遠い、ということだけはわかった。

保安官のホヴランは救援隊を組織しようと言ってくれたが、ただし一六キロ先のエーゲルスンに駐屯するドイツ軍に連絡を入れねばならないという。工兵を助けたことをよもや隠してはおけない。それでかまわないとふたりは答えた。いまとなっては自分たちも、負傷し凍えかけた仲間もスウェーデンまで逃げるのは不可能だ。こうなればもはやドイツに投降するしかない。

一時間後、ノルウェー人数人とシュレッテブーに駐屯するドイツ軍の巡察隊が家に到着した。工兵のひとりは居間に監視をつけて留めおかれた。もうひとりの工兵が先頭に立ち、巡察隊と案内役のノルウェー人を連れて山に引き返した。午前五時三〇分、一行はグライダーBの墜落現場に到着した。アレンと部下たちはすでに投降すると決めていた。武器はたっぷり揃っており、その気になれば、近づいてくる一〇人あまりのドイツ兵に奇襲をかけるのもわけないだろうが。ドイツ軍の中尉は軍服を着た部下を率いるアレンに対し、彼らを戦争捕虜として扱い、負傷者は医者に診せると約束した。自分たちを捕らえた相手に工兵たちはタバコを差し出した。だがこの好意が報われることはなかった。

スキッテン飛行場から八キロ南東にあるウィック空港では、タバコの煙の充満するイギリス空軍作戦室で、ヘニカーがひと晩じゅう知らせを待っていた。この作戦の雲行きが怪しくなってきたのは、グライダーを海上で離したとハリファックスAが無線で知らせてきたときだ。ヘニカーは飛行機をかき集めて捜索に向かわせようとしたが、夜明けまでに出立できる軍機が揃いそうになかった。続いてばたばたと連絡がはいった。グライダーがどこで離れたのか、正確な場所についての情報が錯綜する。しかも今度はハリファックスBから無線がはいり、ウィック空港の方向を尋ねてきた。この機体の位置もはっきりわからないが、おそらく北海上空だろうと判断された。だがそれ以降、乗員からの連絡はぱったりとだえている。

午前三時、ハリファックスAが帰投した。飛行報告をすべく、クーパーはただちにウィック空港に車を飛ばした。そして、ドイツの巡察隊を振り切るためノルウェーの海岸沖でグライダーを離したことを無線で連絡したと説明した。明け方、捜索隊がようやく飛び立つころには、作戦室に集まった一同は、もう一機のハリファックスはおそらく墜落したに違いないと判断した。

それでもまだ、グライダーBが着陸地点までたどりついた可能性は残っている。「グラウス隊から連絡がないなら、歓迎パーティーの真っ最中ってことかもしれないぞ」とのSOEからの通信もあった。ところが、ついに正午になって、くだんのグラウス隊から無線連絡がはいった。隊員たちは決められた時間に現地に行き、準備を終えて待っていた。ユーレカで一度信号を受信し、頭上でエンジン音が聞こえたが、グライダーは一機も来なかったという。

その日の午後遅く、人気《ひとけ》のないスキッテン飛行場に一機だけ戻ったハリファックスの脇を、ヘニカーは行ったり来たりしていた。四基のプロペラは静かに息を止めている。捜索を終えた軍機の大半がすでに帰還していた。もう一機のハリファックスとそのグライダーの消息について、いっさい報告ははいっていない。自分の部下たちとこの作戦の暗澹たる運命をヘニカーは受け入れざるをえなかった。いまとなっては、知りたいことはただひとつ。いったい何人の部下がまだ生きているのかということだ。きっと捕まった者もいるに違いない。うまく逃げおおせた者もいるだろうか。できればそう願いたい。

その最悪の日の午後、トロンスターもまたチルターン・コートのオフィスでウィルソンともども待機していた。フレッシュマン作戦についての電信文に目を走らせたトロンスターは、工兵たちが飛び立つ数日前のヘニカーとの会議のことをどうしても思い出さずにおれなかった。あのときは成功への期待に胸膨らませていたというのに。いまや彼らの機体はくだけ散った。フレッシュマン作戦は大失敗だ。あの乗員たちを失ったのだ。あの勇敢な若き工兵たちを。ブリッケンドンベリー・ホールで顔なじみになった者も少なくないが、彼らもまたこの忌まわしい戦争の無残な犠牲となったのだ。

トロンスターとウィルソンは押し黙り、壁いっぱいに貼ったノルウェーの地図を食い入るように見つめた。あちこちついている印は、現在進行中のリンゲ中隊の作戦を示すものだ。順調なのもあれば芳しくないものもある。それは仕方のないことだ。フレッシュマン作戦の悲劇に屈することなく、そこから何かを学びとり、ヴェモルクを攻撃するための別の手立てを考えるべきだ。ふたりの腹は決まっていた。すでに選択の余地はない。重水の製造は断固、阻止せねばならないのだ。さもなくばいつかもっと大きな――ナチスが爆弾を手に入れたならそれこそ想像もつかないほどの――喪失を味わう日が来る。

工兵隊の攻撃目標をドイツに悟られたかはわからなかった。だがもしそうなら、次の作戦は何倍も危険なものになる。ナチスはこの一帯の人間を厳しく取り締まり、シンナルランにもグラウス隊全員にも危険がおよぶだろう。この悲劇のあとにマウントバッテン卿がイギリス工兵隊を再度送り出すとは思えない、とウィルソンは断言した。だがふたりともかえってそのほうがいいと考えた。工場内に侵入し、これを破壊するのは小規模の奇襲部隊にまかせるのが一番だ。そして隊員はこの冬の大地に慣れた、土地勘のあるノルウェー人でなければならない。彼らはパラシュートで山間に降りる。できれば次の満月のころに。そしてヴェモルクを攻撃し脱出するのだ。

その日の午後、計画はあれよあれよという間に決まっていった。その日のうちにトロンスターたちは支援をとりつけにかかった。ウィルソンはフレッシュマン作戦を担当した統合作戦司令部の将校のひとりに電話をかけた。この作戦がこのような結果になって残念だと伝え、それからSOEが「この作戦を引きつぐ」ことは可能だろうかと訊いてみた。間髪入れず「そいつはありがたい」と電話の向こうで将校が答えた。

その晩、ほんの数百メートル先のベイカー・ストリート六四番地にあるSOE本部で、ウィルソンはガビンズ少将と面会した。初めは乗り気でなかったこの上官を、ウィルソンは自分とトロンスターにはいい考えがあるからと説き伏せた。そしてそれを実行するのにうってつけの者たちがいる、と。納得したガビンズはただちにマウントバッテンの補佐官に書簡を送った。「戦争が終わる前にわれわれがSOEのやり方で、この作戦をもっと小規模に、そして願わくば、もっと効果的な形で遂行できるものと思われます……科学者たちの見解によると、これ以上の遅れはおそらく危険だとのことです」。トロンスターのほうも上官のヴィルヘルム・ハンステーン将軍と面会し、将軍から、SOEと緊密に協力し「同じ問題に別の方法で」対処するよう求められた。

その晩、トロンスターはグラウス隊に伝言を送った。「君たちは立派な仕事をした。天候が変わったせいで、標的から一〇〇キロ以上離れた場所でグライダーを降ろさねばならなくなった。今月の満月の時期における作戦は中止とする。次に月が満ちるとき、わが隊員たち自らが実行すべく計画を立てている」

翌日の一一月二一日、BBCは奇襲部隊が全滅したと吹聴するドイツの公式発表を受信した。「一一月一九日から二〇日にかけての夜、それぞれグライダー一機を曳航したイギリスの爆撃機二機がノルウェー南部上空に飛来した。爆撃機のうち一機とグライダー両機は強制着陸を余儀なくされた。乗っていた破壊工作隊は戦闘の末ひとり残らず殺害された」。この報告は嘘に違いないとトロンスターは思ったが、多少の真実がふくまれていることは否めなかった。

この作戦の顚末をマウントバッテンは首相に報告した。この悲劇による戦況の後退を重々承知していたチャーチルは、報告書にひと言「何たること！」と記した。

ドイツの発表はたしかに嘘であり、もっとおぞましい事実を隠していた。アレン中尉が降伏したのち、グライダーBの工兵一四人は重傷で歩けないものもいるなか山から降ろされ、二台のトラックに乗せられた。一五キロ離れたシュレッテブーに車で運ばれるとき、工兵のひとりは保安官のホヴランにパッとVサインをつくってみせた。

シュレッテブーの駐屯軍を指揮するドイツ国防軍大尉ヴァルター・シュロッツベルガーは、兵士たちをどう扱うべきか判断に困った。捕虜たちは明らかにイギリス兵だ。しかもカーキ色の軍服には記章がなく、また墜落現場から爆薬、無線装置、絶縁線切断用のハサミ、ノルウェークローネ、軽機関銃などが回収されたことからして、おそらく破壊工作員に間違いない。男たちの処遇をおいそれと決められず、スタヴァンゲルでの上官であるプロプスト大佐に電話をかけると、大佐が今度は師団長に連絡を入れた。「コマンド指令」によれば、いかなる奇襲隊員も「助命を許してはならない」とある。いっぽうヒトラーは、ドイツ国防軍の手にくだった敵の諜報員は、情報収集をになう親衛隊保安部《ジッヒャーハイツディーンスト》（ＳＤ）に「即刻」引き渡すようにとの命令もくだしている。

シュロッツベルガーがこの状況をどう処理するべきかは上の判断にゆだねられたが、いっぽうスタヴァンゲルのゲシュタポにもイギリス人捕虜の噂が届いた。そこで親衛隊少尉オットー・ピーターゼンがシュレッテブーの駐屯地に派遣された。地元のノルウェー人に「赤い悪魔」と呼ばれるピーターゼンは、工作員の引き渡しを要求した。だがプロプストからの命令に従ってシュロッツベルガーはこれを断った。ただしピーターゼンにイギリス人を尋問するため一時間の猶予を与えた。工兵はひとりずつ、このゲシュタポ将校の前に呼ばれ、詰問され殴打され脅迫された。それでも工兵たちは自分の名前と年齢しか明かさなかった。

その日の午後遅く、シュロッツベルガーはヒトラーの「コマンド指令」に従うべく工兵たちを連れて駐屯地の門を出た。工兵らはシュレッテブーから北に続く道路を移送された。大きな岩が点在し木々のまばらな谷に着くと、工兵たちは道路沿いに間隔を空けて並ばされ、ひとりの捕虜につきドイツ兵二名が監視についた。

最初の工兵が小高い丘に連れていかれた。脇には花崗岩とコンクリート造りの小屋が数棟並んでいる。すると五メートルほど離れた一棟の小屋の陰から処刑隊が現れた。兵士たちはライフルを構えた。「撃て！」《フォイヤ・フライ》。命令がくだり銃弾の雨が工兵を貫いた。工兵が倒れると、ピストルを手にした処刑隊の指揮官が工兵の頭にとどめの一発を撃った。死体をひきずって運び去ると、処刑隊は小屋の後ろに姿を消した。

次の捕虜が前に引き立てられ、同じ手順が繰り返された。ある捕虜は、妻とふたりの子どもの写真をドイツ兵に見せて命乞いをした。だがいずれにしても兵士たちは捕虜を撃った。怪我がひどくて自分の足で立てない者は、岩によりかかったまま同じように殺害された。ライフルの前に立ったビル・ブレイは、もう二度と妻の顔を見ることも、生まれてくる子どもに会うこともかなわないと悟った。そして銃弾を浴びた。

まだ温もりの残る一四人のイギリス工兵の亡骸は、服を脱がされ下着姿にされて浜辺に運ばれると、砂浜に並ぶ対戦車用コンクリートブロック、通称「ヒトラーの歯」の脇に掘られた浅い壕に、ポーランドの戦争捕虜たちの手で埋められた。グライダーの墜落時に死亡したパイロットと工兵の遺体も同じ塹壕に投げ込まれた。

親衛隊中佐ハインリヒ・フェーリスはイギリス兵が処刑されたと知って激怒した。この件に関与したドイツ国防軍の将校全員をその罪で起訴してやりたいと、罪状を知らせる文面をベルリンの上官に送ってよこした。「曳航していた飛行機の乗員は兵士であり、ひとりは黒人で全員が死亡していた。男が一七人いて、おそらく諜報員だろうが……このグライダーの乗員らは多額のノルウェー通貨を所持していた。残念ながら軍当局が生存者を処刑したがゆえ、納得のいく説明はろくに得られずにいる」。情報入手の機会を失ったことは、親衛隊全国指導者であるハインリヒ・ヒムラーの耳にも届いた。

ところが一一月二一日、墜落したもう一機のグライダーの乗員に生存者が九人いるとわかると、フェーリスは今度こそ情報を搾りとれるだけ搾りとろうと考えた。突き出た顎に血の気のない薄い唇をしたこの三六歳の中佐は、すこぶる手際がよく、つねに冷静なことで知られている。ゲシュタポの猟犬ジークフリート・フェーマーのような愛嬌はかけらもなく、左頬のサーベルの傷が青黒くなったときにだけ部下には怒っているとわかる。その若さでフェーリスは、ノルウェーの人びとの生死に絶大なる権限を持ち、そしてその権限を使いたがっていた。

ヴッパータールの工業都市に生まれたフェーリスは四人きょうだいで、父親は第一次大戦の怪我がもとで亡くなった。フェーリスは法律を学び、一九三三年にナチ党の準軍事組織である突撃隊に加わった。そしてしょっぱなから自分がいかに大義に熱心かを上官に見せつけた。またカトリック教会とのつながりをいっさい断った。あちこちの医者に何度も診せたのに自分とのあいだに子どもがひとりしかできない妻に落胆し、親衛隊に妻の件で詫びを入れたのちレーベンスボルン協会にはいった。ここでアーリア人種強化のために「人種的に純粋で健康な女性たち」と子どもをもうけた。人事ファイルにはこう記録されている。「全般的な人種の印象――優良、北方人種。外見――きわめて正しく親衛隊の基準に沿っている。もの静かで自信にあふれ、野心的で、信頼でき、交渉に長けている」

ノルウェーではフェーリスが、ナチス・ドイツの秘密国家警察《ゲシュタポ》、刑事警察《クリポ》、親衛隊保安部（SD）をふくめたドイツの治安部隊の指揮をとっていた。テアボーフェンとも親しくしてはいたが、ドイツの主人たちのために彼をスパイする役目もになっていた。

だがどうやらファルケンホルスト将軍だけは、フェーリスの華々しい出世を快く思っていなかったようだ。白髪まじりのこのドイツ国防軍の古参兵は、自分がこの若造をまだ一人前と見ていないことをあからさまに示した。だからこそ、ファルケンホルストの軍隊に尋問を邪魔されてなるものかとフェーリスは考えたのだ。ベルリンから圧力をかけられた将軍は、親衛隊が徹底的に尋問するので彼らに工作員を引き渡すようにと部下に命じた。フェーリスにはいった報告によれば、墜落した二機目のグライダーに乗っていた五人の工作員は、尋問に充分耐えられる状態だという。そこでフェーリスは、その五人と墜落現場で回収された物をすべてオスロに運ぶよう命じた。そしてあとの四人の生存者については、ただちに処刑してかまわないと伝えた。

ジェームズ・ケアンクロス、ポール・ファレル、トレヴァー・マスターズ、エリック・スミス――全員がまだ二〇代で、陽気で賑やかなケアンクロス以外は既婚者――は自分たちがいつ、そして本当に病院に運んでもらえるのか不安で仕方なかった。すでに今日は一一月二三日の月曜日。なのに四人はいまもスタヴァンゲルの刑務所の監房で、担架に横たわり激痛に耐えている。グライダーAが墜落したのち、彼らは山中でひと晩過ごし、怪我はもとより凍傷と寒さにも苦しんだ。夜が明けると仲間の数人が助けを呼びにいき、険しい山腹を降りてようやく農場にたどりついた。

医師をふくむ数人のノルウェー人が助けに駆けつけた。工兵たちのいる場所は、ヴェモルクから南西に一四〇キロ、そしてスウェーデン国境からは数百キロも離れたリーセフィヨルドの北側だった。それを聞いた工兵たちは苦渋の色を隠せなかった。

まもなくドイツの巡察隊と数人のゲシュタポが武器を手に墜落現場に到着した。グライダーを念入りに調べたあと、生き残った九人の工兵を沿岸巡視船まで連れていった。船はフィヨルドを越えてスタヴァンゲルの刑務所まで工兵たちを運んだ。負傷した四人はそこで仲間から引き離された。ドイツ空軍の医師フリッツ・ゼーリングが兵士たちを診察したが、割れた頭蓋骨や折れた肋骨、砕けた脚や腕を何の手当てもせずに帰っていった。それからずっと、四人はただひたすら待ち続けた。

月曜の午後、ゼーリングが監房に戻ってきたが、今度はゲシュタポの将校も一緒だった。「赤い悪魔」ピーターゼン少尉だ。医師は手に注射器と、チフスと書かれた瓶を持っている。これから医師がワクチンを皆に打ってやると、ピーターゼンがケアンクロスたちに説明した。こんな大怪我をしているのにチフスの注射などとんでもないと思ったが、衰弱し激痛に苦しむ工兵たちには抵抗する力もない。医師は注射を打ち、ピーターゼンとともに帰っていった。

それからしばらくしてドアが軋んであいた。ピーターゼンとふたりの看守がはいってくると、工兵のうち三人を一階の部屋まで連れていった。そこでゼーリングがまた皆に注射を打った。すべての注射器にはモルヒネがはいっていた。親衛隊中佐のフェーリスが工兵たちを殺害するよう命じ、ゼーリングがその仕事をまかされたのだ。兵士のひとりは三度目の注射のあとに息絶えた。

ゼーリングとひとりの看守が遺体を運び出そうとすると、あとの工兵ふたりが友を引き渡すのを拒んだ。これはいくらなんでもおかしいと気づいたひとりの工兵が大声で叫びだし、その声が廊下の奥まで響きわたる。もう一本注射を打てと、ピーターゼンがゼーリングに命じた。医師はどうしていいかわからずためらった。それから、この捕虜もどうせまもなく死ぬはずだと説明した。だがピーターゼンのほうはもっと手早く片づけたかった。そこで看守とふたりで捕虜の首に革ベルトを巻きつけ、ベルトの片端を暖房用のラジエーターにくくりつけた。それからふたりがかりでベルトを引っぱり、首を絞めて殺した。この惨劇を目のあたりにしたゼーリングは、残った捕虜を早く死なせてやろうと静脈に空気を注射した。この処置のせいか、あるいはピーターゼンのブーツで首を踏みつけられたせいか、もしくはモルヒネが効いたせいかゼーリングにもわからなかったが、いずれにせよ捕虜は息絶えた。いっぽう監房にひとり残された四人目の捕虜は、車でゲシュタポ本部に運ばれた。そこでピーターゼンに地下の階段から突き落とされ、それから後頭部を撃たれた。その晩、ピーターゼンほか数人が四人の遺体を海まで運んだ。そして一体ずつ重たい石をくくりつけ、船上から海に放り投げた。

墜落時に生き延び、比較的怪我の軽かった五人の工兵は、尋問――そして必要とあらば拷問――を受けるためオスロに移送された。だがすでにフェーリスは、自分の知りたかったことをあらかた知っていた。グライダーの墜落現場周辺に散乱していた荷物のなかから、巡察隊が逃走ルートを書き込んだシルクの地図を見つけたのだ。青インクでマルがついていたのは「ヴェモルク」だった。

第三部

第一一章　教官

ポウルソンはじめグラウス隊はサン湖畔の小屋で荷物をまとめた。ホームステーションから届いた最新の指示は、ハルダンゲル高原の奥深くに即刻退却せよ、というものだった。「工作隊は交戦のうえ全滅した……まずは君たちの身の安全を確保することが何より肝心だ……そしてこれも同じく重要なのだが、われわれは標的周辺における敵軍の増強について、できるかぎり早急に情報を入手する必要がある……君たちはひとまず別の場所に移動してほしい……気を落とさぬよう。作戦はいずれまた実行する」

グライダー作戦が失敗し、兵士たちが死亡したとロンドンから報告を受けたグラウス隊の隊員たちはひどく狼狽した。作戦がなぜこれほど惨憺たる結果に終わったのか合点がいかない。着陸地点に飛行機を誘導するのに何かほかの手があっただろうか。もっと正確な気象情報を送ってやれたらよかったのか。あれからふた晩、快晴が続いたことも恨めしかった。せめてもの慰めはヴェモルク攻撃作戦が中止にはならなかったことだ。トロンスターから続いて届いた暗号電文によれば、次回は自分たちノルウェー中隊のメンバーが作戦を実行することになるという。時期は一二月中旬と決まった。わが隊として役に立てることは何でもする、とポウルソンはトロンスターに誓った。

ただしひとまず四人揃って逃げるのが先だ。一一月二二日の夜、男たちはサン湖を発った。すでにシンナルランから無線機用の充電済みバッテリーと、オーラヴ・スコーゲンがハルダンゲル高原に持つ小屋の鍵をもらっている。四人は重い足を運び、ムース湖に駐留するドイツ軍を避けて、十数キロ先のグラス・ヴァレーをめざし北西に向かった。ここはハルダンゲル高原を奥深くはいったところで、冬にここまで上がってくる者はまずいない。小屋の周囲にあるのはただただ雪と、吹きさらしの丘に点々としがみつくように生えるビャクシンの灌木だけだ。小屋はトナカイの塩漬け肉の樽があったほかはクーラーボックスのように空《から》っぽで冷え冷えとしていた。

翌日、いったん中身をあけたザックに必要なものだけを詰め、ひと月以上前に最初にパラシュートで降りたソンガ谷をめざして西に向かった。雪に埋めておいた食料や装備を回収しなくてはならない。途中、いまにも崩れそうな干し草納屋でひと晩を過ごした。翌日の夕刻に降下地点に着くと、雪洞を掘ってなかで眠った。一一月二六日の朝、目覚めるとあいにく辺り一面濃い霧に包まれていた。深く積もった雪のなかを数時間かけて探した末、ようやくコンテナが見つかった。食料の備蓄はわずかだった。コーヒーと砂糖と小麦粉の袋が数個だけ。それでも心底ありがたい。いまや猛烈な空腹と荒れ狂う高原が彼らの敵となっていた。

物資を分けると、ハウグランとヘルバルグはグラス・ヴァレーに戻るため東にスキーを走らせた。背中のザックには回収した物資の大半が詰まっている。ポウルソンとヒェルストルプは反対の方角に向かった。スコットランドにいたあいだにクヌート・ハウケリから、彼の従兄弟をはじめ、一家の所有する農場周辺に住む者の名前を教わっていた。頼めばこの一帯で地下組織の立ちあげに手を貸してくれるだろう。

その晩、吹雪が襲った。

ヘルバルグとハウグランのふたりは、風で雪の吹き飛んだ淡青色の湖面をわたっているときに互いにはぐれてしまった。一寸先も見えない吹雪と暗闇のなか、おのおのたったひとりでがむしゃらに進んでいく。スチール製のエッジがついたスキーをはくヘルバルグは、なんとか無事に対岸にたどりつけた。けれどその恩恵に与れないハウグランは、四方八方から吹きつける突風のなすがままに飛ばされる。と、一瞬、足をすくわれ、湖の縁にぽっかり空いた穴まで吹き飛ばされた。とっさに両手のストックで氷を突いてかわしたものの、水中に落ちたら一貫の終わりだった。

いっぽう西に向かったポウルソンとヒェルストルプもまた、猛る嵐に翻弄されていた。渓流までスキーで滑って降りられたが、対岸の斜面をいくら登ろうとしても強風に押し戻される。しつこい向かい風に、仕方なく四つん這いになって進むことにした。とうとう渓谷に掘っ立て小屋を見つけた。やっとふたりはいれるほどの窮屈な土間敷の小屋だが風よけにはなる。壁には腐りかけたトナカイの肩肉が吊るしてある。死にそうに腹をすかせたふたりは肉を何切れかそぐと、ペミカンのかけらと混ぜて夕食にした。翌朝、やっとのことで押しあけたドアの隙間から外をのぞいてみると、昨夜の吹雪で小屋がそっくり雪に埋まっている。雪を何度も手でかき出して、小屋のなかがそろそろ雪であふれそうになったころ、ようやくつっかえていたドアがひらいた。外に飛び出たポウルソンは輝くような晴天の空をあおいだ。

一一月二四日、スコットランドにいるヨアキム・ルンネバルグに、ＳＴＳ26にあるリンゲ中隊の拠点ドラミントゥール・ロッジに来るようお呼びがかかった。イギリス特殊作戦執行部（SOE）指揮官C・S・ハンプトン少佐の前で、この身長一九〇センチもある若き少尉は直立不動の姿勢で立った。広くて立派な額に、寄り気味の灰青色の瞳、映画スターのような尖った顎をしたルンネバルグはなかなかに存在感がある。

「この作戦の隊長を命じる」ハンプトンが告げた。

この指揮官は何を言っているのか？　ルンネバルグは内心首をかしげた。すでに自分には命じられた任務、フィールドフェア作戦があるではないか。「何の、ですか？」年齢に似合わない持ち前のしゃがれ声で尋ねた。

「私にもよくわからないのだがね、それでも君はこの任務のために五人を選ぶことになっている」

「だとすればぜひとも……」ルンネバルグには訊きたいことが山ほどある。「海岸か山間のどちらでおこなう作戦か知っておかなければなりません。船で向かうのですか？　それとも飛行機？　時間は長くかかるでしょうか？　スキーの技術は必要ですか？」。リンゲ中隊のメンバーはひとり残らずよく知っている。候補はたくさんいるが、誰にするかは条件による。「メンバーを選ぶのに何かアドバイスをいただけませんか？」

ハンプトンは首を横に振った。自分にわかっているのはただ、五人のうちひとりはすでにクヌート・ハウケリに決まっていて、彼がルンネバルグの副官を務めることだけだ。その理由《わけ》を訊かれたが、ハンプトンにもさっぱり見当がつかない。数日後、ルンネバルグはロンドンに呼ばれた。

そこでもう少し詳しいことがわかるだろう。

訓練を終えて数週間足らずのルンネバルグを、マルティン・リンゲが新兵の訓練をまかせるためストーダム・パークに送り返したとき、新参の兵士たちは、こんなに若くて軍隊経験も皆無の、しかも「(誰が言ったか) ヒバリのようにおとなしい」奴がもう教官を務めるのかと仰天した。だが彼が何者かは徐々にわかった。ルンネバルグは聡明で勤勉で戦略家。つねに徹底して準備し、万事に妥協を許さない。何より人と違うのは、生まれ持ってのそのリーダーの資質だった。「もともと人とは違う何かがあるんだ」仲間のひとりは語る。「しかも人からねたまれもせず、敵やライバルをつくることもない」。その場を仕切ろうとしたり、声を荒げたり、あるいは情に訴える必要もない。ただ彼は最善を尽くし、それを見ていた者が同じようにしたくなる。ウィルソンとトロンスターは、この最重要の作戦を仕切るにふさわしいのはこの男しかいないと考えた。

「どこに行くことになるのですか？」夜行列車でチルターン・コートに駆けつけたルンネバルグは単刀直入に尋ねた。いつものように胸を張り、腹から出る声がよく響く。

「ヴェモルクだ」トロンスターが答えた。「そこの工場を爆破する」

ルンネバルグが自分で選び、訓練を施し、指揮することになる六人編成の部隊は、パラシュートでハルダンゲル高原に降下する。そこで先遣隊のグラウス隊と合流し、ヴェモルクの重水施設を攻撃したのちスキーでスウェーデンに脱出するのだ。作戦は、ＳＯＥの主任将校のもつ狩猟小屋の名にちなんで「ガンナーサイド」と命名された。

ウィルソンもトロンスターも、ドイツが重水を必要とする理由をルンネバルグに明かさなかったが、それ以外の情報は惜しみなく与え、とりわけフレッシュマン作戦に加わった工兵たちが冷酷無比に殺されたことを詳しく伝えた。クリスマスイブにヴェモルクに到着できるよう、一二月一七日までには出発の準備を整えてほしいという。すでに奇襲の意味はないも同然だった。ドイツは工場が標的だと気づいているだろうから、クリスマス休暇こそおそらく警備が手薄になる最大のチャンスなのだ。

かなり厳しい日程で、出発まであと三週間しかない。

この作戦にどの四人を選ぶか、ルンネバルグはすでに心に決めていた。全員がＳＴＳ26の元教え子だ。さっそくロンドンから電報を送り、スコットランド高地での過酷な訓練に向かうよう伝えておいた。

最初に選んだビルゲル・ストロムスハイムは、一番楽に決まった。ルンネバルグと同郷のオーレスンの出身で、妻を連れて釣り船でイギリスに逃れてきた。建築請負業を営む、豊かな金髪の巻き毛に、いかにも正直そうな幅広の顔をしたストロムスハイムは、分別があって、もの静かで、ＳＯＥのファイルに書いてあるとおり「岩山のごとく頼りになる」人物だ。ほとんど何でもつくれて修理もできて、さらにスキーの腕前は抜群で疲れ知らずの働き者だ。ルンネバルグとは、ドイツの補給線を妨害する作戦――いまのところ保留となっているが――を、スコットランドで何時間もかけて練った仲である。年齢は三一歳、このチームでは最年長だ。

次に決めたのは、痩身の風貌爽やかなフレドリック・カイセル。ストーダム・パーク、ミーブル、そしてパラシュート学校でストロムスハイムとともに訓練を受けた。多芸多才を尊ぶ家庭に育ち、釣りもやれば、マンドリンにダンスにボート、それからサッカーもやり、ボーイスカウトにもはいった――ただし何をやっても自分はナンバーツーだとわかることも多かったが。ボーイスカウトがきっかけで軍隊の道に進み、国王の衛兵を務めた。その後、故郷のベルゲンに戻って製鉄所の事務職に就いた。一九三九年一一月にソ連がフィンランドに侵攻すると、この侵略国を撤退させるべく戦うノルウェー義勇兵に自ら志願し加わった。そして銃で撃たれ、凍傷にやられ、おまけに薪割りの最中に斧をうっかり自分の足に当て、さりとて屈せず戦い続けた。そして戦争から帰ってきたその日、今度はドイツが自国に侵攻してきた。そこで故国でまたも戦い続けた。ノルウェーがついに降伏すると、釣り船に乗って北海をわたりイギリスにやってきた。ルンネバルグが知るかぎり、逆境にあってもこれほど明るく臨機応変にやれる男はそうそういない。

三人目のカスペル・イードランは、スタヴァンゲル郊外の小さな町で郵便配達員をしていた。イギリスではカイセルやストロムスハイムとともに訓練を受けた。子どものころからイードランは誰よりも背が高く体も大きかった。そのため友だちに怪我をさせるのを心配した母親が、学校では絶対に喧嘩をするなと息子に約束させた。抵抗しないのをいいことに調子に乗った子どもたちは、イードランをからかい、しょっちゅういじめた。それでもイードランは母親の言いつけをしっかり守って、決してやり返したりはしなかった。けれどある日の午後、またもこっぴどくいじめられ最悪の気分だったイードランは、ついに自分の身を守ってもいいかと母親に許しを乞うた。このときばかりは母親も了解した。次の日、とくに自分をいじめてくる悪ガキ二人組に喧嘩を挑み、こてんぱんにやっつけた。それからもう二度とちょっかいを出されることはなくなった。

兵士のイードランは聡明で、射撃の腕が立ち、屈強で、何よりルンネバルグが感心するのは忠義に厚いところだった。

四人目に選んだのは、小柄で華奢な体つきの二七歳になるハンス・〝チキン〟・ストールハウグ。物事をあまり深く考えるタイプではなかったが、森にはいれば狩りやスキーの腕では誰にも負けない。そして何よりヘードマルク県の出身である。ここはスウェーデンとの国境にあり、脱出時にはこの一帯を越えていかねばならない。この地に明るい者がいればありがたかった。

チームの最後のメンバーであるハウケリは正直、悩みの種だった。おそらく彼の協力を得られるかが成功の鍵を握るだろう。この一帯を熟知しており、先遣隊とも親しい仲だ。しかしリンゲ中隊のなかには彼を一匹狼と呼ぶ者もおり、この作戦の副官がこの男の性に合うのかルンネバルグは気がかりだった。

だが自分もハウケリも、母国を愛する深く揺るがない思いは同じはず。だからこそ、ふたりともドイツと戦うために、はるばるイギリスにわたってきたのだ。ごく少数のノルウェー人しかやらない危ない芸当だ。そしてどちらもリンゲに肩を叩かれ精鋭のノルウェー独立中隊に加わった。ただし、ほかの多くの点では——年齢も気性も経験も——ふたりのあいだのギャップは大きい。八歳も年上のハウケリとは違って、ルンネバルグは反逆児ではない。権力に盾ついたこともなければ、ことあるごとにルールを破ろうとしたこともない。しかもハウケリは抵抗運動やノルウェー侵攻時の戦闘を経験しているが、かたやルンネバルグは軍隊経験といったらスコットランドでの野外演習くらいだ。いったいハウケリはこの作戦を仕切るのが自分でないことに納得するのだろうか。

とはいえＳＴＳ26に戻ったルンネバルグに迷いはなかった。五人の男たちを集めるときっぱり言った。「さて、私はここにいる全員を個人的によく知っているわけではないが、互いに意見の違いがあったとしても、この任務が終わるまではひとまず脇に置いてもらいたい。それができないなら降りてくれ」。男たちはその場を動かなかった。

次にルンネバルグは作戦とその目的のあらましを説明した。すでに多くの犠牲者が出ているというのに、ＳＯＥが再度作戦の遂行を望むからには、この重水というものが何であれ、よほど重要なものに違いない。ただし皆に心得ておいてほしいのは、万一捕まった場合、ドイツは君たちに容赦しないということだ。それからルンネバルグはひとり一人を脇に呼んで、身をひく機会を与えた。だが誰ひとり応じる者はいなかった。

オスロから一〇キロ北西に行った山間のひらけた場所に、グリニ強制収容所は立っている。中央にある五階建ての四角い煉瓦造りの建物は、以前は女性用の刑務所だったが、現在はおもに政治犯としてドイツ軍に連行された数千人ものノルウェー人が収容されている。高い鉄条網が二重に敷地を囲み、そこかしこの監視塔から哨兵が機関銃を手に収容者を見張っている。

ゲシュタポ将校のヴィルヘルム・エッサーが、二週間ほど前のグライダー墜落事故で生き残った五人のイギリス工兵のいる監房にはいっていく。軍服をはぎとられた兵士たちが着ているのは青いズボンとウールのセーター。ひとりは腕を吊っていて、もうひとりは額にひどい火傷を負っている。それ以外は、ウォリス・ジャクソン、ジェームズ・ブラックバーン、ジョン・ウォルシュ、フランク・ボナー、そしてウィリアム・ホワイトの状態はまずまず良好だった。エッサーは通訳を介して、まず簡単な質問から尋問を開始した。おまえたちの任務の目的は何か？　青年たちは答えるのを拒んだ。するとエッサーは墜落現場で見つかった数枚の地図を広げた。そこには標的にはっきりと印がついている。エッサーは同じ質問を繰り返した。

それから五日間にわたって昼も夜も、エッサーはイギリス兵を、ときには全員まとめて、ときには一人ひとり別々に尋問した。知っていることをすべて話せば戦争捕虜として扱い、ドイツの収容所に送るとも約束した。この申し出が無駄だとわかると、今度はゲシュタポが口を割らせるのに極めた手口を使った。そしていつものごとく、捕虜たちは口をひらいた。

ことが終わるとエッサーはフェーリスに報告書を提出し、作戦に関して収集した証拠と詳細な情報がベルリンに送られた。連中はイギリス工兵からなる空挺部隊である。作戦のひと月前にバルフォード空軍基地の中隊から選抜され、ヴェモルクを爆破する訓練を受けた。計画では標的から数キロ離れた地点に降下し、吊り橋をわたったのち先頭の一団が橋の警備兵をナイフか素手で音も立てずに始末する。そしてひと組が工場の発電機を不能にし、別の組が電解設備を破壊し、三組目が「特別な液体」を処分する。これらはすべて八分間で終わる予定だった。その後は二、三人ずつに分かれ、私服姿でスウェーデンに逃がれることになっていた。ただし、ノルウェー人の協力者がいるという話はいっさい出なかった。

だがノルウェー人がこの作戦に手を貸していないことに、フェーリスは釈然としなかった。そこで数百人のドイツ国防軍の兵士に加え、さらにゲシュタポをリューカンとその周辺地域に派遣するよう命令した。

クンマースドルフ実験場では、徴兵を免除された科学者や技術者、熟練の職人、労働者の一群が連日、門の歩哨に身分証を見せ、おのおのその日の仕事に向かっていく。敷地内には五カ所に固まって数棟の建物が並んでいる。それぞれの区画に工場、実験室、倉庫、オフィスがあり、ドイツ軍のための未来の兵器の開発に当たっている。連合軍の空襲から隠れるべく屋根の傾斜に草を植えた煉瓦造りのこの建物群は、空爆に耐える堅牢な廊下でつながっている。人や物資を運ぶ幅の狭い路面電車が敷地内を巡回し、科学者らが最新兵器を試す実験施設の脇を通っていく。この実験所には独自の消防署に給水設備、発電所に病院まで備わっている。

一九四二年の晩秋、クンマースドルフの二列に並ぶ建物内で、クルト・ディープナーと彼が選んだ若手の実験物理学者や技術者からなる精鋭チームが、残り物の材料をかき集めてつくった最初のウラン装置「ゴットウＩ（Ｇ－Ｉ）」の実験に取り組んでいた。まずは直径約二・四メートル、高さ約二・四メートルの円筒状のアルミニウム製ボイラーに、パラフィンワックスでできた、中央に空洞のある蜂の巣状の物体を入れる。次に、ウランの毒から身を守るため息苦しくて重たい防護服を着たチームの面々が、蜂の巣穴の一個一個に酸化ウランをスプーンですくって入れていく。何週間もかかるこの作業は、ある参加者いわく「死ぬほど退屈な仕事」だった。

完成した蜂の巣は一九層からなり、全部で六九〇二個の立方体の房室に酸化ウランが詰められ、重さは三〇トン近くになった（ウランが二五トンでパラフィンが四・四トン）。戦時の配給に辟易していた面々は「これがぜんぶ豚脂《ラード》だったらいいのに！」と冗談を言い合った。ついに準備が終わるとボイラーは水中に沈められ、ディープナーが、蜂の巣の中心にラジウムとベリリウムからなる中性子源を挿入するよう部下に命じた。

軍需・軍事生産相シュペーアと将軍たちとの六月の会議以降、ディープナーは、ウラン・クラブのほかの科学者の設計と比べて自分の設計に利点があるか確かめようと、極秘のうちに研究を進めていた。いっぽうその夏の初めに、ハイゼンベルクとその研究パートナーのローベルト・デュペルは四回目の実験をおこない、粉末状の金属ウランと重水を二層の球状に成形したものを水中に沈め、中性子が一三パーセント上昇したことを証明していた。ハイゼンベルクはこの装置が、核分裂反応によって吸収されるよりも多くの中性子を放出したと断言した。

ところが、その後の六月二三日、装置を浸しておいた水槽の表面に次々と泡が発生した。装置を水槽から引きあげ調べてみると、球体の外殻の開口部から光が見えた。すぐに水槽に戻したが、水素ガスが容器から漏れているのは明らかだった。どう対処すべきかハイゼンベルクとデュペルが考えているうちに、装置のアルミ製の外殻が風船のようにみるみる膨らんだ。全員が実験室のドアに殺到し、外に飛び出した瞬間、装置は爆発した。火柱が上がり、真っ赤に熱せられた粉末ウランが天井に飛び散った。消防署に通報がいき、その後、ハイゼンベルクたちは最初の原子爆弾の製造に成功したとの皮肉があちこちでささやかれた。

だがこの惨事は彼らの実験の成果を否定するものではなかった。それでもディープナーは、ハイゼンベルクらの装置は自分のものよりも劣っていると考えた。というのも、ハイゼンベルクの層状の装置では、高速で放出される中性子はウラン塊にはさまれた減速材のなかを二次元方向にしか移動できない。いっぽうディープナーによる立方体の装置ならば中性子は減速材のなかを三次元方向に移動できるため、中性子の速度がより遅くなり、ウラン238に吸収されることなく――あるいは装置外に放出されることなく――ウラン235を分裂させうる程度にまで減速できる可能性が高い。

その年が終わるころ、何カ月もの苦労の末に、ディープナーのチームがおこなった実験から彼の理論が正しいことが証明された。ディープナーの装置G－Iで得られた中性子放出速度は、ハイゼンベルクがつくったタイプの装置のものに勝っていた。ここまでくるのにディープナーは酸化ウランとパラフィンといった予備の安価な材料を使っていた。そこで今度は帝国研究評議会に純ウランと重水の供給を要請した。これらの材料があれば研究は一気に進むはずだとディープナーは請け合った。

一二月二日、ディープナーも、またドイツの原子力計画にかかわるすべての物理学者も知らないうちに、アメリカは最初の原子炉の実現に成功した。シカゴ大学のフットボール競技場スタッグ・フィールドの観客席の下にある煤にまみれたスカッシュコートで、エンリコ・フェルミと彼のチームは、中性子数をかぞえる計数管が猛烈な速さでカチカチいう音に耳をそば立てていた。そのとき、六メートルの高さに積み上げた黒鉛のブロック――その多くに穴があけられ、なかにウラン（金属ウランと酸化ウラン）が詰まっている――がとうとう臨界に達したのだ。四分三〇秒後、原子炉《パイル》は〇・五ワットのエネルギーをつくり、毎秒ごとにその量が増えていく。落ち着いたようすのフェルミは、ついに核分裂の連鎖反応を止めるべく助手たちに「安全棒《ジップ》を入れろ！」と叫んだ。カドミウム棒が数本、原子炉《パイル》内に戻されると、大量に放たれた中性子が吸収され、装置は再び制御された。この記念すべき日にかかわったひとりの物理学者は、このときのことをこう語った。「とくに目を見張るようなことは何も起こらなかった。何も動かなかったし、原子炉《パイル》自体も何の音も立てなかった……とてつもなく大きな何かを自分たちが解き放とうとしていることは前々から気づいていたが、それでも現にやってのけたのがわかると、何やら薄気味悪い思いがして仕方なかった。われわれが感じたのは、おそらく自分のしたことが自分でも予想のつかぬ途方もない影響をもつと知っていたら誰しも感じることだろう」。フェルミと彼のチームは赤ワインを紙コップについで祝杯をあげた。もはや原子炉は空想の産物ではなくなった。以後、合衆国とその同盟国は原爆の製造をめざし、いっそう熱をあげて突き進むことになる。

第一二章　奴らに捕まるわけがない

一二月三日の夜明け間近、リューカン一帯に空襲警報が鳴り響いた。住民が目を覚ますと、通りを大勢のドイツ兵が列をなして闊歩している。その日の夜にはゲシュタポと数百人ものドイツ国防軍部隊がオートバイや大型トラックで町に乗り込み、ヴェストフィヨルド谷を封鎖した。兵士たちは機関銃をちらつかせ、足音も荒々しく家から家へ、建物から建物へとはいっていく。通りの角という角、橋という橋に兵士が立った。厚手のコートにくるまって白い息を吐き、苦虫を噛み潰したような顔をしている。ドイツ兵はすべての住民に家から出るなと命じ、さもなくば撃つぞと警告した。

町のいたるところで同じ場面が幾度となく繰り返された。ドンドンとドアを激しく叩く音、ここをあけろと怒鳴る声。兵士たちが、ときにゲシュタポ将校を先頭に家になだれ込み、この家に住む全員の名を教えろと迫り、非合法の物品――銃や無線機、地下新聞など――を隠していないか部屋という部屋にはいっては棚や引き出しをひっかきまわす。禁制品が見つかれば、その家の住人は逮捕されトラックで連れていかれた。兵士たちはしょっちゅう家具を壊し、壁に穴をあけ、見つけた食料を片っ端から盗っていった。

ヴェモルクで働く二六歳の土木建築技師ロルフ・スールリーは、ライプツィヒに留学した折に学んだ流暢なドイツ語で、家に来たドイツ兵に身の潔白を訴えた。明るい金髪の華奢で小柄なこの若者は、生まれつき両手足の筋肉がひきつる障害をもっている。曲がった足は手術をして治ったものの、両手は半分握った形で固まっている。それでも障害をものともせず、以前は幼なじみのポウルソンやヘルバルグと連れ立ってハルダンゲル高原で遊びまわったものだ。

兵士たちが家にずかずかとはいり、弟や家政婦の目の前を通ったとき、スールリーは自分が怯えているのを見せまいと努めた。地元のミロルグを率いるオーラヴ・スコーゲンと仲がよく、しかも屋根裏に無線機を二台隠している。だが幸いにも兵士らは家をざっと見まわしただけだった。ただ面倒くさかったのか、それとも流暢なドイツ語を話す年若いノルウェー人に気を許したのか、とにもかくにも連中は去り、ことなきを得た。

いっぽうスールリーの友人で、通りの先に住む六七歳のディトレヴ・ディーセトはそれほど幸運ではなかった。ノシュク・ヒドロの元社員でいまは年金で生活しながら、時計の修理を引き受けている。ディーセトもまたスコーゲン率いるミロルグ支部のメンバーで、家にあった無線機と武器がゲシュタポに見つかった。ゲシュタポはディーセトのほかにもミロルグのメンバー数人をふくむ二一人のリューカン住民を連行した。これから全員を尋問し、必要とあらばグリニ収容所に送ってさらに追求するつもりだ。

その日、ハンスとエーレン・シンナルランは息子オーラヴの三二歳の誕生日を祝う、ささやかなパーティーをひらいていた。ゲシュタポが轟音とともにバイクで乗り込んできたとき、一家のうちカルホーヴドのダムで働くアイナルだけがその場にいなかった。ゲシュタポは、レジスタンス活動にかかわっていると噂されるアイナルと勘違いして、兄のトーシュタインを逮捕した。家族は誰もアイナルの名を出さなかったが、おそらくゲシュタポはいずれまた弟を逮捕すべく探しにくるに違いない。

一二月八日、クヌート・ハウケリがシカの足を肩にかついでキングストン・ハウスにやってきた。ＳＴＳ26で「掩護射撃中に迷い込んだ」不運な獣のおすそわけをリンゲ隊員がトロンスターに持ってくるのはこれが初めてではなかったが。この一年、ふたりは何度か酒を酌み交わし、ノルウェー人による抵抗組織の立ちあげについて相談してきた。ふたりともいまこそ大胆な行動に出るべきだと考えていた。臆病風を吹かせている場合ではない。トロンスターが思うにガンナーサイドはとりわけ大胆な作戦だった。ハウケリは自分の経歴から見ても、ルンネバルグではなく自分こそが作戦を指揮するのにふさわしいと内心では思っていた。だが命令は命令だ。それにノルウェーにようやく戻れるのだから、ここで面子《メンツ》にこだわったところで仕方ない。

トロンスターはにっこり笑ってハウケリを迎えると、シカ肉の礼を言った。それから椅子に腰をおろすと、背後の金庫に手をのばし、「極秘」と書かれたフォルダーを取り出した。そしてヴェモルク工場の図面を何枚か広げて見せ、「重水はきわめて危険なものだ」と切りだした。「これはおそらく人類がつくりだす最大級に忌まわしい物の材料になるのだが、これがドイツの手にわたれば、われわれは戦争に負けてロンドンは木っ端微塵になるだろう」

そんな兵器があるのだろうかと首をかしげたハウケリだったが、それでもガンナーサイド作戦に全力を尽くすことははっきり伝えた。ロンドンに来たのはじつはその後のことを話し合うためだった。ハウケリはスウェーデンに逃げるつもりはなく、グラウス隊の本来の任務を遂行したいと思っている。つまりテレマルク西部に拠点をつくり、ゲリラ部隊を集めるのだ。ポウルソンも残るつもりなら、自分はテレマルクの東部で指揮をとる。グラウス隊の残りのメンバーは二カ所に分かれて活動すればいい。

トロンスターは決めあぐねた。そもそも当初の計画を立てる手伝いはしたが、あれから状況は変わっている。フレッシュマン作戦以降、ドイツはかなり広範囲に捜査網を敷いているのだ――そのうえ重水施設が爆破されたとなれば、連中が何をするかは想像に難くない。「総力をあげて君たちを捕まえようとするだろう」トロンスターは警告した。「そんな危険をおかしてまでハルダンゲル高原で作戦をやらせるわけにはいかない」

自分の要求が却下されるのを恐れたハウケリは必死でくらいついた。「見つかりっこありません。山はおれたちにとって庭みたいなもんです。荒野でいくらだって暮らせます。イギリスに戻るつもりはありません。戦争がいつまで続こうが二度と戻ってくる気はない」。最後にこう宣言した。「おれたちが奴らに捕まるわけがない！」

まあ考えておこう、とトロンスターは答えた。

グライダーの墜落後に「スワロー」隊――安全を考えてSOEがグラウス隊に新たにつけたコードネーム――が山奥に向かったとハウグランが知らせてきて以来、ホームステーションにはいっさい連絡がはいっていない。それから二週間が過ぎて、ウィルソンとトロンスターはいよいよ四人がリューカンの一斉検挙で捕まったのではないかと不安になった。かろうじて得られた情報によれば、ドイツ軍がテレマルク一帯に駐留し、村という村を捜索し、道路を封鎖したという。テアボーフェンとファルケンホルストはヴェモルクの警備を大々的に見直し、非常事態宣言を発令し、移動を一段と厳しく制限した。ドイツがグライダー作戦の標的を察知したのは明らかで、捕まった工兵から情報を聞き出したのは間違いなかった。

一二月九日、グレンドン・ホールの通信員がようやくスワロー隊からの伝言を受信した。「われわれは厳しい状況にある」と最初のメッセージは始まった。続いて、ムース湖周辺を巡察隊がスキーで捜索し、さらにこの一帯の無線通信の出所を突きとめるべく、ムース湖の近くにゲシュタポが無線方向探知局を設置したと知らせてきた。二度目の交信ではトーシュタイン・シンナルランの逮捕を伝えてきた。ホームステーションの局長は、スワロー隊から連絡がはいったら「可能なかぎり最優先で」ただちにロンドンのトロンスターとウィルソンに送るよう通信員に命じておいた。

一二月一〇日、午前一〇時の数分前、リューカンにあるノシュク・ヒドロ社の工場で、オーラヴ・スコーゲンの部屋の電話が鳴った。ヴェモルクからグンナル・シーヴェルスターがかけてきたのだ。「四人のゲシュタポがカルホーヴドに向かっている」。それが何を意味するかスコーゲンにはすぐにわかった。ここ一週間かけてこの地域のレジスタンス網を洗いだしたドイツが、とうとうアイナル・シンナルランに目をつけたのだ。スコーゲンはすぐにカルホーヴドにあるノシュク・ヒドロ社のオフィスに電話をかけた。すると、シンナルランはムース湖畔に住む両親のもとを訪ねるため前日にそこを発ったという。そこでこのダム管理人の実家に電話をまわしてくれと交換手に頼んだのだが、それはできないと断られた。ドイツがそこの電話線を止めているのだという。スコーゲンはゲシュタポがすぐにもシンナルランの実家に向かうのではないかと心配になった。まだ到着していないといいのだが。そこで、頼りになる運び屋でシンナルラン一家の親戚でもあるオイスタイン・ヤーレンを工場で見つけだし、バスでムース湖まで行きアイナルに警告してくれと頼んだ。なぜここに来たのかと誰かに訊かれたら、特別な晩餐用の魚を買いにきたとでも言えばいい。

ヤーレンは息せききって工場を出ると、一秒たりとも無駄にせず発着所でバスを捕まえた。ムース湖に着くとドイツ兵の姿はまだなかった。シンナルランの実家のドアを必死で叩くと、エーレンが出てきた。ゲシュタポがアイナルを捕まえにこっちに向かっているとヤーレンが告げた。息子は留守だが知らせておくと母親は答えた。役目を終えたヤーレンはすぐにその場を立ち去った。ドイツの奴らが来る前に一刻も早くここから逃げなくては。

ヤーレンを乗せて町に向かったバスは、数百メートル進んだところでドイツ兵に止められた。シンナルランの実家を見張っていた数人のゲシュタポ将校がバスにどかどかと乗ってきて、いきなりヤーレンを逮捕した。

ちょうどそのころ、アイナル・シンナルランは実家の裏からスキーで丘陵を登っていた。母親は留守だと言ったが、じつはヤーレンが来たときシンナルランは家にいて、裏のドアから慌てて外に逃げたのだ。木立を急いで抜けると、「高みの天国《ハイ・ヘヴン》」と呼ばれる人里離れた山小屋に向かった。義理の兄弟が所有する小屋だが、追っ手が優秀なクロスカントリー・スキーヤーかハンター――そのうえ強運の持ち主――でもないかぎり、ここまで探しにくるのはまず不可能だ。

ハイ・ヘヴンに無事着いたシンナルランはほっと胸を撫でおろした。まったく危うく捕まるところだった。まだ体の震えが止まらない。七カ月前に二重生活を始めて以来、とうとう天下晴れてのお尋ね者となったのだ。しかも自分の身代わりに兄のトーシュタインまで逮捕されてしまった。だがともかくまずは、ムース湖とヴェモルク周辺でかつてないほど警備が厳重になったことをロンドンに知らせなくてはならない。そして自分も決断しなくては。これからスウェーデンに向かい、その後イギリスにわたるか。もしくはノルウェーにとどまり、このまま逃亡を続けるか。翌日、シンナルランの間一髪の脱出劇を聞きつけたヘルバルグとヒェルストルプが小屋を訪ねてきた。その晩ふたりは泊まっていき、ヴェモルクに破壊工作を仕掛ける新たな任務のことを彼に伝えた。シンナルランの腹は決まった。

一二月一一日の午後遅く、ガンナーサイド隊の六人は蔦に覆われたブリッケンドンベリー・ホールに到着した。一週間後に降下を控えた隊員たちはどうにも落ち着かなかった。つい数週間前にフレッシュマン作戦で命を絶たれたイギリス工兵たちも、この学校で、同じ教官から、同じ攻撃目標に対する訓練を受けたのだ。この任務が極秘であるため、ほかの生徒たちが追い出され、構内が閑散としていることも、いっそう気分を暗くした。この大邸宅の正面階段で彼らを出迎えたのは、中佐に昇進したばかりのジョージ・リームだった。

その晩、リームは六人を酒と夕餉《ゆうげ》の席に招いた。その後、中佐の補佐官が六人を二階の宿舎に案内した。各人のベッドには、訓練に必要な衣類と道具の詰まった袋が置いてある。なかを見ると、新品のコルト45口径と赤褐色のベルト式ホルスターもはいっている。男たち六人はこぞって銃を手にとり、さっそく撃つまねをした。

ルンネバルグが銃の撃鉄を起こして引き金をひくと、いきなり銃が暴発した。耳をつんざく爆音がして漆喰がぼろぼろ落ちてきた。その瞬間ルンネバルグは自分の持ってきた装填済みの銃を誤って撃ってしまったと気がついた。警備員のひとりが宿舎にすっ飛んできて、すぐあとからリームの補佐官も駆けつけた。「いったい何の騒ぎだ?」補佐官が詰め寄った。ルンネバルグは何食わぬ顔で壁に空いた穴を指さすと「新品の武器を試してみたんですが、まったく問題なしですね」。補佐官はやれやれと首を振って出ていった。ノルウェー人ってのはイカれた奴らだ。

こんな不注意はまったくルンネバルグらしからぬものだった。ガンナーサイド作戦をまかされてから一〇日間、彼はこの任務のために細心の注意を払って準備してきた。まずはロンドンの最高司令部の情報室から、ノルウェー南部の地図を何組も調達してきた。そのうちの一枚、二五万分の一の地図をスコットランドの基地の壁に画鋲でとめて、チームが進む予定の経路を書き入れた。あとの一〇万分の一の地図は、各自があらゆる谷、あらゆる山を頭に叩き込めるよう隊員全員に配っておいた。

次は武器を何にするかだ。接近戦が予想されるため、何より射程の短い銃が役に立つだろう。

単純な構造をしたイギリス製短機関銃ステンガンを試してみたが、いかんせん重すぎるし、単射に切り替えると暴発することもよくあって頼りにならない。そこでアメリカのギャングが使っていることで有名なトンプソン短機関銃（トミーガン）を選んだ。一八〇メートル以内ならライフルのように正確に発砲できるし、ステンガンは9ミリの弾丸を用いるが、これは45口径用の弾丸を使うのでコルト銃と同じ弾《タマ》を利用できる。ルンネバルグは隊員たちにトミーガンをとくに念入りに掃除させ、空《から》研ぎをしてからペンキで白く塗るよう指示しておいた。さらにこの作戦用に手榴弾、狙撃銃、殺傷用ナイフ、警備兵に嗅がせて眠らせるクロロホルムとガーゼ、そして予備の弾薬を大量に注文しておいた。

隊員たちが射撃の訓練と演習に励むあいだ、ルンネバルグはハルダンゲル高原の厳しい冬に耐えるのに必須の装備を集めた。希望の条件に満たないものは自分で工夫して改良を加えた。最良のスキー板を選び、パインタールで目止めをしてから白く塗った。スチールフレームのついたザックは、新たにゲートル用のポケットをつけ、上部をヒモで閉じる仕組みにし、ショルダーストラップを長くして、白いカバーも用意した。内張がウサギの毛皮になっているズボン下、ウールのズボン、カモフラージュ用に白の上下のスキーウェアも見つけてきた。補給係に頼んで、ひさしのついたスキー帽の内側の革をカーキ色の軍服地に張り替えてもらった。そのほうが温かいのだ。イースト・ミッドランズのとある靴屋は、丈夫な防水性の革ブーツの注文に大至急応じることになった。

さて次に食料はどうするか。ルンネバルグはノルウェー人のライフ・クレイバルグ教授のもとを訪れた。教授はケンブリッジ大学の栄養学者と協力し、携帯口糧用に乾燥食品をブロック状に圧縮する方法を考案した人物だ。この食事は軽いし、水を注ぐだけで食べられる。これならカップとスプーンだけ持って行けばいい。ヴェモルクからスウェーデンまでかなりの距離を移動しなければならないとなると、数十グラムの違いもばかにできない。そのほかガンナーサイドの隊員たちには、自分たちの背負う荷物をできるだけ減らすために橇《そり》を二台つくらせた。

次は作戦にかなう寝袋探しだ。そこでロンドンはトラファルガー広場近くの寝具店に足を運んだ。すると店長からドックランズにある自社工場に行くように言われた。工場に着くと、ルンネバルグは自分の理想とする寝袋の簡単なスケッチを描いた。まず寝袋は袋を二枚重ねで綴じたものにし、外側は防水になっていて、内側には羽毛を詰め、服を着たまま寝られる大きさにし、装備がはいるスペースもほしい。そして上部にはフードをつけ、ヒモを引くと、呼吸するためのわずかな隙間を残してほぼ完璧に閉じられるようにする。ルンネバルグのデザインを見て、さらにこの少尉がかなり急いでいるのがわかると、工場長はこう言った。「わかった、なんとかやってみるから明日の午後にまた来てくれ」。次の日、ルンネバルグは最初の試作品にもぐり込んだ。見事な出来映えだったが、ただ一点、ダウンの縫い目に水を通しそうな箇所がいくつかある。そこでまた変更を加え、改良後の寝袋を六つ注文し、大至急用意してくれと工場長に頼んだ。

ブリッケンドンベリー・ホールに着くころには、ルンネバルグと彼のチームはヴェモルクへの往路と帰路のあらゆる候補を把握し、さらに装備もほぼ揃い、あとは投下に備えて詰めるのを待つだけになった。

ここから先は作戦そのものに集中できる。リームはこれまで何百人ものＳＯＥの工作員に、通信回線や鉄道線路、工場を攻撃してドイツの軍事機構を破壊するため知っておくべきありとあらゆることを伝授してきた。ある教官いわく「しかるべき訓練を受けた者が七名いれば都市をひとつ破壊できる」

リームが生徒たちに望むのは、徒歩で工場内に侵入し、どの装置を壊せばいいか数分で判断できるようになることだ。狙いを定めて大鎚を振りおろせば事足りることも、砂を何つかみか装置に投げ入れればすむこともある。だがたいていは爆薬が必要だ。アーモンド臭のする赤褐色の爆薬ノーベル８０８は、リームが真っ先に選ぶ爆薬である。柔らかくて可鍛性のある８０８、通称「スタガー・ジュース（強い酒の意味）」（ＳＴＳ17の誰かがそう呼んだ）は、切ったり、好きな形にしたり、壁に投げつけたり、さらには銃で撃ったりもできるが、それでも爆発することはない。ただし、なかに埋めた小さな火薬（要は起爆装置）に点火すれば――たとえ水中でも――ドッカーンだ。

ガンナーサイドの隊員、なかでもとりわけルンネバルグは、破壊工作の手法と爆発物の使用に関する訓練をたっぷり受けた。何度か演習をおこない、結果に満足したリームは、いよいよ隊員たちに、ヴェモルクの重水施設をどうやって爆破するかを教えることにした。フレッシュマン作戦の工兵たちが訓練したあの同じ木の模型を使って、リームは高濃縮電解槽の基部のどこに爆薬を仕掛けるか手本をみせた。

装置は九個の高濃縮電解槽が二列にずらりと並んだものだ。チームはそれぞれの列の電解槽に、起爆コードでつないだ重さ約二三〇グラムの爆薬九個をひとつ一つ数珠つなぎに設置しなければならない。そしてこの起爆コードを二分の導火線に取りつける。そうすれば爆発する前に部屋を脱出する時間が稼げる。目的は装置を破壊するだけでなく、電解槽に穴をあけ、その貴重な中身をすべて抜きとることにもある。隊員たちはふた組に分かれ、子ども用粘土を使って、できるだけ速く手際よく爆薬を仕掛けられるよう練習した。うんざりするほどこの作業を繰り返したので、しまいには真っ暗ななかでもできるようになった。

トロンスターは毎日のように、どんな質問にも答えるべく、工場の図面や青写真のほか周辺一帯の航空写真も持参してこの学校に顔を出した。施設の間取りやドア、警備兵やパトロールについて等々、その場で答えられない質問が出るといったん部屋を出て、少したってから答えをもって戻ってくる。じつは情報源はブリッケンドンベリー・ホールに匿われているヨーマル・ブルンなのだが、彼の存在はチームには知らされていない。

スワロー隊から新たに詳しい情報が届き、ヴェモルクでは警備兵が増員され、追加のサーチライトが導入され、建物一棟の屋上に機関銃巣が設置されたとわかった。そこでチームは標的までの経路をあらためて検討した。吊り橋をわたるか、水圧管路をくだるか、あるいは峡谷から対岸の壁を登り、工場からリューカンの町まで崖沿いにのびる鉄道線路に出るか。それぞれの案について話し合ったが、現場を実際に偵察するまで最終判断はのばすことにした。

それでもあらためてわかったのは、六人だけではこの作戦は無理だということだ。爆破犯が攻撃をおこなう時間――そしてその身の安全――を確保するには、掩護班がどうしても必要だ。だがスワロー隊ならこの役目を務められるに違いない。

破壊工作の訓練の合間に、男たちは広々とした敷地内で運動し、体を鍛えた。ある日、近隣の刑務所から呼ばれた強盗犯が、施錠された門をどうやって破るか実演してくれた。またある日は朝食の席につくと、修道僧のような人物がすわっていた。それは、元上海の警察官で現在はイギリス陸軍屈指の武器教官であるエリック・サイクス少佐だった。少佐は、部下たちが腕前を披露したがっていないかとルンネバルグに訊いてきた。そこで六人は、ひらいたドアや窓の陰、路地から人形が飛び出す市街戦練習場に少佐を連れていった。六人が拳銃やトミーガンを構えて狙いを定めると、いきなりサイクスが制止した。「こいつはしょっぱなから絶望的だな」。そして腰から撃てと説教しはじめた。たしかにストーダムではそう教わっていた。

彼らには最善のやり方がわかっている、とルンネバルグが言った。それならご自由に、とサイクスが練習場を手でさした。二〇〇発撃ったうち、ハウケリはほぼ一〇〇パーセント標的に命中させ、続く隊員たちもまたしかり。サイクスは呆気にとられた。たしかにこの部隊に自分が教えることはなさそうだ。

クラウス・ヘルバルグはどこかに食べ物はないかと暗い戸棚をひっかきまわした。数日前からランゲショー湖畔のディトレヴ・ディーセトの小屋にいて、わずかばかりのラクフィスク（ノルウェー伝統のマスの発酵食品）を見つけたが、小麦粉かオートミールを見逃していないかと望みを捨てきれずにいたのだ。だがあいにく何もない。そのとき声が聞こえた。スキーとブーツは外に出したままで、身を隠せる場所もない。拳銃を抜いて待っていると扉をノックする音がした。「誰だ？」きつい口調で尋ねた。

「スコーゲンだ」

「オーラヴ？　君か？」ヘルバルグが訊いた。

「ああ、おれだ」

ヘルバルグは銃を手にしたまま勢いよくドアをあけた。外には三人の男がいて、皆、猟銃をもっている。辺りはすでに暗くなっていて、誰だかよく顔が見えない。

「おれだよ、クラウス」スコーゲンが言った。「安心しろ」

ヘルバルグが一歩外に出て銃をおろそうとしたとき、別の男が近づいてきた。スコーゲンがさっと手で制した。「銃をしまうまで待とう。撃たれちまうぜ」。ヘルバルグは幼なじみの顔がようやくわかった。「おや、ロルフ・スールリーじゃないか！」。ふたりは抱き合い、それからスコーゲンが三人目の男を紹介した。ミロルグのメンバー、フィン・パウスだ。リューカンでのレジスタンス狩りでディーセトが逮捕されたので、スコーゲンとスールリー、パウスの三人は、小屋に保管していた禁制品を隠すために、ここまでやってきたのだ。ついでにトナカイ狩りもするつもりでいる。

寒い外から皆で小屋にはいると、新客は持参したパンとバターをヘルバルグに分けてくれた。ヘルバルグがリューカンにいる家族の安否を尋ねると、スールリーが無事だと教えてくれた。そしてドイツの手入れと一連の逮捕の件をヘルバルグに伝えた。たしかにゲシュタポはやみくもに捜査しているわけではなさそうだ。ヘルバルグは自分が山間にいる理由をほとんど明かさなかった。スコーゲンはすでに知りすぎているし、スワロー隊としてはこれ以上仲間を増やす危険はおかせない。

翌朝、ディーセトが小屋に隠していた武器を皆で埋めた。スールリーは自分の持っているボルトアクション式のクラッグ・ヨルゲンセン・ライフルと弾薬をヘルバルグに進呈した。イギリスからは拳銃と機関銃しか持ってきておらず、ヘルバルグはこんな狩猟用のライフルが喉から手が出るほどほしかった。別れ際にヘルバルグはスールリーにこう言った。「すぐにまた連絡するよ」。それから仲間に合流するために、グラス・ヴァレーに急ぎスキーで向かった。

一斉捜査のさなか、幸いスワローの四人はそれぞれ脱出に成功した。ハウグランは物資を探しに森に来ていて、あとほんの数メートルで巡察隊に見つかるところをかろうじて逃れた。ポウルソンとヒェルストルプは山間から西に向かいグラス・ヴァレーに戻る途中、ドイツ兵数人から間一髪で身を隠した。そしてヘルバルグはアイナル・シンナルランに会うためダムにある彼の自宅付近に出向いたが、それはまさにゲシュタポがオイスタイン・ヤーレンを連行したその日のことで、危うくゲシュタポの捜査隊と鉢合わせするところだった。

それでもいざ食料となると皆の運も尽きた。貴重なペミカンの備蓄も底をついてずいぶんとたつ。ソンガ谷から回収してきたわずかな食料もすでに食べ尽くした。ハウグランが散弾銃を見つけて雷鳥を何羽か仕留めたものの、皆で食べたら一日足らずで骨だけになった。ヘルバルグはトナカイを探しにランゲショー湖まで出かけたが、どこにも群れが見つからない。仕方なくラクフィスクか肉でも置いていないかと一帯の山小屋をあさっていたときに、ミロルグの一行に出くわしたというわけだった。

四人はつねに腹をすかせ、とうとうトナカイが食べる、雪の下に生えた灰褐色のコケ（正確には地衣類）まで掘り出した。「ビタミンとミネラルたっぷりさ」ポウルソンが仲間に請け合った。このコケは皆キャンプのときに寝床に敷くものとばかり思っていたが。それでもひとつかみのオートミールと一緒に煮ると、苦いスープができあがった。

ヘルバルグがグラス・ヴァレーの小屋に戻ると、ポウルソンがロンドンから届いた朗報を伝えてくれた。わが隊はヴェモルクを攻撃する新たな作戦で「積極的な役割」を果たすことになるという。六日後の一二月一八日から待機しておく必要があり、それまでにやるべきことが山ほどあった。食料を確保し、ヴェモルクの警備に関する最新情報を入手し、サン湖に置いてきたユーレカ装置を回収し、無線機のバッテリーを充電しなくてはならない。そしてハルダンゲル高原をだいぶ登った、ヴェモルクから北西三二キロの地点にある新たな隠れ場所に向かう必要がある。ここにガンナーサイド隊が降下することになっているのだ。

ところが、ことあるごとに彼らは不運に見舞われた。まずドイツの巡察隊がいるためユーレカ装置の回収が遅れた。さらに充電したバッテリーを抱えて戻る途中に、ヘルバルグが嵐につかまった。重さ一四キロのバッテリーを入れたザックを背負って必死に歩き続けたが、とうとう森に置いていかざるをえなくなった。翌日にまた取りに戻るしかない。そのうえトナカイ一頭捕まらず、ムース湖畔の小屋で見つけた塩漬け肉は腐っていた。

全員が揃って体調を崩し、残った乏しい食料ではどうにも持ちこたえられそうになかった。へルバルグとヒェルストルプはとくに具合が悪く、栄養失調からむくみも出てきた。シャツの襟のボタンが留まらなくなり、夜中に六回も小用を足さずにおれなくなった。それでも彼らは来たる作戦の準備をしに連日出かけていった。シンナルランは充電したバッテリーとヴェモルクの警備に関する最新情報のほかに、かき集めたわずかばかりの食料も運んでくれた。

一二月一七日、ハウグランがホームステーションから受信した合図によれば、ガンナーサイド隊は次の快晴の夜に出発するという。ついに北へ向かうときがきた。ただし、ユーレカのバッテリーが切れかけてはいるが。飢えに苦しみ、不調を抱え、時間も切迫するなか、男たちはただちにハルダンゲル高原の奥深くに移動を始めた。

そのころブリッケンドンベリー・ホールでは、ガンナーサイド隊がいよいよノルウェーへの降下を待つべく、ケンブリッジ郊外のゲインズ・ホールに向けて出立するところだった。訓練をすべて終えた一同は、リームから言葉少なだが高い賛辞を獲得した。「状況が許せば、彼らが作戦を成功させる見込みは大いにある」。トロンスターも最後にもう一度顔を見せた。作戦について最終確認し、隊員たちに別れの挨拶をするためだ。それは厳粛な時間だった。工作員ひとり一人に青酸カリのカプセルが手わたされた。標的を攻撃したのち生きて脱出できる見込みはよくて五分五分だと、おのおの覚悟はしている。トロンスターはいま一度フレッシュマン作戦の工兵たちが処刑されたことに触れ、彼らも生きて捕まれば同じ――もしくはもっとむごい――扱いを受けるだろうと伝えおいた。

そしてこう話を結んだ。「先に進み、倒れた者たちのために、この作戦を成功させるべく全力を尽くしてほしい。なぜこれほど重要なのかをいまもって君たちは知らないが、それでも君たちのおこないは今後一〇〇年にわたり歴史のなかに生き続けるだろう。祖国を奪還しドイツを倒す戦いに追って参加する者たちの手本となってくれ。これから君たちがすることは、連合国のため、ひいてはノルウェーのためにすることなのだ」。それからどこか気づまりな沈黙が続いた。隊員のなかには、トロンスターが今生の別れといった目で自分たちを見ていると感じる者もいた。

「そう簡単におれたちを厄介ばらいはできませんよ」とルンネバルグが言った。

第一三章　狩りの掟

げっそりとこけた頬に無精ひげを生やした男たちが四人、ストーレ・サウレ湖の粘りつく湿った雪面を、片足ずつスキーを持ちあげ、えっちらおっちら進んでいた。周囲の尾根には真綿のような霧がかかり、空は雲に覆われ温かい陽光を隠している。足取り重い男たちは、空腹に、水を吸ったスキーに、肌を突き刺す風に悪態をついた。ようやく目に飛び込んできたのは、フェッテル（ノルウェー語で「いとこ」の意味）と名づけた狩猟小屋。これは戦前にポウルソンが従兄弟たちと、湖面を運んできたプレカットの板で建てたものだ。高原をだいぶ上がったところにある、立ち枯れのカバの林の脇に立つこの小屋は、地図にも載っておらず、隣の小屋からは何キロも離れている。ガンナーサイド隊が来るまで隠れて待っているのに、これほど格好の場所はない。この辺りならおそらくトナカイも見つかるだろう。

早く休みたいのと、小屋に食料はないかと気もせいて、ポウルソンは仲間よりひと足先に小屋に着いた。スキーを脱ぐと、ドアの南京錠を切ろうと弓のこを取り出した。こめかみに汗をたらしながら、寒さでかじかんだ両手で弓のこを鋼に当てた。とうとう南京錠があいた。ところがドアをあけようとかんぬきを抜こうとしても、さっぱり動かない。そこでザックから今度は小ぶりの斧を取り出し錠前に振りおろした。ところが、ほんのひと振りかふた振りで、斧の持ち手が壊れてしまった。ドアを思いきり蹴ったがびくともしない。

これはおれの小屋だぞ。ただ休みたいだけなのに。いらだちが怒りに変わる。背にかけたクラッグ・ライフルを構えると、いきなり錠前に二発ぶち込み、ようやくドアがあいた。

はいってみると、小屋のなかは一九四〇年の夏に来たときとほとんど同じようすだった。当時の日誌にポウルソンはこう書いていた。「ランゲショー湖から家に戻るところ。少しばかり食料をとりに、あとカヌーを置きにきた」。カヌーに弾丸の穴がぽつぽつ空いているほかは、とくに変わったところはない。オスロの病院から買ってきたベッドが四台に、切りっぱなしの板でつくった正方形のテーブル、三本足のスツール、三×六メートルの山小屋を温める石積みのストーブ。何か食べられるものがないかと棚をあさってみたが、見つかったのはタラ肝油の瓶と残り物のオートミールがひとつまみだけだ。

仲間もあとから倒れ込むようにはいってきた。この移動で疲労の極みに達している。このままろくに食えない状態が続けば、作戦を遂行する気力も体力もなくなるだろう。ハウグランが無線機を準備するあいだ、ほかの隊員はストーブにくべる薪を割り、鍋に雪を入れて湯を沸かした。日は早々と暮れ、四人は一本のロウソクを灯し、今夜も夕食にトナカイゴケを食べた。小屋の周りを烈風が吹き荒れるなか、ロンドンからの通信を待つ。そうしてようやくわかったのは、一二月一九日の今夜もガンナーサイド隊は降下しないということだった。鳴りやまぬ腹を抱え、全員が床についた。

「この辺りに獲物が来るまでの辛抱だ」ポウルソンが励ますように言った。「そしたらたらふく食えるぞ」。そうだといいけど、と皆は思った。

同じような毎日が続き、そしてガンナーサイド隊は来なかった。毎朝、日が昇るとすぐにポウルソンは小屋を出て狩りに出かけた。一九二〇年代にカナダ北西部の大自然を生き延びたノルウェーの探検家、ヘルゲ・イングスターの回想録を読んで、トナカイの肉さえあれば長いこと食いつなげると知っていた。ときどき立ち止まり、群れの気配がないか地平線を見わたすポウルソンは、このことをしっかり頭に刻んでいた。北や西から吹く風では、こちらに分《ぶ》が悪いのはわかっている。群れは捕食者のにおいを嗅げるよう風に向かって移動する。風向きが変わらないかぎり、トナカイは小屋から行ける距離をますます越えて遠ざかるだろう。それでもポウルソンは自分に有利な風向きに変わることを祈りつつ、山から谷へ、そしてまた山へと、ときには深い霧のなかを苦労して進んだ。それでも、あいかわらず手ぶらでフェッテルに戻る日が続いた。隊員たちはいよいよ命にかかわるほどに衰弱し、目はうつろに宙を見つめ、皮膚は黄色くなった。このまま運が向いてこなければ、そう長くは持ちそうにない。

そのころゲインズ・ホールでは、ルンネバルグと彼のチームが今夜もまた出発はないとの連絡を受けていた。ＳＴＳ61に来てからすでに五日になるが、悪天候のせいで北海を飛べる見込みは薄く、ゲインズ・ホールで待機する男たちはしだいにやきもきしはじめた。

ガンナーサイド隊はあいかわらず訓練を続け、敷地内の緩やかな起伏のある草地を黙々と走った。たまにこっそり鉄条網をくぐり抜け、近くの野原でキジを仕留めた。夜はトランプで遊んだ。ある晩、車でケンブリッジまで繰り出し、シャンパンを飲み、高級レストランで食事をした。こんな機会はもう二度とないと全員が心得ている。「さあ帰ろうぜ」ルンネバルグが早々と声をかけた。ハウケリにはまだ宵の口だ。だが結局、ルンネバルグも皆につき合った。明日の晩には、ついに出発のゴーサインが出るかもしれないのだ。

隊員たちの頭には、さまざまな思いがよぎった。天候は回復するのだろうか。ヴェモルクに無事に到達できるのか。撃ち合いになるだろうか。撃たれるのと捕まるのとどっちがマシか。戻れなかったときのために、妻や家族にもう一度手紙を書いておこうか。

ただし、ハウケリはどう転んでもイギリスに戻るつもりはなかった。すでにトロンスターとウィルソンから、テレマルク西部でゲリラ組織を立ちあげる許可をもらっている。目下の望みはただひとつ。降下のために、たったひと晩でいいから晴れてくれ。そうすれば、もとの仲間とついに合流できるのだ。

吹雪と霧の濃い曇天が一週間続いたある朝、ポウルソンが外に出ると、目の覚めるような青々とした空が広がっていた。今日は一二月二三日。凍えそうに寒いが、顔に当たる陽射しは心地よい。スキーを装着し、クラッグ・ライフルを肩にかけたところで、ヒェルストルプが薪をとりに小屋から出てきた。四人のなかでもヒェルストルプは一番体調が悪く、腹痛とむくみがひどくて、一日にほんの数時間起きているだけで精いっぱいだ。「いい天気だね」そういうヒェルストルプは、目の周りが赤らんでいる。

「トナカイが明日どこにいくかわかったらなあ」ポウルソンが言った。「そしたら雪に穴を掘ってさ、なかで寝ころんで待ってるんだが」

ヒェルストルプは力なく笑った。「今日こそツキがまわってくるかもね」

ポウルソンはフェッテルをあとにした。昨夜ハルダンゲル高原をすっぽり霜が覆ったおかげでスキーが楽に滑り、いい調子で進んでいける。ストックを突くたびに雪片が辺りにパッと飛び散る。白いパーカー姿で一キロまた一キロとハルダンゲル高原を進んでいると、冷気が肺の隅々までしみわたり、子どものころ祖父に叩き込まれた狩りの掟がみるみる脳裡に甦る。「おまえのライフルは武器だ。オモチャじゃない。狩りにいくときはライフルを右肩にかつぎ、腕を銃身にかけておくんだ。森でひと休みするときや柵を乗り越えるときは弾を抜いておけ。準備ができても標的が見えるまでは安全装置をさわってはならんぞ。自分が撃つものをはっきりその目で見るまでは、絶対に撃ってはいかん。手に武器を持っていることを忘れるほど興奮したり夢中になりすぎたりしてもだめだ。でないと自分を見失って抑えがきかなくなる」。祖父から初めて銃を買ってもらってこのかた、ポウルソンはこの教えを忠実に守ってきた。そしてハルダンゲル高原で何度もトナカイを追っては仕留めてきたのだ。なのにいま、獲物を手に入れたいときに、自分は群れを見つけることすらできない。彼のチームの任務は三つ。無線通信を維持すること、ヴェモルクの情報を集めること、そして、生き延びること。だが食料がないことには、どれひとつできはしない。

そのときだった。小屋から八キロほど来て、そろそろ足に力がはいらなくなったころ、雪面に筋をなす真新しいトナカイの足跡を見つけた。ポウルソンは跳びあがらんばかりに喜んだ。足跡をよく見ると、どうやらかなり大きい群れのようだ。年寄りのメスを先頭に、若いオスと中年のオスが続いている。その後ろをほかのメスたち、一年子、そして一年未満の子どもがついていく。気ままにコケを食べては休憩しながら、おそらく一時間に三キロほどのペースでのんびり移動しているようだ。

今夜はみんなに食わしてやれるぞ。

ハルダンゲル高原 Norges Hjemmefrontmuseum

ポウルソンは胸躍らせた。クリスマスのご馳走にありつける。一番近い丘の頂をめざして進んだが、双眼鏡をのぞいても、ただ果てしない白一色が広がるだけだ。トナカイは谷に降りたか、それとも高原の尾根に登ったのかもしれない。足跡をたどって数キロ進み、グラス・ヴァレーの北端に近づいた。それでもまだ何も見えない。オオカミなどの捕食者のにおいを察知して、すでに遠くに去ってしまったのか。疾走するトナカイは一時間以内に四〇キロも進むことができる。「連中はまるで幽霊のようだ」イングスターの本にそう書いてあった。「どこからともなく現れて一面を埋め尽くし、また忽然と消えるのだ」

次の谷をジグザグに登って尾根に着くと、ポウルソンは立ち止まった。それから時計の裏にはさんだフランネルのハンカチで双眼鏡をきれいにふくと、再び地平線に目をこらした。正午の陽射しが降りそそぎ、一面の雪景色に目がくらむ。巨石がひとつ、樹木のように高くそびえ、丘の起伏はしだいになだらかになっている。と、はるか北の小さな谷に黒い点がぽつぽつ見えた。最初はただの石かと思ったが、間違いなく一緒に動いている。

群れだ。

ゆっくりと慎重にスキーで近くまで滑っていく。ときどき見晴らしがきかなくなるが、トナカイがまだ谷にいるのはわかっている。風はほとんどない。頭上にたなびく雲もほぼ動かない。群れの風下をキープし、においを嗅ぎつけられるのを避けるため、谷の東側にまわった。それから尾根を上がり、スキーを脱いで大岩にそろそろとよじのぼった。八〇〇メートルほど先の谷に群れはいた。ざっと数えて七〇頭。そのうち数頭は小さな湖のほとりでコケを食《は》んでいる。あとは氷のうえで体を休めているか、彫刻のように微動だにせず佇んでいる。冬用の毛は長くふさふさで白っぽい灰色をしており、辺りの景色と見分けがつきにくい。さらに北を見ると、高原の高台に別のやや小さな群れもいる。

クラッグ・ライフルで確実に仕留めるには、標的から一八〇メートル以内に近づかなくてはならない。どうすれば群れに見つからず、においも嗅ぎつけられずに、平らな雪面を突っきり射程内に近づけるのか。向こうからこっちに近づいてくれるか、あるいはもっと起伏のある斜面にでも移動してくれれば隠れたまま近づけるのだが。大岩のうえで一〇分待った。それから三〇分、そして一時間。寒さが骨の髄までしみてくる。凍傷にならないよう、ときおり顔を動かし、しかめ面をする。少しでも感覚がなくなったと思ったら、手袋を脱ぎ、指を肌に押しつけて凍るのを防ぐ。つま先をしょっちゅう曲げては伸ばし、ひげをこすって氷を払い落とす。

さらに時間がたった。トナカイたちはコケをむしゃむしゃ食べ、ひしめき合って未来永劫ずっとそこにいるかに見える。なんとかしなくては。ノルウェーに戻って二カ月近くもろくに食べていない仲間に、とにかく何か食わせてやらなくては。だんだんと日が陰ってきた。早く獲物を捕まえないと、暗くなれば群れそのものを見失うだろう――しかも、高原のど真ん中で途方に暮れるはめになる。このひと月にたびたび襲われた嵐がまた来たりしたら、隠れる場所もなく、たったひとり吹雪にさらされ確実に死ぬ。

腹をくくって岩から這い下りると、谷をめざしてじりじり近づき、細い尾根や小山まで来てはその陰に隠れた。そうやって徐々に群れににじり寄っていると、オスが二頭、群れから離れて、ふらふらと歩きだした。ポウルソンはじっと動かずにいた。まだここは風下だし、トナカイたちが白のパーカーと雪面を見分けられるにはだいぶ距離はある。二頭が群れのほうにくるりと向きなおると、ポウルソンはわずかに盛りあがった雪塊をめざして、ゆっくりとくだった。あそこなら射程内にはいる。ところがほんのちょっと手前でうっかり足を滑らせてしまい、丘を転げ落ちそうになったところを必死に踏みとどまった。

持ち前の用心深さで生き延びてきたトナカイには、丘の斜面のわずかな動きで充分だった。二頭のオスは足を踏みならし、慌てて群れのもとに駆け戻った。二頭の疾走で群れのスイッチがはいった。ひづめで雪面を蹴ちらすと、群れは一斉にグラス・ヴァレーの方角をめざし丘の向こうに消えた。

ポウルソンは雪原にぽつんとひとり残された。かろうじて残っていた力も体から抜けていった。空っぽの空を見上げてひとしきり悪態をつく。怒りがしだいにおさまると今度は無力感に襲われ、涙がこぼれそうになった。ここまできて獲物をとり逃すなんて。どうせ暗くなるまでには追いつけないほど遠くへ逃げたに違いない。ふと半キロ北の高台に目をやった。すると、さっきより小ぶりの群れがまだそこでコケを食《は》んでいる。

さっき降りてきた斜面を引き返し、置いてきたスキーをはくと、急いで群れの方角に向かった。高台までの傾斜がしだいにきつくなると、また徒歩でゆっくりと登った。うえに着いたら風向きを知るのは不可能だが、自分が群れの風下にいることを祈った。最後の数メートルを腹這いになり息も絶え絶えに登っていく。肘をついて体を起こすと、三〇頭ほどのトナカイが見えた。吐く息が雲のように獣たちのうえを漂っている。

高台のうえで風向きは数秒ごとに変わり、群れはそわそわと落ち着かないようすだった。射程距離にはまだわずかに届かないが、いつにおいで気づかれてもおかしくない。右手にライフルを持ち、雪面を腹這いでじりじりと前進する。頭のなかで獲物を仕留める手順をさらった。最初のトナカイは横隔膜を狙おう。過去の経験から、そこに命中すれば、この獣《けもの》はまるでふいに眠気に襲われたみたいにゆっくりと地面に倒れるはずだ。トナカイたちはライフルの発砲音を凍土の割れる音と勘違いしてくれるかもしれない。そうなれば群れが逃げ出す前に、あと一、二発は撃てる。

とうとう射程内にはいった。膝をついてそうっと体を起こすと、狙いをさだめ、引き金をひき発砲した。だが獲物は倒れない。泡を食ったトナカイたちは尾根に向かって駆け出した。ポウルソンはもう一頭のトナカイを狙って撃った。そしてもう一頭。だがどいつもこいつも倒れない。群れは後方に雪煙をあげ、あれよあれよという間に遠ざかる。そして、消えた。

ポウルソンはわけがわからぬまま立ちあがった。三頭とも撃ち損ねたとは思えない。群れが逃げた方向をたどってみた。雪面には三方向に点々と血の跡がついている。獲物に当たったのはたしかだ。だがクラッグ・ライフル用にスールリーがくれた軍支給の被覆鋼弾は標的をまっすぐ貫通し、狩りでいつも使う柔らかな鉛弾のように体内でつぶれて衝撃が広がることはない。どのくらい遠くに逃げたのかはわからないが、血の跡が教えてくれるだろう。

ひとつの血の跡を追って一〇〇メートルほど登って下りたところで、傷ついてうずくまるメスのトナカイを見つけた。ひづめで雪をかき、なんとか立ちあがろうともがいている。もう一発撃つと、メスの動きが止まった。別の血の跡を少し追ってみたが、すぐにくるりと背を向けた。手負いの獣を放っておき、ゆっくり死なせるのは性に合わないが、いまは自分と仲間の命がかかっているのだ。踵を返しさっきのメスのもとに戻った。なかなかの大きさだ。安堵とともに喜びが腹の底から沸きあがる。苦闘の末に手に入れた大物に自分でもうっとりした。二カ月ぶりに仲間は腹いっぱい食べて元気を取り戻せるだろう。

ザックからブリキのコップを取り出すと、トナカイの傷からしたたる血をくんだ。一気に飲みほすと、体じゅうに温かいものが広がっていく。小さなバケツにさらに血をしぼると、ナイフと斧で獲物の皮をはぎ、身を切り分けていく。まず滋養と風味たっぷりの頭と舌をザックに入れた。

次は胃袋――半分消化されたコケの詰まった四つの袋――を切り取ってこれも入れる。それから心臓に肝臓、腎臓に肋骨、そして四肢。途中で脂肪を何片かそぎ、ひづめ近くの小骨から白い骨髄をすすった。肉の赤みの部分はまとめて雪に埋めておき、翌日また取りにくることにした。何よりまず仲間に必要なのは脂肪と栄養素なのだ。

二〇キロを超えるトナカイの部位をザックに詰めると、ポウルソンはフェッテルに引き返した。一日じゅう体を酷使してすでにへとへとだったが、獲物を仕留めた高揚感で心なしか荷も軽い。帰り道で先に逃した群れに再び遭遇したが、においに気づいて今度もまた群れは地響きとともに立ち去った。

小屋に戻るとすでに夜になっていた。雪で両手をきれいに拭うと、ドアの脇にザックを置いてなかにはいった。黙ったままのポウルソンを見て一同は思った。ああ今日もまた、骨折り損のくたびれ儲けか。気の毒そうにポウルソンに一瞥をくれると、全員が彼を、そして自分たちをあわれんだ。ハウグランはガンナーサイド隊が今夜も来ないことを伝えた。満月の時期も残るはあとわずか。今月作戦がおこなわれる見込みはほぼなくなった。

いっときがたった。ポウルソンのようすがどこかおかしい。白いパーカーに血がついているのをめざとく見つけたヒェルストルプがいきなり大声をあげた。全員が一斉に小屋の外に駆け出し、ヒェルストルプが血に染まった重たいザックを高く掲げた。どっと喝采の声があがった。

次の日の夜はクリスマスイブだった。四人は灯油ランプの明かりのもとテーブルを囲んだ。テーブルの真ん中には小さな紙の星をつけたネズの枝が飾ってある。皆に聞こえるよう無線機のへッドフォンをブリキの皿に置き、ラジオから流れるクリスマスキャロルの歌声につかの間耳を傾けた。それでもラジオはすぐに消した——バッテリーの電力は大事にとっておかねばならない。今夜のご馳走はトナカイの舌と肝臓のソテーに、胃のなかの半分消化したコケを足した血のスープ、そしてゆで肉と骨髄。近隣の小屋でヘルバルグが見つけた塩漬けのマスも添えると、いっそう豪華な食事となった。

満腹になった一同は黙ってすわっていた。ポウルソンはパイプをくゆらし、あとの男たちは小屋の周りを吹き荒れる風の音に耳を傾けている。鉄のトタン屋根が風にガタガタ揺れ、ドアの下から雪片が舞い込んでくる。ふと、誰かが歌を口ずさんだ。ほどなく全員が歌いだした。「あの娘《こ》が山にやってくる」（日本で「ピクニック」として知られる曲の元歌）。スコットランドで覚えた歌だ。故郷ノルウェーの歌は感極まりそうでやめておいたが、それでも皆いっときノルウェーの王様気分にひたっていた。

いっぽうオスロでは、鉤十字《ハーケンクロイツ》がはためくヴィクトリア・テラッセの三階のオフィスで、フェーリスがノシュク・ヒドロ社の社長ビャルネ・エリクセンから届いた一二月一四日付の嘆願書を読んでいた。エリクセンはふたりの社員、トーシュタイン・シンナルランとオイスタイン・ヤーレンをただちに釈放するよう要求していた。国家弁務官のテアボーフェンがエリクセンの機嫌を損ねたくないと思っているのはフェーリスも知っている。つい先日も、オスロ郊外にある、元は王宮だったスカウグムの自宅で、テアボーフェンは休日に夕食会をひらき、エリクセンをはじめ集まった産業界のトップに対し、戦争に勝利したあかつきにはノルウェー——ならびに彼らの企業――にさらなる経済的発展が待っていると約束した。だがそれまではドイツの軍事機構は彼らの助けを必要としている。ノシュク・ヒドロ社がアルミニウムと硝石を提供しているからには、エリクセンはないがしろにできぬ相手だ。しかもこの会社にはフェーリスが無視できないもうひとつの資源――SH－200と呼ばれる――がある。イギリスの破壊工作員はさだめしこの物質を狙ったに違いなく、シンナルランとヤーレンはこの地域の抵抗組織を洗いだす鍵となる人物なのだ。

毎週、純度九九・五パーセントの重水が高濃縮施設から回収され、五リットル入りのアルミニウムボトルに充塡される。そして木箱に詰められ（木箱一個にボトルが四本はいる）、列車でヴェモルクからマールに運ばれ、次にフェリーでティン湖をわたり、その後、再び列車でノシュク・ヒドロのオスロ本社に運ばれる。そこからは在ノルウェー国防経済幕僚部が木箱を管理する。そしてラベルを貼り替えた木箱は、ベルリンはハルデンベルク通り一〇番地にある陸軍兵器局本部に搬送される。

木箱はノルウェーから出た時点でフェーリスの管轄からはずれる。だがそれまでは、ヴェモルクと毎月生産される一五〇キログラムの（それとさらに増量を続ける）SH－200を破壊工作から守るのは自分の仕事だ。ただし、この任務をともに遂行する盟友がいる。ドイツ国防軍は、戦争遂行に重要な役割をもつ産業施設を防衛するため人員を提供する責任があり、ヴェモルクはリストの上位にあがっていた。グライダー作戦の失敗後、ファルケンホルスト将軍は工場を視察し、今後の攻撃を防ぐべくさまざまな指示をくだした。侵入箇所を割り出し、地雷原を敷き、サーチライトと警報器を設置し、警備兵を訓練し、短機関銃に手榴弾、さらにメリケンサックで武装させる。

「いざというときは、わが警備部隊が出動し、敷地および施設内で戦うための態勢を整えておく必要がある」とファルケンホルストは命じた。「部隊はすぐさま敵を追跡し、あらかじめ逃亡経路で待機し、近接戦闘で手早く敵を倒さねばならない」。またこうも警告した。「悪党どもは工場内に忍び込むのに一番苦労する経路を選ぶはずだ。そこなら守りが手薄で、たいした邪魔もはいらないと踏んでいるからだ……敵は何週間も、いや何カ月もかけて綿密に破壊工作を練り、確実に成功するための労を惜しまない。したがって、奴らの計画をくじき、作戦を無効にすべく、われわれも考えうるあらゆる策を弄さなくてはならない」

しかし、ファルケンホルストに頼るのはフェーリスの流儀に反していた。そもそもグリニ収容所に連行された五人のイギリス工兵を尋問し、ヴェモルクの攻撃計画を聞き出したのは自分の部下たちなのだ。工兵たちはノルウェー人のいかなる関与も否定したが、それでもフェーリスは、作戦を知っていたか実際に手引き

ヴェモルクを訪れたニコラウス・フォン・ファルケンホルスト将軍と国家弁務官ヨーゼフ・テアボーフェン
Norges Hjemmefrontmuseum

しただろう抵抗組織をつぶそうと躍起になった。アイナルとトーシュタインのシンナルラン兄弟の名はすでに密告者からあがっている。そしてゲシュタポの拷問を受けたヤーレンからは、リューカンで活動するミロルグのリーダー、オーラヴ・スコーゲンが浮かんでいた。何か知っている人間がいるとすれば、それはスコーゲンだ。この四人が皆、ノシュク・ヒドロの社員だということはわかっている。一二月二七日の朝、フェーリスは部下にスコーゲンを逮捕させた。それがエリクセンと彼の嘆願書に対する答えだった。

ムース湖畔から険しい斜面を三〇分ほど歩いて登ると、アイナル・シンナルランは小川のせせらぎの脇にある薄暗いちっぽけな小屋に着いた。大岩の隙間に隠れるように立つニルスブーと呼ばれるこの小屋は、周辺の景色にすっかり溶け込んでいる。冬になれば降り積もった雪にほぼ埋もれ、夏には鬱蒼としたマツの森にすっぽり隠れる。シンナルランが床に大の字に寝そべると、四方の壁にほとんど触れるくらいだ。こんなに安心して隠れていられる場所はほかにない。ハーマレンとシンダーレンという近所のふた家族が必要なものを届けてくれるし、ドイツ兵に目を光らせ、何かと世話を焼いてくれる。

ハイ・ヘヴンを出てからというもの、シンナルランはもっぱらこの小屋にたったひとりで暮らしていた。クリスマスイブには「上等のステーキとパンケーキ」で祝ったと日記に綴った。ただしそれ以外、日々の記録は天候の変化にまつわるわずかなメモだけだ。濃い霧、雪、東と西からの風、といったふうに。スウェーデンに脱出してもかまわないとトロンスターからは言われているが、逃げ出すわけにはいかなかった。自分のせいでドイツの人質になった兄と、収容所に送られたヤーレンを置いてはいけない。ここに残ってヴェモルクの破壊工作をできるだけ手伝うつもりだ。それでも、誰かまずい相手に見つかれば（この一帯は顔見知りだらけだ）、通報を受けたゲシュタポが自分を捕まえにくるのは間違いなかった。

一二月二七日、ハーマレンの農場に一本の電話がはいった。オーラヴ・スコーゲンがゲシュタポに捕まったとリューカンから知らせてきたのだ。友人の逮捕に意気消沈したシンナルランは、とにかくスワロー隊に知らせなくてはとストーレ・サウレ湖に向かった。凍てつく南西の風のなか数時間かけてスキーを駆り、ついにフェッテルにたどりついた。なかにはいると、イェンス＝アントン・ポウルソンが鍋のシチューをかき混ぜている。中身はトナカイのわき腹肉に、ぶつ切りの腸と気管と脂肪のごった煮。ちょっとばかり毛も浮いている。それでもシンナルランは喜んでご馳走になり、皆も好きなだけここにいればいいと言ってくれた。満月の時期も終わり、次の降下はあとひと月も先だ。一緒にいてとくに悪いこともなかろう。

第一四章　孤独で先の見えない戦い

一九四三年一月六日、キングストン・ハウスのノルウェー軍最高司令部で、トロンスターは夜遅くまで働いていた。ときおり廊下を隔てたアーンスト・マールストランデル海軍少佐の空っぽのオフィスに目をやった。その数日前、カーハンプトン作戦を開始するオッド・スタルハイムほか四〇名をノルウェー沿岸に降ろしたあと、マールストランデルの船は浮遊機雷に当たって海に沈んだのだ。乗組員は全員死亡した。「状況はいよいよ厳しくなってきた」とトロンスターは日記に綴った。「それでも困難に遭うたびにわれわれは鍛えられ、なおいっそう手を尽くすのだ」

クリスマス休暇のあいだ、トロンスターは家族に会えずひどく寂しい思いをした。クリスマスの前にバッサは手紙をよこし、夫のいないクリスマスを迎えるのがどんなにつらいかを綴っていた。運び屋から妻と子どもたちの最近の写真が届き、トロンスターもコーヒーとホットチョコレートを送った。それでも家族と離れていることの悲しみを伝える手紙をどうしても書けずにいた。一二月二九日にバッサはまた手紙をよこし、早く返事が欲しいと訴えた。「平和はすぐに戻ってくるでしょうか？」とバッサは尋ねた。「人生で最高のときは終わりました……前はどんなことを話していたのかしら、でもいまは戦争と食べ物のことばかりです」。一〇歳になったシッセルも自分でペンをとった。「私たちはまあまあ元気です。弟も私もどっちもです。しょっちゅうスキーをしています……楽しいクリスマスでしたが、お父さんがいたらきっともっと楽しかったでしょう……私の背、すごく伸びたのよ……犬を飼いました。顔はキツネみたいで体はヒツジ、しっぽはサルみたい、とってもとってもヘンテコなの……スヌーピーと弟とお母さんからくれぐれもよろしくとのことです。また会える日を待っています」

年明けにトロンスターは返事を書き、写真を見てどんなに「大きくなって、きれいになったか」を娘に伝え、こう続けた。「お父さんはとても元気で、このいまいましい戦争が終わったらすぐに家に帰りたいと思っています。何も恐れてはいけないよ。いつも顔を上げていなさい」。そしてノルウェーが解放されるまで自分は戦うつもりだと娘に誓った。

ドイツの勢いを封じるべく、できれば連日、作戦を実行したいとトロンスターは思っていた。カーハンプトン作戦はノルウェーから重要資源を搾取するドイツの力にかなりの打撃を与えるに違いない。そしてガンナーサイド作戦はいっそう大きな一撃となるだろう。ところがヨーロッパ北部の悪天候により、あいかわらず降下はかなわず、スワロー隊は過酷な高原で長期にわたる待機を強いられ、ヴェモルクでの警備の増強をも許すことになった。それでも時間に余裕ができたことで、ルンネバルグと彼のチームはあと数週間を訓練に費やせる。その点は救いだった。先の見えない戦いでは、折あるごとに救いを見つけていくしかない。

ムッレル通り一九番地のD2と呼ばれる空っぽの小部屋で、オーラヴ・スコーゲンは拷問者が来るのを待っていた。もとはオスロの警察署だった、このひしゃげたウェディングケーキのようなロマネスク様式の重厚な建物は、いまはゲシュタポ刑務所になっている。自分は耐えてみせるとスコーゲンは幾度も心に誓った。正しいのは自分で、拷問する側はいつかその罪で裁かれるときが来る。自分が何を、そして誰を知っているか決して明かしてはならない。ミロルグやリューカン、スワローやシンナルランのことなどひと言も話すものか。たったひとつの名前さえ自分の口から聞きだせやしないぞ。黙っていることだけが、この戦争で自分に残された唯一の戦いだ。いまようやくそれがわかった。そしてそれを受け入れた。絶対に口を割るものか。

その二週間前、スコーゲンはノシュク・ヒドロ社の契約をいくつか検討するためにベルゲンに出向いた。ところがオフィスにはいると、いきなり顔に拳銃を突きつけられた。待っていた車に乗せられるあいだ、リューカンでの一斉摘発のあとになぜ隠れなかったのかと自分に腹が立った。あまりに愚かで無謀すぎた。

ベルゲンの刑務所では、ゲシュタポの下級士官から地下のレジスタンスへの関与を白状しろと迫られた。「違法な活動にはいっさいかかわっていません」とスコーゲンは言いはった。

士官は肩をすくめた。「欲しい情報を必ず手に入れる人間が、こっちには揃ってるんだぞ」そう脅しをかけ、スコーゲンを悩ませるべく独房に送り込んだ。

自分に何が待ち受けているかスコーゲンにはわかっていた。レジスタンスの仲間うちでゲシュタポの拷問のことはよく知られている。二日目の晩、独房の窓から外を眺めながら、シンナルランからもらった薬でいっそのこと命を絶つべきかと自問した。ドイツが自分から何も聞き出せないようにするには、たしかにそれが一番確実だ。ひどく痛い思いもせずにすむ。腹をくって胸ポケットに縫いつけた錠剤を手のひらにとり、それから、床に落として足で踏みつぶした。何もわざわざ自分から死ぬことはない。

　その翌日の大晦日、スコーゲンはオスロに移され、ムッレル通り一九番地に収容された。指紋をとられ、写真を撮られ、ベルトと靴ひもを没収された。最初の尋問はそれほど長くはなかった——何度も大声で脅されたが、殴られはしなかった。「逮捕は誤解です」スコーゲンは訴えた。独房に放り込まれ、古びたパンのかけらを与えられた。それから来る日も来る日も待ったが、この薄暗い刑務所の片隅に誰も来る者はなかった。

ムッレル通り19番地のゲシュタポ刑務所
Norges Hjemmefrontmuseum

　そして一月一一日の夜、独房の鉄扉があいた。スコーゲンは手錠をかけられ、オスロの寂れた通りを車で抜けてヴィクトリア・テラッセまで連れていかれた。警備兵のあとについて階段を四つ上がって着いた部屋には、数人のゲシュタポが待っていた。扉の向かいの壁にはヒトラーの肖像画がかかっている。スコーゲンは机の前の腰かけにすわらされた。尋問を仕切るのは、眉毛が濃くて、まるで殴ってくれといわんばかりに突き出た顎をした、猪首《いくび》（太くて短い首）の男だった。机の向かい側にすわり、男はドイツ語で訊いてきた。「名前は？」

　スコーゲンはドイツ語もそこそこ話せるが、あえて教える必要はない。「通訳は？」スコーゲンが尋ねた。

やれやれといったため息が漏れた。それから、ゲシュタポのなかでノルウェー語を話せる者が、猪首男のために通訳を始めた。このふたりの名前を聞いたことがあるか、とスコーゲンに尋ねる。オイスタイン・ヤーレンとアイナル・シンナルランだ。

「ああ」とスコーゲンが答える。自分のことはすでにお見通しというわけか。

「どこで知り合った？」猪首男が訊く。

「リューカン・スポーツ協会」スコーゲンが答える。

「いきなり嘘を言うな！」猪首男が顔を真っ赤にして怒鳴ると、通訳の部下を見た。

スコーゲンが答えた。「嘘じゃない」

それからアイナル・シンナルランについて、いくつか訊かれた。スコーゲンは、自分は何も知らないと言いはった。しばらくして、トレーニングウェア姿の、筋骨たくましい大柄のドイツ人の男が部屋にはいってくると、拷問が始まった。男はスコーゲンの左足を持ちあげ、ズボンをまくって膝から下をむき出しにすると、万力のようなものではさんで締めあげた。万力の歯の部分はギザギザの鋼になっている。

「さあそろそろ白状するか？」猪首男が訊く。

「何も言うことはない」スコーゲンが答える。

トレーニングウェアの男が万力のナットをまわすと、その歯がスコーゲンの足にさらに食い込んだ。

「何か知ってるだろ？」猪首男が訊く。

スコーゲンは顔をゆがめ、首をぶるんと横に振った。トレーニングウェアの男は万力をさらにきつく締めた。ギザギザの歯がスコーゲンの臑《すね》とふくらはぎに食い込み、脚の形がねじれていく。スコーゲンは思わずうめき声をあげた。

「本当のことを聞き出すまではやめんぞ」猪首男が言った。

トレーニングウェアの男は、何度も何度も万力のナットをまわして締めあげた。あまりの痛さにスコーゲンの目はくらみ、足はおどろおどろしい紫色に変わった。とうとうスコーゲンは椅子から転げ落ちた。すると、今度は男たちが警棒でスコーゲンのむき出しの足や背中をめった打ちにしはじめた。それから両脇を抱えあげ、再び椅子にすわらせた。

「吐け！　これが最後だぞ！」猪首男がわめいた。

スコーゲンは首を横に振った。話すもんか。ひと言だって。これは自分だけの孤独な戦いなんだ。勝つのはおれだ。

トレーニングウェアの男が、よれよれになったスコーゲンの足を万力から引き抜くと、スコーゲンは激しい痛みにもんどりうった。すると今度は猪首男が、壁にかけた竹の棒をひっつかみ、スコーゲンの胸や背中や肩を、自分の息が上がるまで執拗に叩き続けた。「知ってることを言え！」男たちがかわるがわる拳で顔を殴った。椅子からまた落ちると、今度は髪をつかんで床を引きずりまわされた。男たちはスコーゲンを棍棒やムチで何度も打ちすえた。それでもスコーゲンは黙っていた。しばらくすると世界がふっと遠ざかり、スコーゲンは気を失った。拷問者たちはその晩は諦めて、階下にいる上司たちにこの「尋問強化」の失敗を報告した。

すでに三週間、フレッシュマン作戦で生き残った五人のイギリス工兵は、グリニ収容所の独房に監禁されていた。情報を搾れるだけ搾りとると、フェーリスは工兵たちを銃殺するよう命じた。一月一九日、工兵たちは、これから軍法会議に出頭したのちドイツ国内の捕虜収容所に送られると告げられた。ところが実際は車に乗せられ、雪やみぞれの降りしきるなか北に数時間運ばれた。着いたのはトランドゥムという森林地で、ここはゲシュタポが政治犯を処刑し死体を投棄するのに使っている場所だった。工兵たちは目隠しをされ、ふたりのドイツ兵にはさまれ森の奥に連れていかれ、そこで止まれと命じられた。工兵たちにはわからなかったが、彼らが立っていたのは、処刑隊が事前に掘っておいた穴の縁だった。

スコットランドで支給された揃いの青いロールネックとズボン姿の男たちのなかにウォリス・ジャクソンもいた。齢二一歳のこの青年のポケットには、いかにも故郷の恋人からの贈り物とわかる、赤い糸で縁どられたかわいらしいハンカチがはいっていた。工兵たちの周りでブーツを踏みならす音がした。そしてライフルのカチッという音。撃てと合図が出た瞬間、処刑隊がイギリス兵を一斉に撃ち、その後、何の目印もない穴に遺体を埋めた。

一月のまたも凍てつく朝、フェッテルではは寝袋にくるまったポウルソンが自分の吐く白い息を見つめていた。板張りの床にトナカイの毛皮を敷いても冷気は忍び込み、天井も壁も分厚い霜をかぶっている。午前七時三〇分、まだ眠っている仲間を横目に、ポウルソンは寝袋から這い出した。今日は朝食当番だ。灯油ランプをつけると丸椅子に腰かけ、シラカバの樹皮をストーブにくべる。火がパチパチくすぶりだすと、薪を二、三本つぎ足した。ストーブが温まると、オートミールの粥を入れた鍋をのせる。粥にはトナカイの骨を粉にひき、二日間煮てペースト状にしたものもはいっている。粥ができるあいだに着替えをすませた。それからドアの脇に置いてある手斧を取ると外に出た。

小屋の半径一メートル内はまるで屠殺場のような光景だ。周辺の雪は血で赤く染まり、小屋の外壁に沿って凍ったトナカイの胃袋が山と積まれている。胃のなかの半分消化されたコケは、男たちにとってビタミンCと炭水化物の唯一の供給源だ。臓物の塊を切り取ると、ポウルソンは小屋に戻った。すでに壁や天井の霜が溶けはじめている。水滴が顔にしたたり、床のそこかしこに水溜まりができている。粥をかき混ぜ、別の鍋で臓物を温めると、コーヒーを沸かしにかかる。コーヒーがはいると、仲間を朝食の席に呼んだ。

暗がりから、うめき声をあげ、何やらもごもご言いながら男たちが顔を出した。ここ数カ月、誰も風呂にはいっておらず、ひげ剃りの日課を守っているのもハウグランだけだ。長くのびた赤ひげに薄汚れた顔のヒェルストルプはもはや人間というより獣《けもの》に近い。

服を着ると、数人がブーツのヒモもほどけたまま、そそくさと用を足しに出ていった。戻ってくると各自がいつもの席につく。ポウルソンはキッチンカウンターの隣、その向かいにハウグラン、別の側にヘルバルグとヒェルストルプが体をくっつけ合ってすわり、その向かいはシンナルランの席だ。

男たちはほとんど無言で食べた。朝食は粥に脂肪のついた腰肉と臓物。ポウルソンが初めて獲物を仕留めてから、ここ数週間で全員がトナカイ肉の通《つう》になった。味見するだけで、年長のオスか一歳未満の子どもか一年子かの違いがわかる。年長のオスは味に深みがあり、皆の一番の好物だ。まぶたの脂肪や骨髄は極上のうまさで、さらにコケのたっぷりはいったトナカイの胃の内容物に肉と血と水を足してつくった「ユル」と呼ばれるスープも皆のお気に入りだった。とはいえ正直なところ、食べられるものなら何でもよかった。心臓に腎臓、肝臓に喉頭、脳みそ、舌、歯の神経、目玉、鼻、骨についている肉の筋、そして骨まで食べた。ひづめと角、毛皮のほかはことごとく皿にのった。

東向きの窓からゆっくり朝日が射してくると、ランプを消した。朝食が終わると、ポウルソンとシンナルランは外に出て天気を調べた。フェッテルの北西を見やると、山の頂に灰色の分厚い雲がかかっている。「はっきりしない天気だね」シンナルランが言った。

「今日も作戦はなしだな」ポウルソンが答えた。この雲行きではイギリスから飛行機は飛ばないと経験上わかっている。

一二月の満月の時期が終わると、それから二週間、隊員たちは湿った重たい雪や肌を刺す風のなか、ハルダンゲル高原をスキーで行ったり来たりして過ごした。トナカイを追い、無線機とユーレカ装置に使う充電したバッテリーを確保し、ソンガ谷の拠点から再度装備を回収し、ヴェモルクに関する情報を集めた。ときどきフェッテルをひと晩留守にし、山小屋に忍び込むか、嵐につかまれば急ごしらえで掘った雪洞のなかで眠った。シンナルランがオスロの情報筋から聞いてきた話では、オーラヴ・スコーゲンが拷問に遭いながらも果敢に黙秘を貫いているという。そうでなければドイツの航空隊やスキーをはいた巡察隊が、いまごろ自分たちを捕まえようとハルダンゲル高原をくまなく探していることだろう。

一月一六日、再び月の満ちるときが近づくと、トロンスターからメッセージが届いた。「天候はいまだ芳しくないが、仲間は君らに合流したがっている」

天候が変わるのを待ちながら一日また一日と過ぎていく。男たちは薪を割り、狩りをし、食事をこしらえ、無線機の前にすわり、首を長くして知らせを待った。毎日、午後の四時になって空が暗くなりはじめると、一同は夕食のテーブルを囲む。ポウルソンがパイプに詰めるタバコの葉を切らしたため、ともあれ部屋には煙がきれいさっぱりなくなった。食事が終わると、今夜もまた小屋を引きさかんばかりに猛る嵐の夜をしのぐため、全員が揃って寝袋に退散する。

ときにはちょっとしたことで火花が散る場面もあった。誰かさんが小屋を散らかしたままにして怒られた。また誰かさんは朝寝坊して朝食当番をすっぽかした。誰かさんはストーブで燃やす枯れ木をまだとってきていない。狭い場所にすし詰めで、文明世界から隔離され、年がら年じゅう寒くてびしょ濡れで体の芯から疲れ果て腹をすかせた男たちのあいだで、こうしたいさかいはいつエスカレートしてもおかしくなかった。それでもシンナルランの存在が救いになった。待機期間中は、ひとりフェッテルから外に出て何キロもスキーを駆ったあと、決まって上機嫌で戻ってくる。そしてしょっちゅう土産にバターの塊や干しアンズを持ち帰り、それを足すと毎度おなじみのトナカイのシチューもひと味違った一品になる。

そしてポウルソンがいなければ、チームは空中分解していただろう。短い昼間のうちは何かと仕事を与えて隊員たちを忙しくさせておけるが、問題は夜だった。一六時間も続く夜は危険なことこのうえない。ずっと寝ているわけにもいかないし、小屋をひと晩照らせるほどの灯油もロウソクもないため、木を削ったりトランプを楽しんだりもできないのだ。

ある晩、皆の気をなんとかまぎらわそうと、ポウルソンは狩りのテクニックを微に入り細にわたりえんえんと語りだした。すると乗ってきたヒェルストルプが、今度は配管の技術について一席ぶった。あとを引きついだハウグランがこれまた無線についての授業を始め、シンナルランはダムの建て方を指南した。そしてハルダンゲル高原の地名の由来をあれこれ語るヘルバルグは、ともあれ二流詩人であるとわかった。ヒェルストルプについてのくだりでは、小屋がどっと笑いに包まれた。

お次はギャングのナンバースリー
アーネくんの登場だ
暖房、清潔まかせとけ
でも霜と冬の天気は大嫌い
けど夜にするこたご存知だ
目出し帽《バラクラバ》かぶっておネンネさ

授業も詩もネタが尽きると、今度はそれぞれ故郷での日々や家族のことを語り合った。空中分解どころか、こうして冬の夜は皆を引き寄せた。とはいえ永遠にここにいるわけにはいかないが。

ハリファックス機の窓からハウケリは、ノルウェーの海岸に打ち寄せる波をようやくその目で拝んだ。狭い機内にぎゅう詰めにすわり、眼下の眺めに慣れようと目をこらす。釣り船が一艘、目にとまった。船長は頭上を飛ぶ飛行機の轟音に気づかないのだろうか――いやいや、ひょっとしてランタンが揺れているのは、自分たちを歓迎する合図かもしれない。ドイツのレーダーを避けるため、パイロットは連なる谷をストーレ・サウレ湖に向かって低空で飛行している。明るい月の光に照らされて、森や山々が昼間のようにくっきり見える。今日は一月二三日、こんな申し分のない夜なら、航法士は降下地点を楽に見つけられるに違いない。

ゲインズ・ホールにずいぶんと長くいたことから、ガンナーサイド隊はまるで家具の一部になったようだとジョークをとばす職員もいた。とはいえ毎朝起きて今日がその日かわからない男たちは、もうちっとも笑えなかった。

ハウケリは四六時中いらだっていた。遅くなればなるほどポウルソン率いる部隊はいっそう過酷な思いをするのだ。おそらくとっくに食料も底をつき、狩りで捕らえた何やかやでどうにか食いつないでいるのだろう。ハルダンゲル高原で冬に一日でも過ごそうものなら、どんな試練が待っているかはよくわかっている。仲間はもう何カ月もそんな場所で野ざらしになっているのだ。ルンネバルグは空いた時間を有効に活用した。隊員たちとヴェモルクの図面や写真に飽きることなく目を通し、一月に月が満ちはじめるころには工場の設計図を自分で描けるまでになっていた。隊員たちはあらゆる窓や侵入用の通路の場所を把握した。ドアは外側と内側のどちらにあくか、木製かスチール製か、また装備を抱えて援軍ともどもどこを上がって工場内にはいればいいか。さらに、どの鉄条網に電流が通っているのか、爆破班が爆薬を仕掛けるあいだ、掩護班は銃撃戦に備えてどこに待機すれば一番いいか。新たな疑問がわくたびに、手紙がトロンスターに送られた。

そしていま、ハリファックス機のなかで黙ってすわる六人の男たちは、降下地点に近づいた合図がいつ出るかと投下係を注視していた。紅茶を飲んで体を温めながら、さらに二時間が過ぎた。機体はハルダンゲル高原をジグザグに横切った。先遣隊からの合図がまだ見えないとパイロットがルンネバルグに伝える。低いちぢれ雲が空にかかり、霧が連なる谷を覆っている。航法士があらためて位置確認できるよう、ハリファックスは海岸をめざすべく再び針路を変えた。そのとき、また降下地点に戻ってきた。右舷の窓からハウケリはランゲショー湖を確認した。降下に備えるよう投下係が声をかけ、機体床のハッチがひらく。六分間の警告音が鳴りだした。

ところが、飛び降りろとの合図が出ない。航法士は降下地点を確認できずにいた。それでもハウケリは飛びたかった。ルンネバルグも同じだ。眼下をハルダンゲル高原が過ぎていく。やみくもに飛び降りても「勘を頼りにダンスフロアに」とたどりつけると一同は哀願したが、パイロットは許可を出さない。ストーレ・サウレ湖から離れすぎたのではと心配なのだ。あいたハッチから吹き込む寒風に隊員たちの体がこわばる。ハリファックスはあいかわらず旋回を続けている。

夜中の一二時をまわると、隊員たちは燃料切れのためイギリスに引き返さざるをえないと告げられた。皆、深い穴に落ちたような気分だった。ここまで来ていまさら引き返すというのか。ひと飛びすれば故郷の地が踏めるというのに……どうしても諦めがつかない。

と、突然、対空砲火の轟音が響いた。火花のようなものが見え、機体の周囲が照り輝く。集中砲火を避けるべくハリファックスは左から右に勢いよく機体を傾け、機内では隊員たちの体がのけぞった。翼に攻撃を受けて機体が激しく揺さぶられた。一基のエンジンが火を噴いて止まった。砲弾が雨あられと降るなか、ハリファックスは旋回しながら飛び続ける。もう一基のエンジンも止まった。

それからぴたりと静かになった。聞こえるのは残ったエンジン二基の音だけだ。敵を振り切ったのだ。ハリファックスはそのまま北海を越え、ふらつきながら帰投した。

その晩、ストーレ・サウレ湖の北端を見わたす丘のうえで、アイナル・シンナルランが、切れたバッテリーのかわりにユーレカに接続した手動発電機のハンドルを力いっぱいまわしていた。腕も痛いし、すでに疲労困憊だった。この発電機をとりに三日間のべ一〇〇キロ以上をスキーで滑ってきて、やっとのことで間に合ったのだ。その一時間前、空には黄金色の月がまだ顔を出し、頭上を飛ぶ飛行機の音も聞こえていた。ポウルソンとヒェルストルプは湖面に懐中電灯を並べてL字のサインをこしらえたが、何も降りてくる気配がない。まもなく凍てつく霧が高原にたれ込めた。たとえ機体が戻ってきても、航法士は無線標識だけを頼りにここを見つけるほかない。この手動発電機はその唯一の動力源なのだ。

ヘルバルグはヘッドフォンに耳を澄まし、シンナルランはハンドルをまわし続けた。午前三時、何時間も待ったあげく、隊員たちはついにガンナーサイド隊が来る望みを捨てた。凍えて疲れ切った男たちはフェッテルに戻ると崩れるように倒れた。

それから数日間、嵐が高原を吹き荒れ、太陽をすっぽり覆い隠した。一月二八日、待っていたトロンスターからの伝言をハウグランが解読した。「きわめて残念だが悪天候により隊の着陸は不可能となった。月が次に満ちはじめる二月一一日までなんとか乗り切ってもらいたい。通常の（無線の）スケジュールに戻るべし。健闘を祈る」

ポウルソンと隊員たちは何をすべきかわかっていた。生き延びて、無線通信を維持し、ヴェモルクの最新情報を集めるだけだ。彼らが日記に残した短いメモからは、毎日単調な骨折り仕事をこなし、世間から隔離され、かつて誰も経験したことのない過酷な冬を過ごすようすが伝わってくる。ポウルソンの日記では「一月二九日――シンナルランとヒェルストルプがリーに向けて出発。一月三一日――ヘルバルグの誕生日。記念に、あがったバッテリー（の充電）のためにお出かけ。二月一日――昨夜は最悪の天気。二月三日――ヘルバルグが食料を持ち帰る。二月六日――ひどい天気」とある。シンナルランが書き留めたのはほとんど毎日の天気と移動距離だけだ。記録ではフェッテルからムース湖、さらにハイ・ヘヴンまでを幾度となく往復し、風がひっきりなしに吹くなか毎日のように一日一〇～二〇キロを移動した。変化があるとすれば風がどっちに吹くかだけだ。

次の待機期間が近づくころには、すでに男たちは限界に達し――いや限界を超えていた。いまやトナカイだけはふんだんに手にはいるが、栄養の偏りが彼らの体を蝕んでいた。寒さと連綿と続く作業、そしてたえず神経が張りつめていることも体にこたえた。ひとりかふたりは決まって具合が悪かった。胃腸をやられるか、熱を出すか、筋肉痛やむくみに苦しむか、あるいはただだ精根尽き果てていた。ある朝、フェッテルから遠く離れた場所に来ていたシンナルランは、両足がほとんど動かないことに気がついた。仕方なく雪に穴を掘って、なかに二日間こもっていたら、ようやく足に力が戻った。ハウグランは毎晩、真夜中に起きだしてホームステーションと連絡をとっていたが、ついにひどいインフルエンザにかかって倒れてしまった。それでもスケジュールを死守し、熱で全身をぶるぶる震わせながら、かすかなロウソクの明かりのもとトン・ツー暗号文をうち続けた。

二月一一日、凍りつくような南西の風がフェッテルを襲い、そのうえまたも吹雪が到来し、男たちは何日も小屋に缶詰になった。ときおり皆の考えが悪いほうに向かった。眼前の戦闘で勇気を試される前線の兵士とは異なり、フェッテルの五人が戦う相手は、いつ終わるともしれぬ時間、顔の見えぬ容赦ない原野だった。いっそ降伏したいと思うときもあった。待つのはもううんざり、寒いのもこりごり、空きっ腹も緊張も風も雪ももうたくさんだ。ほんの一日スキーを駆れば心地よい家族のもとに戻れるのだ。ふらっと家に立ち寄って、自分のベッドでぐっすり眠り、両親と食卓を囲むことだってできるのに。

「いったい何の意味があるんだ？」暗く冷えきった小屋で仲間と肩を寄せ合いながらポウルソン

は自問した。「こんな山奥でこれほど苦しい思いをするのは何のためだろう？ やれといわれたこの仕事をやるのは何のため？ うまくやり遂げ、生きて帰れる見込みなどあるのだろうか？」。それでもこの迷いを口に出すことはなかった。口にすればそれが真実になる。

第一五章　嵐

　一月の降下が失敗したあと、ルンネバルグはガンナーサイドの隊員たちを、しばらくゲインズ・ホールから離れた場所で過ごさせたいとの要望を出した。そこで次に月が満ちるのを待つあいだ、隊員たちはスコットランド西部のファイン湖近辺にひっそりと立つ石造りの小屋で二週間を過ごすことになった。元情報将校でウィルソン中佐の友人が所有するこの小屋には電気もなく、ここには小舟に乗るか荒地を歩いて来るほかない。周囲を山に囲まれ、ケンブリッジシャー周辺の穏やかな草地よりはるかに起伏の激しい、いわば訓練に格好の場所である。ハルダンゲル高原で待ち受ける過酷な地形に備えて筋肉を慣らしておくため、六人は完全装備で連日、一帯を歩きまわった。それ以外はサケを釣り、アザラシや雄ジカを仕留めた。こうしてしばらしスコットランドで過ごしたおかげで体の調整もでき、またチームとしての結束もいっそう固まった。

　二月一二日、一行はゲインズ・ホールに戻ってきた。出立の時期が再度やってきたものの、ここイギリスと同じ雨と強風がノルウェーを襲っているかぎり、当分は出発できそうにない。隊員たちが戻ってきたその日、トロンスターがスワロー隊から届いた最新情報を直接伝えるべく隊員たちのもとを訪れた。作戦遂行がかなり遅れたせいで、敵にヴェモルクの警備を強化する時間を与えることを危惧していたが、それがいま現実となった。「ドイツ軍がオーストリア軍に加わった。ヴェモルクの警備は三〇人に増員された」とスワロー隊が伝えてきた。「吊り橋の警備兵は二名。

警報の鳴るあいだに敵の応戦態勢は完了する」。フレッシュマン作戦の一件のあと、ドイツは駐屯兵の数を、ムース湖では一〇人から四〇人に、ヴェモルクでは一〇人から三〇人に、そしてリューカンでは二四人から二〇〇人に増やした。増援部隊はもっぱら精鋭のドイツ兵からなるものだ。ムース湖には対空砲も設置された。ふたつの電波方向探知局がつねに無線交信を探し、問題があればすぐに嗅ぎつけられるよう数人のゲシュタポ捜査官が常時リューカンに待機している。

ドイツはヴェモルク周辺にさらに多くの地雷を埋設し、敷地の各所にサーチライトを設置し、水圧管路の最上部と吊り橋の警備を強化した。警備兵が二四時間構内を巡回する。この真冬の要塞はいまや全面攻撃に備えて万全の準備を整えていた。この警備の厳重化は、ナチスの戦争遂行における原爆計画の重要性を示唆するものだ。それでもトロンスターとウェルシュが自分たちのスパイを通じて集めた最新情報をもってしても、ドイツが原爆の開発にどの程度の熱意を注いでいるかはいまだ不透明なままだった。

パウル・ロスバウト、またの名を「グリフィン」が送ってきた情報によれば、ヒトラーの側近アルベルト・シュペーアがドイツの原爆計画の手綱を握ったとのことだった。しかし、それがこの計画の扱いにどう影響するのかはロスバウトにもわからなかった。さらにロスバウトは、ごく最近の実験が爆発による火災で失敗に終わったものの、ハイゼンベルクには原子炉を建設する意図があることをとくに警告してきた。

トロンスターがスパイに引き抜いたオスロ大学教授のハーラル・ヴァルゲランは、ドイツの物理学者と面会したときのようすを伝えてきたが、彼らは、自分たちがもっぱら取り組んでいるのは爆弾ではなく動力装置の開発だと語ったという。そんな兵器は遠い夢物語だとヴァルゲランは聞かされた。また最近ストックホルムに逃れてきたばかりのノシュク・ヒドロ社の役員ニコライ・ステファンセンもこの話を裏づけた。彼が送ってきた報告書によれば、ヴェモルクではあいかわらず重水の増産を要求されているという。それでもノシュク・ヒドロの本社でドイツの科学者たちと話したかぎりでは、この増産は「爆弾、もしくはそのほか戦争と結びつく非道なもののために利用されることはない」とのことだった。

いっぽう二九歳のノルウェー人物理学者ニョール・ホーレからの極秘の伝言も、運び屋から届けられた。トロンスターはホーレに、スウェーデン王立科学アカデミー・ノーベル委員会の物理学部門に加わり、委員の誰かを訪ねるか連絡を取り合うかしているドイツ人がいないか、ひそかに探ってほしいと頼んでいた。委員会に名を連ねる著名な科学者のなかにリーゼ・マイトナー（オーストリア出身のユダヤ人物理学者。スウェーデンに亡命）もおり、彼女がオットー・ハーンと密に協力したことが、結果としてハーンの核分裂の発見につながっていた。一月にホーレは伝言をよこし、近ごろベルリンでは遠心分離法によるウラン同位体の分離を試みていることを詳しく知らせてきた。しかも、この計画にかかわるひとりのドイツ人物理学者が、自国の者たちは「ウラン爆弾の製造を目的としている」と公然と語ったとも報告してきた。

とはいえ、こうした矛盾する報告を、トロンスターはルンネバルグと彼のチームにいっさい伝えなかった。ヴェモルクは、たった一発で都市を壊滅できる爆弾をドイツが手にするのを阻止するために、いまの自分たちに特定できた唯一の攻撃目標なのだ。

テンプスフォード飛行場の脇に停まったトラックの屋根を雨が激しく叩いている。後ろのドアがあくと、白の迷彩用スーツとスキー帽の出で立ちに武器を携えたガンナーサイドの隊員たちが現れた。舗装路を歩いてハリファックスまで来ると、トロンスターが待っていた。「それぞれ何をするにせよ、自らの任務をまっとうするのだ」トロンスターが声をかけた。「いかなる困難に出くわそうと、任務のことだけを考えるように。それが君たちの最大の務めだ」。そして幸運を祈ると告げた。男たちは機内に上がると窮屈そうに席についた。周囲には約二三〇グラムに小分けした爆薬ノーベル８０８、起爆コード、導火線、遅発信管、鉛筆型信管をふくむ装備一式が積まれている。二月一六日午後七時一〇分、機体は轟音とともに滑走路を進み、大空に飛び立った。北海上空は雲が消え、眼下には月に照らされた水面がはっきり見える。

ゲインズ・ホールに戻って四日後、「本日は作戦なし」と連日通達されてきた隊員たちに、この天候にもかかわらず、ついに出発のゴーサインが出た。搭乗員とのブリーフィングの場でルンネバルグとハウケリは念を押した。航法士が新たな降下地点（ビョルネスフィヨルド。ハルダンゲル高原屈指の大きな水路で、フェッテルにいるスワロー隊が一日足らずで来られる距離にある）を確認できないときは、コックピットに必ず自分たちを呼んで手伝わせてほしい。さらに乗員に対し、たとえスワローからの合図の照明が見えなくても、降下地点かどうか怪しくても、自分たちはその晩飛び降りるつもりだと宣言しておいた。「地上に降りておれたちで道を見つける」とルンネバルグはきっぱり言った。

「あと一〇分だ！」。真夜中近く、ハリファックスがハルダンゲル高原上空を飛行しているとパイロットが叫んだ。チームは降下に備えた。日付があと二分で変わるとき、ついに警告灯が緑に変わった。先陣を切ってルンネバルグが暗闇と疾風のなかに姿を消した。すみやかに、所定の順番で、残った五人のうち四人とコンテナ数個があとに続いた。

そしてクヌート・ハウケリが、ハッチの開口部ににじり寄った。胸の鼓動が激しくなる。いくらパラシュート学校STS51で練習を積んでいても、飛び降りる不安は拭えなかった。空中を三五〇メートルとはまたずいぶんと降りるものだ。しかも着地の際にどんな危険が待ち受けているか知る術もない。リンゲ中隊のなかには、パラシュートで湖に降りたとたん薄氷を突き抜け、そのまま溺れたチームもいた。一秒遅れるごとに先に降りた仲間が遠ざかる。

そのとき、パラシュートを放つコードが投下係の足に巻きついているのが目にはいった。いま飛び降りていたら、危うくパラシュートを道連れにするところだった。さっと立って投下係を押しやりコードを振りほどくと、今度は迷うことなく開口部から飛び出した。次の瞬間、パラシュートがひらき、肩ひもにぐいと引っぱられ、体が一瞬持ちあがった。コンテナや道具の袋を下げた一六個のパラシュートが、ハウケリとともに宙を漂いながら落ちていく。

盛りあがった雪のうえに着地すると、地面を転がされないうちに急いでパラシュートをたぐり寄せた。荷物が一個その運命をたどり、雪面を一キロ以上も飛ばされていく。追いかけると、荷物は氷の割れ目にはさまっていた。あと一メートル左だったら、この貴重な物資——ザックと寝袋が三組ずつ——は嵐の懐に抱えられ、回収不能なほど遠くに運ばれていただろう。

隊員たちは急いで集まった。ここがどこだかわかるか、とルンネバルグがハウケリに尋ねた。人生の大半をハウケリはこの高原で過ごしてきた。「中国に来ちまったかな」とふざけながらも、丘陵に囲まれた広い平坦な地形から、おそらく目的地に降りたのではないかと見当をつけた。ハウケリはつかの間膝をついて手のひらに雪をすくいあげ、ついにノルウェーに戻ってきたとの思いを噛みしめた。

隊員たちはさっそく仕事にとりかかった。まずは全員のパラシュートを埋めた。それからスキーが一番得意なストールハウグが付近を偵察するあいだ、あとの五人はコンテナの在処を探した。少したって戻ってきたストールハウグは、一キロほど先に小屋があると報告した。それから数時間かけてすべてのコンテナを回収すると、雪に細長い壕を掘ってそこに埋めた。そして埋めた場所がわかるよう周囲に枝を数本立て、地図とコンパスを使って位置を確認しておいた。仕事がひと段落するころには、たえず吹き寄せる雪で到着の痕跡はほぼ消えていた。

夜が明けるころ、人気《ひとけ》のない小屋に着いた。斧を当てて戸枠をずらし、小屋にはいった。なかは広々として、寝床用のロフトに調理器具の揃った台所、暖炉に居間、そしてカバの薪もたっぷりある。数日こもるにはなかなか快適そうだが、そんな暇などあるわけもなく、すぐにもフェッテルに向かう必要があった。仮眠をとると、荷物を埋めた場所にまた引き返し、破壊工作に必要な武器や装備、爆薬、食料を選り分けた。ことが終わったあと、スウェーデンに撤退するための荷物をまたここにとりに戻る計画だ。

午後六時、コンパスを手にしたルンネバルグを先頭に、一行は東に向かった。地図によれば、ビョルネスフィヨルドからストーレ・サウレ湖までは二四キロ。ひとり三〇キロ近い荷物を背負い、さらに、重さ五〇キロの装備をそれぞれ積んだトボガン（先端の曲がった平底そり）二台を曳いていく。最初の六キロを進むうちに、風が一段と強くなり激しく背中を打ちすえた。まもなく、高原を吹き荒れる猛烈な嵐につかまった。スキーを一歩ずつ前に滑らすごとに、西からの風がますます強くなり、しだいに視界がきかなくなった。

黙々と前を進んでいたルンネバルグは、雪面から一本突き出た小枝にふと目をとめた。何かが心にひっかかったが、それでも進んでいくと、さらに二〇〇メートルほど行ったところでまたも下草に出くわした。ビョルネスフィヨルド——つまり水路——を横切っているのなら、そんな植生などあるわけがない。そしてはたと気がついた。おそらく当初の予定地点には降りていなかったのだ。

ルンネバルグは立ち止まり、皆が彼のそばに集まった。吹き荒れる風のなかルンネバルグが叫んだ。「小屋に戻らないと——」あとは嵐にかき消された。

もと来た方向にルンネバルグが引き返しはじめた。全員があとに続く。今度は突風にまっすぐ向かって進むことになり、氷や雪がもろに顔に当たってくる。あまりの烈風に手で口を覆わなければ息すらできない。視界はゼロになり、自分たちの来た跡もすっかり消えて、ルンネバルグはコンパスの針だけを頼りに先をいく。

男たちは雪のなか装備をひきずり進んでいった。真っ暗で何も見えず、しかもとてつもなく寒い。ほんの一メートル脇に小屋があっても気づかず通り過ぎてしまったら、猛る嵐に弄ばれ、おそらく永遠に高原を歩きまわるはめになる。

嵐はフェッテルをものみ込んでいた。小屋のなかではスワロー隊とシンナルランが気もそぞろでいた。一六日の朝、周囲の山々を臨む空は晴れわたり、今夜こそガンナーサイド隊が出発するのではないかと希望が芽生えた。まもなくハウグランの無線機が「２１１」の信号を受信した――事前に決めておいたホームステーションからの暗号で、降下が進行中だと知らせる合図だ。

ポウルソンを先頭に一同はビョルネスフィヨルドに向かった。そしてユーレカを設置し、照明を準備したが、遠くで低いエンジン音がしただけで、飛行機も降下隊が現れる気配もさっぱりなかった。

一七日は夜通し吹雪が続き、小屋は雪にほとんど埋まりかけた。ビョルネスフィヨルドに捜索隊を送ろうかとの案も出たが、ポウルソンが却下した。こんな天気のときに外に出たところで、ミイラとりがミイラになるのがオチだ。それにガンナーサイド隊が予定地点の近くに降りたかどうかも怪しかった。ともかく嵐がおさまるまで待ったほうがいい。けれど時間がたつにつれ、吹雪はおさまるどころかますます牙を剝いて猛り狂った。フェッテルの四隅の壁には厚い霜がはりつき、寝袋にもぐり込んだ男たちは震えながら最悪の事態を心配した。

ルンネバルグは壁にかかった額入りの地図をはずして手にとった。その数時間前に、やみくもに前進していた隊員たちは、お目当ての小屋に奇跡的にもたどりついた。凍えた足を踏みならし、凍傷になりかけた顔をこすって温めながら、自分たちが高原で危うく命を落とすところだったとあらためて気がついた。仲間が眠るあいだ、ルンネバルグは最初の見張りを引き受けた。まあ、このひどい寒さや風よりも怖いものなど思いつかないが。

さてルンネバルグは懐中電灯で照らした地図を見つめ、自分たちが降りたのは正確にはどこなのかと探してみた。まずビョルネスフィヨルドを指でさし、それから順に大きな円を描いて、この近辺に一致する地形はないかと目をこらした。どこか、平らで大きな湖があって、丘陵に隣接する場所はないか。三つ目の円を描いていて、スクリッケン湖に指がとまった。降下目標地点の三〇キロあまり北東にあり、ヴェモルクからは六〇キロ以上離れた場所だ。

翌朝、男たちは小屋の奥にある、鍵のかかった狭い小部屋をこじあけた。すると、なかで見つけた釣り日誌から、ここがヤンスブーと呼ばれる小屋だとわかった。小屋の持ち主はノルウェーの漁業界の大物で、たしかにルンネバルグが見当をつけた湖の脇にある小屋だと判明した。

だが無線装置も持っておらず、外ではあいかわらず嵐が吹き荒れ、隊員たちは、こもった悲鳴のような風の音を聞きながら、ただひたすら待つしかなかった。風があまりに強く、しかも長いこと吹くので、皆、自分の体重と装備を足した重さはどれほどか、合計するとこの小屋を地面に引きとめておけるほどの重さになるか頭をひねりはじめた。いまのところ柱は持ちこたえているが、それでも壁がぎしぎし音をたてて激しく揺れ、さながら荒海に揉まれるおんぼろ船に乗った気分だ。過去にここまですさまじい嵐を経験したものは誰もいなかった。

吹雪が通るあいだに一メートルの雪が積もった。力ずくでドアをあけてみると、嵐はいまだ衰えを知らぬ勢いで吹き荒れ、ちらりと見えた景色は、高く盛りあがった雪塊や見分けのつかない白一面に変わっている。自分たちの任務は頭の隅に追いやられ、いまは嵐のことしか考えられない。

この急な天候の変化で、六人全員が体調を崩した。ほんの二日前までは、ほぼ海抜ゼロのイングランドの湿った温暖な気候にいた。ところが、いまは海抜一〇〇〇メートルを超える高原にいて、全員揃ってひどい風邪にかかってしまった。扁桃腺が腫れ、物を飲み込むのがつらくなり、目は涙ぐみ、こめかみは熱でほてってている。

二月一九日、ルンネバルグは日記にこう書いた。「あいかわらずの天気。嵐と吹雪。食料を確保するため保管場所に戻ろうとした。だが道に迷う恐れがあるので、やむなく諦めた」

その晩、嵐はいよいよ激しさを増し、野に放たれた獣のように荒れ狂った。そのさなかに、暖炉の煙が小屋に充満しはじめた。煙突を調べるため、この悪天候のなか果敢にもルンネバルグが外に出た。やっとのことで後ろ手にドアを閉めると、その瞬間、自分が荒涼とした原野でひとり迷子になった気分になった。雪がこぶし大の塊となって降ってくる。ゴーグルの奥の目をカッと見ひらいても何も見えず、烈風のせいで息もできない。体を低くかがめて、どうにかこうにか屋根によじのぼった。

風の雄叫びがあまりにうるさくて、頭がおかしくなりそうだ。景色が動きだし、形を変えているようで、現実の、確かなものなど何ひとつない気がしてくる。それでもやっとのことで、煙突を支える金具のひとつが緩んでいるのを突きとめた。そこで、手探りでどうにか煙突をまっすぐに立て金具を締めようとした。

作業に夢中になっていると、ふいに体が後ろに持ちあげられた。まるで巨人に上着の後ろをひょいとつままれたかのように。気がつくと突風にさらわれ宙を舞い、屋根から真っ逆さまに落ちていた。着地したのは雪の吹き溜まりのうえだった。よろけながら起きあがると、今度は小屋がどこにもない。目の前は白一色で、自分の周りを白がぐるぐるまわっている。さっきはじき飛ばされた風に真っ向から向かっていくと、やっと小屋が現れた。もう一度、屋根に上がり、なんとか煙突を固定したが、すぐにまた突風につかまり雪のなかに投げだされた。

翌日、嵐が小康状態になったので、一同はいったん小屋を出て、荷物を埋めた場所を確かめにいくことにした。標識代わりに差しておいた枝をはじめ、目印はすべて雪溜まりに埋まっている。三時間かけて探したが見つからない。さらに一時間探し、午後も遅くにようやくコンテナが一個見つかったが、そのとき、吹雪が雄叫びをあげて再び戻ってきた。

到着から五日目、いよいよ不安になってきたルンネバルグはこう書いている。「嵐が勢いをぶり返した。視界はゼロ。チーム全員の疲労がかなり濃くなっている」。いまや雪と嵐がこの世界のすべてになり、その手からどうにも逃げ出せそうにない。

ハルダンゲル高原を襲った嵐は、来たときと同じくあっけなく去った。二月二二日の朝、ガンナーサイド隊の六人が目を覚ますと、周囲はしんと静まり返っていた。小屋から一歩出ると、風のそよとも吹かない快晴の空が広がっている。吹雪がすっかり景色を変え、ヤンスブーはいまやイグルー（氷や雪の塊を積み上げたドーム型のイヌイットの家）だ。雪溜まりが集まって新しい丘がいくつもできている。氷と雪の石筍《せきじゅん》が歩哨の一団のごとく静かに立ち並ぶ。崖には白いひさしがいくつもできた。一〇〇パーセント雪でできた惑星に降り立ったかのようだ。

午後早々にフェッテルに向けて出発しなければならない、とルンネバルグが一同に告げた。六日間も音信不通が続けば、トロンスターもスワロー隊も、ガンナーサイド隊は全滅で、作戦もオシャカになったと思うだろう。急がなければ。

荷物を埋めたとおぼしき場所に戻ると、それから数時間かけて雪溜まりをかきわけ、やっと目印にした一本の枝が見つかり、物資を一部回収できた。ストーレ・サウレ湖に行くまでの距離と急峻な地形を考慮し、ルンネバルグは荷物を最小限に減らすことに決めた。そこで、高濃縮設備（周辺の機械類ではなく）を爆破するのに足りるだけの爆薬と、スワロー隊用の軍服、クレイバルグ考案の携帯口糧一〇人分を五日分、そして作戦に必要な装備——武器、手榴弾、大バサミ、手斧、双眼鏡、爆薬一式、導火線、救急用具——を持って行くことにした。

午後一時、小屋に戻って荷物をまとめ、いざ出かけようとしたときに、ハウケリが遠くで人影を見つけた。橇《そり》を曳いた男がひとり、まっすぐこちらに向かってくる。隊員たちは慌てて小屋に引っ込むと、扉を閉めて男が何事もなく去っていくことを願った。それでもスキー跡が目にとまるのは避けられない。こんな真冬に、しかもこんな嵐のあとに、ハルダンゲル高原の奥深くに人のいる気配がすれば、当然ながら怪しまれ捜査の手がのびるに違いない。

全員が銃を構えた。そして小屋のドアから数歩以内に男が近づいたところで一斉に外に飛び出した。六挺の銃を向けられ、日焼けした男の顔が青ざめた。服装からは冬の典型的なノルウェー人に見える。

「こんな山奥で何をしている？」ルンネバルグが詰め寄った。

「おれは猟師だ」男は素直に答えた。隊員たちは男の身体検査をし、持ち物を調べた。身分証にはクリスチャン・クリスチャンセン、四八歳、ウヴダル出身とある。ここからだいぶ東にいったハルダンゲル高原の端にある谷だ。曳いている橇には二〇キロを超えるトナカイの肉が積まれている。持っていたのはライフル数挺と札束ひとつ、それとオスロの住人の名前と住所のリストを書き込んだ手帳。男は明らかに本人の言うとおりの人間だ。リストの名前は肉を買ってくれる顧客なのだ。だからといって、この男が絶対に脅威にならないとは言いきれない。

ルンネバルグはクリスチャンセンをいったん小屋にいれた。そして国民連合の党員ではないかと尋ねた。「ええと」まだ怯えながらクリスチャンセンが答えた。「党員ってわけじゃない。けど、おれの支持してる党だ」

「そいつは本当か？」ハウケリが迫った。それなら敵だと言うのと同じことだ。ナチスとグルになっている党なのだから。

「ああ」男はおどおどしながら答えた。

皆の顔をちらりと見たハウケリは、全員が同じことを考えているのがわかった。この男を始末したほうがよさそうだ。自分たちの任務を考えれば、引きとめておくだけではすまされない。この男を解放すれば、自分たちの存在をドイツか警察に教える危険がある。

ハウケリは別の訊き方をしてみた。もしおれがウヴダルに行ってそこら辺で訊きまわったら、近所の連中はおまえがナチスを支持していると言うだろうか？　「あそこにはおれをよく思わない奴がわんさかいる」と男は答えた。「だからおれがナチスではないと言うに決まってる。おれを困らせようって魂胆だ」

男は自分を捕らえた者たちの同情をひこうと、精いっぱい頭をひねって答えているように見えた。おそらく害のない人間には違いないが、やはり確証はない。どうすべきか決めるのはルンネバルグだった。「やや不本意ながら」ルンネバルグがついに口をひらいた。「あんたはおれたちをドイツ人だと思ってるようだが、おれたちはあいつらといっさい関係ない。おれたちはノルウェーの兵士だ。あんたも国王と政府が戻ってくる日を待っているんだろう？」

「連中はおれに何もしてくれなかった」クリスチャンセンが答えた。「どこにでも行ってりゃいいさ」

男の言葉にガンナーサイド隊の全員は啞然とした。カスペル・イードランがルンネバルグにふたりだけで話したいことがあると声をかけた。「おれがあんたにかわって奴を撃ってやる」小屋の外に出るとイードランが言った。ルンネバルグは思った。自分にかわって重荷を引き受けてくれるつもりだな。優しさゆえの申し出だ。だがルンネバルグはクリスチャンセンの身になって考えてみた。ハルダンゲル高原のど真ん中で、銃を構えたひげ面の男六人に捕まったのだ――命の縮む思いをし、このとんでもない状況からどうにか抜け出そうと必死なのに違いない。クリスチャンセンが国民連合の党員証をもっているなら話は別だが、そうではない。この男を恐れる必要はないのではないか。しかし、予期せぬ事態が起きたら任務遂行を最優先に考えて行動せよとの命は受けている。それでも、まだ決断する気にはなれない。そこでイードランにこう答えた。「ひとまず一緒に連れていこう」

ところがすぐに、クリスチャンセンは隊にとってかなり重宝することがわかった。まず彼の貯め込んだトナカイ肉を少々いただいて豪華な昼食がとれ、自分たちの食料を節約できた。さらにストーレ・サウレ湖まで道案内できるかとルンネバルグが尋ねると、できるという。そこで一同はこれ以上誰かに遭遇するのを避けるため、今夜にもここを立つことにした。

午後一一時、男たちは出発した。腰に食料と装備を積んだ橇をくりつけられたクリスチャンセンが先頭で、そのすぐ後ろをルンネバルグがコンパスを手に続き、正しい方角に進んでいるかを確認する。

クリスチャンセンは想像以上に腕利きのガイドだとわかった。通る道が正確なのはもちろんのこと、自然な地形をうまく利用したコースをスキーで滑るので、体力を節約できる。見ていてほれぼれするとルンネバルグをうならせた。

二月二三日の明け方、日が昇るにつれて山々が銅色から黄金色に変わるころ、クリスチャンセンは自分の一家が所有する平屋根の小さな小屋に案内し、そこで一同は休憩をとった。いつのまにかクリスチャンセンは隊員たちと気さくに世間話をはじめ、トミーガンを一挺売ってもらえないかとまで言いだした。それから小屋を出発し、途中でトナカイの群れに出くわすと、クリスチャンセンはあとで取りに戻るので後生だから三、四頭撃たしてもらえないかと懇願した。ルンネバルグは首を横に振ったが、それでもこの捕虜は悪意のかけらもないただの山男にすぎない――

したがってガンナーサイド隊が恐れる必要はない——との結論に達した。

地図によればフェッテルまであと一一キロの地点で細長い谷の入口に着くと、湖をわたってこちらに向かってくるひとりの男が見えた。慌てて全員が大岩の陰に身を潜めたが、誰より早く隠れたのはクリスチャンセンだった。

ルンネバルグはハウケリを手招きすると、双眼鏡を手わたした。スキーをはいた男はビョルネスフィヨルドの方角に向かっており、自分たちを探しにきたスワロー隊の可能性も充分ある。そうだとしたら誰よりもハウケリがわかるはずだ。ところが数百メートルしか離れていないものの、ハウケリには誰だか判別できない。男はひげぼうぼうの顔に、ノルウェー製の服をやけにぶくぶく着込んでいる。そのとき、最初の男から一〇〇メートルほど遅れて、スキーをはいた別の男が小山の陰から現れた。もっと前に出て近くで見るようルンネバルグがハウケリを促した。万が一見つかって、男たちがスワロー隊でなかった場合は、クリスチャンセンのようにトナカイを狩る猟師だと言えばいい。

ハウケリが柔らかな雪を踏みながらそっと近づくと、ふたりのスキーヤーは谷を上がってこちらに向かってきた。尾根の近くでふたりが立ち止まる。ひとり、そしてもうひとりと続いて周囲を見まわす。誰かを、何かを探している。

ふたりが再び進みだしたとき、くるりとこちらを向いたヘルバルグの日焼けした顔が見えた。隣にいる無様なひげ男はヒェルストルプだ。その瞬間、友の顔が見えた嬉しさでハウケリは隠れたまま小躍りしたくなった。何かおもしろいことでも言ってやろうか——たとえば「リヴィングストン博士ですよね」とか（リヴィングストンはスコットランドの宣教師・アフリカ探検家。消息がとだえ、探しに来た新聞記者スタンリーが当人に会えて発した言葉。珍しい人に会ったときに使うジョーク）——けれど、ふたりがめっきり痩せて病人のように見えたのでやめておいた。かわりに軽く咳をすると、ふたりはぎょっとして振り向き、とっさに銃を構えた。そしてハウケリの顔がわかると、驚きの声をあげ、続いて奇声と歓声が谷に響いた。

ホームステーションから、ガンナーサイド隊が二月一六日に降下したとの連絡ははいっていたが、着陸地点はビョルネスフィヨルドだとまだ間違って伝えてきた。そこでポウルソンは、ヘルバルグとヒェルストルプをそこまで捜しに行かせた。そしてなんと偶然にも、ガンナーサイド隊がスクリッケン湖から同じルートをたどって来ていたのだ。三人は抱き合い、互いの肩を叩き合うと、ハウケリがこっちに来いと皆を手招きした。

その晩、男たちは狭いフェッテルの小屋で肩を寄せ合い祝宴をあげた。ガンナーサイド隊からは、クラッカーにチョコレート、粉末ミルク、干しぶどう、そしてポウルソンが何より喜ぶイギリスからの「直輸入のタバコ」が進呈された。かたやスワロー隊は、トナカイのありとあらゆる部位、骨髄に目玉、胃袋に脳みそまでもをふるまった。このつましい料理でも客人たちには充分ありがたかった。

その日早くにヘルバルグはひと足先に小屋に戻ると、ガンナーサイド隊がこちらに向かっていることをアイナル・シンナルランに知らせた。作戦の途中で誰かが捕まった場合に備え、シンナルランのことはガンナーサイド隊にすら秘密にしておかねばならない。シンナルランがフェッテルを出たあと、ガンナーサイド隊の六人のうち、ルンネバルグとハウケリとあとふたりが小屋に着き、残ったふたりは谷でクリスチャンセンを見張っていた。

　ポウルソンと話し合った結果、ルンネバルグはこの猟師を解放することにした。ただし、自分たちのことを誰かに話したら、隊の手引きをしたことを公にするぞと脅しておいた。「このままハルダンゲル高原にとどまって、何も言うんじゃないぞ」解放する前にルンネバルグはクリスチャンセンにそう言いきかせた。

　本当にこれでよかったのだろうか。誰もが一抹の不安を覚えたが、ルンネバルグが無辜の命を奪うリスクを秤にかけて決めたことだ。

　一〇人の男たちは古くからの友のように夜更けまで語り合った。ハウケリはスワロー隊の面々がハルダンゲル高原を生き延びた数カ月を思いやり、ひげは伸び放題で肌も黄ばんでいるが、それでも皆ずいぶんと調子がよさそうなことに驚いた。困ったことはなかったのかと尋ねると、ヒエルストルプが答えた。「べつに何も」。まあそういうことにしておくかと一同はうなずいた。

　新たな顔が加わり、新鮮な会話を楽しめることにポウルソンほかスワロー隊は大喜びした。長いことつらい思いをして待ったかいがあったのだ。ともかくガンナーサイド隊と合流できただけで、これほど気分が高揚し、力が湧いてくるとは驚きだった。

　目前に迫る任務についてはほとんど話さなかった。仕事の話は朝にたっぷりすればいい。いまはただただ祝おうではないか。

第一六章　練りに練った計画

寝苦しい夜のあと――ベッドにも床にも寸分の隙間なく男たちが体を縮めて寝ている――一〇人の男たちはコーヒーにトナカイの朝食をとった。肉料理のお好みは「ボイルにいたしますか？　それともロースト？」。それから作戦の計画を詰めるべく一同はテーブルを囲んだ。

まずルンネバルグが各自に任務を割りあてた。自身はカイセル、ストロムスハイム、イードランからなる爆破班を率いる。標的にたどりつく確率を倍にするため、二名ずつに分かれて行動する。ハウケリは、ポウルソン、ヘルバルグ、ヒェルストルプ、ストールハウグからなる掩護班を率いることとする。彼らの務めは爆薬を仕掛けるまで誰にも邪魔をさせないことだ。

ハウグランは無線装置をもってスクリッケン湖のそばの小屋ヤンスブーに向かい、そこからロンドンとの交信を続ける。ガンナーサイド隊のいる前では「地元の通信員」とのみ紹介されているシンナルランも、ハウグランとともに行動する。

次に、ヴェモルクに侵入し、退却する際の最善のルートはどれかを判断しなくてはならない。ルンネバルグは紙と鉛筆を取り出すと、工場とその周辺の地形をささっと描いた。一度も現場に行ったことはないが、それでも予習のおかげで微細にわたり知っており、一定の縮尺で正確に図面をひける。右にリューカン、中央にヴェモルク、左はムース湖。そしてこの簡素な地図の中央を、モーナ川の流れに沿ってヴェストフィヨルド谷が左右にのびている。

ヴェモルクは、この川の峡谷の南壁に張り出す岩棚のうえに立っている。さらにタービン発電機に水を運ぶ一一本の水圧管が、発電所から急勾配の崖を伝ってうえにのびている。この同じ崖沿いに、単線の鉄道線路が東のリューカンまで続いている。そして全長二三メートルの単線の吊り橋が、ヴェモルクと、渓谷をまたいだ北壁とをつないでいる。橋のそばにはヴォーエルという小さな村があり、工場で働く職員の家が点在する。村を抜けるムースヴァン通りがリューカンとムース湖のダムを結んでいる。そして渓谷の北側にせり上がる険しい壁をえんえんと登っていくと、果てしなく広がるハルダンゲル高原に出る。

イギリスにいたあいだにガンナーサイド隊はヴェモルクに向かう最善のルートを決めるべく、トロンスターとともに何枚もの地図や写真にくまなく目を通していた。スワロー隊もフェッテルにいたあいだに同じことをやっている。そして全員が揃ったいま、計画を最終的に決定する必要があった。

男たちはヴェモルクまでのおもな三つのルートについて話し合った。まず渓谷の南壁の稜線から水圧管路に沿って工場まで降りる手がある。だがこの案はすぐに却下された。ごく最近、水圧管路の最上部に警備兵が配置され、しかもこの経路に沿っておびただしい数の地雷が敷かれているからだ。

また、真っ正面から攻撃する手もある。ヴォーエルまでスキーで行き、吊り橋の警備兵を始末して橋をわたり、まっすぐ工場に向かうのだ。このルートなら難所を通らずにすむ利点があるが、工場に近づくところを警備兵に見つかって警報を鳴らされたら、銃撃戦をくぐって重水の電解槽までたどりつかねばならない。しかも脱出できるかどうかもかなり怪しい。

最後の案は、峡谷をくだっていったん谷底に降り、対岸の崖を登って鉄道線路まで出て、鍵のかかった鉄道門から工場内に侵入するというものだ。この門は警備兵が巡回するが常駐はしていない。ロンドンでトロンスターから勧められたように、見つからずに構内にはいるにはこれが最も成功しそうだが、ただし危険もある。線路沿いには、工作員が足を踏みはずし一八〇メートル真下の川まで真っ逆さまに転落しかねない箇所がある。

工場内のパトロールと警備に関する最新情報が得られるまで、ルンネバルグは決断を待つことにした。明日の夜、リューカンでヘルバルグがこの情報を集めてくる。ヘルバルグが情報を入手したら、ヴェモルクから数キロ北西にあるフォースブーダーレンの谷に立つ小屋で皆と落ち合うことにした。この小屋を作戦の拠点とするのだ。

作戦会議はひとまず休憩となり、ハウケリを除くガンナーサイド隊の全員がスキーでひと滑りしに出ていった。彼らが戻ってくるまで、ハウケリはもとの仲間と膝をつき合わせた。そして荷物に隠していた紙切れを取り出すと、トロンスターと練りあげた作戦命令を読みあげた。そこにはヴェモルクでの任務を終えたあと、テレマルクでゲリラ組織を結成する詳しい段どりが書いてあった。この場にいないシンナルランもメンバーにはいっている。

伝言を読みおわると、ハウケリは紙を丸めてストーブに放り込もうとした。「それ食べられる？」ハウグランが訊いた。ああたぶん、とハウケリがうなずく。「あのさ、ここでは食べ物は捨てないんだよ」そう言うとハウグランは丸めた薄紙《ライスペーパー》を取りあげてポンと自分の口に放り込んだ。ちょっと嚙むのに苦労したが、いつもと違う一品もありがたい。

二月二五日の木曜日、ロルフ・スールリーは一家でチョコレート・ケーキを食べながら弟の誕生日を祝っていた。スールリーはしきりに腕時計を気にしている――遅刻は絶対にしたくない。いよいよあと少しで夜の七時半になるというとき、ちょっと外を散歩してくると家族に断って家を出た。母親は何も訊かなかった。たぶんレジスタンスの用事で出かけるのだろうが、自分は何も知らないほうがいいと心得ている。

その数日前、ヴェモルクで同僚のひとりハーラル・セロースがスールリーのそばに来ると、警備の交替をふくめ工場に関する諸々の質問事項に答えてほしいと頼んできた。どうやら破壊工作の計画があって、ハルダンゲル高原にこもる友人たちがかかわっているに違いないとスールリーは推測した。

質問事項への答えを書き込んだメモをポケットにしまうと、リューカンの住民をハルダンゲル高原に運ぶロープウェー「クロッソバーネン」の山麓駅に向かった。早目に着いたので待っているあいだ、誰が来るのかと暗闇に目をこらした。すると旧友のクラウス・ヘルバルグがリーエス・ロードから姿を現した。この道は、ロープウェーの建設時に森を切りひらいて高架下につくったスイッチバックの連続する坂道だ。

「やあ君に会えて嬉しいよ」ヘルバルグが声をかけた。

スールリーはヘルバルグを家に連れ帰ると、誕生パーティーが終わるまでガレージで待っていてと頼んだ。それから一緒に自分の部屋にあがった。家で飼っているゴードン・セッターのターザンが、よそ者の侵入に狂ったように吠えたが、何事かと確かめに出てくる者はいなかった。

ふたりは質問事項に一緒に目を通した。とくに常時ヴェモルクで警備につく兵士の数（一五人）、交替のスケジュール（二時間ごと）、吊り橋の警備（この一カ月で強化された）、そして敷地内のパトロール（巡回ルートは鉄道門の脇を通る）に注目した。ふたりとも工場内に侵入できそうなルートはただひとつ、吊り橋をわたることだと考えた。ただし警備は敷かれているが。いっぽう峡谷から登るルートについては、地元っ子のふたりは、過去にムースヴァン通りから車が一台、峡谷に転落し、救助隊が運転手や同乗者のもとにたどりつくのにロープを使わねばならなかったことを覚えていた。あんな急な崖を登るなんて無理に決まっている。

この情報をひと通りさらったあと、スールリーがキッチンからとってきた食べ残しの「牛肉」（イースト生地に香辛料を加えて焼いたもの）をヘルバルグはむさぼるように食べた。その晩ヘルバルグは泊まっていき、朝もまだ暗く静かなうちに家からそっと抜け出すと、道路をたどりヴォーエル村に向かった。

もう二度と友に会えないのではないか。スールリーは不安な気持ちでヘルバルグの後ろ姿を見送った。

金曜日、ヘルバルグはフォースブーダーレンの小屋で一日じゅう仲間の来るのを待っていた。キッチンの棚にあったのはひからびたシロップだけで、おまけにアリがびっしりたかっている。

この小屋は、ムース湖に続く道を見おろす辺鄙《へんぴ》な尾根に立っていて、はるか遠くのリューカンがよく見わたせる。だがここからだと、ヴェストフィヨルド谷の対岸を三キロ行った先にあるヴェモルクの姿は見えない。

夕方六時、ポウルソンを先頭に仲間たちがやってきた。前の晩、彼らはランゲショー湖畔にあるポウルソンの義兄弟の所有する小屋でひと晩過ごし、ポウルソンはそこで新しいスキーを数組とウールの靴下を見つけてきた。さらにアッパーテン・ウイスキー（ノルウェー産のブレンド・ウイスキー）の瓶も発見したが、戻ってきたときの――まあ戻ってこられたらの話だが――お楽しみにと、そこに残しておくことにした。

九人の男たちは窮屈な小屋にやっとこさおさまった。だが寝るときは交替で寝るしかない。一時間半ごとに見張りをかわることに決め、窓を遮蔽すると、一同は腰をおろし、新しくはいった情報について検討することにした。さっそくヘルバルグが説明を始めた。まず機関銃と投光機が本棟の屋上に設置されている。警備兵二名が吊り橋を巡回する。警備詰め所はヴェモルク側にあり、ここでは三分の一の兵士が自動火器をもち、吊り橋で問題が起きたらすぐに警報のスイッチを入れることができる。警報が鳴ると敷地全体――建物上部の水圧管路、吊り橋、ヴォーエル村を抜ける道をふくめて――に照明が当たり、ヴェモルクの兵営の兵士たちに連絡がいき、さらにリューカンの駐屯地にも通報がいく。

いっぽう峡谷には警備が敷かれておらず、鉄道線路の入口の巡回も緩いが、ヘルバルグの言うように、このルートのほうが選択肢として好ましいわけではない。夏の時期でさえ峡谷を登って線路まで行くのはまず不可能だ。まして暗闇のなか、この凍って冷たい冬の時期に登るなど、どだい無理な話だ。

イードランは橋のルートに賛成した。手っ取り早くて確実だ。警備兵を殺して工場に押し入ればいい。そううまくいくだろうかとポウルソンもヘルバルグも思ったが、あとのふたつの候補よりも橋のほうがまだマシかと納得した。ルンネバルグも同感だった。ところがハウケリだけはトロンスターの言うように、あえて峡谷のルートにすべきだと譲らなかった。さもないと高濃縮施設にたどりつくまでに激しい戦闘になる恐れがある。

ルンネバルグは、去年の夏に撮ったヴェモルクの空中写真ひと組をザックから取り出した。これらの写真を、ガンナーサイドの隊員たちはトロンスターと丹念に検討していた。トロンスターは峡谷をわたれそうな箇所をいくつかあげて、攻撃の前に線路沿いに隠れて待機できる場所も指摘していた。この数枚の写真をルンネバルグがテーブルに広げた。

するとハウケリが、峡谷をはさんだ両岸の崖に生えている茂みや樹木を指さした。「木が成長しているとすれば」とハウケリ。「きっと登れる場所があるはずだ」。一同はうなずいた。そこでルンネバルグはヘルバルグに、明日の朝また峡谷に戻って、隊員たちが転落死の憂き目にあわずに通れるルートがないか探してみてほしいと頼んだ。ただし、たとえあったとしても昼間の明るいときに行かないと見つかりはしないだろう。万が一姿を見られたら、作戦が危うくなるのは皆わかっていたが。

いっぽうクンマースドルフ実験場では、クルト・ディープナーと彼のチームが新たに改良した原子炉の設計に取り組んでいた。基本的な設計は、凍らせた球状の重水のなかにウランの立方体を格子状に並べて吊るす、というものだ。前の実験よりもかなり単純な仕組みで、この立方体と減速材の構造は爆弾に応用するのにより適したものとなっていた。

ウラン・クラブの新たな委員長で、いまではディープナーの上司となったアブラハム・エサウは結果が欲しいと明言した。「原子炉をつくってなかに温度計を入れて、温度を〇・一度でも上げて見せれば、必要なだけたっぷり資金を提供しよう」。ただし、それができないならこれ以上一ペニッヒもやれないと申しわたした。

実際、この計画に多額の金などつぎ込まれていなかった。パウル・ハルテックが開発した、ウラン235を濃縮するための超遠心分離法は前途有望に見えたが、規模を拡大するのに必要な資金をいまだ調達できずにいた。ディープナーもまた追加の重水を要求していたが、予算不足のため供給は滞っていた。純度一パーセントの重水を少量ながら生産できる水素電気分解工場が、イタリアに二カ所見つかってはいた。この重水をドイツに運んで、ほぼ一〇〇パーセント近くまで濃縮することは可能だが、ただしそれはライプツィヒ郊外にIGファルベンが建てるパイロット・プラントの工事がフル稼働で進められた場合の話だ。このプロジェクトは、ノシュク・ヒドロ社が戦争遂行のため低コストで重水を提供するうちは保留になっていた。

次の実験のためにディープナーは、エサウの承認を得てベルリンに特殊な低温実験室を用意し、ハイゼンベルクの重水の一部を分けてもらった。ヴェモルクがこの貴重な液体を一日五キログラム近くまで生産できるなら——そして近隣のソーハイムとノートッデンのふたつの工場が近々重水を大幅に増産できれば——ディープナーは、自身の設計の利点が証明されるやすぐにも実験の規模を拡大できるだろう。そして核分裂の連鎖反応が一定の割合で持続するウラン装置ができれば、この計画に資源と人材が注がれることになる。

核分裂がもたらすであろう恩恵への関心は各所で持ち直したようだった。帝国研究評議会をいまや監督することになったヘルマン・ゲーリングは、この評議会の原子力研究を「はなはだ興味深い」と述べたが、その点ではドイツ海軍《クリークスマリーネ》もドイツ空軍《ルフトヴァッフェ》も親衛隊も同じだった。ウラン装置は新たに多くの支持者を獲得することが予想された。

二月二七日土曜の日の出から一時間後、ヘルバルグはヴェモルクの方角に向かっていた。気温はさほど低くないが、風からは嵐が近づいていることがわかる。いまは週末で、しかもヘルバルグは私服姿だ。谷を歩いたりスキーで滑ったりしてもまず人目《ひとめ》にはつかないだろう。ヴォーエル村を過ぎると、森のなかをそのまま東に向かった。下には谷の北壁沿いにリューカンとムース湖を結ぶムースヴァン通りが走っている。森を進んでいくと、この道路と並行に走る送電線下の道に出た。

この道に沿って進んでいくと、峡谷に降りられそうな場所が目にとまった。そこでスキーとストックを隠すと、森を抜けてムースヴァン通りをわたった。それからビャクシンやマツの枝をつかんでスピードを殺しながら斜面を滑るようにくだり、ようやくモーナ川まで降りた。川面は凍っているが、ところどころかなり氷の薄い箇所がある。暖かい季節だとおそらくこの川はわたれないだろう。

　川沿いを行ったり来たりして、なんとか線路まで登れそうなルートがないかと探してみた。すると、ようやく断崖に窪んだ箇所があるのが見つかった。ここなら周囲の壁ほど勾配がきつくはなさそうだ。あちこちの岩の裂け目から茂みや灌木が生えていて、手や足をかけたりできそうだ。天候と運にもよるが試してみる価値はある。

　昼どきを過ぎたころ、満面の笑みを浮かべたヘルバルグがフォースブーダーレンの小屋に報告に戻ってきた。「いけそうだぞ」。チームの大多数が作戦当夜に峡谷を登る案に賛成した。あとは、どうやって撤退するかだ。

　平穏にいくどうかは別として、皆、誰かひとりは標的にたどりつき爆薬を仕掛けられるという自信はあった。訓練を積み、重武装した奇襲隊員《コマンド》が九人、しかもこの地に慣れ、祖国のために役に立ちたくてうずうずしている男たちなら、ドイツの警備兵三〇人などものの数ではない。

　けれども口には出さないが、ルンネバルグをはじめほとんどの者が、攻撃後に逃げきれる見込みはまずなさそうだと思っていた。いざ工場が爆破されたら、そう遠くまでは逃げられそうにない。おそらくヴェモルクで立ち往生するか、リューカンの何百人もの駐屯兵に狩り出されて捕まるかのどっちかだ。そうはいっても誰ひとり死にたいとは思わないし、生きて帰れぬ任務だと思って士気があがるわけでもない。

　ルンネバルグは、隊員たちが最終決定の場で自分にも発言権があると思ってほしかった。侵入ルートと同じく、脱出ルートにも選択肢がいくつかある。水圧管路沿いを上がって逃げることもできるが、勾配はきつく、最上部には警備兵がいて、いわずもがな地雷原もある。この選択肢はリストからあっさり消えた。また吊り橋をわたって撤退し、ハルダンゲル高原にまっすぐ戻るという手もある。これは最も速くて最も簡単な逃げ道だ。しかし、ドイツの警備兵を殺さざるをえないため、地元住民への報復がいっそう厳しいものとなるだろう。しかも、どっちに逃げたか追っ手に丸わかりだ。

三つ目の選択肢は、来た道を引き返すというものだ。それからフォースブーダーレンの小屋に戻るか、あるいはヘルバルグが勧めるように反対方向に向かい、送電線の下を通ってリューカンにくだり、さらにクロッソバーネンの山麓駅からジグザグのリーエス・ロードを登って高原に逃げるという手もある。これだとドイツ兵はどこを探せばいいかさっぱりわからないだろう。ただしこのルートだと、峡谷をまたも下りて登って、その後もさらにとどめとばかりの過酷な登りが待っている。しかも姿を見られたら、リューカンの兵営、すなわち敵の懐にまっすぐ飛び込むはめになる。

すべての案を書き出すと、ルンネバルグはそれぞれひとりにつき一票を与えた。接戦だった。それでも結局は過半数が、来た道を引き返し、それからクロッソバーネンの下を通ってハルダンゲル高原まで出る案に賛成した。

計画はすべて決まった。作戦はその晩の八時きっかりに開始するので、それまでのあいだ、なるべく体を休めておくようにとルンネバルグが言った。

するとすぐにイードランがルンネバルグを脇に引っぱった。ガンナーサイド隊のメンバーに選ばれてからこのかた、このどっしりした体格の元郵便局員は、スウェーデンに撤退するのに自分は難儀しそうだとわかっていた。ヴェモルクまでたどりつく技量はあるし、体力だってチームの誰にも負けないつもりだが、国境まで四五〇キロを旅するのはどう考えても自分には無理だ。最初から片道切符の旅だと覚悟してきたし、脱出できる見込みがあるときに仲間の足を引っぱりたくはない。そのことをリーダーに知っておいてほしい。自分はひとりでなんとかするから。「ばか言え」ルンネバルグはきっぱり言った。「ここまでついて来られたんだ。スウェーデンまでだって一緒に行けるさ」

若きリーダーはこの件を投票にかけることはなかった。

同じ日の午後四時四五分、ライフ・トロンスターはロンドンのパディントン駅からオックスフォード行きの列車に飛び乗った。これから向かうセント・エドモンド・ホールは世界じゅうのどの大学よりも歴史の古い学問の場だ。ほんのつかの間、ありとあらゆる戦争の情報から離れて、科学と歴史、そして純粋に知識の追求のみに浸ろうと思っていた。まあそう簡単にはいかなそうだが。その二日前にやっと届いた知らせでは、ガンナーサイド隊がハルダンゲル高原での最初の数日を生き延び、スワロー隊と合流したという。「何もかも順調」とハウグランは送ってよこした。「気分は最高。皆からくれぐれもよろしくとのこと」

作戦が完了するまでおそらくガンナーサイド隊から連絡はないだろうが、そのあいだもトロンスターはオッド・スタルハイムと四〇人の奇襲隊員《コマンド》からの連絡を待っていた。カーハンプトン作戦は出足から悪運につきまとわれた。まず輸送船団を徴発する最初の試みは猛吹雪によって阻まれた。次は激しい銃撃戦となり、その後の手入れを招くことになった。スタルハイムと仲間は人里離れた谷の農家に隠れた。ところが作戦を放棄し、イギリスに戻る手はずをつけるかわりに、スタルハイムは別の標的を狙うといってきかなかった。何かを成し遂げないかぎりノルウェーを去るわけにはいかない――マールストランデルをはじめ多くの者たちが、ここに自分たちを連れてくるために命を落としているのだ。

そこでトロンスターとウィルソンは彼らにチタン鉱山の襲撃をまかせたのだが、冬の悪天候のせいで部隊は足止めをくった――それが長引きすぎたのだ。ゲシュタポが迫り、スタルハイムと仲間は再び逃亡した。二月二五日、イギリス海軍が迎えの船をよこしたが、北海の嵐のせいで引き返さざるをえなかった。いま男たちには食料も装備も隠れ場所もなく、しかもドイツの包囲網はいよいよ狭まっている。最後に届いた暗号文によれば、スタルハイムはスコットランドに逃れるため沿岸蒸気船を乗っ取るつもりだという。

オックスフォードに着き、自分もかつて属していた、世俗を離れた平穏な世界に浸るつもりが、トロンスターはどうにも落ち着かない気分でいた。その理由は、何よりドイツの宣伝相ヨーゼフ・ゲッベルスがつい最近おこなった演説のことを耳にしたからだ。「諸君は総力戦を望むか？」二月半ば、ベルリン・スポーツ宮殿にひしめく聴衆にゲッベルスが迫った。群衆は敬礼し、大声で叫んだ。「イエス《ヤー》！」。ゲッベルスは両手の拳を振って絶叫した。「これより先、われわれのスローガンはこうだ。『国民よ、立ちあがれ、そして嵐を起こせ！』」

そのための手段を手にするや、ナチスはこの誓いを守るだろう。

フォースブーダーレンの小屋の外に腰をおろし、イギリス軍の制服姿のハウケリは静かにタバコをくゆらしていた。数時間後に控えた任務の用意はできている。傍らのヘルバルグほか数人は、自分の拳銃とトミーガンに油を注している。

その場の静寂をさえぎって、森のなかを若い男がひとりこちらに近づいてきた。谷の尾根には小屋がぽつぽつと立っている――週末にはその一、二軒に誰かが泊まりにくるかもしれないと予想しておくべきだった。見つからないよう男たちはさっと小屋に戻ると、ほかの仲間に教えた。するとと、見知らぬ男が小屋のドアを一回ノックした。次のノックを待たずにドアを勢いよくあけると、ポウルソンが男の首に腕をまわしてなかに引きずりこんだ。

男の腹にハウケリが拳銃を押しあてる。「誰だ？」ポウルソンが迫った。

男は自分を捕らえた者に気がついた。「イェンスだろ？　おれたち同じクラスだったじゃないか」

「コーレ・タングスターー」ポウルソンが男を離した。「ああ、覚えてるよ」

雪かきシャベルを借りにきただけだ、とタングスターが説明した。自分と婚約者、それにもうひと組のカップルで数日この谷に泊まる予定だという。ポウルソンは厳しい口調でこう言った。この週末は連れの者たちとその小屋のなかにずっといて、どんな理由があっても外に出てはだめだ。タングスターはわかったとうなずいた。

来た道を引き返し、森に消える男の後ろ姿をハウケリはじっと見つめた。ガールフレンドや友だちと森で週末を過ごす自分を想像してみた――そんなごく普通の日常から、自分はずいぶんと遠く離れてしまった気がする。

この隣人たちを信頼してよいものか工作員たちは急遽話し合った。ルンネバルグは彼らの小屋まで自ら出向いて話をしてくることにした。そして彼らから、自分たちは善良なノルウェー人であり、占領に反対している、との言葉を聞いて、心配はいらないだろうと判断した。別れ際にルンネバルグは隣人たちに叫んだ。「国王と祖国に神のご加護を！」。自分の隊にもその晩、神が目をかけてくれるようルンネバルグは祈ったかもしれない。

第一七章　登る

午後八時。イギリス陸軍の軍服のうえに白の迷彩用スーツをまとった九人——ルンネバルグ、ストロムスハイム、イードラン、ストールハウグ、カイセル、ポウルソン、ヘルバルグ、ヒェルストルプ、そしてハウケリ——は小屋を出ると無言のままスキーを走らせた。用意した武器はトミーガンが五挺、さらに拳銃、ナイフ、手榴弾、そしてクロロホルムとガーゼ。背中のザックには襲撃用の爆薬のほか、ハルダンゲル高原への撤退に必要な全装備、すなわち寝袋に食料、地図その他のサバイバル用具が詰まっている。軍服には青酸カリの錠剤を忍ばせ、万が一捕まったときにはこれを飲む。ゲシュタポの尋問を受ける者がどんな目に遭うかは誰もが先刻承知している。

ヘルバルグを先頭にフォースブーダーレンの谷をくだっていく。低い雲をかぶった月の光はおぼろげで、ヘルバルグにはもっぱら記憶と土地勘だけが頼りだ。大岩の脇をまわり、マツやシラカバの木々を避け、黙々と先を進んでいく。その後ろにあとの者がぴたりとはりつき、エッジを切る音だけがささやくように雪原に響く。

ルンネバルグは最後に一同に念を押した。たとえどんな展開になろうとも、また自分をふくめチームの誰が殺されようが負傷しようが、そのときにやれる者が「自らの判断で作戦を遂行するのだ」。重水設備を破壊することが何よりも優先される。各自、現場に着いたらどう動くかはわかっていた。ＳＯＥでの模型を使った訓練で幾度となく手順を練習してきた。まず頻繁に立ち止

ヴェモルク水力発電所・重水工場 Norges Hjemmefrontmuseum

まって耳を澄ます。歩幅は狭く、足は高くあげる。物音ひとつ立てずに移動する。掩護班――一番重武装した――が先をいく。暴発を避けるため、すべての銃は必要になるまで装填しない。ふたつの爆破班それぞれが爆薬一式を携帯する。破壊工作後は約束の場所に集まり、合い言葉を交わす。何はともあれついに作戦の火ぶたは切られた。とうとう母国を占領する奴らに一撃をくらわすチャンスが来たのだ。しかも聞いたかぎりでは、ヴェモルクは相当な一撃になるはずだ。

小屋から一キロほど来たところで、谷の勾配はきつくなり、大岩が転がり木々が鬱蒼と茂ってきた。男たちはスキーをはずすとひょいと肩にかついだ。この先は徒歩でいく。雪溜まりに腰まで埋もれ、そうでないときはザックと武器の重さでよろけ、滑って転んでは必死に立ちあがって下りていく。

一時間ほどくだるとムースヴァン通りに出た。木々がひらけ、ヴェモルクの姿が見えた。峡谷を隔てて直線でほんの五〇〇メートル――羽根があったらひとっ飛びか。離れていても発電機の機械音はここまで響いてくる。この巨大な海獣《レビヤタン》（聖書に出てくる海の怪物。悪の象徴ともされる）のことを考えて数カ月、その隅々までを青写真に写真、脳裡で確認して数カ月、ついにその眼前に立っているのだ。この真冬の要塞に男たちはひとり残らず陶然と見入った。なるほど、そういうことか。ハウケリはようやく腑に落ちた。たったの三〇人で警備は足りるとドイツが思うのも無理はない。

さあ出発だ。男たちは再びスキーをはくと、ヴォーエル村に続くこの道路を東に向かった。高めの気温と、谷を降りる生暖かな風のせいで道路の表面が溶けた雪や氷でぬかるみ、エッジをコントロールするのもひと苦労だ。そのうえ、前や後ろから近づいてくるヘッドライトにも油断なく目を光らせておかねばならない。この一帯でのドイツ部隊の最新の動向をヘルバルグはスールリーから聞いていた。それによると、ドイツ国防軍はいまもこの道路を使って夜間に兵士を輸送することがあるという。それでも、いくら見つかるリスクがあろうが、この道を使えば、全行程、起伏の激しい丘陵地を抜けていくよりもはるかに楽だし時間も短縮できる。

最初に道がZ型に曲がるところまで何事もなく着いた。ヴォーエル村を迂回し人目を避けるべく、ヘルバルグは再び森に足を踏み入れた。しばらくは鬱蒼とした森のなか哨兵のごとく並ぶ電柱に沿って進んだ。ここでもまた雪溜まりと始終格闘し、ときおり柔らかな湿った雪に脇の下まで埋まった。

木立を抜ける下り斜面はとうとう垂直に近い崖となった。雪面に背中をつけ、足を踏ん張ってブレーキをかけ、おっかなびっくり降りていく。あまりに傾斜が急なので、上半身をちょっとでも前に傾ければ真っ逆さまに転げ落ち、前をいく者を道連れにしかねない。

ようやくヘルバルグはヴォーエル村の東側の道路に飛び降り、あとから数人が続いた。ヘルバルグたちが残りの仲間を待っていると、ふいに暗闇を切ってヘッドライトが光った。慌てて道路脇の雪堤に飛び込み身を隠すと、バスが二台ガタゴト音を立ててこちらに向かってくる。まだ斜面を降りている途中の仲間は、道路に落っこちないよう死にもの狂いで崖にしがみついた。そのうちふたりはすんでのことで先頭のバスの屋根に飛び乗るところだった。二台のバスは夜勤の作業員を乗せたまま、男たちにかまわず通り過ぎた。

全員が道路に降り立つと、再びスキーをはいてさらに東に向かい、いったんヴェモルクを離れ

ドラマタイズされたガンナーサイド作戦
HERO FILM / Ronald Grant Archive /Alamy

リューカンの方角に八〇〇メートルほど進んだ。ひらけた雪原の脇まで来ると、ヘルバルグは自分についてくるよう合図し、それから七〇メートルほど斜面を登ったところにある、ムースヴァン通りと並行して走る送電線下の道に出た。この道をわずかにくだったところで止まると、一同はスキーやストック、そのほか襲撃に無用のものをすべて降ろし、雪洞を掘って埋めた。白の迷彩用スーツも脱いだ——軍服のほうが夜陰にまぎれるのには都合がいい。それに地元住民への報復を防ぐためにはイギリス軍の単独作戦に見せることが肝心なのだ。

午後一〇時、最終確認をおこなった。ルンネバルグとストロムスハイムはそれぞれ爆薬一式と導火線をひと組入れたザックをもつ。どちらも高濃縮施設を破壊できる

威力がある。掩護班が持って行くのはトミーガン、拳銃、予備の弾倉、手榴弾。ヒェルストルプの荷物は、行く手を阻むあらゆる錠を断ち切るための大バサミがはいってその分さらに重たい。

「さあ出発だ」ルンネバルグが声をかけた。

ヘルバルグの手引きで、一行は送電線下の道を離れて道路をわたり、いよいよ峡谷にはいった。おのおの灌木や枝につかまりながら、モーナ川まで降りていく。ときおり足を滑らせ、自分で起こした小さな雪崩に先を越される。やがて谷の底に着いた。ここでもあいかわらず風は吹き、峡谷をはさんだ両壁の岩からは、溶けた雪がぽたぽた落ちてくる。融雪で水かさが増し、川をわたるのに使おうと思っていた氷の橋《アイスブリッジ》が流された恐れもある。急いで川縁をたどり、まだ凍っている場所はないかと探した。男たちをはさんだ両岸には峡谷の岩壁がせり立っている。

数分後に、自分たちの体重でも持ちこたえられそうなアイスブリッジが見つかった。最初にヘルバルグが早足でわたった。そのあとを全員が一列になって続いた。氷の橋は割れなかったが、戻ってきたときには——戻ってこられたらのことではあるが——跡形もなく消えているかもしれない。

次にヘルバルグは、その日早くに偵察した際に、あそこなら登れそうだと目をつけておいた峡谷の窪みを探した。場所はすぐにわかったが、問題はこれからだ。線路まで一八〇メートル以上もあるこの岩肌は、いま降りてきた斜面よりさらに急なのだ。岩の裂け目にけなげにも数本の木がしがみつくように生えているが、真っ暗ななか、しかもロープもハーケンも使わずここを登るなど、どう考えても無茶な気がしてきた。だがこれが自分たちの選んだルートであって、もはや引き返すことはできない。「登れ」ルンネバルグが手で合図した。

男たちはおのれの感覚を頼りに、手や足をかけられそうな場所を物色しながら、それぞれのルートで黙々と岩壁を登っていった。崖から水がしたたり、氷や堅い雪にしょっちゅう足を滑らせる。ときには木の幹や岩肌をわしづかみにして一気に登り、一度に一メートル近く高度を稼げることもある。またときには岩の亀裂に手指やつま先をかませて、自分より高みに昇る風をしのいで崖にぴたりと体を寄せて、じりじりと横ばいに上がっていく。岩棚から岩棚へと力任せに体を引きあげると、汗で服がぐっしょり濡れる。ときどき休憩をとり、感覚のなくなった指を曲げては伸ばし、ひきつった筋肉をさすり、胸の鼓動が落ち着くのを待ってから、また果敢に登っていく。

四分の一ほど上がった場所で、イードランが体を持ちあげようとしたところ、左手の指がつるっと滑って、つかまっていた岩からパッと離れた。一瞬、息をのみ、それから死にもの狂いで手をかける亀裂や岩棚を探すも、濡れたつるつるの岩しか見つからない。壁に体を押しつけ左右の足場が安定しているのを確かめると、まだ岩をつかんでいた右手をさっと左手に切り替えた。ザックとトミーガンが急にずしりと重たくなった気がする。それから自由になった右手をのばし、壁伝いに四方に指を走らせた。どこかに何かつかめるものはないか。どうしても見つけなければ。けれど何も触れない。

もっと遠くまで手をのばそうと、体を左右にゆっくりと振り子のように弓なりに曲げてみた。ついに右手の指先が、絡み合う根のようなものにかすかに触れた。岩にとりすがる左の手指からだんだんと力が抜けていく。すぐにも――それも思いきって――行動しないと滑落する。あえぐように何度か息をつぐと、もう一度振り子のように体を揺らした。そうしてはずみがついたところで、世の常識に抗う芸当をやってのけた。なんと両手を離したのだ。その瞬間、のばした右手で根っこをつかんだ。両手が壁から離れた一瞬、後ろにのけぞり谷底に落ちるかと思った。それから指でしっかり根っこを握った。そしてそのまま耐えた――左手が何かつかむものを見つけるまで。壁を両手でしっかと抱くと、風が悔しげに周囲をまわる。それからまた、先を登り続けた。

登りはじめて三〇分が過ぎ、一〇〇メートル近く上がってはきたが、それでもまだ線路は見えず、皆に疲れが見えはじめた。指先がずきずきし、つま先の感覚も麻痺している。腕も足もうずくように痛い。谷底に来るまでに、すでに何キロも雪に埋もれた過酷な土地をスキーと徒歩で踏破してきた。そして今度は暗闇をたたえる急峻な峡谷を、重くて重心の偏るザックをかついで登っているのだ。手の掛け場を誤るか、足を滑らせたら最後、真っ逆さまに落ちて命の保証はない。

スコットランドの山地で訓練を受けた際、登っているときは絶対に下を見るなと教わった。気が動転するとまずいからだ。それでもひとりかふたり、来た道を見おろす者もいた。峡谷は、見た者をいまにものみ込まんばかりにおどろおどろしい口をあけている。その瞬間、体が凍りつくも、傍らで仲間の奮闘する気配がして、一瞬の恐怖からはっと我に帰る。男たちは恐れを振りほどき、ひたすら上へと登っていった。岩壁を前にいかに自分との戦いを強いられようと、彼らはひとりではなかった。誰かが登りやすい道を見つければ、皆できるかぎりあとをたどった。雪溜まりにはまって後ろから押してもらわないと動けないときも、長いこと待たずにすんだ。手や足の掛け場がなくて途方に暮れても、じきに助けが来た。誰かが足場になりそうなところを教えてくれるか、あるいは上から救いの手がのびてきた。

午後一一時から数分が過ぎたころ、ようやく先頭の者が岩だらけの崖を登りきって線路に出た。あとの者も続いた――頭はくらくらし、へとへとに疲れてはいたが、登り終えたことに皆ほっと胸を撫でおろした。しばらくは誰もが黙りこくっていた。線路のうえで休み、突きあたりにせり立つ要塞をじっと見つめた。

そのころリューカンから五〇キロ離れた山小屋の隠れ家で、シンナルランとハウグランはベッドに腰かけていた。ふたりとも作戦の報告をするためだけにここに残るのは不本意だった。自分も現場に行って役に立ちたい。けれども、これは無線士の悲しい定め。作戦の目となり耳とはなれど、実際に手を貸す機会はめったにないのだ。

ＳＯＥのなかで訓練を積んだ無線士の数は限られ、貴重な存在であるため、破壊工作に加わらせ危険な目に遭わせるわけにはいかない。また交信をおこなうことで――しかも重たい機材を運ばなければならないので――ドイツにとってはいかにも追跡しやすい標的になる。事実、ＳＯＥの諜報員のなかでも無線士は最も犠牲者を出している。とはいえ、いまのところハウグランとシンナルランは多くの同胞たちよりも安全な身といえた。こんな真冬に、しかも吹雪のなかハルダンゲル高原の奥深くにこもっているのだから。

シンナルランは、兄のトーシュタインと親友のオーラヴ・スコーゲンのことがどうしても頭から離れなかった。ふたりともまだグリニ収容所にはいったままだ。彼らが過酷な目に遭っているときに、自分だけがこうして自由の身でいるなんて。それにヴェモルクの作戦が成功したら——たとえ失敗に終わったとしても——自分たちの家族が報復に遭いかねないのはシンナルランもハウグランもわかっている。工作員の誰かが地元住民の手を借りたのではないかとドイツは疑ってかかるだろう。いまはただ心配しながら、そしてただ祈りながら、待つことしかできない。自分たちがこれまで集めたすべての情報が、ガンナーサイド隊が来る前におこなったすべての準備が実を結び、この作戦が成功裏に終わることを。

　ハウケリを先頭に一同はそろりそろりと歩を進め、線路をくだりヴェモルクに向かった。峡谷の縁に一番近いレールは、風で雪が飛ばされむき出しになっている。男たちは足跡を残さないよう、なるべくそこの凍った砂利を選んで歩いた。月の光がほとんどないため、線路伝いに近づいても見つかるはずはないとハウケリは考えた。何より物音で気づかれることはなさそうだ——風の音や、轟々と流れる水の音、さらに工場の巨大なタービン発電機の耳を聾する振動音で、自分の声すらほとんど聞こえないのだ。

　谷の反対側では、一時間前にわたってきた道路を一台の車のライトが蛇行している。ハウケリは線路のカーブに沿って曲がり、隊員たちは無言のままあとに続いた。右手下に吊り橋と、吊り橋を警備するふたりの兵士の姿が見えてきた。まっすぐ五〇〇メートルほど進んだ先には鉄道門があり、その向こうに水力発電所と水素工場の巨大な姿が見える。この二頭の巨獣《ビヒモス》（聖書に出てくるカバと思われる巨大な怪物）

の隙間に、ドイツの警備兵の小さな兵舎がちょこんと立っている。

午後一一時四〇分、ハウケリは雪をかぶった変圧器の格納庫脇で立ち止まると、仲間たちが追いつくのを待った。橋を見張り、真夜中の警備交替まで待機しているには、ここは格好の場所だ。ルンネバルグの計画では、警備が交替して三〇分後に標的に向かって移動する。それくらい待てば、新たに見張りについた者の緊張も緩み、いつもの仕事も中だるみになる。格納庫を風よけにし、九人の男たちは線路に腰を降ろした。そしてポケットからチョコレートとクラッカーを取り出し口に入れた。数人が姿を消すと、用を足して戻ってきた。

発電所の騒音のなかでも自分の声が届くよう、ルンネバルグは一同をそばに呼び寄せ、自分の任務がちゃんとわかっているかと尋ねた。皆一様にうなずくも、このリーダーは重要な点をもう一度おさらいした。爆破班は地階のドアから屋内にはいり、爆薬を仕掛ける。掩護班はおのおの所定の位置につき、破壊工作が完了するまでそこで待機する。何があろうと標的を破壊しなければならない。捕まった場合は自害命令に従うこと。連行され尋問を受けることがあってはならない。

午前〇時にあと数分というときに、次の警備兵らが吊り橋に向かった。ほどなく、任務を解かれた兵士たちが兵舎にのんびりと帰っていく。コートにくるまり、帽子を目深にかぶった兵士たちは、いかにも安穏として退屈そうだ。何も恐れるものはないとたかをくくった者がやるように、かったるそうに銃を抱えている。

工作員たちは再び待ちの態勢に戻った。むろん神経は張りつめているが、捕まったときの運命について夕チの悪いジョークを飛ばす以外、誰もが不安を胸の内にしまっている。かわりに周囲の谷を眺め、目下の作戦とはまったく関係のないあれやこれやの話をした。ヒェルストルプはマッチ棒で歯を掃除した。ヘルバルグはフォースブーダーレンで見つけた蟻まみれのシロップの話をして笑いをとった。昔の悪ふざけや失恋を語る者もいた。会話だけを聞けば、夜遊びしてきた男たちのたわいないお喋りとでも思うだろう。

刻々と時が過ぎ、ついにルンネバルグの腕時計が、あと少しで真夜中を三〇分過ぎると告げた。ルンネバルグがうなずくと、待ってましたとばかり男たちが一斉に立ちあがる。一同は最後にもう一度、銃と爆薬を確認した。「数分で標的にたどりつくはずだ」とルンネバルグが言った。それから、任務に立つ前にトロンスターが皆に伝えた言葉を繰り返した。「覚えておけ。おれたちが次の一時間にすることが、今後一〇〇年ものあいだ、歴史の一ページに刻まれるのだ……ともにそれを価値あるものにしよう」。そしてハウケリに合図をすると、ハウケリが掩護班を率いて先に進んだ。

地雷原に足を踏み入れると、ハウケリはいよいよ慎重に一歩一歩進んでいった。線路を数メートル進むと、雪に残る足跡を見つけた。おそらく工場の作業員のものだろう。これをたどれば安全なはずだ。後ろにヒェルストルプがぴたりとはりつき、残った七人が一列縦隊であとに続く。こ鉄道門まであと一〇〇メートルの地点に来ると、いくつか並んだ倉庫の後ろで立ち止まった。ここまで近づくと、発電機の音はいよいよ耳をつんざく轟音となった。

午前〇時三〇分きっかり。ルンネバルグはハウケリとヒェルストルプに門の錠を切るよう合図した。「幸運を祈る」とルンネバルグがささやくと、ふたりは身をかがめて数メートル進んだ。ヒェルストルプが大バサミを手に、頑丈な南京錠を枯れた小枝のごとくパチンと切ると、急いでハウケリがチェーンをはずし、幅四メートル近い門を押しあけた。ポウルソンを最後尾に五人の掩護班が足早にヴェモルクにはいった。爆破班のルンネバルグ、カイセル、ストロムスハイム、イードランの四人がそのすぐあとに続く。

まもなくハウケリのチームは散開し、それぞれ所定の位置につき、警報が鳴った場合、もしくは爆破班に近づく者がいた場合に警備兵を仕留めるべく備えについた。トミーガンを構えたヒェルストルプは水圧管路をくだる階段の監視に当たる。ヘルバルグは鉄道門に立ち、出口を確保しておく。ストールハウグは斜面に待機し、吊り橋につながる道路に狙いを定めた。

ハウケリとポウルソンは、兵舎から一五メートルほど離れた場所にある大型の貯蔵用スチールタンクの背後にまわり込んだ。ハウケリが手榴弾を並べるあいだ、ポウルソンは兵舎のドアにトミーガンの銃口を向けた。ふたりはまた敷地内を巡回する兵士がいないか目を光らせた。「いい場所だな」とポウルソンが言った。

いっぽう爆破班のほうは、鉄道門から五〇メートルほどくだったところでフェンスを切って穴をあけた。そこからさらに進み、倉庫に続く別の門の鍵も断ち切った。どちらもあとから脱出路に使えるだろう。それがすむと、ルンネバルグはしばらく立ったままじっとしていた。暗闇に何か動くものがないかと目を光らせ、ひたすら耳を澄ませた。工場の機器類がリズミカルな音を立てている。いまのところまだ見つかってはいない。カイセルをすぐ脇に配し、ルンネバルグはひらけた敷地内を横切ると、八階立ての水素工場に向かった。ストロムスハイムがあとに続き、イードランがトミーガンを手に掩護する。爆薬をもつふたりは、チームの誰より最優先で守らなくてはならないのだ。

四人の工作員は工場脇にまわり込んだ。灯火管制用のペンキがところどころはげた窓に小さな光の粒が散らばる。窓ガラスが完全には覆われていない箇所もちらほらあった。建物の北東角の窓に白く輝く隙間から、ルンネバルグはなかをのぞいてみた。男がひとり部屋を監視している。

爆破班は工場の東側の壁伝いに地階まで降りると、隅にあるスチールドアの前まで来た。ルンネバルグが拳銃を構え、ドアのハンドルを引いた。だがドアはびくともしない。「鍵がかかってる」ルンネバルグが言った。そこでカイセルに、近くにあるコンクリートの外階段を上がって、一階のドアがあくか見てくるよう指示した。カイセルは昇ったときと同じく速攻で下りてくると報告した。「だめだ、閉まってる」

ルンネバルグの顔がこわばった。工場にはいらなくてはならないが、ただし分厚いスチールドアを爆破したり、窓を割ったりするのは御法度だ。どちらもドイツ兵の注意を喚起することになる。

第一八章　破壊工作

ルンネバルグは地階のドアに鍵がかかっているのを再度確かめ、さらに一階のドアも自分で見にいった。カイセルも同行し、巡回する兵士の姿がないかと暗闇に目をこらした。ストロムスハイムとイードランは別の侵入口はないかと探しにいった。警備兵が自分たちと遭遇するか、もしくは掩護班と鉢合わせするのもおそらく時間の問題だろう。切羽つまったルンネバルグは、そのとき北側の壁にケーブル用のダクトが通っていることを思い出した。階段を慌てて駆けおりると、カイセルについてくるよう手招きした。

ブリッケンドンベリーで工場への侵入経路について検討した際に、トロンスターからほかにもパイプやケーブルの通る狭いダクトがあると教わっていた。ダクトは地階の天井と一階の床の隙間を通り、峡谷に面した外壁に狭い入口がある。昨今の警備の強化により閉鎖されていなければ、ここから侵入できるかもしれない。

急いで建物の角をまわると、外壁に積もる雪の土手をかきわけた。ダクトに通じる梯子がどこかにあると聞いている。すぐに両手が梯子の段に触れた。「あったぞ」ルンネバルグがカイセルに教える。それからルンネバルグを先頭に、ふたりはつるつる滑るスチール製の梯子をのぼっていった。五メートルほど上がったところに、半分雪に埋もれたダクトの開口部を見つけた。ありがたいことにまだ塞がれていない。雪をかき出すとルンネバルグは穴のなかに頭からすっぽりもぐり込んだ。かろうじて人ひとりがはいれるだけの隙間しかなく、爆薬を入れたザックは後ろにひきずって運ばなくてはならない。続いてカイセルが、急いでトンネルのなかによじのぼった。男たちはパイプやケーブルのうえを腹這いになって数メートル進んだ。ルンネバルグは、あとのふたりがついて来ているか振り返って見たかったが、あまりに狭くて無理だった。ストロムスハイムとイードランが後方に来ていないことをカイセルが確認した。進める方向はもう前だけだ。こうなったら、ふたりだけで破壊工作をやってのけるしかない。

ルンネバルグは這いずりながら先に進んだ。まもなく数本の水道管が折れ曲がり、左手に空いた穴から天井を抜けていくのが見えた。穴をのぞくと、遠くに高濃縮電解槽のようなものが何個か見える。だいぶ近くまできたようだ。

ふたりはさらに匍匐《ほふく》前進を続けた。と、突然、ルンネバルグの耳にガチャンと鋭い金属音が聞こえた。瞬間、背筋が凍りつく。後方のカイセルが滑って転び、はずみでコルト45がショルダーホルスターから落ちたのだ。ヒモで体につないではいるが、落ちた拳銃が少し離れたパイプに激突した。ふたりは長いこと微動だにしなかった。いまの音で自分たちの存在がバレたかもしれない。とはいえ待っているうちにだんだんと、さっきの音は周囲に反響する騒々しい機械音にかき消されたに違いないと思えてきた。カイセルが拳銃をホルスターに戻すと、ふたりはまた先を進んだ。

パイプの迷路を二〇メートルほど進むと、床に前より大きな開口部があった。のぞくと広々とした廊下が見える。室内に見張りがいないことを確かめると、ルンネバルグは開口部をするりと抜けて五メートル下の床に飛び降りた。パラシュート訓練を思い出し、着地の衝撃を弱めるため、降りた瞬間にくるりと体を丸めて転がった。続いてカイセルも降りてきた。

ついにふたりは一八個の高濃縮電解槽が置いてある部屋の前まで来た。二重ドアには「関係者以外は立ち入り禁止」との表示がある。ルンネバルグとカイセルはコルトを構え、二重ドアを勢いよくあけた。夜間の監視を務める作業員の、白髪まじりで小太りのノルウェー人の男が、ぎょっとしてデスクから振り向いた。瞬時にカイセルが彼の脇にぴたりと体を寄せる。「手をあげろ！」ノルウェー語で叫ぶと、拳銃をまっすぐ男の胸に向けた。

男は言われたとおりにした。見るからに怯えていて、視線がふたりの工作員のあいだをせわしなく行き来する。「言われたとおりにすれば危害は加えない」カイセルがそう言い、背後でルンネバルグが部屋のドアに鍵をかけた。「おれたちはイギリス兵だ」。作業員は軍服の記章をちらりと見た。「あんたの名は？」カイセルが訊いた。

「グスタフ・ヨハンセン」

ルンネバルグが仕事にかかるあいだ、カイセルはヨハンセンを見張りながら、正体隠しに念を入れようと、イギリスでの生活についてひと言ふた言話をした。ルンネバルグはザックから爆薬と導火線を取り出した。木製の台座に載った九個の高濃縮電解槽が一列にずらりと並ぶ光景は、ブリッケンドンベリーでトロンスターとリームがこしらえた模型とそっくりだ。電解槽はそれぞれ高さ約一三〇センチ、直径約二五センチのステンレス製で、先端からゴム管や電線、鉄管が蛇のごとくのたくっている。

この電解槽がどんな機能を果たすかなど自分は知らなくていい――どうやって爆破するかだけ知っていれば充分だ。目の前に並べた長さ三〇センチのソーセージ型ノーベル８０８一八本がその仕事をやってくれる。全部で四キロほどの重さだが、とてつもない一撃をくらわすはずだ。

感電しないようゴム手袋をはめると、ルンネバルグは最初の電解槽に近づき、底部にプラスチック爆薬をはりつけた。しっかりと固定すると、二個目、そして三個目と進んでいく。ブリッケンドンベリーで何時間も練習したかいがあり、何も考えずとも自然と手が動く。

ヨハンセンが両手をあげたまま、しだいにそわそわしはじめた。ルンネバルグの作業を真剣に見つめていたが、とうとう声をあげた。「おい気をつけろ。爆発しちまうぞ！」

「そいつは願ったり叶ったりだな」カイセルがそっけなく言った。

ルンネバルグが九個目の爆薬を電解槽につけ終えた瞬間、背後でガラスの割れる音がした。とっさに銃をとり、カイセルともども音のしたほうをさっと振り返った。

敷地内で兵舎を見張っていたハウケリは、腕の時計をちらりと見た。鉄道門を破って侵入してから二〇分が過ぎた。だがすでに何時間もたった気がする。爆破班は施設内に無事潜入できたのだろうか。作戦は計画通りに進んでいるのか。いつ何どき、見張りの兵士が警報装置を作動させ、サーチライトが光り、サイレンが鳴り、機銃掃射が始まるともかぎらない。いま自分にわかるのは周囲のようすだけだ。暗闇。発電機の絶えまない機械音。兵舎のぴたりと閉じたドア。視線は構内を巡回する兵士の姿を探している。いつでも敵を倒せるようクロロホルムのアンプル数本も用意した。だがこれまでのところ人影ひとつ見かけない。

母国のために戦った最初の数週間のことが、ふと頭をよぎった。あのときはオスロの一〇〇キロ北にいて、ドイツ兵が占拠した木造家屋を集団で取り囲むノルウェー兵のひとりだった。ドイツ兵らが降伏を拒むと、ハウケリたちは一斉に家屋に向けて発砲した。壁は薄く、家屋は銃弾の雨を浴びてバラバラに壊れ、あっという間にひとり残らず兵士は死んだ。死体が割れた窓にぶら下がり、血の海となった床に転がった。戦争とはむごたらしいものだ。目の前の兵舎にいる兵士たちも、自分のトミーガンと手榴弾の集中砲火を浴びたなら、ひとりとして生き残れはしないだろう。

一分一分がやけに長く感じられ、何かよくないことが起きたのかとしだいに胸がざわつきはじめた。掩護班の誰もが銃に弾丸を込め、いつでも手榴弾のピンをひける態勢で、爆破班が仕事を終えるのを待っていた。

割れた窓ガラスをストロスハイムはさらに銃の台尻でこづいた。我に返ったルンネバルグが慌てて駆け寄り手を貸した。ストロムスハイムとイードランは、結局力ずくで高濃縮室に押し入ることに決めたのだ――そして間一髪で仲間に撃ち殺されるところだった。

ストロムスハイムが通れるよう、ルンネバルグは急いで残りのガラスを取り除いた。そのとき、慌てたせいで右手の指をガラスの破片ですぱっと切ってしまった。ルンネバルグはイードランに向き合うと、そのまま外にいて、割れた窓から光が漏れないよう、おまえの体で塞いでいろと指示した。光が見えたら警備兵らがすっ飛んでくるに違いない。

それからルンネバルグとストロムスハイムは再び電解槽に爆薬を仕掛けにかかった。手分けしておこなったので作業は早く完了し、何もかもきちんとセットしたかをもう一度確認してから、長さ一二〇センチの導火線を爆薬に取りつけた。火をつければ毎秒一センチの速度で燃えるので、部屋を出るまでにきっかり二分の猶予がある。

ストロムスハイムは、爆薬に火をつけるのに三〇秒の導火線を二本使ったらどうかと提案した。それなら自分たちが部屋を出たあとに誰も火を消せないだろう。「最初に二分のやつに火をつけて、問題がないか確認すればいい」とルンネバルグが言った。「それから短いやつに点火して逃げるんだ」。ストロムスハイムはわかったとうなずいた。

三〇センチの導火線を接続していると、ヨハンセンがいきなり大声をあげたので、全員の集中が途切れた。「メガネはどこだ？　あれがないと困るんだ」。ルンネバルグがヨハンセンをちらりと見た。ヨハンセンが続ける。戦争のせいで替えのメガネが手にはいりにくいので、後生だから探させてくれ。このあまりに場違いな頼みに工作員らは呆気にとられた。この大事な瞬間を迎えるために、これまでどれほど多くの人間が苦しみ、自らの命を危険にさらしてきたというのか。それこそ命を落としたものさえいるというのに。なのに、ここに来てメガネはどこかと訊かれるなんて。

ルンネバルグは立ちあがると机を探した。そしてメガネケースを見つけてヨハンセンに手わたすと仕事に戻り、絶縁テープで導火線をひとつに束ねた。ガラスで切った傷から血がしたたり、右手袋が赤く染まる。

「メガネがはいってないよ」ヨハンセンが泣きそうな声をあげる。

ルンネバルグは振り返った。見るからにいらだっている。「なら、いったいどこにある?」

「さっきはあそこにあったはずだけど」ヨハンセンが机を指さした。「あんたらがはいってきたときは」

ルンネバルグはいま一度机まで行くと、ヨハンセンの日誌のページにメガネがはさんであるのを見つけた。ヨハンセンはおずおずと礼を言った。

作業が終わりに近づくとルンネバルグは、すぐに脱出できるよう地階のドアの鍵をあけて、ドアをわずかにひらいておくようストロムスハイムに命じた。ヨハンセンが首に下げていた鍵を指さし、それを受けとったストロムスハイムは部屋を出た。それと同時にカイセルが、爆風を浴びないようヨハンセンを部屋から引っぱりだした。三人が広い廊下を横切っていると、吹き抜けの屋内階段を降りてくる足音が聞こえる。すわドイツの警備兵か?

カイセルとストロムスハイムはさっと階段に銃を向けた。次の瞬間、自分たちが狙いを定めたのはドイツ兵ではなく夜勤の主任だとわかった。肝をつぶしたオーラヴ・インゲブレッツェンは、うめき声を立てて両手をパッとあげた。カイセルがふたりの人質を見張っているあいだ、ストロムスハイムが地階のドアをわずかにあけた。屋内に一陣の冷たい風が吹き込んだ。

かたや高濃縮室では、ルンネバルグが仕掛けた爆薬の最終チェックをしていた。鉄道門をはいってすでに四五分近く経過している。これ以上ぐずぐずしてはまずい。爆薬をちゃんとセットしてあることを確認すると、血に染まった手袋を抜ぎ捨て、イギリスのパラシュート兵のバッジをわざと床に落とした。それからマッチ箱を取り出すと、手首をひねって火をつけた。

最初に二分のほうの導火線に点火し、それから三〇秒の導火線に点火した。そしてまだ外に立って窓を塞いでいたイードランに、逃げろと大声で怒鳴った。それから頭のなかで秒数を数えながら廊下に駆け出し、ふたりの人質に声をかけた。「階段をあがれ。それから爆発音が聞こえるまで床に伏せて口をあけておくんだ。さもなきゃ鼓膜が破れるぞ」

ヴェモルクの従業員ふたりは階段を慌てて駆けのぼり、かたや工作員三人は地階のスチールドアを押して外に出た。カイセルが後ろ手に勢いよくドアを閉め、男たちは全力疾走で工場をあとにした。走っている途中でイードランが合流した。

二〇メートルほど離れたとき、くぐもった衝撃音が聞こえ、高濃縮室の割れた窓ごしに炎が噴きあがるのが見えた。任務を完了して興奮状態の男たちは線路をめざしてひた走った。


遠くでかすかな物音がしてハウケリとポウルソンは目を見合わせた。「おれたちの目的はあれか？」ポウルソンが尋ねた。工場の地階から光が射していることから窓が割れたのは間違いないが、破壊工作が完了したとはかぎらない。ふたりは兵舎に目を戻し、あいかわらずひそひそ声で話し合った。高濃縮室は分厚いコンクリートの壁の奥にあるし、風や発電所の機械音で爆破の音がかき消されてもおかしくない。それでも別の考えがむくむくと頭をもたげた。何か問題が起きたのだろうか？

急に不安になった瞬間、兵舎のドアがあいて雪面に光の弧が射した。警備兵がつかの間戸口に立って左右を見やると、凍てつく戸外に一歩足を踏み出した。分厚いコートをはおっているが、丸腰でヘルメットもかぶっていない。それでもこの晩初めてポウルソンはトミーガンのコッキングハンドルを引き、ハウケリは手榴弾の安全ピンの輪に人差し指をかけた。

警備兵が次に何をするか、ふたりは固唾をのんで見守った。

何の警戒心もなさそうに、兵士は兵舎から水素工場までの五〇メートルをのんびりと歩いていった。工場の建物を見上げて、それから周囲を見まわす。たとえ地階の割れた窓から射す光が見えたとしても、この兵士には何の反応もなかった。まもなく兵舎に戻ると、警備兵はなかにはいってドアを閉めた。ひょっとしたら、さっきの音を野生動物が地雷にかかったか、溶けた雪が落ちた音と思ったのかもしれない。

すでに爆破班はフェンスにあけた穴から線路に逃げたはずだとハウケリは推察した。彼らから何の合図もないが、これだけ時間が立てば充分逃げられるはずだ。撤退するぞとポウルソンに言おうとしたそのとき、兵舎のドアがまたも勢いよくひらいた。

今度はスチールヘルメットをかぶり、ライフルを手にした警備兵がひとり現れた。兵舎から足を踏み出すと、ハウケリとポウルソンのいる場所の近くを懐中電灯で照らした。ポウルソンは引き金に指をかけて狙いをつける。兵士はほんの一五メートルほど先だ。一発で倒せるだろうし、あわよくばほかの兵士に気づかれずにすむかもしれない。兵士は弧を描くように懐中電灯を振りながら、ふたりが隠れる貯蔵タンクの裏にゆっくりと近づいてくる。

ポウルソンはハウケリを振り返った。その顔は明らかにこう訊いている。「撃つか？」。ハウケリは首を横に振ると小声で言った。「だめだ」。やむをえない場合でないかぎり殺すつもりはない。懐中電灯の明かりで自分たちの姿があらわになるまで待つのだ。兵士がまたも懐中電灯を振ると、光の筋が雪面をじりじりと近づき、いまにもふたりの足先に触れそうになった。ポウルソンは短機関銃で男に狙いをつけた。そのとき兵士はくるりと向きを変えた。そして敷地をもう一度ちらりと見ると兵舎に戻っていった。

ハウケリとポウルソンはもうあと一分待ってから、仲間と落ち合うべく鉄道門めざしてまっしぐらに走った。

着いたとたんに暗闇から「ピカデリー！」と声がした。「レスタースクエア」と合い言葉を返すはずが、口をひらく前にヒェルストルプとヘルバルグが現れた。

「ピカデリー！」訓練の染みついたヒェルストルプがせっつく。

「るせえ、だまれ」ハウケリとポウルソンが笑いながら答えた。ここまでうまくいってふたりとも気分上々だ。ルンネバルグにカイセル、ストロムスハイム、イードラン、ストールハウグの五人はすでに線路をくだっているとヘルバルグが教えた。ハウケリは門を閉じると鎖をもと通りにかけておいた。どの方向に逃げたかドイツ兵に隠しておければ――たとえ数秒でも――だいぶ違うはずだ。

四人が線路を二〇〇メートルほどくだったところで最初のサイレンが鳴った。警報が聞こえたことで皆の足が自然と速まり、すぐにルンネバルグたちに追いついた。男たちは握手を交わし、互いに背中を叩き合った。作戦は成功した。しかも一発の弾丸も撃たず、手榴弾も投げずにだ。自分たちですら信じられない。

それでも祝っている時間はない。谷にサイレンが響きわたるなか、男たちは峡谷に向かって突進した。怪我をするのも恐れずに南壁を猛スピードでくだっていく。とにかくここから逃げ出したかった。登ってきたルートよりわずかに緩やかな斜面をヘルバルグが見つけ、一行は湿った重たい雪の吹き溜まりを泳ぎ、岩棚から岩棚へ飛んだり跳ねたり這ったりしながら下りていく。たまにまた登らねばならない場所もあったが、おおかた峡谷を着々とくだっていった。

移動しながらルンネバルグは逃げきれる見込みについて考えた。吊り橋もわたらず水圧管路沿いに逃げてもいないのだから、警備兵らは自分たちがまだ敷地内にいると思うかもしれない。それでも足跡が発見されるか、壊れた南京錠が見つかれば話は変わる。どれくらい追っ手を離しただろう？　ドイツ軍に犬はいるのか？　リューカンからいつ部隊が到着するのか？　どこに配置されるのか？　谷の北側？　クロッソバーネンの麓《ふもと》？　なんで工場のサーチライトはまだつかないのか？　どれひとつ答えの出ないなか自分たちにできるのは、とにかく一斉捜査が始まる前に大至急移動し、ヴェモルクからできるかぎり遠くに逃げることしかない。

谷底にたどりつくと、モーナ川にかかるアイスブリッジの表面に深い水溜まりがいくつもできていた。ヘルバルグが先にわたり、あとの者も続いたが、わたりきるころには全員のブーツがずぶ濡れになった。

峡谷の対岸の崖下に着くと、木の根や大岩、幹や枝など、見つけたものに手当たりしだいにしがみつき、体を持ちあげ登っていった。今度もまた汗で服がぐっしょり濡れて、体にぺたりとはりついた。喉も渇いてひりつくが、それでも一心に登り続ける。

やっと道路に出て後ろを振り返ると、ヴェモルクから一五〇メートルほど離れた線路沿いに懐中電灯の光が揺れている。すでにどっちに逃げたかバレたのだ。一刻も早くここを離れなくては。


そのころヴェモルクでは、主任技師のアルフ・ラーセンが、蝶番のはずれて吹き飛んだスチールドアをまたぎ、真っ暗な高濃縮室のなかを懐中電灯で照らしていた。何もかもめちゃくちゃだった。二列に並んだ重水槽、というよりその残骸が妙な角度にひん曲がって床に転がり、木の台座が木っ端微塵になっている。ポンプは割れて、四方の壁は黒こげになり、窓ガラスも粉々だ。頭上に張りめぐらされたチューブ類もぐちゃぐちゃになっている。さらに飛び散った破片が冷却装置の銅管を切り裂き、部屋じゅうに水がまき散らされている。

その三〇分前のこと、謎めいた失踪をとげたヨーマル・ブルンのあとを引きついだこの三二歳の主任技師は、工場と吊り橋のあいだに立つ社員施設の一角で、長引いたトランプゲームをようやく終えたところで、爆発音を耳にした。午前一時一五分きっかり。急いで水素工場に電話をかけると、しばらくたってから、やっとオーラヴ・インゲブレッツェンとつながった。まだ息も絶え絶えのこの夜勤の主任は、三人の男が工場に押し入り、自分とヨハンセンを人質にとったと説明した。男たちは「自分たちと同じくごく普通に」ノルウェー語を話したが、イギリス軍の制服を着ていたという。「あいつらが工場を吹き飛ばしたんです」とインゲブレッツェンが言った。

背後でサイレンが鳴り響くなか、ラーセンはリューカンにいるノシュク・ヒドロ社の工場長ビャルネ・ニルッセンに電話をかけ、ことの次第を伝えた。ニルッセンは、まず地元に駐留するドイツ軍指揮官と親衛隊将校に連絡を入れてから、大至急、車で工場に行くと答えた。受話器をおいたラーセンはすぐに自分も工場の建物に向かった。

そしていま、水のシャワーを浴びてびしょ濡れになりながら、ラーセンは残骸の散らばる床を歩いて片方の電解槽の列の前まで来ると、かがみ込んで被害の状況を調べた。スチールで被覆された九個の高濃縮電解槽はどれもすべて粉々に割れている。もういっぽうの列も同じだった。一八個の電解槽にはいっていた貴重な重水はすべて流れ出し、部屋の排水溝に渦を巻いて消えていった。どこの誰かは知らないが、この犯人たちは何を破壊すべきか正確に見定め、その仕事をきちんとやり遂げていた。

重水濃縮用電解層の残骸
Norges Hjemmefrontmuseum

第四部

第一九章　じつにあっぱれな仕事ぶり

道路脇の雪堤の陰に九人の工作員が隠れた瞬間、リューカンの方角から一台の車が現れ、目の前を通り過ぎた。車がカーブを曲がって見えなくなると、男たちは冷たい雪解け水で川のようになった道路をわたりはじめた。最後のひとりがわたり終わったとたん、今度はまた別の車が猛スピードで走ってきた。ヘッドライトを避けて男たちは一斉に道路脇の側溝に飛び込んだ。これからこの道を、大勢の兵士を乗せたトラックがぞくぞくと通るに違いない。

物資を隠しておいた場所を見つけると、男たちは白の迷彩用スーツを再び身につけ、装備を回収し、それからスキーをはくと、送電線下の凍った道をリューカンに向かった。道案内はポウルソンとヘルバルグが務める。地元っ子のふたりは、市街に住む家族のことに思いをめぐらせていた。ナチスはこの襲撃の報復に何をするつもりだろうか。リューカンの街にこっそり戻って、親きょうだいと夕食を囲み、必要とあらば家族を守るのはわけないことだ。自分たちが破壊工作に加担したことは誰も知らない。姿も見られていない。けれど、そんな夢物語を頭から締め出して、ふたりはクロッソバーネンをめざしスキーを駆った。

サイレンが鳴り続けるなか、眼下の道路を一台のトラックが猛スピードで走りすぎた。リューカンのドイツ人たちはいまごろ蜂の巣をつついたような騒ぎのはずだ。ロープウェーの下を通って逃げると疑われたらおそらく捕まるだろう。山麓駅の脇からリーエス・ロードにはいるのは危険すぎる。そこで送電線沿いに二キロ半ほどくだったところで、スキーを脱いで肩にかつぎ森にはいった。しばらく歩くと、勾配のきついジグザグのリーエス・ロードに出た。長丁場の作戦で疲労もたまり、スキーや装備の重みでつぶれそうになりながら、まだこれからハルダンゲル高原に出るため、垂直に近い斜面を一キロ近く登らなければならないのだ。すでに午前二時をまわっている。夜が明けるまでの五時間のうちにヴェストフィヨルド谷の尾根に出て、できるかぎり遠くまで行きたかった。一五分ごとにスイッチバックしながら、きつい傾斜を足を引きずるように登っていく。男たちは一列縦隊になり、なるべく前の者の足跡をたどった。つるつる滑りやすい場所もあれば、深雪に沈む場所もある。曲がり角に来るたびに短い休憩をとり、そしてまた先に進んだ。

ヴェストフィヨルドの北壁を四分の三ほど登った地点で、男たちはとうに疲労の限界を超えていた。いまはただ意志の力と捕まることへの恐怖だけが体を前に押し出している。遅れる者がいれば誰かがペースを合わせて励ました。木立の隙間から、ときにヴェモルクが、ときにクロッソバーネンの山麓駅が見え隠れする。妙なことに、いまだに投光機が工場周辺を照らしておらず、ケーブル駅も真っ暗だ。とはいえドイツはすぐにもクロッソバーネンに部隊を送り、ロープウェーの頂上駅で自分たちを包囲するつもりかもしれない。そうなったら激しい撃ち合いになるだろう。

登りはじめて四時間、スイッチバックもあと残りわずかとなった。それでも頂上駅を避けるため一行は再び森に引き返し、さらにきつい道のりを進んだ。そうしてとうとう尾根に出た。だがほっとするのもつかの間、すぐにまたスキーをはいた。強風が顔を叩き、気温が急激に下がりはじめた。嵐が近づいている。一行はハルダンゲル高原の広大な丘陵地に足を踏み出した。そして夜が白々と明けるころ、ルンネバルグはようやく休憩をとった。男たちは山腹に腰を降ろしてひと休みした。チョコレートに干しぶどう、クラッカーを口に入れ、ヴェストフィヨルド谷を黙って見おろす。頭上には銀色を帯びた青い雲がかかり、南東にはガウスタ山のそそり立つ頂が、昇る朝日に赤々と縁どられている。鳥が一羽、どこかで鳴いている。

男たちはしばしくつろぎ、自分たちの任務を振り返った。作戦を終え、ここまで命あってたどりつけたことに皆、一様に驚いていた。さて、これから先は自分の身の振り方を考えねばならない。

ヘルバルグはまずスキーでフォースブーダーレンの小屋に戻り、リュ—カンで偵察した際に使った私服とパスポートを回収してくることにした。他の者はフェッテルに置いてきたので、途中でランゲショー湖に寄って休憩してからフェッテルに向かうことにした。ヘルバルグもフェッテルで仲間と合流することにした。何か問題が起きた場合は、一週間後にオスロのカフェでポウルソンとヘルバルグが落ち合うことに決めておいた。別れの挨拶もそこそこにヘルバルグはスキーで去った。

ほかの者はランゲショー湖をめざし、ハルダンゲル高原を北西に進んだ。朝七時ごろ、ついに嵐が到来し、あまりの烈風に立っているのもやっとになった。両手のストックに覆い被さるようにして、一歩また一歩とがむしゃらに進んでいく。ときおり突風にあおられ、仰向けにひっくり返りそうになる。急激に気温が下がったため雪がカチコチに固まって滑りやすくなり、進むのがなおいっそうきつくなった。しかし、嵐にもひとつだけありがたいことがある。自分たちの足取りをきれいさっぱり消し去ってくれることだ。何時間も悪戦苦闘で進んだあげく、ようやく湖の縁に小屋が見えてきた。

なかにはいるとザックを脱ぎ捨て、全員がどっと床に崩れ落ちた。それでもまぶたが閉じないうちに、作戦の成功を祝って、とっておいたアッパーテン・ウイスキーで乾杯した。もう見張りを立てる必要はない。ナチスがこんな嵐のなか高原に足を踏み入れることなどまずありえない。それでも寝袋のなかでまどろみながら、ポウルソンはどこか複雑な思いでいた。たしかに作戦がこんなにうまくいったのには満足している。それでも、この五カ月ものあいだ、ひたすら過酷な状況に耐えてきたというのに、ものの数時間ですべてが終わり、敵と一線交えることすらなかったのだ。母国を侵略した奴らに骨のあるところを見せられず、いささか拍子抜けした気分でもあった。

男たちは一八時間近くぶっ通しで眠り、猛る嵐がわめくなか夢の淵をさまよった。朝になっても嵐はまだ吹き荒れていたが、それでも一行はフェッテルに向けて出発した。高原のもっと奥深くに行きたかった。突風が岩や尾根からはぎとった氷雪のつぶてが、前進する男たちの顔や体に容赦なくぶちあたる。まったくこの高原の烈火の形相と比べたら、ナチスですらかわいく思えるほどだ。

爆破の報告を受けて三〇分後、ヴェモルクへの道を疾走する車に乗った親衛隊少尉ムッゲンターラーは、道路脇の雪堤に隠れた九人の工作員をうっかり見逃がした。元はミュンヘンの警察官だったムッゲンターラーは、リューカンにおけるフェーリスの右腕として、情報収集と抵抗組織の解体をまかされている。重要産業施設の襲撃は彼にとってゆゆしき事態なのだ。

工場に着くと、すぐにビャルネ・ニルッセンとアルフ・ラーセンから水素工場の地階に案内された。冷却装置のポンプはすでに停まっているが、床はすっかり水浸しになっていた。電解槽にはいっていたすべての重水が流失し、高濃縮設備の再建には数カ月はかかるだろうとラーセンが報告した。

次にムッゲンターラーは工作員の侵入路と脱出路を調べるため、ニルッセン、ならびにドイツ警備兵を率いる上級曹長グラーゼとともに鉄道線路に向かった。鉄道門のそばで、切断された錠と大バサミが雪に埋まった状態で見つかり、線路沿いに血の跡が点々とついている。警備兵らが工作員の行方を探しているが、いまとなってはどの方向に逃げていてもおかしくない。ヴェストフィヨルド谷の南壁をさらに登ったか、リューカンをめざしたか、はたまた峡谷をくだり北壁を登ったか。あと数時間はまだ真っ暗なので、リューカンの部隊を叩き起こして雪に覆われた森林を探させたところで、おそらく徒労に終わるだろう。

工場に戻ったムッゲンターラーはさっそく尋問を開始した。最初はヨハンセンと、工作員に遭遇した夜勤の主任からだ。次にラーセンを長々と問いただした。テーブルに拳銃を置いて、ときどき手でいじくりながら、自分に嘘をついた者がどんな目に遭うかを露骨に示した。一見すると、状況は単純明快に見えた。イギリス軍の制服を着て、流暢なノルウェー語を話す、銃で武装した三人の男が高濃縮施設に侵入した。連中はこの施設のことを熟知していた。効率よく爆薬を仕掛け、一発も銃を撃つことなく逃げおおせた。これはおそらく素人の仕業ではない。このことは、巡回中の警備兵が爆薬と起爆装置のはいったザックを見つけると、いよいよ間違いないと思われた。

だがいったい誰が彼らを手引きしたのか？　しかもどうやって？　そして工作員らはいまどこにいるのか？　その答えをムッゲンターラーは是が非でも見つけねばならない。その日のうちにムッゲンターラーはヴェモルクの作業員数人を逮捕した。そのなかには襲撃時にたまたま居合わせたヨハンセンとインゲブレッツェンの顔もあった。さらに尋問を受けるべく大勢の地元住民が親衛隊の本部があるリューカンのグランドホテルに連行された。ところが、せいぜい聞き出せたのは「ノルウェー語を話す屈強な三人の男」といった特徴くらいで、たいして役に立たないものだった。

それでも一軒一軒しらみつぶしの捜査がはじまった。身分証が確認され、谷につながる道路と鉄道駅が封鎖された。電話も止められた。リューカンじゅうの壁や標識に貼り紙がはられ、犯人逮捕につながる情報をもつ者はただちに当局に届け出るよう住民に通達がくだった。従わない者には「厳しい強制措置」がとられることになる。

工作員を追っていた兵士たちは工場から一キロほど離れた場所で、峡谷を下りた形跡と、さらに反対側の壁を登って送電線下に出た形跡を発見したが、そこから先の足取りは凍てつく暗い谷にいまも吹き荒れる嵐が跡形もなく消していた。工作員らは間違いなく熟練のスキーヤーだ。ハルダンゲル高原まで逃げたとしたら、この天候が続くかぎりドイツ兵には手も足も出ないだろう。

ムッゲンターラーはオスロの上官にこの破壊工作と尋問の結果を報告した。その後、ベルリンの親衛隊本部には、イギリスの諜報機関とノルウェーの抵抗組織による攻撃を受けて「戦争経済にとって重要な産業施設が破壊された」との報告が送られた。続けて報告書には、襲撃者は「工場の最も重要な一画」を標的としたと書かれていた。ムッゲンターラーが援軍と今後の指示を待つあいだ、リューカンの街じゅうに、工場長のニルッセンをはじめとする町の有力者のリストが貼られた。今後また襲撃があれば、リストに載った者を銃殺刑に処すとの通達だった。

その翌日、三月一日の朝早く、吹雪のなかをファルケンホルスト将軍がじきじきに工場に乗り込んできた。工場内の警備を担当するのは自分の部下であり、彼もまた答えを突きとめたかったのだ。すでに国防軍の上官には事態を伝え、ノルウェーじゅうの将校に今後の襲撃に備えるよう通達を出してある。高濃縮室の残骸を目にしたファルケンホルストは、「じつにあっぱれな仕事ぶりだ」とつぶやいた。襲ったのはどう見ても軍人に間違いない。

ただし犯人の仕事ぶりを褒めたからといって、警備の者への怒りがおさまるわけではなかった。ラーセンをはじめ数人のノルウェー人の目の前で、将軍は部下、とりわけ上級曹長グラーゼと警備主任のネスラーを叱りとばした。「お宝の箱を持ってたら周りをぐるぐるまわるんじゃない。武器を持って蓋のうえにずっと座ってろ！」。それから凍った道をたどり、工作員の侵入した鉄道門の近くまで見にいった。ファルケンホルストがグラーゼとその部下たちを振り返ると、全員揃って分厚い毛皮のコートにすっぽりくるまり、寒気を避けて帽子を目深にかぶっている。将軍は思わず怒鳴りつけた。「おまえらみんなサンタクロースか？　そんなに着ぶくれてちゃ工作員など見えも聞こえもしないだろうが！」

水圧管路沿いは地雷をすでに埋設したが、鉄道路のほうはまだ終わっていなかったとグラーゼが慌てて弁解した。

「なんで終わってない？」ファルケンホルストが噛みついた。

「人手が足りなくて」

「人手だと？　ロシアじゃその手の仕事は女を使ってやらせるぞ」

グラーゼは必死で工場の警備態勢を並べたてた。フェンスには有刺鉄線を巻き、吊り橋の警備兵を二名に増やし、機関銃巣を設置し、投光機を用意してある。

「ならつけてみろ」ファルケンホルストが命じた。

グラーゼは照明をつけるよう警備兵を送った。数分がたった。だが照明はいっこうにつかない。ファルケンホルストはしびれを切らし、足をどすどす踏みならした。グラーゼは工場の作業員にようすを見てくるよう指示した。するとさっきの兵士はなんとスイッチの場所を見つけられずにいたのだ。

ファルケンホルストは怒り心頭でヴェモルクをあとにした。グラーゼと警備兵数人をロシアの前線に送るよう命じ、自ら率先して警備対策を大幅に見直すことにした。またリューカンでは逮捕された大半の者を釈放するよう命じ、地元住民にはいかなる報復もおこなってはならないと釘を刺した。ヴェモルクの襲撃は軍による作戦であり、報復目的の殺生をしても意味はない。工作員と、彼らを助けた者全員の捜索を開始し、親衛隊中佐フェーリスにその指揮をとらせる。工場に関しては、これを更地にするか再建するかは、ヴェモルクの生産物を欲しがるドイツの科学者たちが決めることだ。

その同じ日にオックスフォードから早朝の列車でキングストン・ハウスに戻ったライフ・トロンスターは、ＢＢＣモニタリング（世界のメディアに関する情報を収集・公表するＢＢＣの一事業。第二次大戦中に枢軸国の無線交信を分析すべく一九三九年に設立）から一通のメモを受けとった。それはスウェーデンのラジオ放送を聞きとったもので、冒頭部分は抜けているが、それでもオフィスじゅうがお祭り騒ぎになるに足る内容のものだった。「……がノシュク・ヒドロ社の産業施設に仕掛けられた。被害は広範囲にわたるとされ、襲撃を受けた区画は完璧に破壊されたと思われる。襲ったのはイギリス軍の制服を着たノルウェー語を話す兵士で、現在、捜索がおこなわれている」

ナチスの原爆計画に一撃を加えたのは確実のようだったが、トロンスターはもっと詳しいことを知りたかった。

その日はまさしく特別な日となった。ロンドンに無線通信が届き、オッド・スタルハイムの部隊が七〇〇トン級の沿岸蒸気船トロムスン号を乗っ取り、アバディーンに向かったとの連絡がはいった。イギリス海軍がトロムスン号の護衛に駆逐艦を送り、脱出を阻むドイツ機がいれば迎撃すべく空軍の戦闘機も向かっているところだという。ここまでくればあとはヴェモルクの工作員とカーハンプトンのコマンドたちが無事に帰還することだけがトロンスターの願いとなった。

雪と横殴りの風で視界がきかないなか、ポウルソンを先頭に男たちはハルダンゲル高原をフェッテルに向かって進んでいた。その日早くに嵐のなか出発するも、いったん引き返さざるをえず、嵐が和らいですぐにまた出かけたのだ。フェッテルの小屋にやっと到着すると、風がまた一段と強くなった。それから三六時間、小屋にとどまっていたのだが、ヘルバルグはいっこうに現れない。あいつほどピンチに強い奴はいないとポウルソンはよく言っていたが、今度ばかりは嫌な予感がする。吹雪で身動きがとれないのか、あるいは敵に捕まったか。

空が晴れてくると、八人の男たちは北のスクリッケン湖に向けて出発した。事前に決めておいたとおり、ルンネバルグは道中の小屋にハウグランへの伝言を隠しておいた。あとからハウグランが取りにきてロンドンに送る手はずになっている。「高濃縮施設は完全に破壊された。全員無事。戦闘は発生せず」

ノルウェーに来て最初にガンナーサイド隊が幾晩かを過ごした小屋、ヤンスブーに着くと、一行はここで解散することに決め、食料や武器、弾薬、衣服その他の物資を分配した。ハウケリをのぞくガンナーサイド隊全員は一〇日間かけてスウェーデンとの国境をめざす。いっぽうハウケリとヒェルストルプは、レジスタンス組織を結成するため南西に向かう。そしてポウルソンは東に向かいオスロに出て、願わくばそこでヘルバルグと落ち合う予定だ。

翌日の三月四日、ガンナーサイド隊の五人が最初に出発した。万一捕まったときに備え、あいかわらず白の迷彩服の下にイギリス軍の制服を着ている。別れ際に男たちは握手を交わし、互いの幸運を祈った。ルンネバルグが行こうとすると、ハウケリが声をかけた。「ウィルソン中佐とトロンスターによろしくな。何があってもおれたちでなんとかすると伝えてくれ」。ハウケリが副官にふさわしいか疑ったのも、いまとなっては遠い過去の話だ。ふたりは一丸となって、まさに非のうちどころのない作戦をまとめあげたのだ。

次に出発するのは、わずかな物資をザックに詰めた私服姿のポウルソンだ。ハウケリの手をがっちり握ると、互いに幸運を祈った。それからヒェルストルプに向きなおった。ふたりは想像を絶する危険で過酷な数カ月をともに乗り切った仲だった。「あの重たいバッテリーを、おまえが霧と雪のなか何キロも運んできた日を覚えてるか？」ポウルソンはそう言いながら、胸にぐっと来るものをこらえた。「戻ってきたとき、おまえ雪だるまかと思ったぞ」

「ぼくもそんな気分だったよ」ヒェルストルプが答えた。

「じゃあな、アーネ」ポウルソンが言った。「さらばだ。幸運を祈る。すぐには会えなくても、この戦争が終わったらまた会おうぜ」。そしてスキーをはくと走り去った。

ポウルソンの姿がはるか遠く大地の白に消えるまで、ハウケリとヒェルストルプは黙って見送っていた。ふたりきりになると、何だかやけに心細くなってきた。ポウルソンの奴、ひとりだからなおさらだろうな。

五〇キロ近くスキーで走り、冷えきった小屋でひと晩過ごし、ろくなものも食べていないポウルソンは、ただただ、ふかふかのベッドでぐっすり眠りたいと願っていた。なので道路沿いのちっぽけな宿屋から漏れる暖かい明かりの手招きに、ついふらふらと釣り込まれた。ヴェモルク襲撃の際に自分は誰からも見られていないので、人相は割れていないはずだ。しかも「イェンス・ダーレ」名義の偽のパスポートも持っている。せめて温かい食事に一回でもありつけるなら、危ない橋を渡るかいもあるってものだ。そう腹をくくった。

ポウルソンは宿屋にはいった。暖炉では火がパチパチとはぜ、キッチンのほうから魚とジャガイモのおいしそうなにおいが漂ってくる。受付のカウンターにあったキスリングの新聞『フリット・フォルク』が目にはいって一瞬ひるんだが、室内の心地よさに気分もほどけた。

「休暇でいらしたんですか？」宿屋の主人が訊いてきた。

「ああそうだ。スキーにはもってこいだね」ポウルソンが答えた。客はほとんどいないようだ。夕食をすますとさっさと二階の部屋に引きあげた。温かい風呂にはいり、服を何枚か洗濯すると、下着姿でベッドにごろりと寝ころんだ。ハルダンゲル高原に数カ月もいたせいで、粗末なこの部屋でもこのうえなく贅沢な気分だ。そのとき階下で声がした。そっとドアをあけてようすをうかがうと、ふたり組の男が、このホテルに誰が泊まっているのか尋ねている。それから、どかどかと階段を駆けあがる音がした。ポウルソンはドアを閉めて慌ててズボンとシャツを着ると、一瞬、窓から飛び降りようかと考えた。そのときドアをコツコツ叩く音がした。右ポケットに拳銃をねじ込みドアをあけた。小顔に出っ歯が目立つ巡査部長が部屋にはいってきて、その後ろから助手らしき体格のいい若者が続いた。巡査部長はポウルソンに身分証を見せるように言い、そのあいだ助手が部屋を注意深く見まわした。その視線をポウルソンが追いかける。干してある衣服、それから床に半開きで転がるザック。まずいことに、なかにはクレイバルグ口糧、地図、チョコレート、さらにはイギリス産のタバコまではいっている。巡査部長がパスポートを調べるあいだ、ポウルソンはポケットの拳銃に手を置いたままベッドの縁に腰かけていた。どちらかの警官がザックを調べようとしたら、ふたりとも撃つつもりだ。

助手が床にあったすり切れた寝袋のほうに歩いていくと、その質の高さを褒めた。寝袋の内側にはイギリス製と書かれたラベルが縫いつけてあるが、助手はそこまでじっくりとは見なかった。

「何を探してるんです？」ポウルソンが尋ねた。手のひらがじっとりと汗ばんでくる。

「ヴェモルクで何やら起きたらしい。工作員が水素工場を襲ったそうだ」巡査部長はそう答えると、パスポートを返した。そして、この一帯のよそ者を調べるようドイツから言われているのだと説明した。

「見つかるといいですね」ポウルソンが言った。

「いいや」と巡査部長。「奴らはたぶん武器をもってるからな……だったら鉢合わせするのはご免こうむりたいね」。邪魔したことを詫びると、警官たちはドアを閉めて引きあげた。ポウルソンは銃から離した手をそっとポケットから出した。

いま宿屋を抜け出すとおそらく怪しまれるだけだ。そこで、身支度をして荷物をまとめると、手もとに銃を置いたまま羽布団にくるまって眠りについた。

無線装置一式とユーレカを背負ったアイナル・シンナルランは、フェッテルから二四キロ北西にあるスコールブーという小屋に向かっていた。とにかく休みたかった。この三日間、連日ハルダンゲル高原を耐久レースのごとくスキーで往復しては、食料や装置、武器をせっせと小屋に運んでいた。ここを自分とハウグランの当座の拠点にするつもりなのだ。とはいえ作戦の結果についていて、ガンナーサイド隊からいまだに何の連絡もない。事前に決めておいた秘密の受け渡し場所をハウグランが見にいったが、三月六日の今日が昨日と同じならメモは置いていないだろう。

凍った湖をわたりスコールブーに向かっていると、雪にふた組のスキー跡があるのが目にとまった。小屋の前まで来ると、壁にスキーが立てかけてある。するといきなりドアがあいて、ヒェルストルプとあとひとり、見知らぬ男が出てきた。それからクヌート・ハウケリを紹介され、そしてヴェモルクについての嬉しいニュースを教わった。工場を偵察する二重生活を送るようになって、もうすぐ一年になる。家族や助けてくれた友人たちに自分が艱難辛苦をもたらしてから、もうすぐ一年。とうとう作戦が実行されたのだ。この瞬間をシンナルランはただ静かに喜んだ。数々の犠牲も無駄ではなかったのだ。

小屋にはいるとシンナルランはコーヒーを沸かした。ハウケリとヒェルストルプは作戦当夜のことを話してきかせ、その後は、これから先のことに話がいった。三人ともレジスタンスを組織するために身を挺してノルウェーにとどまるつもりだ。

真夜中近くに戻ったハウグランは、ひどくご機嫌斜めだった。ついさっきまで何時間も雪を掘って、作戦の結果を伝えるガンナーサイド隊からのメモのはいったブリキ缶を探しまわっていたのだ。なのにそのあいだ、ハウケリとヒェルストルプがずっとこの小屋にいたなんて。友に会えたのは嬉しかったが、まずは教えてほしかった。何が起きたのか？　どうして連絡が遅れたのか？　ほかのみんなはどこなのか？　「心配するな、クヌート。まあ落ち着け」そう言うとハウケリは両足をテーブルにドンと投げだした。それからちょっと間をおいて「すべて計画どおりにいった」。それを聞いたハウグランは足を踏みならし歓声をあげて踊り出し、たちまち小屋じゅうに踊りの輪が広がった。

それから男たちはホームステーションに送る電文をつくった。どんなに首を長くしてトロンスターとウィルソンがこの知らせを待っていることか。さっそくハウグランが無線機で送信しようとしたのだが、どうやらシンナルランが運んだ際にどこか壊れてしまったらしい。おそらく修理が必要だろう――だがとにかくいまはっきりわかっているのは、すぐにも一斉捜査が始まるということ。いや、すでにもう始まっているかもしれない。「ドイツの奴ら、いまごろかんかんに怒ってるだろうな」ハウケリが言った。「山の奥までしらみつぶしに探すだろうよ」

「田舎の百姓や工場の作業員が、こんな山のなかで使い物になるもんか」ヒェルストルプが鼻で嗤った。それでも身を隠さなければならない――それも周到に。

三月七日の正午、スウェーデンへの前進を始めて四日目。ルンネバルグと仲間は農家の角部屋に身を潜め、スキーをはいた男が周辺から姿を消すのを待っていた。一分一分がやけにゆっくりと過ぎていく。見ていると、男は農家からほんの一〇メートルほど離れた小屋にはいり、それからゆうに一時間はそこにいた。男が小屋を立ち去ると、一同はようやく胸を撫でおろした。午後六時になって一行も腰をあげた——ハリンダルの長い谷を越えるために夜が来るまで待っていたのだ。

最初に木立を抜けて進むのは造作もなかった。ひとりがスキーで先回りして偵察し、これから進む道に誰もいないことを確認する。だがしだいに勾配がきつくなり進むのがつらくなった。とくにルンネバルグはしんどそうだ。怪我をした手がひどく腫れている。それでも仲間には何も言わなかった。

木材を運ぶ道に出ると、道沿いに谷底にくだり、川面の氷塊を点々とたどってハリンダル川をわたろうとした。ところが途中で氷が割れたため、やむなく土手に引き返した。ボートを一艘見つけたが、使えば人目《ひとめ》を引く恐れがあるので、仕方なくそのまま歩き続けた。さらに北にいくと、対岸まで伸びたアイスブリッジが見つかったのでそこをわたった。

それから谷の東壁を登っている途中で一行は木立の迷路に迷い込み、鬱蒼とした森の闇のなか方向を見失った。それでもジグザグに登っていくと、ようやく谷の東壁のうえに出た。それからスキーをはいて数キロ走り、湖のほとりで止まった。ズボンもブーツもぐっしょり濡れ、ひと晩移動してきて疲労困憊の男たちは寝袋のなかにもぐずり込んだ。

スウェーデンへの撤退は何日もかかる過酷な旅になると、ルンネバルグはかねてから覚悟していた。銃撃戦に備えて重武装したイギリス軍の制服姿の男が五人。追われる身でありながら、敵の占拠する地域を四五〇キロも移動するのだ。しかも急峻な谷や半分凍った湖沼が続く過酷な土地を、短い距離ならいざしらず、これほど長く旅した者はこのなかに誰もいない。凍える寒さと吹雪に絶えずさらされ、誰もいない空っぽの小屋や空き家となった農家が見つからないときは、たき火もできないまま野宿するしかない。一行は田舎の宿屋や町や橋を避け、ドイツの駐屯地があれば大きく迂回して進路をとった。

この一〇日間におよぶ回り道の旅に備えて、ルンネバルグはイギリスにいたあいだに徹底して準備した。予定では、まずハルダンゲル高原から北西に進み、ハリンダル谷を越えて今度は北東に進み、リレハンメルの町（ナチスの要塞がある）を迂回する。そこから、長い谷を三つ抜けて南東に進み、その後ようやくスウェーデンの国境にたどりつくのだ。一行はシルバ社のコンパスと二五枚の地形図を持ってきた。といっても地図もコンパスも、溶けたアイスブリッジや神出鬼没の巡察隊、ノルウェー人の猟師や視界を奪う吹雪を教えてはくれない。

翌日は風が静まり快晴の空で、一行は低い丘やなだらかな谷を順調に進んでいった。だが日没後には気温が急降下し、強風が吹き荒れ地表の雪を吹き飛ばした。むき出しになったアイスバーンでスキーがガリガリ削られる。今夜もまた無人の農家を見つけると、残っていた小麦粉とパンにありつけた。男たちは、今日一日踏破したルートの地図に火をつけて暖炉にくべる――こうやって祝うのが儀式になった。

六日目、ペースを速めるつもりだったが、予定の目標より数百メートルほどしか先には進まなかった。途中やむなく通った道で、山肌にふたりのスキーヤーの姿が見えた。白の迷彩服姿で武器も丸見えの自分たちを、ドイツの武装スキー部隊と勘違いしてくれるといいのだが。その後、湖に出たが、この先に進むには湖をわたるか、さもなくば湖畔をぐるりと遠回りしなければならない。湖面にはった氷はところどころ溶けているが、かろうじてわたれそうなところが一カ所ある。ルンネバルグが斧を片手に腹這いになり、氷のうえにそろそろと乗り移った。それから前方の凍った湖面を斧で叩き、氷の割れる音がしないか耳を澄ましながら、じりじりと前に進んでいく。氷は薄いが、どうやら自分たちの体重には耐えられそうだ。

第二〇章　一斉捜査

ムッレル通り一九番地では、オーラヴ・スコーゲンが静かにベッドに横たわっていた。体のあちこちにできた痣の虹が刺すように痛む。最後に拷問を受けてから九日と九晩が過ぎた。それでもいつ連中が戻ってくるかと、たえずびくびくしている。奴らのやり口はわかっている。来るのは夜だ。遠くでドアがひらく。廊下を数人がひたひた歩く音がする。鍵がガチャガチャ鳴る。それから部屋の照明がパッとつき、勢いよくドアがあくと奴らが目の前に立っている。

最後は三月一日だった。四人の男にヴィクトリア・テラッセまで連れていかれた。いきなり怒号から始まった。リューカンの地下組織について何か知っているだろう？「何を隠してるんだ？」。男たちの殺気立ったようすから、何か大変なことが起きたとわかった。自分は何も知らないと答えると、リーダーらしき大柄の屈強な男が拳を後ろにひくと、スコーゲンの顔を力いっぱい殴った。その一撃で椅子から転げて床にのびた。意識がすっと遠のいていく。男たちに抱えられて起こされながら、もう一度自分に誓った。ひと言だって話すものか。

それから男たちはスコーゲンの右の臑《すね》にネジ式締め具《クランプ》をはめた。クランプが足の骨にめり込んでいく。それでも訊かれたことに答えずにいると、今度は左臑《すね》にも同じものをはめられた。両方の責め具が肉を切り裂くあいだ、悲鳴をあげまいとしたが、喉の奥から思わずうめき声が漏れた。ロンドン大空襲を前にラジオでチャーチルが語った言葉を、スコーゲンは胸の内でつぶやいた。

あたかも首相が自分に語りかけているかのように――「いまこそが最も輝かしい時なのだ」。両足を痛めつけられても口を割らないことがわかると、拷問者は両腕にも同じ責め具をはめ、腕は風船のように膨れあがった。そのときスコーゲンは気を失った。すると頭からバケツの水を浴びせられ、無理やり目を覚まさせられた。それから左右のわき腹を何度も蹴られ、また気を失った。意識が徐々に戻るあいだ四人のドイツ人がヴェモルクの話をするのが耳にはいった。工場が爆破されたが工作員らはまだ見つかっていないようだ。スコーゲンの顔に一瞬かすかな笑みが浮かんだが、すぐにまた蹴りがはいって体が宙に飛んだ。次に目を覚ますと、もとの独房のなかだった。

三月一〇日のその晩、まだ傷の痛みにうめいていると――片目があかず、両手足はパンパンに腫れている――聞き慣れた足音がした。拷問者たちからは酒のにおいがプンプンする。「これまでおまえにやってきた拷問はまだ序の口だ」ひとりが言った。協力しないとなれば、本物の拷問を教えてやろう。指の爪をはぎ、骨をへし折ってやる。それでも抵抗を続けるなら、口を割るかあるいは死ぬかどっちが先でもかまわないが、それまで壁の釘に吊ってやる。スコーゲンは黙っていた。「その調子じゃ今夜の取り調べは無理か」別のひとりが言った。「だがすぐに回復するだろう。また来るがそれが最後だ」

――ひと言だって話すものか。

「作戦は一〇〇パーセント成功。高濃縮施設を完璧に破壊。ドイツは何も気づかなかったため両者とも発砲せず。部隊がどこから来てどこに消えたかドイツはわかっていない模様」

三月一〇日、待ちに待ったスワロー隊からの報告がトロンスターに届いた。その日のうちにホームステーションに次々と連絡がはいった。ファルケンホルストがヴェモルクを視察したこと、リューカンで多数の逮捕者が出たこと、部隊のうち目撃されたのはわずか三人――すなわち追われているのは三人だけとのこと。そのほかハウケリをはじめスワロー隊の隊員から、ノルウェーで活動を続けることへの正式な命令を求める電文も届いた。

トロンスターはこの最後の要求に胸を打たれた。すでにあれほどの危険をおかしたというのに、ましてガンナーサイド作戦のあとには取り締まりがいっそう厳しくなるのは必至だろうに、あの男たちはかの地に残ってもっと仕事をしたいと言ってきたのだ。トロンスターとウィルソンは自ら伝言をしたためた。「最高の仕事をやり遂げたことを心から祝福する。任務を続ける決断を承認する。健闘を祈る」。それから二日後、チルターン・コートの特殊作戦執行部（ＳＯＥ）にトロンスターは報告書を提出した。推定で六〇〇から七〇〇キログラムの重水（四カ月分の生産量）が廃棄されたと思われる――しかも民間人に甚大な被害をもたらす空爆をおこなわずに。ドイツが高濃縮電解槽をつくり直すのには最低でも六カ月、そして以前の生産レベルに戻すのには、さらに四カ月から六カ月はかかるだろう。総じてドイツの重水生産は一〇カ月から一四カ月の遅れをとることになる。

トロンスターは同じ報告書を秘密情報部（ＳＩＳ）のエリック・ウェルシュにも送り、添付したメモにこう綴った。「ドイツは原子のエネルギーを戦争その他の目的で利用する計画に深刻な遅れを被ったといって差し支えない」。サー・ジョン・アンダーソンと、彼が率いるイギリスの原爆開発チーム、そしてウィンストン・チャーチルにも同じ情報が伝えられた。この作戦はSOEとリンゲ中隊の両者にとって大きな勝利となり、その評価を押しあげた。

この成功に引き換え、かたやカーハンプトン作戦は痛ましい運命をたどった。トロムスン号は結局アバディーンにたどりつくことはなかった。オッド・スタルハイムはこれまで幾度となく窮地を脱してきたが、今度ばかりはトロンスターもその死を覚悟した。イギリス空軍が北海を捜索したが蒸気船の姿は発見できなかった。ドイツの新聞はその撃沈を嬉々として報じた。「イギリスがかつて栄華を誇った海軍は切羽つまって小国ノルウェーから船を盗むまでに落ちぶれた……だが海賊どもが不正に手をかけた金のお宝を懐に入れようとしたまさにそのとき、われらの戦闘機が現場に駆けつけ盗賊たちをその獲物ともども海の底に沈めてやった」

トロンスターは日記のなかで、脱出する船にイギリスが中途半端な警護しかおこなわなかったことを非難した。別の日にもこう書いている。「この喪失をわれわれは受け入れねばならない」――それはノルウェーが果敢な戦いに挑んでいることの証《あかし》なのだ――「孤独なわれわれの、この容赦ない喪失を」。そしてノルウェー人は「もう存分に犠牲を払っている」と綴った。とりわけスタルハイムを失ったことに心を痛め、母国の旗を肩にかけた彼の写真をいつまでも暖炉のうえに飾っていた。

それでも前に進むしかないのはわかっていた。すでに無線局をもつ抵抗組織のネットワークをオスロ、トロンハイム、オーレスンをはじめ各地に立ちあげるため、海と空からリンゲ中隊を数チーム送っている――すべては将来の連合軍による侵攻を見込んでのことだ。さらに隊員の身の安全を確保するため、トロンスターは政治的な戦いにも奮闘し、最高司令部とSOEに掛け合って、ミロルグに指揮を一極集中させずに各地の抵抗組織に独立した立場を与えるようはからった。そうすれば、たとえ侵入されてもネットワーク全体に危険がおよばずにすむからだ。

トロンスターが仕切る抵抗組織から入手した情報をもとにイギリス空軍は、装甲部のメッキに使うモリブデンをドイツに供給するクナーベンの鉱山の主要施設を破壊した。また「グラナード作戦」では、黄鉄鉱を積んだ貨物船を撃沈した。さらに「マードニアス」と名づけた作戦が現在展開中で、これは吸着爆弾を用いてオスロフィヨルドにいる敵の部隊と貨物船を爆破する計画である。

そうこうするあいだも、トロンスターは引きつづきドイツの原爆計画にまつわる情報網を広げていた。三月一五日、エリック・ウェルシュとともに、ノルウェーで教育を受けたスイス出身の大学教授ヴィクトール・ゴルトシュミットと面会した。最近オスロからイギリスに脱出してきたばかりのゴルトシュミットは、ナチスの計画について少ないながら知り得た情報を提供し、ユダヤ人であるニールス・ボーアをできるかぎり早くロンドンに呼び寄せるべきだと強固に訴えた。原子物理学の創始者のひとりであるボーアほどの重要人物を占領下のデンマークに残しておくわけにはいかない。

とはいえボーア本人はこの申し出をきっぱり断っていたのだが、ゴルトシュミットは是が非でも彼を説得すべきだと言いはった。しかし、このデンマークの物理学者は自分がコペンハーゲンに残ることで母国に最善を尽くせるとの信念をもち、その年の初めにウェルシュとトロンスターが接触したときもこの申し出をはねつけていたのだ。

こうした活動のさなかもトロンスターは毎日、ルンネバルグと彼のチームからの知らせを待っていた――スウェーデンに無事たどりつき、無線で彼らの「心臓の音」が聞けることを。工作員狩りが始まったいま、彼らはいよいよ急がなければならない。もちろん後方に残る者たちも、急ぎ身を隠さねばならないが。


三月一三日。旅も一〇日目にはいり、ルンネバルグたちはリレハンメルのすぐ北にいた。スウェーデンとの国境まで、まだざっと一六〇キロはある。一日平均三〇キロは進んでいるものの、ルンネバルグの当初の予想よりも遅れている。この雪、そして夜にも移動せざるをえないこと、さらに谷を突っきり川を歩いてわたる労苦が足を引っぱっていた。持参した一〇日分の食料を補うため、行きずりの小屋から食べ物をあさり、かろうじて食いつないでいる。

休みなく酷使された筋肉は疲弊し、いつも濡れたままの皮膚はすりむけた。そしていま眼前にあるのは、自分たちとスウェーデン国境とのあいだに横たわる往来の激しいグッドブランスダーレンの谷だ。この一帯に散らばるホテルに週末に泊まるスキー客を避けて、一行は夜明け前に出発した。夜が白々と明けるころ、上空をドイツのユンカー機二機が通過していった。オスロとトロンハイムを往復するただの郵便飛行機だといいのだが、確信はもてない。それから数時間して男たちは体を休めるべく寝袋にくるまったが、まだ谷を抜けきってはいないため順番で見張りに立った。

その晩、出発の準備をしていると、イードランがふたりだけで話がしたいとルンネバルグを脇に引っぱった。仲間に遅れないようここまで必死についてきたが、いままで通ってきた荒地には、自分に技術さえあればスキーで滑ってこられる場所がいくつもあった。「みんなでスピードをあげてスウェーデンまでたどりついてくれ」イードランが言った。「おれはあとからいくよ」。たとえ身体能力に多少の差はあっても、イードランの馬車馬のような奮闘ぶりなら充分それを補えるはずだ。そう思ったルンネバルグはその申し出を一蹴した。「いいかげんにしろ」とルンネバルグ。「おまえの考えすぎだ」。イードランは反論しようとしたが、ルンネバルグは相手にしなかった。全員揃ってスウェーデンにたどりつくのだ。

月明かりのもと一行はグッドブランスダーレンの谷をわたった。道路はつるつるに凍っているため、ひたすら野辺を進む。風はほとんどないが恐ろしく寒い。ザックの細ヒモが肩に食い込み、谷を登ってきたあとで両足にも痛みが走る。真夜中を過ぎたころ、ルンネバルグは止まれと合図し、一同は松葉やヘザーの小枝を雪に敷きつめ、木立のなかに寝床をしつらえた。それから、いまやまさに「救いの神」と崇める特注の寝袋にもぐり込んだ。

そのあと七二時間かけて、男たちは南東方向に森や原野を抜け、横殴りの雪や突風に抗いながら重い足取りで進んでいった。途中たくさんのスキー跡を見つけたことから、この一帯で大勢の人間が移動したのは確かであり、ひょっとしてドイツ兵の可能性もある。またここにきて進路に迷うことをもままあった。目印とするものが遠すぎるか、または暗すぎて見つからず、自分たちのいまいる場所が地図で確認できない。そんなときはルンネバルグが、長年のオリエンテーリングの経験と、脱出作戦に知恵をしぼった数カ月で培った勘を頼りに前進した。食料が底を尽きかけ、ときには仕方なくルートをはずれ、食料を蓄えていそうな小屋を必死に探した。けれどたいていは空振りに終わった。

三月一六日の夜遅く、間違った谷を下りて回り道したあとに、一行はノルウェー最大の川グロンマに出た。ところが、どこもかしこも凍っておらず一同は青くなった。そこでルンネバルグは、この土地で生まれ育ったストールハウグにボートを見つけてくるよう指示した。あとの者は干し草小屋に隠れて帰りを待った。

二、三時間してストールハウグが戻ってきた。盗めそうなボートを見つけたという。一七日、まだ夜明け前の薄暗い時間にくだんのボートで一行はグロンマ川をわたり、その後、船を下流に放った。それから霜をかぶった冷たい寝袋のなかで惨めな休息をとった。朝が来ると、さらに移動を続け、木こりの一団を避けて大きく遠回りをしたあと、迷路のように入り組んだ森や道路、小川を抜けたが、そのうち数時間は迷子になったも同然だった。深い雪のせいで一歩進むのさえ大仕事だ。

道中で、持ち主はナチス支持者だからたっぷり食料があるはずだとストールハウグのいう小屋にこっそりはいってみたものの、読みははずれて食料庫は空っぽだった。またぞろ一行は濡れた寝袋にくるまり、汗でびしょびしょの服のまま眠ったが、疲労と空腹で憔悴しきり、もう何も気にならなくなっていた。ルンネバルグは皿の重みでテーブルが軋むほど、ご馳走が並んでいる夢を見た。

目覚めると辺りは一面の霧だった。スクリッケン湖を発って一五日、スウェーデンの国境まであと三〇キロほどだ。しばらく進むと、広々とひらけた野辺を突っきって走る道路が眼前に見えてきた。だがいまこの道路をわたれば白昼堂々姿をさらすことになる。暗くなるまで待ってもいいが、食料もほとんど残っておらず、それにスウェーデンは、安全な場所は、あとほんの目と鼻の先だ。ルンネバルグは体をかがめて急いでわたるよう指示した。「いまだ、行くぞ！」

皆あらんかぎりのスピードで野辺にスキーを走らせた。急襲の真っ最中のように、左右にすばやく目を走らせ、トラックや車が来ないか確認すると、息せききって道路に出た。左右のどちらからも誰も何も来ないとわかると道路をわたった。それから道路に背を向け、対岸の野辺を一目散に駆け抜けた。そのあいだ心臓が早鐘のように打ち、ついに森にはいり半分凍った沼を過ぎるころに、ようやく歩を緩めた。

その日の昼下がり、まぶしい太陽の下で、とうとう長い休憩をとった。シャツやブーツを脱いで、寝袋を広げて乾かしながら、残った食料を腹におさめた。

「なあ、おい」イードランが口をひらいた。「ロンドンに着いたら二週間はおまえらのツラなぞ見たくねえな。まったくうんざりだい」。仲間は顔をほころばせ声をあげて笑った。数週間ぶりに体の力がすっと抜けた。安全な地はもうほんのすぐそこだ。

夜の帳がおりると、一行は岩だらけの渓谷や低木の茂み、くねって曲がる木々の生えた低地を進んだ。道のりはきつく、位置を確認するのもあいかわらず難儀したが、ドイツ兵の姿はない。三月一八日の午後八時一五分、とうとう国境標識一〇六番を越えてスウェーデンにはいった。それからたき火を熾し、火を囲んで腰をおろすと、最後の地図を燃やした。そして寝袋にもぐり込み、安堵と疲労で気を失うように眠りに落ちた。

朝になると、自分たちが兵士だとわかる物をすべて埋めた。銃もだ。それから私服姿で国境からさらに二〇キロほど歩いて、ようやく巡察隊に出くわし、その身をゆだねた。表向きには、地下活動をしたためドイツの収容所にはいっていたが、そこを脱走してきたのだと説明した。スウェーデン人がこの話を信じてくれたなら、五人は難民収容所に送られて、そこでSOEとつながるノルウェー当局者と接触できるだろう。

幼いころクヌート・ハウケリは、ノルウェーの人里離れた山奥でトロルが暮らしていると信じていた。そしていま、子ども時代の大半を過ごした山や湖にほんの一日で行ける距離にいて、まさにそのトロルのごとく、ヒェルストルプともども森林限界をさらにのぼった掘っ立て小屋に身を潜めていた。

それは気ままな暮らしとはいかなかった。というより食うや食わずの日々だった。しかもつらいのは空腹による腹の痛みだけではない。栄養不足のせいで体が弱り、何かをする気力さえなくなるのだ。狩りをしなければいけないとわかっていても、万一しくじれば、わずかに残っていた体力さえ奪われる。ある晩、いつものつましい食事を終え、皿に残ったかすをこそげとりながら、ヒェルストルプがつぶやいた。「この戦争が終わったら、あり金をぜんぶ食べ物に使ってやる」。ハウケリは、赤ひげの下のげっそりこけた友の頬を見た。ハルダンゲル高原で数カ月を過ごしたヒェルストルプはめっきり衰弱し、かなり深刻な状態にあった。

スコールブーの小屋を出てから二週間以上が過ぎていた。ふたりは武器に無線機、そのほかの装備を積んだ橇《そり》を曳き、西に八〇キロをとぼとぼと進み、ハウケリセーテルの山小屋を囲む一帯の湖畔の小屋にたどりついた。そこから三時間ほどでいけるヴォーグスリードという小さな農村にハウケリの従兄弟が住んでいて、そこには缶詰の食品やオート麦の蓄えがある。ハウケリとヒェルストルプはここを拠点にして、一帯で地下の抵抗組織を立ちあげる計画だった。

だが村に着くとすぐに、地元の当局がドイツの巡察隊の手を借りて、ヴェモルクを襲った工作員の追跡に乗り出したと耳にした。そのためふたりはそこから南西にある近隣の山小屋に行き、そこでなりを潜めていることにした。けれどたちまち食料が底をつき、トナカイ狩りも当初は失敗続きだった。ハウケリは、雪溜まりにはまって動けない痩せこけたリスをスキーのストックで串刺しにしたが、皮をはいで料理する手間で、そのつましい栄養分も相殺された。罠や銃で捕らえた小動物を生のまま食べることもあった。食べ物の夢を見ないときは薪の夢を見るのだ。薪にするにも、せいぜい雪に埋もれたネズの灌木やカバの細木くらいしか見つからず、それさえ集めて小屋に戻るのに半日もかかった。

三月の最後の週には、いよいよふたりとも危険なほどに体調が悪化し、仕方なくいったん食料を調達しにヴォーグスリードに戻ることにした。そしてそのあとでムース湖に向かうつもりでいた。いっぽうスコールブーを出たシンナルランとハウグランは、ムース湖畔の小屋ニルスブーに居を構えることにした。この一帯でシンナルランが自分の無線局を立ちあげられるよう、ハウグランはこの小屋で暗号化と無線送信の仕方を教えようと思っていた。

灰色の霧深い朝、ハウケリとヒェルストルプはヴォーグスリードに向けて出発した。小屋からスキーでくだり、丘陵を抜けて東に向かうとハウケリ・ロードに出た。ここは数十年前に、天然の岩をつるはしで削ってつくった道である。

午後遅く、ヴォーグスリードの郊外にあるハウケリのおじの農場に着いた。ハウケリが道路脇で待つあいだ、ヒェルストルプがパンやその他の食料をもらいにいった。この界隈でハウケリは顔が知られているので表に出るのは危険なのだ。ところが待っているうちにハウケリはふと胸騒ぎがした。そこで自分の勘に従い、カバの木の陰にさっと隠れた。その直後、ライフルを手にしたドイツ兵がふたり、丘をまわってこちらに歩いてきた。ハウケリはかがみ込むと、ベルトにはさんだ拳銃の持ち手を握った。兵士たちは一メートル半も離れていないところを通り過ぎたが、ハウケリがいることに気づかなかった。しかも道路に残るスキー跡にも目をとめなかった。

農場でヒェルストルプを待っていたのは、あいにく手厚い歓迎とはいかなかった。ハウケリの従兄弟がパンを四個手わたすと、早く逃げろとせっついた。この一帯にまで軍隊が大規模な捜索を開始したのだという。「村は安全じゃないぞ」従兄弟が警告した。「農場間の移動は禁じられていて、ドイツは一時間ごとに道路を巡回してるんだ」。ヒェルストルプはすぐにその場を立ち去ると、ハウケリ・ロードをめざしてスキーを駆った。ところが角を曲がろうとしたとき、巡回中の数人の兵士が目にはいった。慌てて急停止すると、積もった雪のなかに頭からジャンプした。ハウケリが見つかっていないといいのだが。ふたりはそうとは知らず、自ら敵の懐に飛び込んでいたのだ。

ヴェモルクを襲った工作員がハルダンゲル高原を拠点にしていたとの報告から、三月二四日に一斉捜査が開始され、フェーリス自らがリューカンの南に臨時の捜査本部を立ちあげた。襲撃をおこなった者、さらにそれを助けたいかなる者も総力をあげて狩り出すのだ。フェーリスはこの仕事をさせるべく軍隊を送り込んだ。国防軍の歩兵数千人に加え、ドイツとノルウェーの警察官、ゲシュタポ捜査官、武装親衛隊を合わせて数百人、そして極めつけはオーストリア陸軍特殊部隊《ヤークトコマンド》が数十人。これはその土地に住み活動するゲリラ組織の破壊を専門とする精鋭の兵士たちだ。総勢八〇〇〇人近くにもなるこのフェーリスの軍隊は、この地をよく知る地元住民の手も借りて、さらには巡回するＦｉ１５６シュトルヒ偵察機の支援も受ける。

いっぽうクリスチャンセンという名のノルウェー人の猟師が、高原への遠出からイギリス産のチョコレートと、ハルダンゲル高原で自分を人質にした武装兵士たちの話を土産に村に戻ってきた。警察が彼を逮捕し、尋問のためゲシュタポに送った。巡察隊が発見した証拠からも、猟師の話はどうやら嘘ではないとわかった。巡察隊の聞き込み調査によれば、「七人の男たちがハルダンゲル高原をスキーでリューカンに向かっているのを見かけた。ふたりは私服、五人は制服姿で、何より短機関銃を持っていた。全員が白の迷彩服を着ていた」。報告によれば、スクリッケン湖畔の小屋がこじあけられ、また襲撃後に「人の住む場所を避けて、スキー五組と橇一台の通った跡がリューカンから続いているのが見つかった」という。

この高原が作戦の拠点に最適だと敵の奇襲隊員《コマンド》やノルウェーの抵抗組織が思っているとしたら、それが間違いであることを証明してやるとフェーリスは息巻いた。フェーリスの軍隊は、まるで投げ縄をかけるがごとく荒野を包囲し急襲をかけた。部隊は丘陵をくまなく捜し、逃亡者や協力者がいないかと農家や小屋をしらみつぶしに調べた。また非合法の武器や爆薬、無線機や新聞その他の禁制品がないか目を皿のようにして探しまわった。ハルダンゲル高原内の移動は禁止され、この地方を往来しているところを見つかった者はその場で逮捕された。レジスタンスの活動に使われた家屋は即刻焼き払われた。部下たちに作戦命令をくだす際にフェーリスは、犯人は重武装し、逃亡のためには手段を選ばないと警告した。多勢を組んで建物を捜査し、奇襲に備えなければならない。尋問をおこなえるよう、できるかぎり生きて捕らえる努力は必要だが、降伏を拒んだ場合は射殺すべし。

集中して捜査するのはハルダンゲル高原だが、ここだけに絞ることはできないとフェーリスは考えた。そこでリューカンとその周辺の町でも道路を封鎖した。移動は、たとえ徒歩であっても許可証をもつ場合に制限された。夜間外出禁止令が敷かれ、この新たな規則に違反した者は誰であろうと「警告なしに撃つ」ことが貼り紙で住民に伝えられた。さらにフェーリスは、ムース湖の南と西の隣接地域にも集中捜査を命じた。この地域はレジスタンスの温床であることを諜報機関が突きとめたのだ。山間に隠れた者を狩り出し、巡回しやすい道路上で捕まえるよう部隊に命令がくだった。また逃亡者が向かっている場合に備え、スウェーデン国境にも別部隊が送られた。ヴェモ軍を召集するのに数週間がかかったが、フェーリスはこの者たちを最大限に活用した。

ルクの破壊工作と、急成長するレジスタンスの動向は断じて放ってはおけず、その対処は自分の務めなのだ。テアボーフェンとファルケンホルストも関心を寄せており、ベルリンもまた朗報を待っているに違いない。

第二一章　原野の怪人

ドイツ兵の姿が見えなくなると、ヒェルストルプはすぐに斜面を駆けおりた。スキーの轍が雪面に嫌でも残る。ハウケリのもとに着くとすぐに教えた。「ドイツ野郎がここら辺にうじゃうじゃいるぞ」

「たったいまふたり通ったところだ。まったく間抜けな奴らだな」

パンを処分しなくてはならない、とハウケリは思ったが――村の誰かが助けた証拠になる――どうしても食料だけはとっておきたい。ふたりは猛スピードでヴォーグスリード湖にくだると、湖面のまだ凍っている箇所を見つけてわたった。北側の道路にはさらに多くのドイツ兵がいるが、こっちのほうが相手を見つけるのが早かった。そこで敵が通り過ぎるまで茂みに隠れていた。

さてこれからどうするか。ニルスブーにいるハウグランとシンナルランに再度合流するため東への長旅に出るか、あるいはドイツの手がまだのびていないことを祈って、ここまで来た約三〇キロの道のりをまた引き返すか。ふたりは結局もとの山奥に戻ることに決めた。吹きはじめた風が、巡察隊に見つかる前に自分たちの足取りをすべて消してくれるといいのだが。優れた追跡者はスキー跡が一分前のものか、はたまた一日前か一週間前かまで見分けられる。できるだけ痕跡を残さないよう、ふたりは雪が吹き飛ばされて露出した山道や稜線を見つけては、そこを通った。

次の日も移動を続けたが、あまりの烈風に足止めをくらい、山肌からわずかに張り出した岩の陰で野宿することにした。この強風が、ここまでの足取りを跡形もなく消してくれたはずだ。ひと晩じゅう猛吹雪に襲われ、気がつくとふたりは白一面にぽつんとあいたふたつの窪みのなかにいた。それから数日間、その穴にずっと隠れていた。寝袋は内側までぐっしょり濡れた。パンを食べ、ロウソクの炎で雪を溶かして飲み水にしたが、最後のひと切れのペミカンは、もうこれで限界だというときのために残しておいた。

ひとまず嵐がおさまると、西に向かった。一斉捜査の区域からふたりがさらに遠ざかるころ、今度は別の工作員がひとり、その脅威のただなかへと向かっていた。

三月二五日の午後遅く、クラウス・ヘルバルグはヤンスブーに向かう途中にスクリッケン湖をスキーでわたっていた。この小屋の近くの隠し場所に埋めておいた武器と弾薬をいくらかとってこなくてはならない。それからリューカン南東のノートッデンに向かい、そこで地下組織と連絡をとるつもりでいた。ところがヤンスブーに着くと、ドアがほんの少しだけあいている。だが外にスキーも出ておらず、小屋まで続くスキー跡もない。スキーを脱ぐと拳銃をポケットに突っ込み、ザックを手になかにはいった。

小屋のなかはぐちゃぐちゃに荒らされていた。家具は倒され、マットレスは切り裂かれ、戸棚は壊されている。自分の縄張りだと思っていたハルダンゲルのこんな奥地にまで敵が踏み込んできたかと思うとひどく胸がざわついた。と、次の瞬間、近くにまだドイツ兵がいるかもしれないと気づいて背筋が寒くなった。ひょっとしてどこかに隠れて待ち伏せしているのでは。窓に近づくと、ガラス越しに周囲に目を走らせた。

　ガンナーサイド隊とスワロー隊の仲間といったん別れたあと、ヘルバルグは私服と身分証等の書類を回収しにフォースブーダーレンに引き返した。身分証はオスロの事務員の名義になっている。その後、仲間と落ち合うため小屋を出たが、途中で嵐に巻き込まれ、突風に地図を飛ばされ失くしてしまった。選択の余地はなかった。さっきの小屋まで戻らなければ、嵐のなか行き場を失い途方に暮れることになる。吹雪が静まると再び出発したが、そのころすでに仲間はハルダンゲル高原の四方に散らばっていた。

　ヘルバルグはなんとかオスロまでたどりついた。三月八日、ポウルソンと落ち合う約束のマヨールストゥア・カフェへと向かった。首都にはいると頭がくらくらしてきた。街は人の波であふれ、路面電車が悲鳴をあげて往来し、ドイツ兵がうじゃうじゃいる。カフェにはいるとコーヒーを飲みながら、この世の心配事とはいかにも無縁そうな男のふりをした。

　それから数分してポウルソンが現れた。ふたりはまた会えて跳びあがらんばかりに喜んだが、それでもつとめて平静をよそおい、軽く挨拶するにとどめた。自分はストックホルムに向けてすぐに出発するつもりだとポウルソンが話した。リューカン周辺は大変な騒ぎになっていて、ふたり一緒に行動するのは危険すぎる。いっぽうヘルバルグはこの地にとどまる決意をし、まずはスクリッケン湖畔の隠し場所を移すことを最初の仕事にしようと考えた。ふたりは別れの挨拶を交わすと、反対方向に歩いていった。

　三月二二日、オスロのアジトで数週間を過ごしたあと、ヘルバルグはロルフ・スールリーから、リューカンの状況が落ち着いたのでそろそろ戻ってきても大丈夫だとの伝言を受けとった。だがスールリーは知らなかったし、それはまったく無理もないことなのだが、まさにその日、大勢の兵士を載せた列車とバスがオスロからこの地にぞくぞくとはいっていた。かくしてヘルバルグは、まさに最悪のタイミングでハルダンゲル高原に戻ってくることになったのだ。

ヤンスブーに戻ったヘルバルグが窓ごしに外をのぞくと、どこにも人影は見えない。それでもまだ安心できず、おそるおそる外に出た。すると湖のほうからドイツ国防軍の兵士が三人、小屋に向かってスキーを走らせてくるのが見えた。四〇〇メートル近く離れているが、みるみるこっちに近づいてくる。ヘルバルグが持っているのはコルト32口径だけだ。人数でも、たぶん間違いなく武器でも負ける。ここは逃げるしかない。慌てて小屋からザックをとってくると、スキーをはいて一目散に逃げ出した。

ひとりの兵士がドイツ語で止まれと叫んだ。続いて鋭い発砲音がした。標的をはずした銃弾が周囲のあちこちで雪煙をあげる。肩越しに見やると、どうやら追っ手は熟練したスキーヤーのようだ。ならばこっちはその一枚上をいくしかない。そこで西に向きを変えると、沈む太陽に向かってまっしぐらに進んだ——相手は逆光になるため、こちらを狙うのが難しくなるはずだ。

それから一時間、ヘルバルグは丘を迂回し、峡谷をくだり、緩やかな谷を上がり、岩だらけの荒地を越えた。なんとかして追っ手を離したいと思うのだが、ドイツ兵らはぴたりと後ろについてくる。自分のほうが土地勘はあるはずだが、その日はすでに相当の距離を滑っていた。スクリッケン湖から一五キロは来たところで、追っ手との距離がしだいにひらき、残るは巨漢の兵士ひとりになった。だがどんなにがんばっても、この男だけはあいかわらず一〇〇メートルほど離れた後ろをついている。さらに一時間、ヘルバルグはペースを崩さずに進み、ついに敵を振り切ったかと、ときおり後ろをちらりと見た。ところが追っ手はぴたりとはりつき、おまけにヘルバルグが新雪につけた轍を滑って楽をしている。

登りの斜面では、どうにか男を引き離せた。だが下りになると追っ手はまたも間合いを詰めてくる。いずれは追いつかれるだろう。おそらくあとほんの少しで。自分の両足が根をあげるか、あるいはワックスもろくに塗らず、金属エッジもぼろぼろのスキーがそれこそ足を引っぱるか。目にとまった丘を片っ端からずんずん登り、もうこれ以上は行けずあとは降りるしかなくなるまで必死で距離を稼いだ。ところが平坦な場所に来るたびに、兵士はまたも距離を縮めてくる。もう少しで射程内にはいりそうだ。

「止まれ！　両手を上げろ！」ドイツ兵が叫んだ。

その瞬間、ヘルバルグは腹を決めた。そしてポケットからコルトを抜くと、立ち止まってさっと振り向いた。泡を食った兵士が急停止すると、四〇メートルの距離からヘルバルグが一発撃った。

はずれた。

今度は兵士がルガー銃（9ミリ口径のドイツ製自動拳銃）を抜いた。これが短機関銃なら一巻の終わりだった。ヘルバルグにはこの先が読めた。相手を殺《や》れなかった場合、先に弾倉が空《から》になったほうが負けだ。

この兵士は、弾を命中させるにはかなり不利な状態にある、とヘルバルグは踏んだ。夕陽をまともに顔に受け、目には汗がはいり、足の筋肉は燃えるように痛むはずだ。ヘルバルグはぴくりとも動かなかった。

兵士は立て続けに発砲した。全部で八発。すべてはずれた。弾丸を込め直す時間がないと悟った兵士は、さっと踵を返すとスキーを駆って逃げ出した。力を込め雪面に機敏にストックを突きながら、全速力で丘を登っていく。

今度はヘルバルグがあとを追う番だ。片手にコルト、もう片方の手には二本のストック。ここで引き離され、相手にまた弾を込めて戻ってくる時間を与えてはならない。男が丘の頂に近づくと、ヘルバルグは速度を落とした。二〇メートル以内にはいった。これだけ寄れば充分だ。コルトを敵に向けて引き金をひく。兵士はわずかに前によろめくと、雪に突いた二本のストックに覆い被さるように体を預けた。休んでいるようにも見えるが当分は動けなさそうだ。

ヘルバルグはくるりと背を向けると一気に丘をくだった。あと一時間のうちに暗くなる。だが翌日には追っ手がスキー跡をたどってくるだろう。追っ手を巻くためにはできるかぎり遠くに逃げて、氷の露出した湖をいくつかわたっておかなくては。

それから少なくとも二時間、南に向かって先を行った。ほとんど前は見えないが、もっぱら平坦な地形なので、勘を頼りに順調に進んでいた。と、突然、体が宙を落ちている気がした。スキーで直進していて、そのまま崖から転落したのだ。

カチコチに固まった雪の土手に、したたか体を打ちつけた。ひと息ついて、まだ自分が生きているとわかったとたん、激しい痛みに襲われた。寝返りをうつと、左の肩と腕に力がはいらない。

星空に縁どられた崖を見上げると、三〇メートル以上は落ちたらしい。左の上腕を調べるとどうやら骨が折れているようだ。肩もやられた。こんなざまでいつまでも山のなかにはいられない。やっとのことで体を起こし立ちあがった。とにかくスキーは無事だった。ストック一本を操ってヘルバルグは先を進んだ。

その日は朝からすでに一〇〇キロほども滑っていた。それでも先はまだ遠く、しかもここに来て体の自由もきかず、そのうえ疲れて腹ぺこだ。左腕をだらりと脇に垂らしたまま、のろのろとムース湖の先端までくだっていった。ヨン・ハーマレンとその妻ビルギットの農場までたどりつければ、きっと助けてもらえるだろう。午前八時、よろけながらも、とうとう農家のドアまでたどりついた。出てきたのはビルギットだった。さっそく食べ物を持ってきてくれたが、彼女が言うには、近所の農家に五〇人ものヒルツメン（ドイツの突撃隊をモデルにキスリングの創設した軍事組織）とゲシュタポが宿営しているという。ここから歩いて五分の場所だ。彼女の兄弟もドイツ人の案内役に狩り出されてそこにいる。「ここから逃げたほうがいいわ」彼女が言った。

ヘルバルグは急いで出発すると、ムース湖畔沿いにスキーを走らせ、さらにラウランへと向かった。南に三〇キロほど行ったところにある村で、ここにも知り合いがいる。最後に眠ってからすでに三六時間は過ぎていた。極度に疲れているし、おまけにこの怪我ではドイツ兵に遭遇してもおそらく戦う気力など残っていない。

ラウランまであと一キロのところで、ヘルバルグは巡察隊とぱったり鉢合わせしてしまった。ドイツ兵に身分証を出せと命じられ、「スヴァッツレ・ハウゲン」の名義のものを見せた。この一帯では何人《なんぴと》たりとも移動を禁じられている、と兵士たちが言った。ヘルバルグは痛めた腕を隠したまま、自分は何も知らなかったと弁解し、自分はただの郵便局員で、友人を訪ねにきただけだと説明した。兵士たちはヘルバルグの通行を許可してくれた。

午後九時、ようやく知人の家の前に着いた。ドアがあくと、家の主人の両脇をはさむようにふたりのドイツ兵が立っている。こうなったら道はひとつ、なんとか言い訳してこの場を乗り切るしかない。そこでヘルバルグはほっとした笑みを浮かべると、床にごろりと寝ころんでこう言った。山でドイツ兵の案内役を務めていて怪我をしたので治療してはもらえないか。兵士のひとりが腕を吊ってやろうと言い、ヘルバルグが上着を脱ぐと、拳銃があらわになった。するとヘルバルグは少しも慌てず、万一に備え部隊が自分に銃を持たせてくれたのだと説明した。兵士たちもなるほどと納得した。それからヘルバルグを交えてトランプ遊びに興じ、あとで医療用搬送車に載せて隣町まで運んでやろうとまで言ってくれた。そこからオスロの病院に向かえばいい。ヘルバルグはにっこり笑って礼を言った。翌日、約束どおり兵士たちはヘルバルグを車で連れていき、途中、検問所をいくつも過ぎて、三五キロ南のダーレンまで運んでくれた。「また会いましょう《アウフ・ヴィダーゼーエン》」とヘルバルグが兵士たちに手を振り、車は走り去った。

この水辺の街にはドイツ人が大勢いたが、移動制限区域をはずれていたので、ここなら危険はなさそうだった。オスロ行きの船は翌朝に出発するため、ひとまずダーレン・ホテルにチェックインした。これは森の奥にあるお菓子の家ふうの建物で、竜頭の彫刻に曲線を描いたバルコニー、凝ったつくりの小塔もついている。早めの夕食にマスのムニエル、ニンジンのソテー、ストロベリージャムを塗った厚切りパンで舌鼓をうつと、満腹の腹を抱えて二階の部屋に引っ込んだ。外側の窓枠に拳銃を隠すと、ずきずき痛む肩と腕をかばいつつ、そろそろとベッドにもぐり込んだ。

眠りに落ちてほどなく、ドアを叩く音や廊下を通る重い靴音、何やら命令するドイツ語の怒鳴り声に叩き起こされた。親衛隊の兵士が部屋という部屋から客を追い立てロビーに集めている。寝ぼけ眼の客たちは、国家弁務官テアボーフェンとその配下の治安責任者ハインリヒ・フェーリスがこのホテルを臨時本部にすべく接収したと聞かされた。兵士たちがずらりとホテルを取り囲み、すべての出入り口を見張っている。これでは逃げようがない、とヘルバルグは思った。偽の身分証を見せて、怪我のことでまたあれこれ言い訳したあと、わずかな客ともども自室に戻るのを許された。ほかの大勢の客はひと晩じゅうロビーに残っているよう命じられた。だが部屋に戻っても、ヘルバルグに逃げる覚悟はつかない。


部屋のなかでヘルバルグが気をもんでいたころ、弁務官と高官たちは暖炉の傍らに並ぶふたつの長テーブルについていた。そして夕食と、さらにワインを数本注文した。そこで話題にのぼったのは、このノルウェーを連合軍による侵攻から守るには、治安部隊を全土にどう配置すべきかという問題だった。

弁務官が来たせいで部屋から追い出された客のなかに、ふたりの美しいノルウェー人女性がいると知ったテアボーフェンは、さっそく彼女たちをテーブルに招いた。そのひとりオーセ・ハッセルは流暢なドイツ語を話し、面倒なことにテアボーフェンの興味を惹きつけた。その晩遅く、ワインをしこたま飲んだテアボーフェンがハッセルに家族のことを尋ねた。自分の父親はノルウェー陸軍の将校だと彼女が答えた。そいつはよかったな、とテアボーフェンが返した。いまごろは身の危険もなく、ドイツが先ごろ取り入れた強制労働に勤しんでいることだろうよ。「いいえ」と彼女が答えた。「父はいまイギリスにいて、そのことを私は誇りに思っています」

テーブルの誰もがぴたりと動きを止めた。彼女の言葉に憤慨したテアボーフェンは、今度は彼女の友人のほうに気を向けた。それでもすぐにまた不機嫌になり、自分たちを「愛国者」だと勘違いしている大学生の連中に文句をつけだした。

ハッセルはどうにも黙っていられなかった。「善良なノルウェー人は、みんな愛国者に決まってます」

再びテーブルが静まり返った。今度もまたテアボーフェンは黙っていた。あの女の処分はあとでゆっくり考えるとしよう。

翌朝の一〇時三〇分、腕を吊ったヘルバルグは部屋を出て、のろのろと階段を降りていた。背後から兵士がぴたりとついてくる。前の晩のテアボーフェンに対する「無礼な態度」の報復として、ゲシュタポは数人を除いた宿泊客全員をこれからグリニ収容所に送るというのだ。収容所についたらもう言い逃れはできない。身分証を調べられ、今度こそ偽物だとバレるだろう。そして尋問が始まるのだ――青酸カリのカプセルをさっさと飲んでいなければ。

背後の兵士が、もっと速く歩けとヘルバルグの背中を蹴った。ヘルバルグは階段を転げ落ち、はずみでベルトからコルトがすり抜け、音を立てて床に落ち、そのまま転がって別の兵士の黒ブーツのあいだで止まった。まったくツイてないにもほどがある。兵士がかがんで銃を拾った。「ほらね、弾ははいってませんよ」ヘルバルグは片言のドイツ語で言うと、よっこらしょと立ちあがった。これでもうおれもおしまいか。

それからひと騒動になり、集まってきた数人の兵士たちが、これからどうすべきか早口で相談した。テアボーフェンと取り巻き連中はすでに去ったあとで、ヘルバルグをグリニに送る命令を撤回できる者はいまここに誰もいない。

結局、あとは収容所の責任者にまかせようと話が決まった。そこでヘルバルグは、窓を遮蔽したおんぼろバスに並ぶ捕虜の列に押し込まれた。だいぶあとから乗り込んだので席はいっぱいだったが、後部の床にやっとすわれそうな隙間を見つけた。スチールヘルメットをかぶった親衛隊将校がひとり、ライフルと手榴弾で武装して前方から見張っている。

ダーレンを出たバスは、これからオスロまで二三〇キロの道のりを行き、前後にサイドカー付きのバイクに乗った親衛隊の護衛がつく。道中のどこかで、なんとか隙を見つけて逃げてやる。ヘルバルグは腹を決めた。

その日の午後は静かに過ぎていった。バスは山間をガタピシ走り、なかの者は寒さにぶるぶる震えていた。ふたりの若い女性がヘルバルグの傍らの席にすわっていた。そのうちのひとりが、ピストルをこっそりバスに持ち込もうとして皆の命を危険にさらしたとヘルバルグに噛みついた。腹もへっていたし、彼女をちょっとからかいたくなって、ヘルバルグは彼女が持っていた手帳をさっと取りあげると、ページを何枚かちぎってむしゃむしゃ食べはじめた。とっさに彼女は、ちゃんと飲み込めるようにと咳止めドロップをくれた。それから自分はオーセ・ハッセルだと名乗り、イギリスにいる自分の父親とおじを誇りに思っていると話しだした。

ふたりが話していると、見張りの兵士が通路をこちらに向かって歩いてきた。そして「おまえがあっちにすわれ」とバスの最前列を指さした。そこでヘルバルグは運転手のそばにそそくさと移動した。あの若い娘《こ》たちといちゃつきたいならどうぞご勝手に——こっちはそのほうが渡りに船だ。乗降口の脇にすわると、ドアの取っ手をちらりと見た。窓を横切る標識から判断すれば、オスロにあと五〇キロのところまで来たはずだ。運がよければ森までたどりつけるかもしれない。バスは丘をのぼりはじめ、のろのろ運転になった。ヘルバルグは立ちあがると、取っ手をつかんでぐいと引っぱり、あいたドアからさっと飛び降りた。

道路に落ちて転がると、折れた腕が下敷きになった。バスの後方にいた見張りの兵士が金切り声で運転手に止まれと叫んだ。だが運転手がブレーキを踏む前に、すでにヘルバルグは森をめざし雪原をまっしぐらに駆けていた。何度かつんのめって転んでは、そのたびにドイツ兵に追いつかれるかと肝を冷やした。

雪原の突きあたりに高く茂った生垣があり、ついにそこで行き止まりになった。どう見ても通り抜けできそうにない。「止まれ！」ドイツ兵が叫んだ。

自分がどうすべきかはわかっていた。きっと撃たれるだろうが、ほかに手はない。くるっと身をひねると、今度は道路の兵士に向かって猛スピードで雪原を引き返した。背後の雪面で手榴弾がひとつ炸裂した。けれどかすり傷も負わずに、さらに走り続けた。銃声が数回、響いた。だがどれも当たらない。たぶん当たっていない。道路に停まったバスとバイクの隙間を全速力で駆け抜けると、兵士たちのタックルに捕まらないようジグザグに走った。真っ向から突進してくるヘルバルグに、一瞬兵士たちは虚を突かれた。ヘルバルグはすでに道路の反対側の平原を走っている。手榴弾がもう一発、背後で炸裂したが、だいぶ離れていたので無事だった。そのとき、何かが背中にごつんと当たった。三つ目の手榴弾だ。もうこれでおれの運も尽きたか。

だが爆発はしない。手榴弾は不発だったのだ。

ヘルバルグは森の暗闇に飛び込んだ。さらに数発、銃声が響いたが、ドイツ兵らはもうやみくもに撃つほかない。ペースを落として息を整えると、ヘルバルグは木立を縫って先に進んだ。腕に焼けるような痛みが走る。弱い雨が降ってきたが、朝までには雪に変わり、通った跡が残るだろう。そこで森をえんえんと歩き続けたあげく、ようやく明かりのともる四角い建物に行きあたった。周囲を囲む鉄条網をのぼると、正面の扉にふらふらと近寄った。

ノックをすると年配の男が出てきた。もう言い訳のしようもない。腕はぐしゃぐしゃ、体は血だらけ、頭はもうろうとし、服はちぎれてずたずただ。それでも今夜はもうこれ以上あと一歩も動けない。それだけはわかった。この男が善良なノルウェー人なら助けてくれるだろう。そうでなければ一貫の終わりだ。すると、男はヘルバルグを温かく迎えいれ、彼がたどりついたのは精神病院だと教えてくれた。ここなら食べ物も、医者も、服も、そしてベッドもある。ヘルバルグは助かった。

四月八日午前九時きっかりに、ハインリヒ・フェーリスはダーレン・ホテルの正面階段のうえに立ち、四個大隊に向き合った。ハルダンゲル高原を舐めるように捜索した一六日間が終わり、そろそろ兵士たちを解放してやる必要があった。全員が疲労困憊していた。手足が凍傷になった者もいれば、骨折した者もいた。誰もが風雪にさらされ顔が水ぶくれになっている。兵士たちはひどく衰弱していた。すでに山間部やムース湖周辺を何百キロも歩きまわっていた。嵐のなか原野にわけいり、道中の小屋という小屋を調べ尽くした。なかにはスクリッケン湖から追跡したノルウェー人に撃たれた兵士も一名いた。

フェーリスはその数日前に兵舎を訪れ、兵士に配る温かい飲み物に入れるためのコニャックやベルモットが揃っているかを確かめた。そしていま彼らの労をねぎらった。「連日、君たちは長きにわたる前進に耐え、それでも不平も言わず高い士気のもとに団結した。私がこれまで指揮した部隊のなかでも君たちは群を抜いている」。それから兵士たちの任務を解いた。後任にはほかの大隊が来ることになっている。

だがこれまでのところ、目覚ましい成果はほとんどなかった。隠してあった爆薬や武器がいくらか発見され、隠れ家として使われた小屋は焼き払われた。数人――ひとりは無線士――を逮捕したが、べつだんめぼしい発見はなく、ましてやヴェモルク襲撃の工作員はひとりとして見つかっていない。この先も犯人たち――諜報機関の報告によればいわゆる第一ノルウェー独立中隊のメンバーらしいが――の発見に進展がなければ、フェーリスは捜索を中止せざるをえないだろう。

ハムレフィエルの山地をずいぶんと登った場所に、シンナルランとハウグランは雪を掘って雪洞をつくり、そのなかで二度目の夜を迎えた。狭い入口の外では南西の風が吹き荒れ、病気にかかったみたいに骨の髄まで寒気が走る。ドイツによる一斉捜査がはじまり、こうして身を隠してはやひと月、この毎日にもずいぶんと慣れっこになった。

ニルスブーに身を寄せていた三月二四日、強制捜査が始まったことを伝えるため、農場からヨン・ハーマレンが息を切らして登ってきた。ハーマレンによれば、真っ先に逮捕されたなかにシンナルランの兄オーラヴもいるという。オーラヴを連行した兵士たちは、戻ってくるとダムからほど近い彼のホテルを占拠した。オーラヴの妻インゲライヴは幼い息子と生まれたばかりの娘の世話をしながら、四六時中、兵士の給仕をさせられているという。

シンナルランとハウグランはニルスブーから武器と無線装置、その他すべての装備を運び出し、小屋から遠く離れた場所に埋めた。それからハムレフィエルの細長い峡谷や急峻な崖をスキーや徒歩で登り、標高一五〇〇メートルの高地に上がった。そこでテントと灯油ストーブ、寝袋だけで暖をとり、一〇日と一〇晩をしのいだ。双眼鏡をのぞいては、ムース湖や周辺の丘をドイツの巡察隊が移動するようすをうかがった。ときおり偵察機のシュトルヒが頭上をすばやく通過する。山腹にむき出しでいるのだが、それでも見つかる心配はまずなさそうだ。誰かがテントに近づいてきたら、遠く離れていても目につくだろう。急峻な地形のおかげで、追っ手はここまで来るのも難儀するに違いない。何よりこの一帯の案内役に徴用されたノルウェー人にはハーマレンをはじめ地元の農夫が混じっており、この隠れ場からドイツ兵を遠ざけなくてはならないことを百も承知している。

四月一日、ナチスの捜査隊がムース湖から引きあげると、シンナルランとハウグランはニルスブーに戻った。ドイツはどんな無線交信も嗅ぎつけようと、湖をくだったところに可動式の無線方向探知局を設置したが、かなり低地にあるのでニルスブーの信号までは拾えなかった。ハウグランはシンナルランを無線士として引きつづき訓練し、シンナルランはその一週間後、ホームステーションに最初のメッセージを送るまでに腕をあげ、一斉捜査のことやハウケリ、ヒェルストルプ、ヘルバルグの三人と連絡がとれないこと、さらに物資の投下が急を要することを伝えた。トロンスターは折り返し、ポウルソン、さらにはルンネバルグ、ストロムスハイム、イードラン、カイセル、ストールハウグがスウェーデンまでたどりついたと知らせてよこした。何はともあれ、作戦をともにした仲間たちは無事だったのだ。

四月一六日、ハーマレンが、湖周辺で敵がまた慌ただしく動きだしたとシンナルランとハウグランに伝えてきた。ふたりは急いでハムレフィエルの山地に引き返すと、雪洞をこしらえた。次の日、シンナルランがニルスブーにようすを探りにいくと、小屋の壁に二組のスキーが立てかけてある。ドイツ兵のものかと怖くなり、山地に戻るとまた雪洞のなかに隠れた。

翌朝、眼下に巡察隊の気配がないことから、シンナルランとハウグランはスキーをはいて再びニルスブーに戻ってみた。用心しいしい小屋に近づくと、不法侵入者の姿が目に飛び込んできた。ハウケリとヒェルストルプだ。四人の男たちは心から再会を喜ぶと、間一髪の脱出談を披露し合った。もうひとつ話題にのぼったのは、一斉捜査の折にドイツ兵らが機関銃でトナカイの群れをごっそりなぎ倒し、いかにも無益な殺生をしたことだ。その日遅く、農夫のハーマレンが小屋に伝えに来たのは、クラウス・ヘルバルグがドイツ兵から逃げようとして射殺されたとの知らせだった。間違いであってほしいがその望みは薄い。一同はこの知らせをロンドンに送ると、友の死を悼み悲しんだ。

とうとうレジスタンスの仕事を始めるときが来た。シンナルランはてきぱきとメッセージを送り、自分の無線局を軌道に乗せた。ハウグランはノートッデンに出て、その後オスロに行き、そこでミロルグのために無線士のネットワークを築くつもりだ。ハウケリとヒェルストルプはこの一帯で抵抗組織を立ちあげる。四人全員にとって、最初の任務は完了した。自分たちはヴェモルクともういっさい関係がなくなった、と彼らは思った。

第二二章　国技

一九四三年四月の半ば、一台の軍用トラックが吊り橋を通ってヴェモルクにはいった。荷台に積まれているのは、電気分解の材料である、ごく普通の苛性カリ溶液のはいったドラム缶に見える。だが実際になかにはいっているのは、ベルリンから搬入された一一六キログラムのほぼ純粋な重水だ。これはもともとヴェモルクで生産されたものだった。

二月二八日の襲撃からほどなく、工場の命運を決めるべくノシュク・ヒドロ社の社員とドイツ当局者がぞろぞろと工場にやってきた。彼らのなかには、回収可能な装置をすべてドイツに運ぶべきだと主張する者もいた。なにしろこの工場を壊すことが、いまや「ノルウェーの国技」同然となったからだ。とはいえノシュク・ヒドロ社の社長ビャルネ・エリクセンをはじめ、ヴェモルクで生産を再開したいと望む者もいた。「迅速な決断」を求められたエサウと陸軍兵器局は、結局、次のような判断をくだした。できるかぎり早急に電解槽を修復し、さらに工場の規模拡大をはかるべきである。ソーハイムとノートッデンの重水工場も完成させなくてはならない。必要な資源や人材は（海外からの強制労働者もふくめて）すべてドイツ軍司令部から供給され、作業が迅速に完了しない場合、厳しい報復的措置が講じられることとなる。

ベルリンから秘密裏に出荷された重水がヴェモルクに到着するころ、二四時間体制で進められていた工場の復旧作業はほぼ完了していた。運び込まれた重水は新たな高濃縮電解槽に注入するためのもので、この貴重な物質をひと雫ずつ集める手間を省き、おかげで生産再開を数カ月も繰りあげることができた。そして新たに三段階の電解処理を追加し、そのうえ予備段階の電解処理にさらに多くの電解槽を追加することで、ドイツの見積もりでは一日あたりの生産量はすぐにも九・七五キログラムに達するはずだ。それに加えて高濃縮施設の規模をさらに倍に拡大する計画も実現すれば、一日の生産量は年内にも二〇キログラム近くに達するだろう。

この作業と並行して、親衛隊将校ムッゲンターラーと新たにヴェモルクの警備隊長となったヴァーツ少尉は警備増強を実行に移した。吊り橋にもう一名、鉄道門にもう二名見張りの兵士を増やした。他の警備兵らはジャーマン・シェパードを連れて昼夜を問わず敷地内を巡回する。またすべての進入路に工兵らがさらに多くの地雷を埋設した。鉄条網のフェンスは高さをあげた。空からの攻撃を防ぐため、谷にはさらに多くのワイヤーを張りめぐらし、一帯に煙幕製造機を配置した。水圧管路には迷彩を施し、ムース湖のダムを守るため魚雷防御網を設置した。つくり直された高濃縮施設の外には常時見張りが立つことになった。スチールで補強した一カ所のドアを除き、すべてのドアは煉瓦や板で塞がれた。窓も同じく完全に塞ぐか、鉄格子や金網をはめた。さらに工場内には短機関銃で武装した警備隊を待機させることにした。

ムッゲンターラーは少しでも怪しいと思われる従業員を一掃し、工場内で違法行為がないかドイツの技術者にひそかに探らせることにした。ヴェモルクは以前から要塞であったとしても、ここにきてこの高濃縮施設は要塞のそのまた奥の要塞となった。そして一九四三年四月一七日の午後二時、カスケード式に連結された電解槽のなかをついに重水が流れはじめた。

それから三週間後の五月七日、ウラン・クラブがベルリンのドイツ帝国物理工学研究所にて会合をひらいた。科学者たちはかつてないほど結果を出すよう迫られていた。目下の戦争におけるドイツの命運は怪しくなり、連合軍が北アフリカ全土の奪還に乗り出し、東部戦線でドイツ国防軍がソ連を相手に苦戦を強いられるなか、ナチス幹部は一発で形勢逆転をはかれる秘策を喉から手が出るほど欲しがっていた。ある報告にはこう綴られている。「ドイツの一般市民のあいだには、新奇の爆弾にまつわる噂が広まっている。原子を破壊する原理に基づいてつくられた、この爆弾が一二個もあれば、おそらく人口数百万人もの都市を破壊するのに充分だろう」。さらに始末の悪いことに、ドイツ軍情報部《アプヴェーア》の情報によれば、アメリカが「ウラン爆弾」を開発中であることが明らかになった。ところがドイツの原爆開発計画は派閥に分かれ、しかもいまや科学者や研究施設が連合軍の攻撃にさらされている。彼らには全力を傾けるべき突破口が必要だった。

五月七日の会議で最初に議題にあがったのは重水である。そのほんの一日前にひらかれたドイツ航空研究協会の会議の席でアブラハム・エサウは、開発が遅れている原因の一端は昨今の重水不足にあると訴えた。エサウはドイツ国内で重水の生産を進めたいと考えていた。この計画は、ノルウェーから重水を安価に入手できるという理由で長らく頓挫していたものだ。パウル・ハルテックは、ロイナのパイロット・プラントでおそらくあと数回実験をおこなえば、触媒交換法により年間五トンまで製造を拡大できると説明した。ただしそれは、ヴェモルクまたはイタリアの二カ所の電気分解施設においてある程度まで濃縮された重水を使えればの話ではあるが。さらにハルテックは、クラウス・クルジウスが発明した別の方法を試すことも提案した。これは重水の沸点がやや高いことを利用して高純度の重水を製造する方法だ。エサウはロイナでの予備試験にゴーサインを出し、ハルテックにはクルジウスの方法が産業規模で使えるかを確認するよう命じた。それでもヴェモルクが再び稼働し、これら新規のプロジェクトもあるからには、必要なだけの重水が近いうちに手にはいるに違いないとエサウは考えた。

とはいえディープナーは、全員に行きわたるだけの量があるのか不安だった。そこで、これからおこなう予定のふたつの実験には、すべての重水を一滴残らず使う必要があると断言した。ディープナーのチームがつくった最新のウラン装置（G－Ⅱ）は、凍った重水に立方体のウラン鋼を入れる構造のものだが、この装置はこれまでドイツでおこなわれたあらゆる実験と比べて中性子の放出が一・五倍も多いとわかった。ディープナーいわく、この装置は核分裂の連鎖反応を促すうえで立方体の構造がほかのどの構造よりも優れていることを証明するものであり、しかるべき規模でこれをつくれば、連鎖反応が一定の割合で持続する可能性は高いだろう。

ところがハイゼンベルクはこれに異を唱えた。最善の構造については自分のなかでまだ答えが出ていない。そして金属ウランと重水を交互に層状に重ねて球体にした、自身の最新装置は「小さすぎて一〇〇パーセント確信できる値が得られない」と言いはった。とはいえドイツ向けに金属ウランを製造する会社は、すでにディープナーの求める立方体ではなく自分たちの求める板状に鋳造していると言い添えた。したがって自分の実験――そして自分たちに必要な重水――を最優先するべきだ。「だからといって、立方体での実験が必要とあらば、今後もこれを除外するわけではない」とハイゼンベルクは恩着せがましく言った。

部屋に剣呑な空気が流れた。ディープナーにはハルテックをはじめ支持者がいたが、彼らに言わせれば、ハイゼンベルクは自分の頭から生まれたものでない実験の価値にはいっさい目がいかないようだった。ハイゼンベルクのところから昨今のディープナーの実験に重水を充当していたエサウは、今後誰の研究を優先すべきかについてはもう少し考えさせてほしいと言った。最終的には、両者とも小規模の実験をおこなえる程度の重水とウランの分配を受けることになったのだが、どちらの側にも不満が残った。

レスリー・グローヴズ将軍には悩みの種があった。そして彼はいつまでもそれを抱えている男ではなかった。身長一八〇センチほど、角張った顔に豊かな褐色の髪、そしてその勲章に見合った分厚い胸板をしたグローヴズは、陸軍士官学校《ウェストポイント》ならびにマサチューセッツ工科大学を卒業し、「行動力にあふれ、人使いが荒く、任務をとことんまっとうする男」との評判だった。マンハッタン計画の指揮をまかされると、一部の部下たちに、これまでの上司のなかでも「最低のクソ野郎」だと評された。あら探しが好きで、人の感情を逆撫でし、じつに傲慢な男だ。そうはいっても彼らもまた、アメリカの原爆計画を指揮してドイツの鼻をあかすのはこの男しかいないと思っていたことだろう。

そしてグローヴズの見立てでは、この目的をかなえるにはふたつの相補う方法があった。ひとつはアメリカの戦争遂行努力に拍車をかけること。そしてもうひとつは敵の戦争遂行努力を遅らせること。前者に関していえば、すでに何万人もの科学者や技術者、作業員を雇って、何億ドルもの資金を投入し、フル回転で進行する作戦の陣頭指揮をとっている。テネシー州の丘陵地には、ふたつの異なる方法で稀少なウラン235をウラン238から分離する巨大な工場を現在建設中である。ワシントン州のコロンビア川沿いでは、一二〇〇トンの黒鉛を減速材とし二〇〇トンのウランを用いた原子炉の建設がスタートした。またカナダの同胞と協力し、ブリティッシュコロンビア州のトレイルにある水力発電所に巨大な重水工場を建てているところだ。そしてニューメキシコ州のロスアラモス牧場学校では、物理学者から成る小さな町が核分裂の原理を使った爆弾の開発に取り組んでいる。こうした仕事にもあれやこれやと心配の種は尽きないが、少なくともこれらはグローヴズの直接の監督下にある。

だが敵の動きを遅らせる、となるとそうはいかない。第一に、ドイツがどこまで進んでいるか自分には限られた情報しかはいってこない。第二に、敵の標的に作戦部隊や爆撃機を送る権限が自分にはない。三月末にグローヴズは、あろうことかスウェーデンの新聞を読んで、ノルウェーのヴェモルクを標的とするイギリスの破壊工作が成功したことを知ったのだ。この工場はドイツの原爆計画に欠かせない資源を提供しているのを、グローヴズはかなり前から知っていた。

陸軍参謀総長ジョージ・マーシャル将軍と、ワシントン駐在のイギリス軍代表ジョン・ディル陸軍元帥を通じて、グローヴズは作戦の詳細を教えてほしいと要求した。すると四月に、この工場は二年間、操業不能だと教わった。ところがその数日後には、それが一年間に短縮されたと告げられた。

それからまもなくしてマイケル・ペリンから、この戦争が終わるまでにドイツは原爆をつくることはできないだろうと言われた。イギリスのチューブ・アロイズ委員会の主要メンバーであるペリンは当時ワシントンを訪れていた。「あなたのおっしゃることは正しいかもしれません」グローヴズは答えた。「でも私は信じませんよ」。たとえペリンが正しいとしても、グローヴズは別のことも危惧していた。そのひとつは放射能による攻撃である。

配下の科学者たちがまとめた詳細な報告から、グローヴズはドイツが重水炉の稼働に成功すれば「膨大な量」の放射性物質を簡単に製造でき、それを都市全体にばらまくことも可能だと知った。その報告では、使える放射能爆弾の開発にはまだいくつも課題があると結論していたが、仮にドイツがロンドンのような都市を「完全に麻痺させる」ことができたならば、大規模な範囲での避難が必要となるだろう。

一九四三年六月二四日の朝、グローヴズはヴァネヴァー・ブッシュと面会した。ニューイングランド出身の青い目をしたのっぽのブッシュは、マンハッタン計画を監督する組織（科学研究開発局（OSRD））を指揮している。ふたりはこの計画の進捗状況について話し合い、そこでは一九四五年の早いうちに少なくとも一個の爆弾を製造できる見込みがあるとの話も出た。さらに、ドイツの計画を遅らせるために攻撃すべき標的のリストについても検討した。これはイギリスの情報部──ならびにライフ・トロンスター──の手を借りて作成したものだ。そこにはヴェモルクのほかドイツにある数カ所の研究施設が載っていた。グローヴズとブッシュは「敵への妨害対策に全力を尽くす」ことなく爆弾の製造に五億ドルを費やしても意味がない、と意見の一致を見た。

それから数時間後、ブッシュはホワイトハウスでローズヴェルト大統領と昼食をともにした。そして自分たちがいかに「積極的に動いている」かをかいつまんで説明し、一九四五年一月一日には予定通り爆弾を提供できるだろうと報告した。ローズヴェルトはドイツがどこまで進んでいるかを知りたがった。ナチスの科学者は「われわれよりも早くから本格的に取り組んでおり、すでに先を越されているかもしれません」とブッシュが答えた。ただし、リストに載ったドイツの標的を数カ所攻撃する「手配をしているところです」

ローズヴェルトから承認をもらうと、グローヴズはさっそく解体用の鉄球さながらその遂行に猛進した。

その夏の初めにクヌート・ハウケリは、レジスタンスのリーダーで家族ぐるみの友人でもあるトロン・フィーヴェが暮らすオスロのアパートを訪れた。と、そのとき、ドアをノックする音がした。トロンがドアをあけにいくと、ハウケリの耳に、自分の父親ビョルグルフの特徴ある声が聞こえてきた。そこで慌てて隣の部屋に身を隠した。家族と決して接触してはならない。非合法活動にかかわる者のこの鉄則を守るためだ。自分はまだイギリスにいると家族の誰もが思っている。二年近く家族の誰にも会っておらず、言葉も交わしていない。妻のボーディルもまたレジスタンスに関与したことで、ボーディルもまたレジスタンスに関与したことで、三月半ばにやむなくスウェーデンに脱出していた。

いま扉一枚隔てた先に父親がいる。ルールを破って部屋にはいり父と肩を抱き合いたい。ふたりは世界をいつも同じふうに見ていたわけではないが、やはり父と息子にかわりはない。それでも飛び出していきたいのをぐっとこらえ、そのまま隠れていた。短い言葉を交わしたあと、トロンはこの突然の来客を送り出した。

ハウケリとヒェルストルプは数週間を首都で過ごし、しばし休息をとりながら、国民連合の党員名義の新しい身分証が届くのを待っていた。首都にいるあいだに、脱出を試みたヘルバルグがじつは殺されていなかったとわかり、この嬉しいニュースをロンドンに送っておいた。この友人のとんだ災難を知ったふたりは、つねに用心を怠ってはならぬと肝に命じた——ゆめゆめホテルに泊まろうなどと思っちゃだめだ。

六月になると、ふたりは地下組織の結成に本格的に乗り出すために、オスロを出発した。闇市場で買った自転車に乗って再びヴォーグスリードに戻ると、夏の自転車旅行を楽しむ観光客のふりをしてホテルを避けて森で野宿した。

ふたりの計画では、まず活動のための安全な基地をつくり、次にハウケリが地区ごとに指揮官を登用する。そして彼らに自ら組織を率いてレジスタンスの闘士を集めさせるのだ。この指揮官たちだけがハウケリの存在を知ることになるため、ひとえに信頼できる人物でなければならない。訓練が終わり武器も揃ったら、地下組織はひとまず待機し、いざ時が来たらゲリラ攻撃を仕掛け、敵の戦力をくじき、オスロから北海まで東西にのびるこの地域の重要経路で敵の移動を封じるのだ。

ハウケリとヒェルストルプは、ヴォーグスリード南西の山岳地帯を登り、ホルメ湖から少し上がった場所に基地をつくった。苔むした石を集め二重の壁を張って建てた小屋は、遠くから見ると、ただの石を積み上げた小山にしか見えない。風が吹き込まないよう壁の隙間には土や泥炭を詰めた。また南方の鉱山跡から拾ってきた材木をドアや屋根の梁にした。腹がへると湖でマスを釣る。疲れると日なたで寝ころび、やっと冬とおさらばできた幸せをしみじみと噛みしめた。近所の農家からハウケリはエルクハウンド（ノルウェー原産の犬種）の小犬を買ってきた。そして「バムセ（小熊）」という名前をつけ、建設途中のこの小屋を小犬にちなんで「バムセブー（ブー(bu)はノルウェー語で「小屋、住居」の意味）」と名づけた。

建築作業の合間に、ハウケリは新たな小隊の指揮官たちに会いにいった。そのあとにダーレンの数キロ北東にある小さな村に向かった。そして六月一八日、あらかじめ約束していたとおり、仲間のひとりが所有する農場の母屋でシンナルランと落ち合った。シンナルランはひどく憔悴していた。二週間前のこと、まだ赤ん坊だった姪っ子がベビーベッドに寝ていて喉を詰まらせ亡くなった。赤ん坊の父親のオーラヴはアイナルとのからみでグリニ収容所にはいったままで、娘の葬式にも出られなかった。この出来事は、すでに多くの不幸を舐めてきたアイナルの年老いた父親にさらに追い打ちをかけた。父親自身もまた死の淵にいたのだが、ダムのすぐ近くにドイツ兵がいるのでシンナルランは父親を最後に見舞うことすらかなわなかった。たったひとりでニルスブーに暮らしていたシンナルランは、前歯が一本欠けてたえず歯痛にも悩まされていた。そのため生命保険調査員「アイナル・ハンソン」として行動する傍ら、隠れ家を出てダーレン郊外の歯医者まで数度にわたり治療を受けにきていたのだ。リューカンの歯医者に行けば身元が割れてゲシュタポに引き渡される恐れもあった。

ハウケリはシンナルランをなんとかなぐさめようと、それから幾晩か農家に泊まっていき、逃亡の身であることをつかの間忘れられるようあれこれやってみた。「ボンゾーが待っていた——会えてすごく嬉しかった」と、短いメモだけの日記になってから一八日目にシンナルランは書いている。「エッグノッグ（卵・牛乳・砂糖・香料を混ぜたものにラム酒などを加えた飲料）で盛大なパーティー——おなかいっぱいだ」と次の日に書き込んだ。「まずは歯医者——あとは陽気にどんちゃん騒ぎ」とその翌日にも書いてある。ともに過ごしていたある日のこと、ハウケリはノルウェーの女の子につける名前のリストをシンナルランに見せた。何かの本で見つけたものだ。名前はどれもかなり古くさいものだったが、そのうちのひとつをハウケリはやけに気に入った。ヒルヴィール。もし自分に娘ができたら、そう名づけたいな。そのときふと、シンナルランもまた未来のことを思った。いつの日か自分も妻を迎え、子どもたちに恵まれるかもしれない、この先の向こうにある自らの人生を。もしも娘ができたなら自分もヒルヴィールと名づけよう。ハウケリにそう約束した。それからまもなくして、ハウケリはバムセブーに戻っていった。シンナルランはまだここに二週間ほどいて、その後も数回は治療に通った。

　ある日、例によって治療を終えたあと、ムース湖をあがって自分の小屋にいったん戻ると、いつも後ろ盾となり助けてくれる農夫ヨン・ホヴデンがまた訪ねてきた。リリアン・シーヴェルスターが運んできた、彼女の兄グンナルからのメモを届けにきたのだ。メモの内容を見たシンナルランははっとした。これはただちにロンドンに送らなくてはならない。

　七月八日、トロンスターはシンナルランから届いた知らせに愕然とした。「ヴェモルクは八月一五日ごろから重水を搬出する予定」。ウィルソンはトロンスターに、この報告の確認をとるよう求めた。それが本当なら、ジョン・アンダーソンと戦時内閣にすぐにも知らせる必要がある。

その時点までガンナーサイド作戦は文句なしの大成功といえた。標的は破壊された。一発の弾も発射されなかった。これまでさしたる報復もない。チームはひとり残らず脱出でき、ドイツに身元も割れていない。トロンスターにとってこれ以上望むもののない最高の結果だった。称賛の声が各所からあがった。ノルウェー軍最高司令部からチャーチル本人にいたるまで。チャーチルは「この勇敢なる男たちにいったいどんな報奨を与えるべきだろうか」と単刀直入に訊いてきた。この成功によってSOEとリンゲ中隊の株は上がり、これ以後、ノルウェーで作戦を展開する機会がますます増えた。

ガンナーサイド作戦を終えたトロンスター（前列中央）と隊員たち
Norges Hjemmefrontmuseum

シンナルランの報告が真実なら、トロンスターの当初の予想よりもはるかに早くドイツは本格的な生産を再開することになる。ガンナーサイド作戦はおそらくドイツへの二トン分の重水供給を遅らせ、これは原子炉に必要とされる分量の半分に相当した。それでもトロンスターには、今後ベルリンに再び重水が搬入されることを断じて許してはならないとわかっていた。それは、つい最近ニールス・ボーアがひそかに口にした言葉を思えばなおさらのことだった。コペンハーゲンにある自身の研究所でドイツのふたりの物理学者の訪問を受けたのち、このデンマークの物理学者は、とりわけ爆弾製造に必須の材料をつくるに足る量の重水があるならば、近い将来、原子爆弾が入手できるに違いないと語った。重水の生産が「戦争にとって重要である」か、そしてこうした工場を破壊すべきかと訊かれたボーアは、どちらの問いにもイエスと答えた。原子物理学の創始者のひとりで、まもなくデンマークをひそかに脱出する予定のボーアの口から出たこの言葉によって、ヴェモルクは再び標的として注目されることとなった。

トロンスターは工場における進捗ぶりを調べるようシンナルランに指令を出した。そして七月一九日、「ジュースの問題への対処」の仕方について再度ＳＯＥに長い報告書を送り、そのことを日記にも綴った。とりわけトロンスターは、アメリカが強硬に主張するような工場への大規模空爆を阻止したいと考えていた。そもそも地階にあって、何トンもの鉄鋼とコンクリートで守られた高濃縮施設を空爆によって破壊できるかははなはだ怪しい。そのうえ空爆により甚大な被害が出ることは避けられない。工場周辺に住む一般のノルウェー人が巻き添えとなり、また戦後のノルウェー経済にも多大な影響が出るだろう。それにドイツが実際にボーアの言うほど熱心に原爆開発を進めているのかもトロンスターは疑わしく思っていた。ヴェモルクにいたあいだにブルンがかき集めた情報からも、またトロンスターとウェルシュがスウェーデンやノルウェー、ドイツにいる自分たちのスパイから入手した最新情報でも、ナチスが「悪魔の機械」を開発できる見込みは薄いと思われた。

報告書のなかでトロンスターは慎重な行動をとるよう求め、さらにヴェモルクの生産を停止させ、ナチスの原爆計画を遅らせるためにとり得るほかのさまざまな対策をあげた。まず発電機に水を供給するダムのひとつを破壊することもできる。またヴェモルクからドイツまでの重水の輸送路を狙うことも可能だ。内部から高濃縮施設を破壊するという手もある。実験を実施または指揮しているベルリンの拠点を襲撃してもよい。トロンスターはこうした施設の住所も載せておいた。ただし、ヴェモルクと、すでに重水を生産しているか生産を間近に控えるソーハイムとノートッデンの二工場への空爆は除外した。

折しも自らの作成したヴェモルク重水攻撃の二度目の作戦リストがSOE内で回覧されているころ、トロンスターは部下とともに最初の作戦におけるその活躍を認められ、イギリスから勲章を授与されることとなった。七月二一日、チルターン・コートに一同は軍服姿で集まった。SOEを監督する経済戦争相のセルボーン卿がイギリス国王ジョージ六世にかわって、ルンネバルグとポウルソンに殊勲賞、そのほかの出席者（ヘルバルグ、イードラン、カイセル、ストールハウグ、ストロムスハイム）には戦功十字勲章もしくは戦功メダルを授与した。そしてトロンスターは大英帝国勲位を賜った。

その後、セルボーンは一同のためにリッツホテルで晩餐会を催した。そこではこの日の主賓にふさわしく雷鳥《グラウス》がふるまわれ、男たちは骨だけ残してしゃぶりついた。思い出すことは山ほどあった――ハルダンゲル高原での奮闘の日々、破壊工作の最中とその後の緊張の場面――いまとなっては笑って話せることも多かった。思い出すのは、ストックホルムの病院にいたときにスウェーデン人の看護婦がふたりがかりでシラミをとって体をごしごし洗ってくれたこと。それから一度だけ収容所を抜け出して、ストックホルムのオペラハウスでお上品な紳士よろしく「椿姫」を鑑賞したこと。夕食後、トロンスターは彼らを街に連れ出し、陽気な男衆は歌をうたいながらピカデリーに繰り出した。シンナルランから聞いたことについてトロンスターは何も言わなかった。せっかくの夜を台無しになどしたくない。

それから七二時間もたたないうちに、アメリカ第八空軍重爆撃機の大部隊がノルウェー南部の快晴の空に轟音をとどろかせた。ドイツ一帯を霧が覆っていたため、この爆撃機隊は針路をハンブルク上空から変更することにした。そしてかわりにノルウェーの産業施設数カ所を襲撃にかかった。そのなかにはノシュク・ヒドロ社がハールオイヤに新しく建てた大規模のアルミニウム工場もふくまれた。爆撃機は一六五〇個の爆弾を落として一帯を破壊し、おもに地元の作業員からなる五五人を殺害した。次はヴェモルクの番かもしれないとトロンスターは戦慄を覚えた。

第二三章　標的リスト

八月四日にビャルネ・エリクセンは、瓦礫や遺体が散乱し、負傷者であふれるハールオイヤの空爆現場を訪ねたあと、急ぎリューカンに向かった。この空爆があったのちに、ヴェモルクは閉鎖された。空爆によりアルミニウム工場に隣接するノシュク・ヒドロ社の肥料工場も破壊された。肥料を製造できないなら、アンモニアをつくる必要もなくなる。ということは、アンモニアの材料となる水素をつくるためヴェモルクの工場を稼働させる意味もない。ところがリューカンの管理棟で顔を合わせた大勢のナチ当局者は、重水の製造を続けるためだけに工場を再開するようエリクセンに強く迫った。だがエリクセンはこれを拒否し、いかにも法律家らしく、反対理由をひとつずつあげていった。

第一に、わが社にとって重水は商業的にさほど重要な意味をもたない――なにしろ侵攻以来、ドイツはこちらが供給した重水に一クローネたりとも払っていないのだ。第二に、重水のカスケードを満杯にするためにヴェモルクの水素工場を動かし続けるとなれば、揮発した水素ガスを大気中に放出しなくてはならず、それは明らかに危険である。第三に、自分には工場を再開する必要性がさっぱり理解できない。これまで再三にわたり、重水はドイツの戦争目的にとって重要ではなく、単に科学的研究に使うためだと言われてきたのだ。第四に、そしてこれが最も大事なことだが、デューテリウムを製造すれば連合軍から空爆を受けるリスクが高くなる。そうなると大勢の人びとの命にかかわり、さらに自社にとってかけがえのない産業施設を危険にさらすことになり、ひいてはノルウェーの農業や輸出業にも影響が出る。

エリクセンがいくら訴えようと、この会議でテアボーフェンの代理を務めるアルブレヒト博士は動じなかった。博士はデューテリウムの生産をフル稼働に戻し、その後さらに増産をはかるよう強硬に要求してきた。この六月には、早くも再建された高濃縮施設で一九九キログラムの重水が生産され、ヴェモルクでの新記録をはじき出した。七月はこの目標におよばなかったが、これはハールオイヤの空爆による影響が大きい。そしてこの八月には記録的な生産量に達することをテアボーフェンが期待していると釘を刺した。これに対しエリクセンは、自分は「個人的な信念」から、重水の生産をすぐに再開しないだけでなく、永久に生産を停止すべきだと主張すると答えた。そして、同じ処置を取締役会にも進言するつもりだと伝えた。

その経歴からしてエリクセンは、これまで一貫して愛国者だったというわけではない。たしかに侵攻以前には、ドイツがヴェモルクに関心をもっていることをフランス人スパイのジャック・アリエに明かしていた。そのいっぽうで、一九四〇年四月にドイツが侵攻してきたのちは、ホーコン国王に「現実的な取引」として退位を促し、その直後には自社から国民連合に寄付する二万五〇〇〇クローネの小切手にも社長として署名している。だがここにきてエリクセンは再びドイツに立ち向かっていた。

アルブレヒトは顔色ひとつ変えなかった。「どんなリスクがあろうとも、ＳＨ－２００の最大限の生産量を維持すること」との命を受けている。最後にもう一度、これからも反対する意志は固いかとエリクセンに尋ねた。そのつもりだとエリクセンは答え、「結果を受け入れる覚悟はある」と言いきった。それならお好きなように、とアルブレヒトは返した。わが国家の要求は、エリクセンが責任者であろうとなかろうと、有無を言わさず実現されるのだ。

それから数日のうちに、ゲシュタポにエリクセンを逮捕させるようにとの通達がフェーリスに届いた。元ノルウェー陸軍将校のエリクセンは、そのほか一〇〇〇人を超えるほかの将校ともども、表向きはノルウェー国内で反体制的脅威になりかねないとの理由で逮捕された。だがエリクセンが自宅から引き立てられ、ドイツの強制収容所に送られたのは、まったく異なる理由からだ。テアボーフェンじきじきの命令に逆らった者の行末である。

ヴェモルクのお蔵入りをエリクセンが強く求めたその同じ朝、ニルスブーの小屋ではシンナルランがホームステーションに立て続けに伝言を打っていた。そこには、六月一日までにドイツが再び「通常の生産量」の重水を製造しはじめた件についての詳細が綴られていた。さらにソーハイムの工場も稼働し、純度は一五・七パーセントにまで到達した。技師たちは一〇月までには「完成した状態」で在庫を出荷できると予想している。またノートッデンの工場も稼働を間近に控えている。シンナルランはこう締めくくった。「われわれはヴェモルクの産出量を減らす手配ができ、そのあいだにソーハイムとおそらくノートッデンを妨害することも可能である。仲間は行動を辞さないが、そちらからの命令を待つ」

返信でトロンスターは、シンナルランがどうやって生産を遅らせるつもりかを尋ね、また事前の承認なしにいかなる行動もとるべきでないと釘を刺した。すでにグンナル・シーヴェルスターがタラ肝油を高濃縮槽に垂らして汚染させ、生産量を一日に一・五キログラムは減らしている。

「慎重にやれば」とシンナルランは暗号文で答えた。「仲間に直接危険がおよぶことなく半減させることも可能だ」。それから二週間にわたりシンナルランは、これ以上ドイツに重水をわたさないための別の方法をいくつか提案した。いかにもヴェモルクの守りは固いが、せいぜい五人ほどの小隊で、列車にしろ車にしろ、オスロまで輸送されるあいだに襲撃することは可能だ。だが返ってきたのは、しばらくようすを見て待機せよとの命令だった。

夜が長くなりSOEによる物資投下が可能になる秋までをしのごうと、シンナルランは狩りをし、魚を釣って、薪を集めた。山間でこんなにたっぷり自由な時間を過ごせるのは嬉しかったが、それでもずっとひとりでいることがしだいにしんどくなってきた。もちろんシンダーレンやハーマレン、ホヴデンの農場まで降りていく用事はあった。貴重な食料を分けてもらったり、無線機のバッテリーを充電したり、リリアン・シーヴェルスターが運んでくる伝言を回収したり。それでも、ただ話し相手が欲しくて出かけていくこともあった。

ときにはそのまま農場に夜も泊まっていき、翌朝は野に出て働き、一家との交流を楽しんだりもした。彼らはシンナルランの命綱であり、そして庇護者でもあった。都会から遠く離れ、山間でぎりぎりの生活をするこうした農民たちは、世事には疎いかもしれないが、地下活動のこととなると如才なかった。自分たちの土地にドイツの巡察隊が近づくと、いつもはるか事前に察知してニルスブーにいるシンナルランに教えてくれる。兵士たちがすっかりいなくなると、山奥に逃げた彼のもとに、もう小屋に戻ってきて大丈夫との伝言を届けに来て、そのまま小屋に泊まっていくこともよくあった。ときおり連れ立って狩りにも出かけた。シンナルランも腕は立つほうだが、彼らにははるかにおよばない。ある晩の日記にはこう書いてある。「オーラヴは小ぶりのオスを殺した。でもぼくが撃ったのは石ころ一個」

　このころシンナルランはベルゲンに住むガールフレンドのグードヴァイグと、地下に潜って以来初めて会うことにした。この一年、ささやかな贈り物を郵便で届けてはいた。トナカイの肉やナイフといったもので、ナイフはトナカイの角製の持ち手に自分で凝った模様を彫った。八月の半ばにハウケリセーテルの山小屋まで徒歩で向かい、そこに協力者を通じてグードヴァイグを呼んでもらった。日記にはただこう書いてある。「グードヴァイグが来た。もう最高！」。けれど一週間ほどふたりで過ごしたあと、シンナルランはまた隠れ家に戻らなくてはならなかった。

　それでも家族とはいまもいっさい連絡を断っていた。父親が亡くなった七月一一日でさえ、家族の助けにはなれなかった。一週間後にひらかれた葬式にも出られなかった。いまもゲシュタポが自分を捜しており、葬式はどう見ても自分をつかまえる絶好のチャンスになるからだ。息子が山で無事に暮らしていると今際の際《きわ》に聞いた父親が安堵していたと耳にしたが、それでもそばにいられたら、そのほうがどんなによかったか。オーラヴとトーシュタインの兄ふたり、そしてムッレル通りで拷問に耐えている親友スコーゲンは、グリニ収容所から彼らを解放してもらうのと引き換えに自分が出頭することなど断じて許さないだろう。そうは思っても申しわけない気持ちに変わりはなかった。

だが彼らの誰も、そしてシンナルラン自身も知らなかったのだが、このノルウェーの山奥の古びた狩猟小屋から発信される諸々に、ロンドンならびにワシントンDCの権力の回廊が耳を寄せていたのだ。

八月九日に空軍省の情報部長A・R・ボイルから、ヴェモルクが再び攻撃目標になることを示唆する書簡がSOEに送られてきた。ボイルは、ドイツがこの戦争に勝利すべく、ヴェモルクの重水を使って「秘密の兵器」をつくるために「必要なあらゆること」をしているとの報告を受けていた。

工場への攻撃がまたも検討されていることをウィルソンがトロンスターに伝えてきた。かたやトロンスターは、シンナルランに送るべく伝言をしたためていたが、その内容は、ヒマシ油を高濃縮電解槽のどこに、どのくらいの量で、どんな頻度で注入すれば怪しまれずに重水を汚染させられるかの詳細な指示だった。ところがグレンドン・ホールの無線通信員の手で送信される前に、この伝言は追って通知があるまでファイルに保管されると告げられた。アンダーソンは、今後取るべき最善の方針について英米の軍当局間で合意が得られるまでは「現地での行動」をすべて禁じることにした。いよいよ今度こそヴェモルクが「標的リスト」に載るのではないか、とトロンスターは危機感をつのらせた。

その前年の一九四二年の後半には、ノルウェーのヴィルヘルム・ハンステーン将軍とアメリカのドワイト・アイゼンハワー将軍が面会し、ひとつの合意に達していた。それは、イギリス空軍にせよアメリカ空軍にせよ、ノルウェーの施設がその攻撃対象の候補にあがったときは、イギリス空軍省の正式な承認を得てから標的リストに載せる、というものだ。そうすればノルウェー軍最高司令部がこれを確認し、賛成か反対かを意思表示できる。

トロンスターは自国政府のためにこのリストを検討する者のひとりだったが、標的によっては空からの攻撃が最善の場合もあるのは承知していた。自らも、クナーベンにあるモリブデン鉱山をイギリス空軍の標的リストに入れるべきだと提案し、これは一九四三年の三月に実行された。だがハールオイヤは別だ。たしかにこのアルミニウムとマグネシウムの工場はドイツの戦争遂行にとってきわめて重要ではあるが、その生産を阻止する最も安全かつ最も効率的な方法は破壊工作であって昼間の空爆ではない。トロンスターは以前からそう考えていた。標的リストでも、この工場は優先順位が低いことを示す印がついていた。その第一の理由は、まだフル稼働で生産していないこと、そして第二の理由は、すでにこの工場を攻撃する奇襲作戦が存在するからだ。にもかかわらずアメリカは何の警告もなしに、夏の盛りに空爆を敢行したのだ。

その後ひと悶着起きて、ハンステーン将軍とトロンスターは、標的リストを毎月こちらにチェックさせること、そしてどこに破壊工作が適していて、どこに空爆が適しているか直接自分たちに相談することを強硬に要請した。なかでもトロンスターは、あらゆるコネを駆使してヴェモルクがリストからはずれるよう働きかけた。自身の情報源によれば、今後数年のうちにナチスが原爆を製造できる可能性は低いとのことだった。スウェーデンにいるトロンスターの若きスパイ、ニョール・ホーレは、リーゼ・マイトナーと、この地を訪れていたドイツの科学者数人が最近交わした会話の内容を伝えてきた。それによると、彼らのウラン装置はエネルギーの生成を重視するもので、爆弾が目的ではないことがうかがえた。最近になってイギリスに脱出してきたノシュク・ヒドロ社の役員がさらにこのことを裏づけた。その同じドイツ人科学者たちとたびたび接触した役員は、ナチスが重水を「戦争遂行にきわめて重要」と考えている見込みは低いに違いないと考えていた。だからこそトロンスターは、その程度の脅威なら空爆による攻撃をおこなうまでもないと判断したのだ。むしろ工場の内部の者に高濃縮槽を直接汚染させるほうが、今後を考えても何より賢明なやり方である。

自身の働きかけの結果をトロンスターが今か今かとかと待つあいだに、ドイツが進める別のプロジェクト――これに関してもトロンスターは情報を提供していた――が連合軍の攻撃を受けた。八月一八日の夜、ナチスのV1とV2ロケット研究所のあるバルト海沿岸のペーネミュンデを爆撃機が襲撃した。その同じ夜、机に向かったトロンスターは娘のシッセルに手紙を書こうとペンをとった。目の前には一〇歳になる娘の写真が飾ってある。まず自分が送った腕時計は気に入ったかと尋ね、最近の手紙の書き方を褒め（ただし綴りの間違いはいくつか指摘しておいた）、そして弟のライフの面倒を見るようにと頼んだ。だが手紙のほとんどを費やして説明したのは、なぜ自分が彼女と離れて暮らさなければならないか、その理由だった。

「私たちの国に再び自由を取り戻すために、全力を尽くさなければならないのだよ。『私たちの祖国』というのは、ただ土地のことだけでなく――たしかにこの土地は美しく、もちろん皆ここを愛しているが――それだけではなく、私たちが故郷で愛するすべてのもののことだ。お母さんに幼い息子、そして君。それから、すべてのお父さんやお母さんや子どもたち。それから、自分が小さかったときや、のちに自分の子どもをもったときのありったけの素晴らしい思い出。故郷の村の連なる丘や山、森や湖沼、大河や小川、滝やフィヨルド。夏の新鮮な干し草や春のカバの木の香り、海のにおい、広大な森、そして身を切るような冬の寒さまで。何もかもだ……ノルウェーの数々の歌や音楽、ああ、ほかにもたくさんたくさんある。それが『私たちの祖国』であって、自分たちで戦って取り戻さなければならないものなのだよ」

ヴェモルクを守ろうと奮闘するのも、ドイツを追放したあとのノルウェーの未来を見据えての自分なりの戦い方だった。シッセルに手紙を書いて二日後、トロンスターは空軍省と会合をもった。そしてその結果、ヴェモルクをはじめいくつかのノルウェーの施設を守り抜き、第二のハールオイヤになるのを防ぐ合意を勝ちとったつもりでいた。

ところが、その日の午後遅くにマイケル・ペリンは極秘の報告書を配布した。そこには、自分とチューブ・アロイズのメンバーはヴェモルクでの生産を停止させるべきだと考えており、イギリスの諜報機関の見立てでは、長期にわたって生産を完全に停止させるには空爆が唯一の方法だと書いてあった。ペリンはこう話を結んだ。「私が提案するのは、施設の場所をアメリカに知らせ、この件は合衆国陸軍航空軍（ＵＳＡＡＦ）にて処理できないか頼んでみることだ。そうとなれば、おそらく現時点では、いかなる決定もこちらからノルウェー当局に伝えるのは得策ではない」

「おれの名はクヌート。君に教えられるのはそれだけだ。おれはイギリスから来て、国王を代弁する立場にある」。新人候補が来るたびにハウケリはこう言いわたした。たとえ政府は移り変わろうが、ホーコン国王は自由を求めるノルウェーの戦いの象徴なのだ。「国王はこの国で君が軍事抵抗組織を立ちあげ率いることを望んでいる……組織のまとめ方はおれが教える。資金についてはおれが必要なだけ提供し、武器については、希望の時間と場所を言ってくれれば、飛行機か船で届けるよう手はずをつける」。九月いっぱいハウケリとヒェルストルプは、建築中のバムセブーを拠点に西テレマルク一帯で地下組織の養成を続けた。ざっと七五人は集まった新人には、何はさておき機密保持の重要性について念を押した。情報のやりとりは事前に決めた受け渡し場所を使うこと。指揮官を決して見知らぬ人間と接触させてはならない。そして「忘れるな。口は禍のもとだ」

よくできた偽の書類と通行証をもって自転車で移動するハウケリとヒェルストルプは、めったにトラブルに遭わなかった。一度だけ、湖畔のボート小屋の脇でヒェルストルプの前に地元の保安官とその助手が立ちふさがった。保安官はナチスの支持者だと知れている。保安官らが書類を見せろとヒェルストルプに詰め寄っていたとき、ちょうど三人から見えない場所にいたハウケリは、ボート小屋の裏にこっそりまわり込むと、ふたりの警官をいつでも撃てるようコルトで狙いを定めた。だがそんな事態になる前に、警官たちはヒェルストルプを解放した。

ふたりは山間の農場に無線局をつくり、農夫たちは無線員が農場でこっそり暮らすのを許してくれた——農場の働き手がもうひとり増えただけだ、と。さらにふたりは連合軍がノルウェーに侵攻するとき——もしくは破壊工作のために組織に招集がかかるとき——に備え、この一帯やハウケリ・ロード沿いのドイツ軍の拠点を偵察してまわった。だが何より急を要するのはイギリスからの物資の補給だった。ブーツの底には穴が空き、服はすり切れてぼろぼろだ。そのほか足りないのはテントに地図、コンパス、雨具、マッチ、ひげ剃り道具、タバコ、ザック、そして投下希望リストにも書いておいた「六人の専業主婦《ハウスワイフ》」。冬が近づくにつれ、食料も要請した。だがとりわけ喉から手が出るほど欲しいのは、組織の仲間を訓練し武装させるための武器——狙撃銃、ステンガン、ブレンガン（イギリス製軽機関銃）、コルト銃——である。

九月二二日の真夜中過ぎ、イギリス空軍による物資投下が可能な最初の満月の時期も終わるころ、バムセブーにひとりでいたハウケリは飛行機のエンジン音を耳にした。はだしにズボン一丁の姿で、飛行機に合図を送る懐中電灯だけを手に慌てて小屋を飛び出した。ところがエンジン音はしだいに遠のき、パラシュートはどこにも見当たらない。急いで服を着にいったん小屋に戻った。すると機体がこちらに戻ってきたので、また外に出てパイロットに夢中で合図を送った。それでも何ひとつ落ちてこない。それからさらに二度、飛行機のエンジン音が聞こえた。そして音はぱったり止んだ。歯がゆい思いで小屋に戻ったハウケリは、これからまた数週間も物資が届くのを待つほかないのかと不安になった。

それから数日後、ホルメ湖岸で投網を引きあげているときに、シンナルランのもとを訪ねていたヒェルストルプが戻ってきた。「やあ、どうだった？」ヒェルストルプがハウケリに声をかけた。

「どうもこうも、おれの知るかぎり何も起きちゃいないぜ」

「ロンドンから報告があったけどな。飛行機がここまできて物資を落としたって」

ハウケリとヒェルストルプは小屋の周辺をずいぶん遠くまで探してみた。すると、湖岸の土手にコンテナが二個落ちているのが見つかった。ほかにも湖面に半分浸かっているか、完全に沈んでいるのが五個あった。ふたりは服を脱ぐと冷たい水に飛び込んで、コンテナを岸に引っぱりあげた。

なかを調べてみると、武器も、そのほかの物資もおおかた無事だったが、弾薬の一部が——クラッグ・ライフルの弾一〇〇〇発——オシャカになっていた。その晩は、ご馳走を囲んで祝宴をあげた。数カ月ぶりに食べきれないほどの食事が皿にのった。クラッカーにコンビーフ、チョコレートに缶詰の果物にジャム、そして干しぶとう。次の朝もまた同じものをたらふく食べた。

とはいえ腹が満たされても、前年の冬以来ヒェルストルプを苦しめる体の凝りとむくみには効かなかった。オスロの医者からは、脚気——ビタミンB_1（チアミン）の慢性的な欠乏により生じる病気——と診断された。ずいぶん長いことトナカイの肉しか食べていなかったのが原因だった。しかも食事の偏りのせいで歯も欠けたり折れたりぼろぼろだった。次の冬を山間で越すのは無理だろうとヒェルストルプは自分でも感じていた。そこでスウェーデンの国境を越え、イギリスに戻ることを決意した。

九月の終わり、ふたりは別れの挨拶を交わし、ヒェルストルプは自転車で走り去った。それから二週間ほどたち、さらに雪が何度か降ったあと、ハウケリはバムセブーをいったん閉めた。そして重たいザックを背負い、エルクハウンドを連れて徒歩でムース湖に向かった。途中で気がつくと、バムセブーの周辺よりはるかに雪が深くなっており、仕方なく腰まで積もる雪のなかを漕ぎながら前に進んだ。あげく山間でやむなくひと晩野宿するはめになり、大岩の下の平らな場所でバムセと体をくっつけ合って眠った。次の日、本来ならその四分の一もあれば着く距離を一二時間かけて歩いた。霧のかかったニルスブーに近づくと、何よりほっとしたのは屋根にシャベルがなかったことだ。シャベルが載っていれば「近づくな」との自分への合図なのだ。

シンナルランはハウケリ――そしてバムセ――を喜んで小屋に迎えいれた。ふたりはその冬を一緒に過ごすことにした。これからの長くて暗い数カ月、頼りになる――もちろん話し相手にもなる――誰かといるのも悪くない。ふたりは新しい日課にも慣れて、ヴェモルクの重水生産に関する情報をロンドンに送り続けた。指示さえ出れば、いつでも生産を遅らせるか停止させる用意はある。だがゴーサインは出なかった。

「お偉方がヴェモルク工場への次の出動を検討してほしいと言ってきた」。一九四三年一〇月五日、あるSOE副官がもうひとりの副官にそう書き送った。「お偉方」とはアンダーソンとそのアメリカの同輩レスリー・グローヴズ将軍のことだ。グローヴズは配下の科学者たちが一年から一年半以内に実用可能な原子爆弾をつくれるに違いないと踏んでいたが、ドイツもさほど遅れをとってはいないだろうと考えていた。たとえ爆弾を入手するのはまだ先でも、ロンドンのような大都市に放射能攻撃を仕掛けることはすでに可能かもしれない。「次の出動」がどんなものになるにせよ、ふたりの副官は何度か書簡をやりとりしたうえで次のように決断した。ノルウェー人はどんな攻撃にもはっきりと反対を表明しているため、彼らをいっさいかかわらせてはならない。

シンナルランの送った情報をもとにウィルソンがイギリス人部下とまとめた報告書では、次の三つの選択肢があがっていた。第一は、工場内部からの生産妨害、第二は、ガンナーサイド作戦にのっとった奇襲攻撃、そして第三は、空爆である。第一案は一時しのぎの解決策でしかないだろう。第二案は、工場の警備が強化されたことから、一か八かの賭けになる。第三案は、明るい昼間の精密攻撃であれば、おそらく「最善で最も効果的な方法」となるだろう。この報告書を盾にアンダーソンは、空軍参謀総長サー・チャールズ・ポータルにヴェモルクの空爆を提言した。ポータルは攻撃目標に関する資料をアメリカ第八空軍司令官アイラ・エーカーにわたしたが、エーカーはすでにこの標的についてはよく知っていた。

ロンドンから西に車で一時間の距離にあるウィコム・アビー（戦時に接収された女子寄宿学校）に構えた司令部から、エーカーは一八万五〇〇〇人の部下と飛行機四〇〇〇機の指揮をとっている。その任務はおもに、敵の戦力を破壊しドイツを降伏に追い込むことだ。葉巻をくゆらし、穏やかな口調で話すこのアメリカ人は、指揮官になった当初、イギリス空軍にこう言った。「われわれは連中を昼間に空爆し、あなたがたは夜間に空爆する。つまり奴らを二四時間休みなしに攻撃するってわけだ」。とはいえエーカーは、今度の攻撃目標がはたしてそれほど重要なものかと首をかしげ、この任務に異を唱えた。

ところがグローヴズは、陸軍参謀総長ジョージ・マーシャルならびにワシントン駐在のイギリス高官ジョン・グリア・ディル陸軍元帥を介して、なおも攻撃を強硬に要請してきた。一〇月二二日、エーカーはついに命令に従い、部下たちにこう告げた。「ノルウェーの攻撃が天候に恵まれた折には、(ヴェモルクを)破壊せねばならない」

　こうした駆け引きがあったあいだ、トロンスターとノルウェー軍最高司令部はずっと蚊帳の外におかれていた。聞いていたのは、標的リストについて働きかけた彼らの努力は報われたこと、そしてヴェモルクの名前の脇には、攻撃をおこなうのは「特別なやり方によってであり、したがって空爆はすべきでない」ことを示す星印がついていることだけだ。何かするにしても最初にトロンスターに伝えずには実行しない、とエリック・ウェルシュからイギリス空軍に至るまで、誰もが口を揃えてそう言ってトロンスターを安心させた。

　一九四三年一一月一一日、イギリスとノルウェー軍最高司令部との合同会議で、トロンスターは自国の産業関連の攻撃目標について新たな方針を提案し、戦況を鑑みて、それは「攻撃的、破壊的なものから防御的、保存的なものへと早急に変更する必要がある」と訴えた。ノルウェー人にかまうことなくヴェモルクを攻撃すべきとの意見をアンダーソンに提出した同じ副官が、ここでもこの件を参謀総長らに伝えるとトロンスターに約束した。だがこれはまったくの嘘であった。

第二四章　カウボーイの疾走

一九四三年一一月一六日の午前三時。当直の軍曹がベッドに寝ていたパイロットのオーウェン・ローンを起こしたとき、北海沿岸にあるこの巨大な合衆国空軍基地ステーション139は迫る任務の準備に沸き立っていた。一六〇キロ南西の第八空軍司令部からテレタイプで基地に届いた指令により、攻撃目標、気象予想、出動部隊、そして襲撃計画が明らかになった。指令が来て以降、作戦の責任者ジョン・〝ジャック〟・キッド少佐とその側近は働き詰めだった。彼らは爆弾の総トン数や燃料の搭載量、飛行経路、軍事行動の開始時刻、どの航空群と飛行大隊を襲撃に参加させるかなどを次々と決めていった。

ローン中尉がまだ瞳きらめく少年のような顔にカミソリをあてるあいだ——ひげをきれいに剃れば酸素マスクがぴったりはまる——爆弾倉庫では兵器班がトレーラーにそれぞれ重量五〇〇キロの爆弾を積んでいた。同じころ、ずらりと居並ぶB－17爆撃機に燃料を給油すべく燃料タンク車が舗装路をまわり、そのあいだに機械工が機体のエンジンと爆弾倉を点検した。大食堂ではコックや厨房スタッフが朝食にパンケーキと粉末卵のスクランブル・エッグ、オートミールを用意している。そして作戦司令棟では搭乗員のために攻撃目標の地図と写真が集められた。

マイナス三〇度の高高度の気温に備えてしっかり着込んだ（ウールの下着、二枚重ねのウールの靴下、ウールのセーター、ムートン製の褐色のレザージャケットに厚手のズボン）ローンは、霧のかかる冷たい飛行場を横切って、仲間のパイロットや乗員とももども、出撃要旨説明《ブリーフィング》がなされる巨大なカマボコ兵舎のなかにはいっていった。ルートと攻撃目標を示した地図にはカーテンがかかっている。兵舎のドアが閉まると、作戦責任者のキッド少佐が兵士たちの前にすっくと立ち、それから事務員が仰々しくカーテンを脇に引いた。彼らが向かうのはノルウェーの、リューカンと呼ばれる場所だった。

標的までの距離と、一一月の日照時間の短さを考えれば、午前六時直後には出発しなくてはならない。攻撃目標はヴェモルクの発電所と水素工場。ここでドイツは「特殊な爆薬」をつくっているという。市民への被害を最小限に抑えるために、襲撃は昼食の時間におこなうこととする。キッド少佐は、対空火器だろうが戦闘機だろうが敵の反撃をさほど予想しておらず、この攻撃を「ただの偵察飛行《ミルク・ラン》」のようなものだと言いきった。だがその場では一度も口にされなかったが、ローンはこのヴェモルクという場所が最優先爆撃目標に違いないとの印象を受けた。

ローンは二二歳の誕生日を迎えたばかりだが、それでもどこか「ベテラン」の風格がある——あと二回の飛行任務をこなせば「ラッキーバスターズクラブ」に入れてもらえるのだ。会員資格は、運を味方につけ二五回の飛行任務から生還すること。帽子をかぶればまさにぴったりの「カウボーイ」のあだ名で呼ばれるローンは、テキサス州はヴァレー・ヴューの出身だ。ここはダラスの北にある人口六四〇人の小さな町で、建物が両脇にわずかに並んだ地面の切れ端にすぎない。ローンは九人きょうだい（そのうち八人は男）に生まれ、家族は小さな農場をもち、綿花や小麦、トウモロコシを育て、父親は近くの牧場で牛も飼っている。オーウェンは毎日学校を抜け出しては家の手伝いをするのが好きだった。卒業すると陸軍航空隊にはいったが、目的は機械工になることだった。だがその後ほんの数回、飛行機に乗っただけですっかりその虜になり、航空学校に入学した。それからまもなくB－17機の操縦桿を握ることになったのだ。このエンジン四基の長距離爆撃機は、機関銃を何挺も揃えて敵に次々パンチを繰り出し、そのうえ抱えた爆弾――総重量四三〇〇キログラムを超える――までお見舞いできる。搭乗員一〇人が乗るB－17機は「空飛ぶ要塞《フライングフォートレス》」と呼ばれ、まさに天空の巨人だった。

一九四三年六月、一〇カ月の飛行訓練を終えてイギリスに赴任すると、ローンは第一〇〇爆撃航空群に配属された。それから数カ月のうちに、この航空群は「血まみれの第一〇〇」とのあだ名を頂戴した。彼らは占領下のヨーロッパ各地やドイツ国内で、潜水艦基地や飛行場、工場を襲撃した。そのあいだローンは、隣を飛んでいた何機ものB－17が自ら戦いの幕をひくのを目のあたりにした。敵の戦闘機にずたずたにされ、空中で爆発し、急降下で海に突っ込み、地面に激突し、あるいはただただエンジンが止まって空から落ち、パラシュートにぶら下ったパイロットと乗員がなす術もなく敵地に消えた。

第八空軍の平均寿命は、飛行任務一一回。多くがローンの友だちだったが、仲間はほぼそれくらいで殺されるか行方不明になる。とくに強運なわけでも、技術的にさほど差があるわけでもないローンは、それでもいつも戻ってきた。シュトゥットガルトへの出撃では、翼に炎が広がり、メッサーシュミット戦闘機に追いまわされたが、機体を時速四八〇キロできりもみ降下させ、炎を消して敵を振り切った。ブレーメンとシュヴァインフルトの上空では、爆弾を必ず標的に落としてやると息巻いて、対空砲火の弾幕を縫って突進した。一九四三年八月、メッサーシュミットの工場を攻撃したのち、銃撃や対空砲を機体に浴び、二一二個もの穴で蜂の巣となり、やむなく北アフリカに不時着した。その地で黒い子どものロバを引きとると、モハメットを縮めて「モー」と名づけた。モーはローンとともにはるばるイギリスにわたってきた。フライト中は無線室で一丁前に酸素マスクをつけ、ヒツジの毛皮の上着をかけてもらった。基地に近づくとローンは管制塔にこうメッセージを送った。「凍ったロバ《アス》（アスには「ばか」「尻」の意味もある）と戻ってきたぜ」

空軍中尉オーウェン・D・“カウボーイ”・ローン
Courtesy of the 100th Bomb Group, www.100thbg.com

午前五時、ローンは自分の飛行機の最終点検をするために駐機場に向かった。機体をぐるりとまわり、タイヤに燃料タンクの通気孔、プロペラ、翼に装着した防氷ゴムまでチェックした。整備主任が、機体には二七〇〇キログラムの爆弾とさらに過剰搭載のハイオクガソリンが積まれ、総重量は三万キログラム（五五〇〇〇キログラムの重量超過）になると教えてくれた。暗闇のなか低い雲の天井を突き抜け離陸するのは楽な芸当とはいかないようだ。

「これで出撃準備完了！」ローンは整備主任にそう声をかけると、朝食を載せたワゴンに向かった。そこで仲間と肘つき合わせてお茶を飲み、最後のタバコをふかした。

仲間の輪にはいってきたのは新任の飛行大隊指揮官ジョン・ベネット少佐だった。押しの強い三六歳のこの指揮官は、ローンの飛行機「ビッグアスバードⅡ」（ビッグアスは「ばかでかい」の意味）に同乗し、任務を遂行することになる。

互いの救命胴衣《メイウェスト》とパラシュートのハーネスを点検すると、機体後部から一〇人の搭乗員が機内に乗り込み各自配置についた。乗員のうちふたり、航空機関士と無線士はいつもよりちょっとばかりぴりぴりしている。これが彼らの二五回目の飛行任務なのだ――この回の出撃は不運を招くとの噂がある。ローンはひと通り機器類をチェックすると、曙の空に緑色灯が光るのを見てエンジンをかけた。エンジンのうなり音が機内じゅうに轟き、インターコムを介さない会話はすべて怒鳴り声の応酬になった。地上員が車輪止めをはずし、ローンは機体を滑走路に向けた。辺り一面にライトが光り、ブレーキが甲高い音をたて、エンジンの轟音が大気に反響する。

予定より一分遅れてビッグアスバードⅡは離陸態勢にはいった。ローンはブレーキを解除し滑走路を直行する。スロットルを最大出力に上げて滑走路を九〇〇メートル進むと、まだほの暗い空に機体を時速二〇〇キロの速度で持ちあげ車輪を格納した。

すぐにも機影は雲にすっぽりと隠れた。離陸は三〇秒の間隔をあけておこなうが、先行機にエンジントラブルが発生するか先行機のパイロットが針路を誤ると、後発機がまっすぐ追突する危険があり、その場合、乗員が気づいたときにはすでに手遅れとなる。

高度九〇〇メートルで機体が雲から抜けた。頭上には半月がかかっている。自群のＢ－17二〇機を集めるため、ローンはステーション１３９の上空で大きく左に旋回した。宙に渦巻くミツバチの巣のような飛行機群に、油断なく目を配る。上へ下へと重なる飛行機が空中衝突するのを防ぐのと、着色発煙が自群の編隊と一致しているかを確認するためだ。

その朝、第八空軍の三個師団から、B−17「フライングフォートレス」とB−24「リベレーター（解放者）」の総勢三八八機がノルウェーに向かった。そのおよそ半数はヴェモルクをめざし、もう半数はオスロのすぐ北にある飛行場とクナーベンの採掘場を破壊するよう命じられている。

ビッグアスバードⅡと搭乗員。1943年10月撮影
Courtesy of the 100th Bomb Group, www.100thbg.com

しばらく旋回を続けたあと、ローンは第一〇〇航空群の他機と合流した。ベネットが搭乗しているため、ビッグアスバードⅡが先頭に立ち指揮をとる。空ではかなりの混乱が起き、パイロットたちは無線機にがなり立て、B−17とB−24は月明かりのなか自分たちの位置を躍起になって探している。自群がようやく勢揃いすると、ローンは乗員に「酸素を吸え」と指示し、北海を越えるべく高度約四三〇〇メートルまで上昇した。この大編成部隊は敵の戦闘機による大規模な迎撃は予想しておらず、したがって戦闘に備えた航空団を組むのではなく、二〇機ほどの集団で固まって飛行していた。

ローンたちは時速二四〇キロの巡航速度を保ち、北東に針路をとり北海をわたった。右手の水平線に太陽が昇り、息をのむような眺めを照らしだす。眼下にふわりと漂う雲、頭上には透き通るような紺碧の空、そして辺り一面にはおびただしい数の爆撃機。コックピットのヒーターがローンとベネットを心地よく温める。

沿岸に近づくと、ローンたちは防弾チョッキとスチールヘルメットをつけた。爆弾を投下するためには高度三七〇〇メートルまで降下する必要がある。ヴェモルクは海抜九〇〇メートルに位置するため、その差は対空火器には格好の距離になる。

ノルウェーが見えてくると、ローンは腕の時計に目をやった。予定より二二分早く着きすぎた。最初の爆撃投下は、午前一一時四五分になるまでおこなってはならないと命じられている。その時間には工場の作業員たちは地階の食堂に集まり昼食をとっているはずだ。選択肢はふたつ。早めに爆弾を落とし、市民の犠牲者を増やすリスクをおかすか。あるいは沿岸でUターンして航程を遅らせ、ドイツに迎撃態勢を整える時間を与えるか。

「北海上空で大きく旋回しろ」ベネットは決断した。

爆撃機が再び戻ってきたときには、すでにドイツは準備万端だった。対空砲を備えた二隻の沿岸警備艇がこちらに向けて発砲した。B－17機一機が墜落した。残りの爆撃機は対空砲火のなか前進を続ける。砲弾の大半は距離が届かないか狙いがはずれた。するとドイツの戦闘機数機が突如、空中に機影を現した。メッサーシュミットとフォッケウルフ。敵は散発的に攻撃してきたが、その数はかなり少なく、かたやフライングフォートレスは機関銃で重武装し、敵に思うような攻撃を許さない。別の航空群に属するB－17機一機が被弾した。乗員はパラシュートで脱出し、操縦者を失った機体は急旋回や急失速を繰り返し、らせん状に落下し海面に勢いよく突っ込んだ。それでも敵には、この爆撃機団の勢いを止める手立てはなかった。

過去にローンはドイツ各地でいくつもの任務をこなし生還してきた。なかには何百もの戦闘機から何時間もぶっ通しで攻撃を受けたことも、第八空軍がたった一日で六〇機もの爆撃機を失ったこともあった。そんな彼にとって、このノルウェーへの飛行はしょせんミルク・ランにすぎない。沿岸を横切るとコックピットの気温は零下四二度を記録した。ローンは雪を冠した山脈や急峻な峡谷、凍った湖の続く単調な景色をじっと見た。その眺めにふと胸騒ぎがした。航法士のジョセフ・〝バブルズ〟・ペインに標的までの道案内をしてくれる陸標――都市や鉄道線路、道路――がほとんどないのだ。それでも彼はヴェモルクに向けて正しい針路をとっていた。

第九五爆撃航空群は第一〇〇航空群よりも先に標的に近づいていた。彼らの飛行機雲を避けるため、ローンはいくらか降下しなければならず、ビッグアスバードⅡは先行隊の後流に巻き込まれ、機体を激しく揺さぶられた。それから数分後、爆弾倉のドアがあいた。高度三七〇〇メートルでようやく乱気流から逃れると、乗員は積載物の投下準備を始めた。上空にはいくぶん低い雲がかかっているが、正確な航程をとるにはおそらく支障はない。総勢一七六機のフライングフォートレスとリベレーターが上空をヴェモルクめざして突き進んだ。

そのころヴェモルクの西方にある農場では、アイナル・シンナルランがロンドンへの無線通信をちょうど終えたところだった。そのまま納屋にいて返信が来るのを待っていると、遠くのほう

ヴェモルクへの攻撃に備えるアメリカ軍の爆撃機
Norges Hjemmefrontmuseum

から何だかうるさい音が聞こえてくる。外に出てみると、ハウケリが空を見上げていた。はるか上空を、綿々と連なる爆撃機の一団が東に向かっている。ドイツの戦闘機でもないし、その進路を迎え撃つ対空砲も発射されていない。攻撃目標はどこなのか、ふたりはただ推測するしかない。ヴェモルクの発電所と水素工場の可能性も充分ある。この爆撃機団は結果、修羅の光景をもたらすこととなった。

午前一一時三三分、ヴェモルク構内に空襲警報がけたたましく鳴り響いた。輸送部長のヒェル・ニールセンは水素工場の階段を駆けおり地下壕へと走った。ほんの数カ月前、ハールオイヤのマグネシウム工場で働いていたときも、アメリカの爆撃機が襲来した。当時、ニールセンはこの産業施設の情報と写真をこっそりレジスタンス――そして、その延長線上にあるノルウェー軍最高司令部――に提供していた。

階段を降りて地下壕に避難すると、なかにいた主任技師のフレドリクセンが、吊り橋をわたった先にあるヴォーエル村の交換手からちょうど電話を受けているところだった。交換手の女性は谷の上空を飛行機が二〇機、さらに五〇機も現れたと伝え、それから大声で叫んだ。「もっとたくさんの飛行機が来ています！」。フレドリクセンはその目的を確信した。ヴェストフィヨルド谷のヴェモルク側に住む作業員や技術者の家族はパニックになり、家の近くの防空壕に向かって走りだした。地上に建てられたこのコンクリート製のシェルターは、戦争が終わればガレージとして使用する予定だった。なかの者の身の安全を思えば、最初からその目的で使っておけばよかっただろうが。

リューカンでは、市民らが率先して、空襲に備えてつくられた諸々の建造物に人びとを誘導した。地元の学校では教師が六〇人ほどの生徒を、床に砂を敷いた筒型のコンクリート製シェルターに押し込んだ。校舎の一階に住む四人のドイツ人も一緒にはいった。頭上で飛行機がすさまじい音響を発するのを全員が耳にした。いったい何が来るのかと不安になった教師のひとりが、果敢にも外に出てみた。すると真上に編成を組む爆撃機が見えたのですぐに叫んだ。「ここは真下だ！　みんな走って家に帰れ！」生徒たちはシェルターから飛び出すと、散り散りばらばらに逃げていった。

先行していた第九五航空群は爆弾を抱えたままヴェモルクの真上を通り過ぎた。目標地点の上空に低くたれた厚雲に阻まれ、おそらく工場が見えなかったのだとローンは推測した。とはいえ間違いなく旋回してまた戻ってくるだろう。しかしここはビッグアスバードⅡが先陣を切って標的を攻撃し、第一〇〇航空群にいっそう箔をつけたいものだ。それができるかは爆撃手ロバート・ピールの腕にかかっている。これから先は彼がこの機体の管制塔なのだ。

午前一一時四三分、雲のかすかな切れ間からピールは工場を見つけた。ドイツの発射した煙幕が徐々に谷を覆いはじめたが、まだ標的を隠すまでは広がっていない。「爆弾投下！」ピールが叫び、爆弾を放出した。いきなり軽くなったビッグアスバードⅡがはずみで勢いよくせり上がる。一八〇〇キログラムの「爆弾《エッグズ》」が標的に当たるのをピールはじっと見ていた。衝撃で機体が激しく揺さぶられるまま一〇秒間は直進を続け、後続のフォートレスに爆弾投下の時間を与えた。

飛行大隊が次々にあとに続いた。それから二〇分間、「ハング・ジ・エクスペンス（どんな犠牲も屁のカッパ）」とか「ローンチー・ウルフ（野卑なオオカミ）」とか「スロー・ジョー」といった名前の飛行機が工場めがけて破壊の具をこれでもかと浴びせかけた。初回の投下に失敗した飛行機は旋回し、飛行機雲と立ちのぼる煙幕の靄《もや》のなか再挑戦しに戻ってきた。ときおり地上から迎撃を受けた。だがその脅威とて、編成部隊の端っこをしつこくかじってくる若干の戦闘機と大差なかった。

全部で七一一発の爆弾がヴェモルクと周辺地域に降りそそいだ。なかには谷や森に落ちて害をおよぼさなかったものもあった。だが一部は水圧管路を直撃し、九本の水圧管が切断され、何トンもの水が山腹にあふれ出した。吊り橋はふたつに裂け、南側の崖にだらりと垂れ下がった。発電所を直撃したのは三発で、屋根の一部が吹き飛ばされ、発電機のうち二機が破壊され、その他の発電機も損傷した。水素工場の西角では爆撃によって上ふたつのフロアがもぎとられた。ヴェモルクそしてヴォーエルで数棟の家屋が全壊し、爆撃で吹き飛ばされるのを免れた家も、飛んできた石や木片により破壊され、追って炎により焼き払われた。周辺一帯に赤や緑やオレンジを帯びた炎が立ちのぼった。

爆撃機の大半が機体をかしげて水素工場から飛び去るころ、入れ替わりにB－24リベレーター二九機の集団がヴェストフィヨルド谷に降りてきた。オスロ郊外への出撃を命じられたこの一団は、標的が雲にすっぽり覆われていたために、一六〇キロ離れたヴェモルクをめざして飛んできたのだ。午後〇時三分、このB－24機の一団はリューカンの窒素工場を標的と見間違え、二三〇キロの爆弾を投下した。そのほとんどが工場を直撃し、煉瓦でできた対の高層棟をなぎ倒し、小ぶりの建物数棟を粉砕した。また一部の爆弾は数百メートル離れた町の市街地を直撃した。

いっぽうローンたちの爆撃機は三七〇〇メートル上空でノルウェー沿岸へと再び針路を向けた。ローンはこれでラッキーバスターズクラブ入会まであとひと飛びだ。ローンたちが無事に帰還するころ、彼らの残していった爪痕を見定めるべく、ヴェモルクとリューカンの住民や作業員が、隠れていた場所からぽつぽつと姿を現した。


「なんてこった！　おれの家族はどうなったのか？」コンクリートの埃にまみれた技師が水素工場の地下壕を出てきて叫んだ。その場の誰もが同じ思いに震えていた。ニールセンは傍らにいた別の男をなんとか落ち着かせようとしていた。男は自分の妻子が防空壕に無事に逃げたか心配のあまり半狂乱になっていた。

ニールセンは以前にノルウェーの赤十字の奉仕活動員として、ソ連のフィンランド侵攻時に負傷兵の世話をしたことがあった。そこで自分が何か役に立てればと思いシェルターにまっすぐ向かった。いまだ空襲警報は鳴りやまず、ヴェモルク一帯に煙が立ち込めている。人びとは瓦礫のなかを駆けずりまわって消火活動をし、倒壊寸前の建物から負傷者を運び出している。工場の作業員たちが水圧管から噴き出す水をやっとのことで止め、谷をわたってのびる、壊れた水素と酸素のパイプラインのバルブを閉めた。金切り声やうめき声がそこかしこから聞こえてくる。

ヴェモルクのシェルターに生存者はいなかった。ニールセンの助けが必要な者はひとりとしていなかった。シェルターがあった地面には深い穴がふたつあいている。爆撃機から二度直撃弾を受けた証拠だった。コンクリートの壁と屋根は粉々になり、なかに避難していた一六人は全員が死亡した。女性が一一人、子どもが二人、男性が三人。遺体は回収不能に近い状態だった。一本の腕、顔のない頭部、手足のちぎれた胴体。肉や骨のむごたらしい塊が、割れたコンクリートやねじれた金属棒のうえに散らばっている。父親や夫、友人たちが、ぽっかりあいた穴のなかで膝を落とした。彼らの苦悩の叫びは重なり合い、おぞましくも悲しい調べを奏でていた。

そこから六キロあまり離れたリューカンでは、どす黒い煙の雲が空を覆っていた。窒素工場と何軒もの家屋が倒壊した。だが運命のいたずらか、空襲時にシェルターから逃げ出した教師と生徒たちは無事だった。シェルターはヴェモルクのものと同じく全壊していた。くすぶる炎が鎮火し、負傷者の手当がひと段落すると、死者の数が数えられた。全部で二一人のノルウェー人がその命を奪われた。

親衛隊将校ムッゲンターラーはリューカンで空爆に遭遇し、避難はしたものの飛来物が当たり、顔にいくつか切り傷を負った。すぐさまオスロとベルリンに一報を入れ、自分が目撃した空爆とその被害の惨状をこと細かに伝えた。ヴェモルクについては緊急に修復が必要なものが多々あった。パイプラインに吊り橋、発電機、そして何より装置類に水素工場。ところがムッゲンターラーと部下たちが現場をつぶさに調べた結果、「SH－200高濃縮施設」はほぼ無傷だとわかった。通常運転を再開するには少しの時間とわずかな材料があればよかった。要するに、この空爆は烈火の嵐をまき起こしたにもかかわらず、ドイツの軍事機構にはたいした一撃とはならなかったのである。

アメリカ軍による空爆直後のリューカン
Norges Hjemmefrontmuseum

第五部

第二五章　犠牲はつきもの

アメリカ軍による空爆がおこなわれたその日、ライフ・トロンスターは亡命中のいまではどこよりも心休まる地となったスコットランドにいた。ＳＴＳ26に滞在して部下たちのようすをうかがい、一週間のコマンド訓練にも参加した。最高司令部の回廊からの、ちょうどいい息抜きだ。あそこにいると、たまに自分が母国のために戦っているというよりも官僚相手の駆け引きにばかり時間を費やしている気がするのだ。今日の午後は小ぶりの爆弾をいくつか炸裂させて過ごした。カチコチに固まった雪に陽射しがまばゆく輝いている。こんなにゆったりと楽しい気分になれたのはずいぶんと久しぶりだ。

その日の夕方、ドラミントゥール・ロッジに戻ると、ラジオから合衆国空軍がノルウェーに向かったとのニュースが流れた。詳細は不明だった。その晩の日記には、ただこう綴っている。「ノルウェー人の犠牲者が少ないことを、そしてこの悪魔的行為がすぐに終わることを祈っている」。それから数日のうちにトロンスターはその全貌を知ることとなった。

連合軍は約束を破った。ノルウェー政府に何の相談もなく爆撃機部隊をヴェモルクに送ったのだ。多くの市民が死亡した。いたずらに無駄な破壊がもたらされ、その最たるものはリューカンの窒素工場である。あの工場はこれまで一度も標的リストに載ったことがなく、ノルウェーの農業用の肥料を製造しているだけなのだ。何より耐えがたいのは、第一標的である重水施設そのものは、かすり傷さえ負わなかったことだ。トロンスターがすでに警告していたとおりだった。この始終――連合国側の裏切り、無駄に奪われた人命、そしてそれを食い止められなかった自分のふがいなさ――にトロンスターは憤懣やるかたない思いだった。だからといって理性を失い感情に流されるような人間ではない。ただ、このようなことがもう二度と起きないという確かな保証を手にしたかった。

ロンドンでこの知らせを聞いたヨーマル・ブルンもまた自分を責めていた。憤慨し、嘆き悲しみ、この攻撃に自分もひと役買ったのだとの罪悪感にさいなまれたブルンは、ノルウェーとイギリスの両政府に抗議し、チューブ・アロイズ委員会に辞表を提出した。「一年ほど前にノルウェーを去ったとき」とブルンは切りだした。「自分は連合国の戦争遂行に貢献でき、同時にノルウェーの人びとの生命と財産を救うことができると思っていました。そしていま自分の任務は水泡に帰したとわかったのです」

スコットランドから戻ったトロンスターはブルンをなだめ、辞任を思いとどまるよう説得した。それからさっそく行動にかかり、ハンステーン将軍とノルウェー外相に声をかけ、揃って英米の両当局に抗議した。調査が開始され、謝罪の言葉が述べられたが、それでも、今後いかなる攻撃をおこなう場合も事前にノルウェー側の承認を求めるとの申し出はいっさいなかった。むしろ連合軍は、対ドイツ戦の遂行は自分たちに一任してもらいたいとの意向を明確に示した。

トロンスターは、ヴェモルク空爆の決定が標的リストによる通常の手続きの外でなされたことを突きとめた。じつのところ、この攻撃命令をくだしたのは連合軍の最上層部だったのだ。たとえドイツには連合国の開発している核分裂爆弾はつくれなくても、都市をまるごと破壊できる放射能兵器ならつくれるかもしれないと彼らは考えた。ドイツがすでに核分裂研究を断念したとの明々白々な情報でもないかぎり、連合国は揺るぎない決意をもって行動する必要があった。

一二月に届いたニョール・ホーレの伝言から、トロンスターはドイツが原子力分野の研究を放棄していないことを知った。研究も実験もまだ続いており、いまも彼らは重水の生産に熱を入れているというのだ。さらにヒトラーが「秘密の兵器」を近いうちに解き放つことを匂わせているとの報告も、ドイツから数件届いていた。報告のひとつは、ドイツから亡命してきた数人にインタビューしたロイター記者によるもので、ナチスの爆弾は「途方もない破壊力をもつ爆発性のガスが充満したもので……まもなくイギリスに向けて使われるだろう」と警告していた。自分の戦うべき相手を肝に銘じるべく、トロンスターはこの記事を日記にはさんでおいた。

まもなく連合国の諜報機関に、ノシュク・ヒドロ社が「重水生産を完全に放棄する決定をくだした」との報告が寄せられた。だがこの未確認情報でトロンスターは安心するわけにはいかなかった。アメリカが自らヴェモルクに大規模攻撃をしてまでも重水生産を阻止したがっていたのはよくわかった。だがたとえヴェモルクが閉鎖されたところで、ドイツは高濃縮設備を解体し、どこか別の場所で――連合国の知らないどこかで――生産を再開する可能性もあるとトロンスターは警鐘を鳴らした。あのとき、タラ肝油のほかヒマシ油による破壊工作をも進めることを許可してくれていれば、いまごろは怪しまれずに重水生産をほぼ停止状態にまで遅延させることができただろうに。

空爆のショックから立ち直れずにいたトロンスターは、再び家族と離れてクリスマスを迎える寂しさにも耐えねばならなかった。自分がいなくてもバッサが気丈に暮らしているのはわかっていたが、ここ一年の妻の手紙には、夫の不在が家族全員にどれほど暗い影を落としているかが綴られていた。彼女は手紙にこう書いている。「あなたが行ってしまってから気が休まるときはありませんでした。いまでも寝ているときにひどく怖い夢を見るのは、たぶん心に深い傷が残っているからでしょう」。妻は夫のことも気にかけていた。「あなたは人生を半分しか生きていないような気がします。子どもたちはあなたなしで成長していて、それが悲しくてなりません。私たちの小さなぼうやはとっても愉快な子よ。でもあなたが家に戻るまでには、すっかり大きくなっていることでしょう」

トロンスターも同じことを心配しており、戦争が自分の人生をいかに変えてしまったかとよく思うのだった。ある手紙でバッサにこう書いている。「ぼくが心から願うのは、いつかぼくたちふたりがこの暗闇を抜け出して、もう一度以前のように心をひらき信頼し合ってともに人生を送れる日が来ることです」。こうした苦悩のすべては、ふたりが払わねばならない代償だった。クリスマスの直前にトロンスターはこう書いた。「この世は代償なくして何も得ることはできない……それが自由や独立ならば、なおさらのことだろう」。そしてトロンスターを何より苦しめたのは、自分の貢献のもつ性格だった。部下たちを次々に危険のただなかに——そしてしばしば死出の旅へと——送り出しながら、自分はつねに銃後にいるのだ。「ほかの人間の生き死にを決めながら、ここでのうのうと暮らしているのはつらすぎる」と日記のなかで嘆いた。自分もノルウェーの地に戻り、正面切ってドイツに戦いを挑みたかった。

一九四三年の一一月から一二月にかけて、連合軍の爆撃機は昼夜を問わずドイツを襲撃した。それでもクルト・ディープナーと仲間の若き物理学者たちは、ウラン装置の研究に根気強く取り組んでいた。開発中のG－Ⅲの実験に備え、チームは数トンのパラフィンワックスを使って中空の球体をつくり、なかに室温の重水五九二キログラムを注入した。それから一〇六個のウラン立方体を細い針金に取りつけ（一本につき八、九個）、この針金をすべて、立方体が等間隔で格子状に並ぶようにして上部の蓋に固定した。こうして準備したものを、ウインチで下げて重水のなかに浸した。すると、この装置は驚くほどの結果を出した。

続いてゴットウ・チームは同じ球体と同じ重水を用いて再度実験をおこなったが、今回は二四〇個のウラン立方体を使用した。これは一日あれば組み立てられるほど効率的な設計であり、この実験の結果、中性子の数は一〇六パーセント増加した。ディープナーは仲間の物理学者にこう報告した。「装置の規模が比較的小さいことを考えれば、この中性子数の増加率はずばぬけて高い」。さっそくチームは、この立方体と針金の設計を用いて第三の装置をつくりはじめた。

ディープナーの成功は時宜を得ていた。原子力計画の監督にかかわる錚々たる高官たち――とりわけシュペーアとゲーリング――は、これまで計画を指揮していたアブラハム・エサウをいよいよ追放しようとしていた。たしかにエサウのもとで多くの進展があったのは否めない。ディープナーの立方体の設計から、ハルテックの超遠心分離法、そしてエーリヒ・バッゲによる「アイソトープ・スルース」を用いたウラン235の濃縮法。加えて実用化に向けた素地となる多数の理論的論文が幾多の物理学者によりまとめられた。それでも実際に利用可能な原子炉はまだ存在せず、爆弾をつくるめどもたっていない。

しかも、数多くの実験がおこなわれ、パイロット・プラントまで建てたというのに、この計画に欠かせない減速材である重水の供給が滞る状態が続いている。ロイナでの本格的な工場の建設も、多額の費用とIGファルベンとの長引く交渉に悩まされている。そして昨今の連合軍によるヴェモルクの襲撃を受け、ノルウェーの供給に頼ったのは明らかに間違いだったことが露呈した。

ゲーリングは一二月二日、エサウに正式な解雇通告を送りつけた。後任には、磁場中における亜原子粒子の性質を研究して名を成した科学者、ヴァルター・ゲルラッハが選ばれた。ゲルラッハはミュンヘン大学で実験物理学を教えており、また戦時の大半を海軍のために魚雷信管の設計に取り組んできた。背が高く細面でかぎ鼻のゲルラッハはドイツの物理学界で人望があり、穏やかながらも如才なく、権力者の操縦に長けていると思われた。なかには彼が選ばれたことに首をかしげ、この男が計画を進めるとしたら、それは単に科学者たちを前線から遠ざけておくのが目的だろうと推測する者もいた。

ところがまもなくして、彼らもゲルラッハに野望があったのを知ることとなる。それどころか、彼は自分が「物理学の皇帝」になる計画すら温めていた。ナチ党員ではなかったが、ゲルラッハは軍国主義者で、ヒトラーが権力の座にとどまることを願っていた。一九四三年も後半になると、さすがにドイツがこの戦争に勝てるのだろうかと疑いだしたが、せめて原子炉か原子爆弾さえ手にはいれば、和平交渉を思い通りに進めるための強力なカードになると考えた。シュペーアの補佐官のひとりに、彼はこう語っている。「私が思うに、そんな装置を手にした政治家は、何でも望みのものを手にできるでしょう」

一九四四年一月一日の正式な任命に先立ち、ゲルラッハは数度にわたってディープナーと面会した。そして陸軍兵器局のこの物理学者が実験で最も進歩を見せていると判断し、開発を成功させるために必要な資源をすべて提供すると請け合った。さらには、ディープナーを自分の管理補佐に任命し、カイザー・ヴィルヘルム研究所の本部ハルナック・ハウスのオフィスに戻してやるとまで約束した。ゲルラッハはエサウのように万人の顔を立てることに興味はなかった。あいかわらずハイゼンベルクはウラン板を使った自分の設計よりもディープナーによる立方体の設計のほうが優れていることを認めていないが、それでも譲歩してもらうほかないだろう。

一九四三年一二月一一日、ディープナーは重水の生産がいまだ滞っていることに対処すべくノルウェーに向かった。そしてオスロのノシュク・ヒドロ本社で、エリクセンの逮捕後に社長の座に返り咲いた御年七〇歳のアクセル・オーベールと会合をもった。ところがオーベールもまた、前任者の逮捕につながったのと同じ立場を貫き、自社は重水生産を完全に停止するとディープナーに宣言した。理由は「従業員をこれ以上攻撃の危険にさらすことも、またしょせん次の空爆で破壊されるだろう工場の建設に新たに大金を投じることも」できないからだ。

ディープナーにも異存はなかった。生産を続ければ連合軍はおそらくヴェモルクを再び攻撃してくるだろう。ディープナーは自国で新たに工場を建設するため、この工場の高濃縮設備を――

あらゆる濃度の重水の全在庫ともども――ドイツに移したいと考えていた。ところがオーベールはこれにも異を唱えた――終戦までノルウェーにすべて保管しておくほうが得策に違いないと考えたのだ。だがディープナーの決意は固かった。ベルリンから承諾をもらう必要があるが、許可が下りるのは間違いない。新たな工場が建設されたあかつきには、プルトニウムをつくるための原子炉に必要な減速材がすべて自分の手にはいるだろう。

またそれとは別にディープナーはこの時期、まったく異なるタイプの原子爆弾の開発にも乗り出していた。そして一二月から新年にかけて、陸軍兵器局研究部の科学者と技術者からなるチームをこの研究にあたらせていた。その一〇年ほど前、物理学者らはデューテリウムの原子二個を高速で衝突させた瞬間、エネルギーが放出されることを発見していた。クンマースドルフ実験場では、ドイツの科学者数人が超高温でこうした衝突を生じさせ得る成形爆薬をすでに完成させていた。ディープナーと彼のチームは、中空の銀の球体内において爆発の衝撃波を用いてデューテリウムの原子を圧縮するという一連の実験の計画に着手していた。彼らの目的は核融合反応を引き起こすこと――ひいては爆弾をつくることにあった。連合軍に対する劣勢を覆すのに必要な兵器を、ディープナーは何としてもドイツに持たせるつもりでいたのだ。

「ぼくらの友人全員が幸せなクリスマスを迎えられますように」とモールス信号を打つと、シンナルランは続けてヒェルストルプとポウルソン、ヘルバルグの三人にも特別に挨拶を送った。返事はすぐに来た。「ここにいる友人一同、君たちの新しい年の幸せを願っている。すぐにまた会えることを祈る」。バムセブーにこもったシンナルランとハウケリはふたりで精いっぱい楽しいことを見つけようとした。トウヒの枝でちっちゃなクリスマスツリーをこしらえ、トナカイ料理を食べ、蓄音機とともに手に入れた数枚のレコードをかけた。足もとにはハウケリの犬、灰色のエルクハウンドがのんびり寝そべっている。祝日の曲がどこかで聞けないかと探して無線機の貴重なバッテリーをちょっとばかり無駄遣いしたが、受信できたのはせいぜいBBCから流れる、大晦日の零時に鳴るビッグベンの鐘くらいだった。鐘は一九四四年の訪れを告げた。

ふたりには一九四三年の年の瀬に振り返ることがたくさんあった。シンナルランはその年に父親と姪を亡くしていた。ゲシュタポはようやく兄のオーラヴを釈放したが、もうひとりの兄のトーシュタインはグリニ収容所にはいったきりだ。スコーゲンは一〇月の前半にドイツの捕虜収容所に送られた。その後の消息はわからない。

ハウケリもまたふさぎ込んでいた。九月の後半に父親が逮捕され、ムッレル通り一九番地の拷問部屋に連行されたとミロルグを通じて連絡がはいった。ビョルグルフ・ハウケリは息子がイギリスに発つ前からその活動について多くを知っていたが、オスロにある自社の倉庫のひとつに無線機が隠してあることまでは知らなかった。それが手入れに遭った際に見つかったのだ。一九四一年にそこに無線機を隠したとき、ハウケリは父親には黙っておいたほうがいいだろうと考えた。だが父親が無線機のことなど何も知らないと言えば、ゲシュタポから嘘をついていると思われて、もっとひどい拷問を受けるかもしれない。そう考えると心配でたまらなかった。

年が明けると、引きつづきハウケリは地下のレジスタンス組織の編成に、シンナルランはヴェ

バムセブーの外で作業するハウケリとシンナルラン
Norges Hjemmefrontmuseum

モルクでの情報収集に励んだ。ふたりはいまや兄弟のように近しい間柄になっていたが、いっぷう変わったコンビでもあった。すぐに興奮してカッとなるハウケリは、思い立ったら即行動する。いっぽうシンナルランのほうはもともと控えめで、辛抱強くて慎重派、何をやるにもまずはじっくり計画を練る。

いわば正反対のふたりが三メートル四方の小屋に顔をつき合わせていれば、緊張も生まれる。ある晩、同じレコードを通算一〇〇回かけようとしたシンナルランにぶちきれたハウケリが、レコードを蓄音機からとって粉々にたたき割った。お返しにシンナルランも、ハウケリのお気に入りにそっくり同じことをしてやった。また別の日、長時間の狩りが徒労に終わり、ハウケリは空きっ腹を抱え、イライラしながら戻ってきた。群れを追いかけるのに条件は完璧なはずなのに、おれとしたことが手ぶらで帰るなんて。「わけわからねえ。霧が濃いときがチャンスだろうに」ハウケリがぼやいた。「すぐそばまで近づいても、連中には何も見えないはずなんだが」

「なるほどね――でも君だって何も見えないだろ」シンナルランがつれなく言った。「そんなの常識だよ。霧のなかでトナカイを見つけるのは無理だって。どうせ君が脅かしたから逃げちゃったんだ」

「おれに奴らの居場所がわかんなかったって言うのか？」ハウケリが噛みついた。

シンナルランは呆れたといった顔をした。「霧のなかで鉄砲撃つなんてバッカじゃないの？」

「うるせえ！」ハウケリが怒鳴った。それから小屋を猛然と飛び出すと、その晩遅くまで雪のなかでぷりぷり怒っていた。

こうした口喧嘩はするものの、それでもふたりは心から祖国を愛し、山での暮らしが好きで、過酷極まりない状況に耐えられる強靱さと技量をもち合わせていた。ハウケリは激しやすいが、シンナルランが冷静なおかげで釣り合いもとれた。それに何よりふたりは、生き延びるためにお互いが頼りだったのだ。

一九四四年一月二九日、シンナルランはトロンスターから緊急のメッセージを受けとった。つい先だってストックホルムから不穏な情報を入手したトロンスターは、シンナルランにその信憑性を確かめてほしいと頼んできたのだ。「ヴェモルクで重水生産用の機器類が解体され、ドイツに運ばれるとの報告があった。もしそれが本当なら搬出を阻止できる見込みはあるか？　これはすこぶる重要な問題である」

その同じ日にヴェモルクでは、建築技師のロルフ・スールリーが戦争遂行にひと役買うべく工場の再建工事をのんびりとやっていた。午後になって、スールリーのもとをリューカンのミロルグを率いるトール・ヴィーテンが訪ねてきた。この訪問にスールリーは心を躍らせた。ひょっとして、ついに自分の出番がまわってきたということか？

アメリカ軍による空爆は多くの人命を奪ったが、スールリーをはじめリューカンの住民の多くは、それがやむをえないことだと理解していた。ヴェモルクの生産物にドイツがやけに熱心に投資しているのは明らかであり、戦時に敵の一番痛いところを突くのは当然のことだ。ナチスの科学者たちは重水を触媒に用いて原子を分裂させ、おそらく爆弾をつくるつもりだとの噂も流れていた。こうした噂をさらに焚きつけたのは、国内にひそかに持ち込まれたスウェーデン紙の扇情的な記事の数々だった。記事はヴェモルクのことを、「たった一個でロンドンを叩き潰せる原子爆弾」をつくるための「秘密の兵器炉」だと報じていた。

スールリーと同様に、工場の再建工事の仕事をする作業員のほとんどは、仕事を早く終わらせれば、それだけ早く連合軍の爆撃機団が押し寄せてくるに違いないと思っていた。次はムース湖のダムが標的になるかもしれず、そうなったら一時間もしないうちにダムの水がリューカンをのみ込み大惨事になるだろう。ダムには新たにドイツの対空砲台と魚雷防御網が設置されたが、それもかえって住民の不安をあおった。結局、地元の作業員の誰ひとり本気で工事を終わらす気にはなれなかった。だがこうした消極的抵抗もたしかに重要だが、スールリーは友人のヘルバルグのように、もっとスケールの大きな戦いに加わりたかった。非合法の新聞を編集し、無線機を隠し、いくばくかの情報を運ぶ――こうしたことだけではもう飽き足らなくなっていた。自分も訓練を受けたいと思った。自分も戦いたい。子どものころ、体に障害があってもものともせずに森で冒険を楽しんだ。いまだって縛られたくはない。

ヴィーテンはスールリーに、スキーを持って自分と一緒にムース湖まで来てほしいと言った。そこで仕事が終わるとふたりはバスで湖まで行き、そこから凍った湖面をわたった。風があまりに強くて顔を横に向けないと息もできない。それでも山間で皆と同じに立ちまわれることをヴィーテンに見せたくて、スールリーは必死でついていった。

数キロ行くと、ハーマレンの農場に着いた。そこで夕食をたっぷりご馳走になると、そこから二〇〇メートルほど離れた小屋に案内されて、その晩はそこに泊まった。スールリーをここに呼んだ理由について、ハーマレン一家もヴィーテンも何も言わなかったが、この一帯に隠れていると聞くアイナル・シンナルランに会うためかとスールリーは察しをつけた。その推測が正しかったことが翌朝早くにわかった。シンナルランが小屋にやってきたのだ。シンナルランは、ついさっきロンドンから届いた情報の信憑性を確認したいという。ドイツは本気で高濃縮施設を解体し、国外に持ち出すつもりなのか？　そのとおりだが、ただしその前にまず重水の在庫を搬出することになっているとスールリーが教えた。するとシンナルランは、近々予定される出荷について、できるかぎり情報を集めてくれないかとスールリーに頼んだ。出荷を止める必要が出じるかもしれない。午前のうちにスールリーはリューカンへの帰路についたが、ついに自分も重要な任務に加われるのだと胸が高鳴り、帰りの足取りは軽かった。ただし、予想以上に早く農場に引き返すことになるとは、そのとき知る由もなかったが。

第二六章　五キロの魚

一九四四年二月一日、リューカンに来たミロルグの運び屋が、東部戦線でドイツ軍と戦うためキスリング首相が七万五〇〇〇人のノルウェー人を動員しようとしているとの知らせを持ってきた。そこでミロルグは、老いも若きもこの一帯のメンバー全員に山間に隠れるよう指令を出したというのだ。ここ三カ月のうちにリューカンやノートッデン、コングスベルグでゲシュタポによる逮捕者が続出し、ただでさえこの地下組織は縮小していた。これ以上、仲間の闘士を失うわけにはいかない。

ハーマレンの農場から戻ってきたばかりのスールリーは、その晩、別のレジスタンス仲間とともに市街のとある一軒家に集まった。そこで話し合った結果、朝になったら最低一週間分の食料をもって山間の小屋に向かうことに決めた。危険は承知のうえだった。大半がノシュク・ヒドロ社で働く二、三〇〇人もの男が忽然と消えたなら、否が応でもドイツは気がつくはずだ。巡察隊を送って捜索させるに決まっている。だが撃ち合いになっても、自分たちの武器はわずかな銃と、ガラスや釘を詰めた手製の手榴弾だけしかない。

オスロからの指令はしごく単純なものだったが、ひょっとして地下組織を摘発しようと企むナチスの罠ということもある。スールリーはシンナルランを探し出し、この命令についてロンドンに確認をとってほしいとヴィーテンから頼まれた。スールリーは喜んで引き受けた。ヴェモルクに関してシンナルランにさらに伝えたい情報もある。高濃縮電解槽に油が浮いているのを作業員数人が見つけてしまった――グンナル・シーヴェルスターがタラ肝油をこっそり入れた成果である。今後、この手の破壊工作をおこなうのは危険すぎる。あともう一点。重水のはいったドラム缶をいつどのように工場から運び出すかはまだ不明だが、シーヴェルスターと、スールリーが地元リューカンの抵抗組織に引き入れた輸送部長のヒェル・ニールセンがまもなくその情報を聞き出してくれるだろう。

翌日、スールリーは再びハーマレンの農場に向かい、午後遅くに到着した。前と同じく、ヨン・ハーマレンが食事に招いてくれて、それから暗闇のなか丘陵地に案内してくれた。進むにつれて道はみるみる勾配がきつく険しくなった。とうとうふたりは一軒の農家にたどりついた。シンナルランのところにやっと着いたのかと思ったが、迎えてくれたのはオーラヴ・シンダーレンだった。シンダーレンの出してくれたコーヒーで一服すると、スールリーとハーマレンは引きつづき山の奥へと向かった。

やがて、暗闇にすっぽり隠れた古びた狩猟小屋にたどり着いた。ハーマレンがドアを威勢よくノックすると、なかで明かりがパッとつく。ついにシンナルランが戸口に現れ、ふたりをニルスブーに温かく迎えいれた。床にはトナカイの毛皮が敷きつめられ、壁にはライフルがずらりと並び、部屋の中央のテーブルには無線機が載っている。スールリーはミロルグならびに重水の件についての話をした。すぐにシンナルランは、トロンスターとウィルソンに宛ててメッセージを送った。なるべく早く返事が来るといいのだが。

ハーマレンはひと足先に小屋を出て山をくだり、スールリーは移動の疲れからすぐに眠りについた。翌朝、目を覚ますと、シンナルランがひげをそって新しい服に着替えている。「いつもこんなにきれいにしているの？」小屋があんまりきちんと整理整頓されていて客人は目を丸くした。「もちろん」とシンナルランが答えた。「豚小屋みたいなとこにいたら、頭がおかしくなっちゃうよ。だらしなく散らかしてたら、大事なことがよく見えなくなる」。それからシンナルランは、自分がこうして生きていけるのもハーマレン家とシンダーレン家のおかげだと語った。「あの農家の人たちは、自然の力の前で人間がいかに無力かを何世代にもわたって学んできたんだ。この土地で生きるには、人を裏切ろうなどと思わずに、ただただお互いに助け合っていくことが欠かせない。それが血のなかに受けつがれてるのさ」

とうとう動員命令に関して返答が届いた。ロンドンでは、山間に退却せよとのオスロのミロルグ指導者による指令のことを誰も知らなかった。何か手違いがあったに違いない。あるいは、ドイツが彼らをおびき出そうとしているかのどちらかだ。トロンスターはただちに指令を取り消すようシンナルランに指示した。もう一通の伝言では、重水の出荷についてありとあらゆる情報を入手することがいかに重要であるかをあらためて訴えた。

スールリーは全速力でリューカンまでの三〇キロの道のりを引き返した。

それから三日たった二月六日の日曜日、ハウケリはライフルが不発でトナカイの群れをとり逃がし、むしゃくしゃしながら山間から西方のニルスブーに向かっていた。ところがムース湖までくだっていると、雪面にたくさんのスキー跡があるのが目に止まった。この時期にしてはずいぶんと数が多い。用心しながら再び山腹を登ると、稜線を伝いハーマレンの農場に立ち寄った。戸口に出てきたヨン・ハーマレンがいきなり尋ねた。「奴らに会ったか？」

「さっきここに男が一五人も来たぞ」ハーマレンが教えた。「ドイツ兵だ。山をしらみつぶしに探してる」

ハウケリはドイツ兵がいないか見まわしながら、スキーを駆って急いでニルスブーに戻った。小屋に着くと、あまりの寒さで黒いひげが半分凍っている。なかにはいると、シンナルランの隣に見知らぬ男がいた。華奢な体つきの男は自分をロルフ・スールリーと名乗り、リューカンから来た建築技師だと言った。スールリーは以前、ガンナーサイド作戦の折にヘルバルグの手伝いをしたことがあった。

ふたりが話をする傍らで、シンナルランは料理を皿に盛り、コーヒーを沸かした。スールリーの報告によれば、ミロルグの指令は取り消されたが、そのときすでに大勢のレジスタンスの仲間が山間に向かったあとだった。結局、最初の伝言は間違いではなかったのだが、実際に避難するのは動員令が発動されてからだという点をミロルグの運び屋が伝え損ねたのだ。ハウケリが危うく鉢合わせしそうになったドイツの巡察隊は、おそらくこの奔出を受けて派遣されたものだろう。だがスールリーの知るかぎり、ドイツはこれが計画的な撤退ではなく、東部戦線に送られるのを恐れたリューカンの男たちが慌てて山に逃げ込んだのだと思ったようだ。

とはいえハウケリが気になるのはハルダンゲル高原にいるナチスの巡察隊よりも、スールリーが持ってきた最近のヴェモルクの動きに関する情報だった。ナチスはその濃度にかかわらず重水の在庫をすべて一週間以内に搬出する予定だという。重水を入れたドラム缶はヴェモルクから列車で、その後は連絡船《フェリー》で運ばれる。ハウケリとシンナルランには、どんな手を使ってでもこれを阻止しなければならないとわかっていた。とはいえ時間も限られ、コマンド隊も揃っておらず、どう見てもこの作戦はひと筋縄ではいかないだろう。シンナルランはトロンスターに伝言を送った。「おそらく輸送路を爆破することは可能だが時間が足りない。何をすべきか大至急、指示を求む」

スールリーは輸送に関する情報をさらに集めるため、リューカンに戻った。そのあいだにハウケリとシンナルランは爆薬を調達し、作戦を手伝ってくれる人間を探すことにした。だが何より待たれるのは作戦遂行の命令だった。

この一週間というもの、キングストン・ハウスで長い昼を過ごし、その後は自宅の寝室でロンドンじゅうに轟くドイツの爆撃機の音を聞きながら長い夜を過ごしたトロンスターは、せめて日曜の午後だけでもゆっくり休みたいと願っていた。読みかけの本の続きを読んで、ハムステッド・ヒースを散歩でもするか、それとも家族に手紙を書こうか。ところが部下のひとりが電話をよこし、オフィスに至急来てほしいという。到着するやシンナルランからの暗号文を受けとった。それはヴェモルクの輸送路を狙った破壊工作にゴーサインを求めるものだった。

ここ一週間、シンナルランには山ほど質問を送っていた。解体されるのはどんな装置か？　出荷される重水の量はどれくらいか？　その濃度は？　先に汚染させておくことは可能か？　出荷はいつになりそうか？　阻止できるか？　もし可能ならどのような方法で？

そしていますべての答えがわかった。もはや重水を汚染させる時間はなく、重水に手を加えるという案は消えた。出荷は間近に迫っており、最も濃度の低い重水もふくまれる。出荷量は全部で数トンもの重さになり、ドラム缶がざっと四〇本は必要だろう。すぐにトロンスターはウィルソン中佐とエリック・ウェルシュに連絡を入れた。輸送時の攻撃には最高レベルの承認が必要になる。

結局、ノルウェー軍最高司令部のハンステーン将軍からイギリス戦時内閣まで、誰もが攻撃をおこなうべきだと意見の一致を見た。ウェルシュがこの件をマイケル・ペリンとその上司ジョン・アンダーソンに伝えると、彼らはヴェモルクに残っていた重水の量に驚愕し、ドイツが重水の在庫と今後の製造に必要な設備を入手するのを防ぐことが、戦争遂行においてきわめて重要だと考えた。最終的にはアンダーソン自らが、いかなる犠牲を払ってでも出荷を阻止せよとの命令をくだした。

二月八日、トロンスターは伝言をしたため、ホームステーションの通信員に次回の接続時にスワロー隊に送るよう頼んだ。「われわれはできるかぎり大量の重水を破壊したいと考える。ドラム缶、とくに高濃度重水のはいったドラム缶を壊すか穴をあけることが何より重要である……工作を遂行した現場には何かイギリスにまつわる物を残し、できれば以前と同じく軍服を着用せよ……作戦は市民への被害を最小限に抑えたものになるよう努めること」

　この作戦の結末がどうなるかトロンスターは日記にその思いを綴った。「われわれは精いっぱい努力するが、故郷におよぼす影響を思うと心は重い。多くの苦しみをもたらすのではと案じるが、この作戦により最悪の事態を回避できるとの希望をもたねばならない。彼らはすこぶる優秀だ。喜んですべてを捧げる覚悟がある」

「アイナル、起きてるか？」二月七日の夜遅く、ハウケリが声をかけた。ふたりはロンドンからのゴーサインを今か今かと待っていた。そのことで頭がいっぱいで、ハウケリはどうにも寝つけない。

「君が怒鳴ったから起きちゃったよ」シンナルランが答えた。

「おまえはいまじゃイギリス製の無線機を、ノルウェーじゅうの誰にも負けないほど速く打てるよな」

　シンナルランはぶすっとした顔になる。

「無線でロンドンとつながってるときは、おまえは山にいるべきだ」

「やなこった」シンナルランが言った。たしかにハウケリほどのコマンド訓練は受けてないが、この仕事を手伝うのにふさわしいのは自分をおいてほかにない。

「おれたちが『それっきり《バイ・イィット》』になったら――英語じゃ、お上品にそう言うそうだが」とハウケリ。「おまえが降りてきて、重水が絶対にドイツの手にわたらないようにしてくれ」

「ぼくがうえで寝てりゃいいさ」シンナルランが答えた。

翌朝、ふたりはついにトロンスターから決定的なメッセージを受けとった。輸送時に「作戦を遂行すべし」

まもなくスールリーが、ニールセンから教わった輸送経路の詳細をもって小屋にやってきた。だが伝えたいことはほかにもあった。なんとシーヴェルスターが、自分の上司である工場の主任技師アルフ・ラーセンを仲間に引き入れたのだ。ラーセンの話によれば、ゲシュタポはすでに出荷物が攻撃対象になるかもしれないと気づいている。よって輸送時の警護はいっそう厳重なものになるだろう。シーヴェルスターとラーセンは作戦を準備する時間を稼ぐため、重水をなるべくゆっくりとドラム缶に詰めるつもりだという。

ニルスブーのテーブルについたハウケリ、シンナルラン、スールリーの三名は、さっそく彼らいわく「軍事参謀会議」をひらいた。集まった情報から、列車はざっと四〇本の鉄製ドラム缶を積んでヴェモルクを出発することがわかった。ドラム缶には「苛性カリ溶液」とラベルが貼ってあるが、実際はさまざまな濃度（三・五～九九・五パーセント）の重水がはいっている。ドイツ側も警備態勢を整える時間を必要とし、さらに内部でもドラム缶への充塡を遅らせていることから、列車の出発はおそらく早くても二月一六日以降になるだろう。工場を出た列車はリューカンに向かい、その後、ティン湖の北西の端マールに着く。そこで貨車はそのまま連絡船《フェリー》に積まれ、細長い湖を横断する。約三〇キロ先の対岸に着くと、別の列車で今度はノートッデンまでの短い距離を輸送され、そこからさらにメンスターの港に運ばれ、そこで船に積まれてドイツへと向かう。

三人はいくつかの選択肢を話し合った。まずは、重水がまだヴェモルクにあるうちにドラム缶を爆破することもできる。しかし、ガンナーサイド作戦後に防衛が強化され――地雷が敷かれ、スチールドアが設置され、窓は煉瓦で塞がれ、すべての出入り口に兵士が配置された――さらに近々、警備兵も増員されることを考えれば、工作員が工場内に侵入するのはまず無理だろう。次に、崖沿いにリューカンまで蛇行して走る列車を襲うこともできる。線路脇の掘っ立て小屋にはノシュク・ヒドロ社が建設に使う爆薬が保管されている。線路に圧力スイッチを仕掛けておき、列車がちょうど通過するときに派手に爆破させて、貨車もろとも谷底に落とすこともできる。ただし重水を入れたドラム缶の壁は分厚く、谷底に落ちても無傷のものもあるかもしれない。しかもこの場合は輸送を護衛するドイツ兵を殺害せざるをえず、そうなればリューカン市民に報復がいくだろう。

あるいは、貨車がフェリーに積まれるまで待ってから沈めるという手もある。ティン湖の深さを考えればドラム缶を回収できる見込みはまずないだろう。だがフェリーには一般客も乗っており、おそらく貨車を護衛するドイツ兵ともども溺れ死ぬ者が出るのは避けられない。また、対岸に着いたあとノートッデンに向かう途中を襲うこともできるが、それだとヴェモルクとリューカンのあいだで襲う場合と同じリスクがある。あるいはメンスター港の周辺、もしくはドイツのハンブルクに向かう海上で工作を仕掛けることも可能だ。ただし、この最終手段はいずれも自分たちの縄張りから遠く離れた土地でおこなわねばならず、不確定要素が多すぎる。

この参謀会議が終わるまでに三人は、犠牲者が出る恐れはあるものの、フェリーを沈めるのが出荷を阻止するには最も確実だろうとの結論に達した。そしてシンナルランはニルスブーにいてロンドンと連絡をとり、万が一作戦が失敗したときの補助要員になることで話がついた。ハウケリとスールリーはリューカン周辺の小屋を拠点として作戦を計画し実行することにする。

翌朝、スールリーは町に向かった。フェリーについてできるかぎり情報を集めるためだ。運行スケジュール、船の図面、どんな警備策がとられているか。そしてニルスブーではシンナルランが、フェリーを標的とした作戦の承認を求めるメッセージを送った。それでも、自分たちの決断が無辜のノルウェー人の命を奪うことになるかもしれないと考えると、シンナルランは胸の締めつけられる思いがした。ロンドンからの返事を待つあいだ、ハウケリはバムセブーに保管してある爆薬を回収しにいき、シンナルランは物資の運搬と作戦の助っ人を頼める地元の人間を探しにいった。

翌日の夜に再び三人が集まったときには、すでにトロンスターからの返事が届いていた。「フェリーを沈めることを承認する……海水コックをあける場合は外部からの吸着爆弾による攻撃に見せかけるため、爆破も同時に起こさねばならない……フェリーが浅瀬に移動しないようエンジンを壊しておく必要がある……断じて撃沈に失敗してはならない……幸運を祈る」

出荷に向けて電解槽から重水を取り出す作業をシーヴェルスターとラーセンが遅らせているおかげで、フェリーは一六日までは出港せず、おそらく出港はそれ以降になるのが確実となった。これでいくらか時間に余裕ができたので、ハウケリは急遽、スールリーに短期集中コマンド訓練をおこなうことにした。快晴の続いた二日間、ハウケリは拳銃と機関銃の撃ち方をスールリーに教えた。雪だるまを標的にして、スールリーは暗くなるまで練習した。それからハウケリは、手榴弾の投げ方と至近距離で戦う基本を伝授した。「全部知っておかなくちゃならない」スールリーがひるむとそう言いきかせた。「おまえは強くなるんだ」雪堤にスールリーを投げ飛ばしてはそう声をかけた。

訓練の最中は、ハウケリも妻のボーディルのことを頭から締め出せた。いまはスウェーデンにいる妻からの手紙をスールリーが届けてくれた。彼女は何カ月ものあいだ、夫と連絡をとろうと努力したのだが、ノルウェー政府やイギリス大使館の誰も手を貸してはくれなかったという。夫がリューカンで活動しているに違いないと思った妻は、ミロルグを通じて手紙をよこした。連絡のとれない時期があまりに長すぎた、と妻は書いていた。夫の不在はつらすぎた。ふたりの結婚はそもそも時期尚早だったのだ。ストックホルムでひとりの男性と知り合った――だから離婚してほしい、と。

手紙を読んだハウケリは、頭をがつんと殴られた気がした。ドイツと戦うと決めたのをこれまで後悔したことは一度もない。だが兵士として生きることには代償がついた。これまで何回となく危険な目に遭ってきた。飢えに苦しみ、危うく凍死しかけ、自分の足まで吹き飛ばしそうになった。友だちの多くが――そのうちの数人は特別に仲がよかった――命を落とした。母親は連行されてゲシュタポの尋問を受け、父親も捕まり、聞くところによれば、おそらくいまも拷問を受けている。そして今度はこれだ。

手紙を受けとったあと、ハウケリはシンナルランに頼んでロンドンに伝言を送ってもらい、フエリーの作戦が終わったら三週間の休暇をとりたいと願い出た。ストックホルムまで出かけていって、どうしてもボーディルと仲直りがしたい。だが仮に休暇の許しが出たとしても、まずはこの作戦をやり遂げて、生きて帰らねばならなかった。まあ一か八かの賭けに近いが。

あれから一年近くもたつが、あのガンナーサイド作戦のときは、九人の屈強なコマンドたちとチームを組んだ。部隊は何カ月も訓練を受け、攻撃目標についても警備についても詳細を熟知していた。いっぽう今度のフェリー襲撃作戦の顔ぶれときたら、度胸はあるがどう見ても経験の乏しいスールリーと、これから探してくる寄せ集めの男たちなのだ。ドイツは最大級の警戒態勢を敷くだろうし、おそらく今後の展開によっては臨機応変に計画を変更する必要も生じるだろう。民間人への被害を最小限に抑えつつ標的を破壊するには好機が限られ、しかも無辜の民が死ぬことになれば、その重荷をこれから一生背負うことになるのだ――それもまた自分に命があればの話だが。

二月一三日、ハウケリとスールリーはニルスブーを出ると、南西の強風に向かってスキーを駆った。シンナルランが戸口で手を振り見送った。ふたりと一緒に行きたいのはやまやまだが、作戦の最中、そして事態がまずくなったらそのあとも、シンナルランはロンドンとのライフラインになるほうがはるかに役に立つ。それは全員一致の見解だった。

農場に着いたハウケリたちに、オーラヴ・シンダーレンが地元の男ふたりを引き合わせた。ひとりはカール・フェーン。ポウルソンたちスワロー隊のために、あの一九四三年の長い冬にバッテリーや機器類を運ぶのを手伝ってくれた男である。そしてもうひとりのアスラク・ネーセットは独身の農場主で騾馬《らば》のように屈強な男だ。ドイツの巡察隊を警戒し真夜中まで待ってから、四人はムース湖をわたりハルダンゲル高原まで登った。男たちが背負った重たい荷物には、爆薬に起爆装置、一〇日分の食料が詰まっている。

真っ暗ななか一同はスールリーを先頭に進んでいった。コンパスと時計を見くらべながら、どこまで来たかをスールリーが小まめに確認する。四時間してようやく建物の壁にぶつかり、目的地に着いたとわかった。そこはランゲショー湖畔にあるディトレヴ・ディーセトの小屋だった。ドアに鍵がかかっていたので、ハウケリが弓のこを使ってこじあけた。外では冷たいみぞれが降りはじめた。翌日の正午に目覚めて外に出ると、新しく降った雪に陽光がまぶしく反射している。

この作戦には三人が必要だとハウケリは考えた。ひとりが見張りをし、あとのふたりがフェリーに時限爆弾を仕掛けるのだ。第三の男にフェーンが名乗りをあげ、ネーセットは自分の農場に帰っていった。日が暮れるころ、再びスールリーを先頭にクロッソバーネンの頂上駅近くの小屋に移動した。木のおい茂る狭い谷にちょこんと隠れたこの小屋は、リューカンに行き来するにはまさに格好の隠れ家だ。

翌日の二月一五日、ハウケリとスールリーはヴェストフィヨルド谷の北壁をくだって町に出ると、ディーセトのもとを訪ねた。年金生活者のディーセトは発足時からレジスタンスに加わり、一九四二年一一月のグライダー作戦失敗の余波で、ゲシュタポの刑務所に収容されていた。そして今回、どんな役にでも立ちたいと志願してきたのだ。

その日の夕方、ハウケリとスールリーは一軒のアパートにはいり、そこでグンナル・シーヴェルスターとヒェル・ニールセンと落ち合った。四人は、フェリーを襲撃するとしたら二月二〇日の日曜日が最適だろうと判断した。その日は一便しか運行がなく、ということは、重水がいつどこにあるかを正確に把握できる。しかも休日だから乗客も普段より少ないはずだ。出荷をその日まで遅らせられるかニールセンとシーヴェルスターには保証はできないが、それでも努力してみることは可能だ。

さらにふたりはハウケリとスールリーに、ゲシュタポの捜査官が大挙して町に来たことを伝え、さらに精鋭の攻撃部隊が大隊を連ねてやってくる予定だと警告した。リューカンにも山岳訓練の名目で大勢の兵士が到着したばかりで、さらに出荷に先立ち、連日ドイツの飛行機二機が一帯を飛ぶことになっている。

ここにきてニールセンとシーヴェルスターのふたりは、やはりこの作戦は中止したほうがいいと言いだした。ノルウェー人が死ぬ可能性が高く、そのうえ地元住民にも報復がいくだろう。しかもたとえ何千リットルもの重水の出荷を許したところで、ドイツがこれを電気分解もせずに、すぐに濃縮できるとは到底思えない。ハウケリはふたりの話に耳を傾け、彼らの危惧についてロンドンの上官に伝えることを承諾した。最終決定がなされるのを待とう。

会議が終わると、ハウケリとスールリーは使いを通じてシンナルランに暗号化した手紙を届けた。それは会議のあらましを説明し、「作戦の効果」は多くの危険を賭してやるほど価値のあるものか、あらためてトロンスターに確認を求めるものだった。それからふたりが峡谷の隠れ家に戻ってみると、小屋にいるはずのフェーンがどこにもいない。スールリーが探しにいったものの、それからしばらくして、この第三の男は自分たちを見捨てて帰ったのだとふたりは結論をくだした。怖じ気づいたか、あるいは作戦に加わるのに気が進まなかったのだろう。この任務に適した人間をまた見つけるのは苦労しそうだとスールリーもハウケリも覚悟した。

その晩、夕食が終わると、スールリーはアクアヴィット（北欧産の辛口蒸留酒）の瓶を取り出した。以前にディーセトにもらったものだが、ハウケリならきっとありがたがるに違いないと思ったのだ。ふたりは暖炉を囲んで何杯もグラスをあけた。ハウケリはボーディルとのロマンスについてスールリーに語りだした。長いこと会えないでいるが、彼女と直接会って話せばきっとよりを戻せるはずだ、と。その晩おひらきになるころには瓶は空っぽだった。ハウケリの苦悩もいくらか和らいだ。ふたりはしだいに互いをわかり合い、この任務をまっとうするそれぞれの決意をくみとった。

二月一六日、ニルスブーの外では雪が激しく降っている。ホームステーションに連絡がとれたシンナルランは、ハウケリから頼まれたメッセージを送信した。すると、次に予定された通信時に返事が届いた。「この件について検討したが、ジュースを破壊するのはきわめて重要だとの決定がくだった。多大なる不幸をもたらすことなく作戦を遂行できることを願う。成功を心より祈る」。シンナルランはこの命令がどうにも気に入らなかった。結局、ノルウェー人が死ぬことになるのだ。気持ちの整理がつかないままに、暗号文をハーマレンに送った。それをハーマレンがヨン・ホヴデンに伝え、今度はホヴデンが、リューカンを上がった場所にあるハウケリの隠れ家に運んでいく。伝言が「一〇キロの魚」なら作戦は実行しない。「五キロ」ならゴーサインだ。

ほかになす術もなく、シンナルランは「五キロの魚」と送った。

第二七章　ヴァイオリンをもつ男

翌日、日が暮れてからハウケリとスールリーは山の隠れ家から降りてきた。ドイツ兵の姿がないか、すばやく周囲に目を配る。小屋から四〇〇メートル足らずの場所で、部隊が冬期の軍事演習をおこなっているのだ。ふたりともこれまでリューカンとのあいだを何回となく往復していて、この急峻な山間を自分の庭のように知り尽くしている。

ふたりはノシュク・ヒドロ社の所有する豪勢なゲストハウスを訪れた。スールリーが玄関の呼び鈴を鳴らすと、メイドが出迎えた。メイドのあとに続くと、アルフ・ラーセンの部屋に通された――ヴェモルクの脇にあった自宅が空爆で倒壊して以来、ラーセンはここに住んでいる。インフルエンザにかかって寝込んでいたラーセンだが、それでも破壊工作を手伝うつもりであり、とにかく日曜までドイツに何ひとつ出荷させないようとりはからうと約束した。

まもなくシーヴェルスターとニールセンも揃ったので、ロンドンからフェリー襲撃作戦を進めるようにとの指令を受けたことをハウケリが一同に伝えた。「つらいのはよくわかる」とハウケリが言った。「たしかにつらい仕事だ――だがロンドンはほかに手がないと言ってきた」

そのうち何人かは死ぬとわかっていて小隊の兵士を敵陣に送るのとはわけが違う。この任務の場合、いかにうまくやり仰せたとしても、危険にさらすのは同郷の民なのだ。しかし、この作戦によってもっと多くの人命が救われるとの望みにかけ、このリスクを甘んじて受け入れるほかない。その場にいた全員がこの責任を重苦しい気持ちで引き受けた。

ハウケリは話を続けた。選択肢は三つある。ひとつは、機関室の作業員を説得して海水弁を開放し、エンジンを停止させるというもの。フェリーが航行不能になって岸にたどりつけなくなれば、小規模の爆発でゆっくりと船を沈めればよく、その場合は、なるべく多くの乗客が脱出できる時間がとれる。ふたつ目は、自分が船に乗り込んで、湖の真ん中に船が差しかかったときにエンジンを停止させ、少量の爆薬を使って船を沈めるという案だ。そして三つ目の案は、「時限爆弾を船に仕掛け、岸に向かう前にただちに船を沈める」というもの。

最初の案にはそもそも無理があった。メンバーは全員リューカンが地元だから、実際、信頼できるフェリーの乗員を誰ひとり知らない。ふたつ目の案は現実的に不可能だ。船は厳重に警備されているはずだから、見張りのドイツ兵に気づかれずにエンジンを停止させ、爆薬を仕掛けるなどまずできそうにない。三つ目の案は断トツでベストと思えるが、ただし事前にハウケリが船に潜入して時限爆弾を仕掛けることができ、なおかつ船が予定通りに出港すればという条件つきだ。

そして作戦には、やはりもうひとり必要だ。お世辞でも訓練が充分といえないスールリーのほか、ここには誰ひとりコマンド訓練を体験したものがいない。まして不測の事態も予想される。逃げるときに戦闘になるかもしれない。またラーセンやシーヴェルスター、ニールセンが出港前夜にフェリー周辺に潜んでいるのが見つかれば、怪しまれて余計に面倒なことになる。誰か頼める人間をすぐにでも見つけてくるとスールリーが約束した。

次に、作戦を終えたあとの計画も立てておかねばならない。ハウケリは、自分と一緒にスウェーデンに逃げるべきだとラーセンに強く勧めた。でないと、ドイツは今後もラーセンのもつ重水の専門知識を利用しようとするだろう。ラーセンもこれに納得した。スールリーはニルスブーにいるシンナルランのもとに身を寄せてレジスタンス活動を続けることにした。シーヴェルスターはリューカンにとどまることを希望した。妻と子どもたちを置いてはいけないし、自分に疑いがかかることはまずないと思ったからだ。ニールセンもどうしても残りたいと思ったが、輸送部長という立場上、どう考えても作戦当日に完璧なアリバイを用意しておく必要がある。何かひとつ考えてみる、とニールセンが言った。

会議を終えると、ハウケリとスールリーはディーセトのもとに向かった。ディーセトはこぢんまりした作業場を構えていて、そこにはさまざまな工具や分解した無線機、ワイヤーや蝶番、ばねやネジの箱が所狭しと置いてある。ハウケリは正確な時限起爆装置のたぐいを手に入れたかった。かなり遅れて爆発を起こさせるうまい手などほかには思いつかない。目覚まし時計を使ったらどうかとディーセトが提案した。時計の上部についたベルを叩くハンマーが、ベルのかわりに起爆装置に接続した電気回路をつないで爆発を起こす、という仕組みだ。希望のものを二四時間以内に用意しておこうとディーセトが言ってくれた。

その翌日、リューカンの通りを歩くハウケリの姿があった。借り物の紺のスーツを着込んで、洒落た革靴をはき、手にはヴァイオリンのケースを持っている。これなら今夜の演奏会のためにこの町に来ている管弦楽団のメンバーで通るだろう。楽団を指揮するのは著名な作曲家でヴァイオリニストのアルヴィードド・フラドモーエだという。見ると、どうやら町のそこかしこにドイツ兵がいるようだ。兵士たちは街角に立ち、レストランに腰かけ、車に乗って通り過ぎる。たまに脇に引っぱられた住民が兵士に身分証を見せている。いま呼び止められたら、ヴァイオリンのケースにはいったステンガンも、ザックにはいった手榴弾や拳銃も、どのみち役に立たないだろう。鉄道駅に着くと、マールまでの切符を買って列車を待った。

いざ計画が決まったとなれば、万事を自分で確認しておきたい。日曜のフェリーの運航予定は知っているし、ニールセンから船の図面はもらっている。それでもフェリーが湖の一番深いところに着く正確な時間と、爆弾を仕掛けるのに最適な場所を事前に調べておきたい。どうして帰路のフェリーにも乗っているのかと誰かに訊かれたら、夜のコンサート前にちょっとばかり観光しにきたと言えばいい。

列車が来たので乗り込むと、ヴェストフィヨルド谷を一三キロくだり、マールのフェリー発着場に着いた。周囲をフェンスで囲っただけの、係員が切符売り場にひとりしかいない発着場は、要塞のごときヴェモルクとこれまたえらい違いだ。それでも二日後に貨物が到着するときには、大勢の警備兵も引き連れてくることはわかっている。

連絡船《フェリー》「蒸気船ヒドロ号」は港に停泊し、出港の準備をしていた。湖を往復する船は三隻あるが、これが日曜に運行する予定の船だ。ドイツに侵攻される数年前に一度だけ、ハウケリはこの船に乗ってリューカンまで来たことがあった。家族の所有する山間の農場に向かう前に、マスの稚魚を買いに来たのだ。そのとき見た印象では、ヒドロ号はとくにどうということもない船だった。一九一四年に進水した全長約五〇メートルのこの平底フェリーは、氷を割って前進できる幅広の船首をもっている。主甲板の両側にはそれぞれ線路が一式敷いてある。この対の線路は合わせて一二両の貨車を収容できる――湖を越えて運ばれる貨物は、もっぱら肥料と硝酸カリウムだ。甲板の下には乗客一二〇名を収容できる客室がある。甲板には、のっぽの真っ黒な煙突二本にはさまれて船橋《ブリッジ》がせり立っている。

蒸気船ヒドロ号 Norges Hjemmefrontmuseum

ハウケリが船に乗り込むと、どんよりと曇った空に煙突が勢いよく蒸気を吐いた。ハウケリがじっと観察するあいだ、数台の貨車が栈橋から甲板へと可動橋をくだって運ばれていく。連結具で貨車が固定された。時計を見やり、頭のなかでメモをとりながら、ハウケリはありとあらゆることの時間をはかった。乗客が乗ってくる時間から、船が実際に出発する時間、船体が栈橋からすっかり離れる時間まで。ティン湖の地図をよく予習してきたのと、両岸の目印をもとにして、ハウケリは二時間の航行の最初の三〇分で湖の最深部に到達すると目星をつけた。そこでは湖は水深四〇〇メートルにもなる。そんな深いところに沈めば、どんなものでも回収するのはまず不可能だろう。

四時間の周遊の旅はこの先も忙しかった。ブリッジにあがっていくと、湖の航行について舵手と気さくに話をした。それからフェリーを縦横に歩きまわり、侵入できそうな部屋を探してみた。そして機関室のうえに張った金属格子の隙間にわざとパイプを落とし、それを口実に下に降りて、フェリーを動かす二五〇馬力のエンジン二基をその目で拝んだ。パイプを拾ったあとに、主任技師にタバコをひとつまみ進呈した。ふたりはヒドロ号の構造について話題にし、技師は船をざっと案内までしてくれた。そのあいだずっとハウケリは、爆薬を仕掛けるのに最適な場所はどこかと探っていた。船が沈んだらこの技師も死ぬかもしれない。だがそのことは無理やり頭から締め出した。

マールにまた戻ってくるころには、計画はかなり固まっていた。フェリーの船首に爆弾をいくつか仕掛けて穴をあける。すると船倉前部から水が流れ込み、その重みでフェリーの先端が湖面に突っ込む。おそらくそのはずみで貨車が前方に滑り出し、船の沈没を加速させる。たとえ貨車が固定されたままでも、船尾にある舵とスクリューが水面から高く持ちあがり、よって船は航行不能となる。

問題は、どのくらいの大きさの穴をあけるかだ。ティン湖は幅が狭く、湖の中央から蒸気機関の力で五分も進めば、どちらの岸にもたどりつける。船長が壊れたフェリーを着岸させるリスクと、なるべく多くの乗客を脱出させるための時間的余裕、このふたつをハウケリは天秤にかけねばならない。

ずっと頭を悩ませながら、ハウケリは列車でリューカンまで戻ってきた。すると偶然にも、通りでニールセンとすれ違った。とはいえ、どちらも互いにしらんぷりして通り過ぎた。何はともあれ、これからスールリーの見つけてきた男に急いで会いに行かねばならないのだ。

二七歳の元ノルウェー陸軍軍曹、クヌート・リーエル＝ハンセンは、岩のような顎と冷静沈着な目をし、ハウケリに負けず劣らずの異端児だった。リューカンで生まれ育ち、父親はノシュク・ヒドロ社の電気技師をしている。リーエル＝ハンセンは歩兵学校を卒業し、その後オスロの技術学校で学んでいたときにドイツが侵攻してきた。何度か小規模の戦闘に加わった末に捕まったが、捕虜収容所に向かうトラックが停車したすきに、最後尾から飛び降りて森に逃げた。そこで軍服を脱ぐと、前進するドイツ軍に抵抗する戦闘に加わった。

ノルウェーが降伏すると、牛乳配達のトラックをヒッチハイクしてスウェーデン国境にたどりついた。それ以来、ストックホルムとオスロとリューカンを行ったり来たりして、ミロルグのために武器の指導教官や無線士、諜報員として活動している。数週間ほど前に故郷に戻ると、ノシュク・ヒドロ社で保守管理の仕事にも就いた。彼がレジスタンスのメンバーであることはリューカンの大半の人間が知っており、それゆえゲシュタポに目をつけられてはいたが、いまのところ逮捕は免れていた。

ハウケリはひと目見てリーエル＝ハンセンが気に入った。この男は仕事をしたくてうずうずしている。銃の扱いもわかっている。実戦経験もある。しかも必要とあらば仲間を助っ人に呼ぶこともできるだろう。フェリーを沈めるまですでに四八時間を切ったいま、ようやくハウケリのチームが揃った。

数週間ごとにフェーリスとその部下は、「ノルウェー情勢報告書」をベルリンの軍と治安関係の指導者に送り、いかに自分たちがミロルグや共産党の地下組織を次々と「粉砕」し「包囲」することに成功しているかを書き連ねた。一九四三年の後半から一九四四年の二月にかけて、フェーリスの部下たちはベルゲンの消防士からなる巨大組織を解体させた。トロンハイムでは武器や爆発物の大量の隠し場所を発見した。オスロでは大半が学生からなる「急進的社会主義者」の数団体を摘発した。コングスベルグとノートッデンではクヌート・ハウグランの兄弟もふくめ地下組織の幹部を大量に逮捕した。全体として逮捕者の数は増え、処刑者の数もしかりだった。

こうした報告のなかでフェーリスは、いまだ多くの破壊工作やレジスタンス行為が程度の差はあれ続いていることも隠さず伝えた。第三帝国での自身の立場に感謝するようフェーリスとその上官が期待したノルウェー人たちは、ここにきていよいよ反抗的になっていた。フェーリスは、多くのノルウェー人の意識を代弁した非合法新聞からの抜粋を報告書にふくめた。「ドイツへの抵抗につながることはどんなことをも実行しなければならない。また何人《なんびと》たりとも、その労働や技術、事業を進んでドイツに提供してはならない。たとえばノルウェーの農民の場合、一リットルのミルク、ひと切れのバターやベーコンをドイツの手にわたさなければ、それは彼らにとっての敗北となり、われらにとっての勝利となる……ほんの少しでもナチスを擁護すること、そうした一片の思考も声も、わが民の魂に忍び込んではならない。われわれは単にナチズムを壊滅させるためだけではなく、わが民主主義国家の再建のために戦っているのだ。この思いから、われわれの行動のすべてがなされるのである」

ヴェモルクを破壊するための度重なる試みは、ノルウェーの民の不屈さを示す、もうひとつの例だった。アメリカ軍による空爆に気圧され、ベルリンは工場を解体し、すべての在庫をドイツに運び出すほかなくなった。ところが、ここ数週間のあいだ破壊工作を匂わせる無線通信が傍受されたのを受けて、リューカンに駐留するフェーリスの部下ムッゲンターラーは、土壇場になって輸送計画に変更を加えた。またフェーリスは自身の精鋭の第7SS警察連隊をリューカンに送り、メンスター港までの輸送経路において重水の警護にあたらせることとし、さらに、列車を警護し襲撃のいかなる動きも察知するため、ヒムラー自らの命によりシュトルヒ二機が派遣されることとなった。

二月一八日、トロンスターはスコットランド高地の村スピーン・ブリッジの郊外をえんえんと歩いていた。彼方にそそり立つベン・ネヴィスとアオナック・モルの山々を眺めながらも、重水と、間近に迫るヒドロ号襲撃のことがつねに頭から離れない。スワロー隊から届いた最新の報告によれば、ドイツはヴェモルクから各種濃度の重水約一万五〇〇〇キログラムを運び出す予定で、そのうち一〇〇キログラムは純度九七～九九・五パーセントのものだという。トロンスターの計算では、ドイツの科学者がこの全在庫の濃縮に成功すれば、合計六三三キログラムの純粋な減速材を手に入れることになる。それに加えて、彼らが工場からこれまでに入手した量と、自分たちの手ですでに製造しているかもしれない量を足せば、原子炉を稼働させるのに充分な量になる恐れがある。

フェリーの爆破計画についてアイナル・シンナルランから連絡を受けたとき、トロンスターは、目下の問題を解決するには荒療治だがやむをえない手段だと考えた。犠牲者を出さずに重水の在庫を壊滅させる方法などないと自らを慰めた。ブルンからはそんなことはするなと懇願されたが、たとえハウケリにフェリーをまかせるのをやめたところで、重水が工場を発つ前か、それとも列車やフェリーで輸送中に連合軍が再び空爆を仕掛けるだろう。そうなったら、もっと多くの無辜の民が死ぬことになる。

とはいえトロンスターとイギリス軍は、重水が万が一フェリーで対岸に運ばれたときに備えた手も打っていた。ウィルソンはオスロ一帯で活動するリンゲ中隊のふたりに指示を出した。ふたりはメンスター港に停泊する貨物船への吸着爆弾による攻撃を手配することになっている。重水が港から出る前に船を沈める算段だ。もしそれにも失敗したら、イギリス空軍爆撃機軍団が航海中の船を空から攻撃することになる。とはいえ、こうした作戦は失敗する要素も多くあった。ヒドロ号を襲撃するのがやはり最善の策なのだ。

散歩を終えたトロンスターは、リンゲ中隊の新兵のコマンド訓練を見届けるため、スピーン・ブリッジに戻った。ゲシュタポ本部を模した罠だらけの建物を襲撃する新兵たちの動きは、なかなか様《さま》になっている。これほど臨機応変に、急ごしらえのハウケリ・チームも動けるといいのだが。

パンッという音が二回してハウケリはいきなり夢から覚めた。ライフルの発砲音に違いない。

とっさに起きて銃を手に、リューカンを見おろす小屋のドアに走った。すでに窓辺にはスールリーがステンガンを構え、近づく敵はどこだと探している。一瞬の間があって、眠りの霧が晴れると、ふたりともようやく音の出所に思いあたった。「とりあえず使えるね」スールリーが言ったのは、床に置いた二個の目覚まし時計のことだ。

爆発時間を遅らせるディーセトの細工はよくできていた。ふたつの目覚まし時計からそれぞれベルをはずし、店にあった壊れた電話から調達したベークライト（合成樹脂の一種）の板を、ベルのあった場所にネジでとめる。その板のうえにさらに銅板を固定し、それをノシュク・ヒドロ社からくすねてきた雷管にワイヤーでつなぐ。懐中電灯用の九ボルトの電池四個から供給される電流が引き金となって雷管が起爆する。ディーセトは必要なワイヤーの接続をすべてしてくれていた。

ハウケリとスールリーは土曜の朝早くにディーセトの作業場に出かけたあと、正午に起きようと目覚まし時計をセットしておいたのだ。そして正確な時刻に目覚まし時計のハンマーが電気回路を閉じて、雷管を爆発させたというわけだ。本番では同じタイプの雷管が、細長いソーセージ型に成形した赤褐色のノーベル８０８――約八・六キロの――につなげた導爆線に点火する。ハウケリの予想では、ヒドロ号の船首倉に爆薬を仕掛ければ三メートル四方の穴が空き、フェリーは四分以内に沈むだろう。技術者としての経験と、ＳＴＳ17で学んだことを頼りにこの数字をはじき出した。四分あれば、おそらく乗客には救命ボートに乗るか救命用の浮き輪をつけて湖に飛び込む時間はあっても、フェリーが岸に着くことは不可能だろう。

ハウケリとスールリーはおのおのベッドに腰かけると、これからの予定を再びさらった。それから数時間して外が暗くなると、仲間と落ち合うためにリューカンに向かった。そのあと真夜中を過ぎてから、爆薬を仕掛けにマールに移動するつもりだ。

そのころヴェモルクでは、ラーセンとシーヴェルスターが見守るなか、四〇〇リットルのドラム缶四三本と、五〇リットルのボトル五本分の「苛性カリ溶液」（合計でおよそ一万五〇〇〇リットルを超える）を積んだ二両の貨車が機関車に連結された。機関銃をもった数十人もの兵士が列車を囲み、周囲の山腹や谷に敵がいないか目を光らせている。まぶしいスポットライトの下で、兵士たちはひと晩じゅう貨車を見張っていた。あと数時間で列車はリューカンまで移動し、駅で同様の警備のもと一夜を明かしてから、日曜にマールに移動する予定だ。

列車がヴェモルクを発つ前に、ノシュク・ヒドロ社の当地の責任者ビャルネ・ニルッセンが万事滞りないか確認しにリューカンからやってきた。出荷物の確認を終えたラーセンは、自分のオフィスに来て発送に必要な書類を記入してほしいとニルッセンに声をかけた。明日は用事で休暇をとることになっており、どうしても今日でなければならないのだとラーセンが説明した。

ラーセンのオフィスに来ると、ニルッセンはノシュク・ヒドロ社のノートッデン工場に電話をかけ、列車が明日到着するまでにノートッデンの鉄道駅にトラックを待たせておくよう指示を出した。電話の相手がトラックの行き先を尋ねたが、ニルッセンは「目的地は不明だ」とだけ答えていた。受話器をおいた上司に、ラーセンはなぜトラックを頼んだのかと訊いてみた。するとニルッセンは、五〇リットルのボトル五本にはいった最も高濃度の重水を、ドイツが別便で輸送したいと言ってきたからだと答えた。

ナチスが襲撃を予想しているのは火を見るより明らかだ。フェリーがティン湖の南端にたどりつき、貨車が約三〇キロ先のノートッデンの鉄道駅に到着したら最後、出荷物のうち最も貴重なものが手の届かないところに消えてしまう。

第二八章　午前一〇時四五分のベル

真夜中近くにリューカンに着いたハウケリとスールリーは、モーナ川にかかる橋のうえから町の鉄道駅を見おろした。ドラム缶とボトルを積んだ二両の平貨車が燦々と照明を浴びている。積み荷のうえには機関銃を手にした兵士たちが腰かけて、凍てつく寒さに白い息を吐いている。最初のヴェモルク襲撃の直後に放ったファルケンホルストの言葉を、いかにも忠実に守っているらしい。「お宝の箱を持ってたら周りをぐるぐるまわるんじゃない。武器を持って蓋のうえにずっと座ってろ！」

ふたりの工作員は橋から降りると、リューカンの裏通りを抜けて、一軒家の裏に立つガレージの前に来た。ドアには鍵がかかっている。いまや錠前破りが板についたハウケリがいとも簡単にこじあけた。ガレージのなかには古びた車が一台。持ち主が今晩リーエル＝ハンセンにこの車を貸そうと申し出てくれたのだが、盗まれたと見せかけたほうが無難だと話しておいたのだ。

まもなくリーエル＝ハンセンと、彼が運転を頼んだオーラヴという男がガレージにやってきた。続いてラーセンが、スウェーデンへの旅に備えてザックとスキーを携え、いかにも不安気な顔で現れた。シーヴェルスターはいまもヴェモルクにいる。かたやニールセンはオスロの病院にいて盲腸の手術を待っていた。病院で看護師をしている姉が、急遽明日の日曜に手術の予約を入れてくれたのだ――これでアリバイは完璧だ。エンジンをかけようとオーラヴは車のチョークを引いてクランクをまわした。ところがプスプスと音がしてエンジンは静かになった。オーラヴはもう一度試してみた。今度はさっぱり動く気配がない。「このポンコツめ！」ハウケリが車の横っ腹を蹴った。

車が動かないとなれば、冷たい暗闇のなかをマールまで一三キロ、とことこ歩いていくほかない。しかも遅れることは断じて許されない。列車の到着時刻が近づくにつれてマールの駅ではいっそう厳戒態勢が敷かれるはずだ。男たちはボンネットをあけてエンジンを調べてみた。バッテリーは異常なし。ガソリンもたっぷりはいっている。燃料ポンプも凍っていない。ほかも何も問題なさそうだ。もう一度試してみた。だがやはりうんともすんとも言わない。「参ったな」とオーラヴが言った。「動きそうにないよ」

すでにこの町のふたりの医師に、車を貸してもらえないかと頼んでいた。戦時に車の運転を許可されたのはこのふたりだけなのだ。だがどちらの車も使える状態になかった。ほかの車は大半がドイツに徴発されている。

ハウケリとオーラヴは、もう一度エンジンを隅々まで調べてみた。今回はキャブレターもはずしてみると、なかに煤が詰まっているのがわかった。そこで顔も手も真っ黒にしてすっかり掃除してから、もう一度挑戦してみた。オーラヴがチョークをぐいと引っぱりクランクハンドルをまわすと、ようやくエンジンがかかった。もうあと少しで午前一時。予定の出発時刻をすでに一時間も過ぎている。

雪に覆われた道路をたった一台、車がリューカンから南に向かっていく。ぐちゃぐちゃの雪をチェーンが勢いよく後方にはね飛ばす。万一検問所に出くわしたなら、そうやすやすと言い逃れはできないだろう。こんな真夜中に通行許可証ももたず盗難車に乗る五人組。怪しいにもほどがある。しかも武器に爆薬一式とくればおそらく銃殺は間違いない。だがその前にまず拷問が待っている。全員が恐怖に身をこわばらせ、マールまでの短いドライブがひどく長く感じられる。ハウケリは、この作戦のリーダーたる自分が責任をもって爆薬を仕掛けるべきだと考えた。ラーセンの話によれば、ティン湖の対岸に着いたら積み荷をまるごと襲う機会は二度となくなるという。

フェリーの発着場から一キロほど手前で、ハウケリは運転手に車を道路脇に寄せてヘッドライトを消すよう指示した。木立の脇に車がとまると、ハウケリはラーセンに拳銃を手わたした。技師はおぼつかない手つきで拳銃を受けとった。「ここで待っててくれ」ハウケリが命じた。二時間以内に自分たちが戻らなかったらオーラヴとともに車で立ち去り、その後は自力でスウェーデンまで逃げてくれ。それからハウケリは運転手に向きなおった。銃声が聞こえたら「大至急ここから逃げろ」。一同はうなずいた。そしてハウケリ、スールリー、リーエル＝ハンセンの三人が車を降りた。

「幸運を祈る」ドアが閉まる直前に、ラーセンが声をかけた。たしかに幸運は欲しい。いくらあっても足りないくらいだ。見上げると晴れた空に半月がかかり、かろうじて発着場まで見える程度の光を投げている。冬の冷気が肌を刺し、一歩一歩進むたびに、足の裏で氷がぱりぱりさくさく音を立てる。耳のいい哨兵なら姿を見るより先に音で気づくだろう。まったくこんなに賑やかな音で近づいたら、軍隊が向かってくるとでも思うかもしれない。

ふたりより少し前を歩くハウケリは、何か動きがないか発着場から目を離さずにいた。吊りランプが一個、ヒドロ号の黒々とした船影に続く舷門を照らしている。ほかに明かりはどこにもない。ここから見るかぎり、フェリーの周りを巡回する兵士はひとりもいない。数日前の夜に偵察に来たときは、詰め所に一五人から二〇人の兵士がいるのが見えた。寒い戸外に出てくる者はめったにいなかったが、貨物の到着を控えた今夜ははるかに用心しているはずだ。警戒を強めているのなら、目立たぬようにやっているということか。

発着場まであと一〇〇メートルのところに来ると、ハウケリは後ろのふたりに、そこでいったん止まって自分が船に近づくあいだ掩護するよう手真似で合図した。ポケットに手榴弾と目覚まし時計を詰め込み、パーカーの下にはステンガンを隠し、首と腰に八・六キロの爆薬を巻きつけたハウケリは、まるで動きの鈍い大男になったような気分だ。詰め所に数人の兵士がいるのが目にはいったが、やはり外には誰もいない。ドイツはあれだけの防衛策を講じながら、どうやら輸送前夜のフェリーを警備するつもりはさっぱりなさそうだ。

自分についてくるようスールリーとリーエル＝ハンセンに手招きすると、ハウケリはフェリーに向かって忍び足で埠頭を進んだ。またしても警備兵も見張りも誰ひとりいない。一瞬、背筋がぞくっとした。ドイツ人がこんなに間抜けだとはどうしても思えない。

誰にとがめられることもなく三人はあっさりフェリーに乗り込んだ。主甲板の下からかすかに声が漏れてくる。そろそろとハウケリは階段を降りていく。船員室に続くドアに近寄ると耳を澄ませた。船員たちはポーカーゲームでわいわい盛りあがっているようだ。足音を殺して進んでいくと、長テーブルを囲んでトランプに興じる船員たちの姿がちらりと見えた。

さらに先に進み、三等船室まで来た。爆薬を仕掛けるため、この辺りで甲板下に続く昇降口を見つけなくてはならない。ハウケリとスールリーが探しているあいだ、リーエル＝ハンセンが見張りに立った。ちょうどそのとき、通路の先からこちらに向かってくる足音がした。隠れる暇もなく、船室から当直員がひょっこり現れた。警報を鳴らされればお手上げだ。「やあ、クヌートじゃないか？」当直員が声をかけた。

「ああ、そうだよ」リーエル＝ハンセンが澄ました顔で答えた。すぐにマールのスポーツクラブで顔なじみのヨン・バルグだとわかった。「友だちと一緒なんだ」。ハウケリとスールリーが揃って一歩前に出る。またも一瞬、緊張が走った。なぜこの三人がこんな夜中に船内にいるのか当直員はどうも腑に落ちないようだ。「あのな、ヨン」リーエル＝ハンセンが口をひらいた。自分がレジスタンスにはいっていることはバルグも知っている。「近々手入れがありそうでね、隠さなきゃなんないものがあるんだよ。非合法のものさ。ま、そういうわけだ」

「なるほどそういうことか」とバルグ。「かまわないよ」そう言うと、通路の先の、甲板下に続く昇降口の扉を指さした。「この下に誰かが何か隠すのは、これが初めてってわけじゃないからね」

リーエル＝ハンセンが当直員とそのまま喋っているあいだに、ハウケリとスールリーは船底に降りていった。それから一個の懐中電灯の明かりだけを頼りに、氷のように冷たい水のなかを四つん這いになってバシャバシャ進み、ようやくフェリーの船首部分まで来た。天井が低くて真っ暗な空間は、まるで墓のなかにいるようだ。いまドイツ兵が船に乗り込んできて自分たちを見つければ、そのままここが自分たちの墓になる。スールリーが懐中電灯を持つ傍らで、ハウケリはさっそく仕事にとりかかった。

刻々と時間が過ぎるなか、ハウケリは慎重に爆薬の準備をした。まず水に浸かった波形鉄板の床に爆薬を固定する。ソーセージ型のノーベル808は、曲げてほぼ円形にした。それからソーセージの両端に二本の導爆線を取りつける。次に導爆線の反対の端を水中から出してテープでひとつに束ねる。この導爆線の束に電気雷管を接続し、それを船の肋材《ろくざい》に固定する。それから目覚まし時計二個をそれぞれ電池ボックスにつないだあと、時計から伸びるワイヤーにまだ電気が通ってないことを確認してから、目覚まし時計を二個とも午前一〇時四五分に作動するようセットする。そしてこの時計二個もまたフェリーの肋材にテープでしっかり固定する。

手がしびれ、汗が目にしみてきた。ここから爆薬を仕掛ける際の最も危険な作業にはいる。目覚まし時計につないだワイヤーを雷管にテープでとめるのだ。ふたつの目覚まし時計のハンマーと、回路を閉じて雷管を起爆させる金属版を隔てる隙間はたったの八ミリ。ハウケリは細心の注意をはらった。目覚まし時計を揺らしたり、手を滑らせたり、滑りやすい床でよろけたりでもしたら大惨事になる——導爆線の燃焼速度は秒速九〇〇〇メートル。自分もスールリーも何があったかわからぬうちにあの世行きだ。

しっかりとした手つきでハウケリは最後の作業を終えた。それからふたりは再び四つん這いになって梯子まで引き返すと、汚れてびしょ濡れの姿で昇降口から這い出した。向こうでリーエル

＝ハンセンとバルグがまだ話をしている。こんなに時間がかかったわけをバルグは何も訊かなかった——訊かれたところでハウケリも答えるつもりは露ほどもないが。ハウケリはさっと手を出しバルグと握手をすると、善良なるノルウェー人でいてくれることに感謝すると言った。それから三人はフェリーからこっそり降りると闇のなかに姿を消した。

二時間のタイムリミットまであと数分で三人は車に戻り、すぐに車はその場を離れた。しばらく走ってからオーラヴが道路脇に車を停めた。スールリーが外に出る。シンナルランと合流すべく、これから再び山に戻るのだ。スキーをはくとスールリーは皆に別れを告げた。「おれもすぐに戻るからな」ハウケリが約束した。スールリーは森の奥に見えなくなった。オーラヴは残った面々を乗せたまま、コングスベルグをめざして南に向かった。一同はそこから列車に乗って首都に出る算段だ。そのころフェリーでは、時計が刻々と時を刻んでいた。


二月二〇日、日曜の朝八時きっかりにリューカンの鉄道駅で警笛が鳴った。重水の容器を警護する兵士たちは、二両の平貨車のうえで所定の位置についた。列車はほかにも、フェリーに搭載する予定のアンモニアのタンク車七両と、おもにドイツ国防軍の物資を積んだ無蓋貨車二両を牽引する。

この町を出る貨物がこれほど厳重に警備されるなど前代未聞のことだった。埠頭までのルート上でいかなる攻撃もさせまいと、線路沿いに兵士がずらりと並んでいる。

そのころリューカンの実家にいたグンナル・シーヴェルスターは、病気の母親の看病をしていた。母親は病院の予約に間に合うよう今朝九時発の旅客列車でマールに行き、そこからフェリーでノートッデンに向かうはずだった。ところが前の晩に突如ひどい腹痛にみまわれ、不調のあまり外出どころではなくなった。母親は知らなかったが、じつは息子が昨日の夕食に下剤をたっぷり仕込んでいたのだ。

それでも彼女を除いた数十人のリューカン市民と——男性も女性も子どもも——そのほかこの町を訪れていた作曲家アルヴィード・フラドモーエをふくめた数人が、何事もなく旅客列車に乗り込み、マールへ、そしてそこで待つフェリーへと向かっていた。

いっぽうリューカンから車で一〇〇キロほどいったコングスベルグ駅では、ハウケリとラーセンがオスロ行きの列車の切符を二枚買っていた。町まであと一〇キロほどの場所でオーラヴがふたりを降ろし、その後はスキーを駆って森を抜けてきたのだ。リーエル＝ハンセンも来るはずだったが、直前になってスウェーデンへの脱出を取りやめると自ら決めた。ふたりがオスロ行きの列車を待っていると、東方からドイツ兵を乗せた列車が到着した。ほどなく駅は兵士であふれんばかりの騒ぎになった。

おとなしくしていれば大丈夫だとハウケリは考えた。そのときラーセンがハウケリの腕をつかんだ。「あいつはリューカンにいるゲシュタポのリーダーだ」そう言って、列車から降りるムッゲンターラーをじっと見た。「いま私が町を出るのを見つかるとまずい」。ふたりは慌ててトイレに駆け込み、ラーセンは個室にはいって鍵をかけた。それからずっと個室にこもり、ムッゲンターラーの乗った列車が駅を出たのを見計らって、慌てて自分たちの列車に乗り込んだ。

そのころマールを見おろす丘の中腹では、定時にはいってきた貨物列車をリーエル＝ハンセンが見つめていた。埠頭に着いた無蓋貨車と平貨車は、それから一時間かけてヒドロ号に移され所定の位置に固定された。それからぼちぼちと乗客がやってきた。係員が切符を確認すると、乗客は舷門をわたって船に乗り込み、おのおの席についた。一番安い切符の乗客は主甲板から一番離れた席になる。リーエル＝ハンセンはしきりに腕の時計を見た。出発予定時刻の一〇時を数分過ぎて港湾労働者がもやい綱を解くと、ヒドロ号は桟橋を離れ、スクリューが後方でティン湖の穏やかな水面をかきあげた。

底冷えのする快晴の朝で、空には太陽がまぶしく輝いている。アーレン・スーレンセン船長はこれまで何百回となくこの湖を往復してきた。先祖代々、船長の家系である。兄弟は北大西洋を定期航行している際に魚雷による攻撃を――なんと二度も――受けた。だがむろんティン湖でそんな心配は無用だ。ブリッジにあがったスーレンセンはヒドロ号の針路を湖の中央に向けた。

午前一〇時四五分になる直前、船長は航海記録をつけるために操舵室を出た。甲板の下では三八人の乗客がラウンジや船室で思い思いに過ごしている。トランプ遊びをしたり、雑談をしたり、静かに本を読んだり。おばあさんがひとり写真帳をぱらぱらとめくっている。機関室では三人の船員が遅い朝食をとり、つかの間寒さをしのいでいる。二両の貨車に目を光らせる八人のドイツ兵がいるほかは、何もかもいつもと変わらぬ光景だ。

船長がブリッジから降りていると、甲板下で鋭い破裂音がして船がいきなりぐらりと揺れた。

これが深い湖の真ん中でなければ座礁でもしたかと思うだろう。だが、これは違う。まったくの別ものだ。慌てて階段を上がっていると、甲板が煙に包まれていくのが見えた。「陸に向けて舵を切れ！」船長が舵手に叫んだ。だが船は針路を変える暇もなく勢いよく傾きはじめた。下の船室では乗客が恐怖におののいていた。照明は消え、水が床一面に広がっていく。割れたパイプから蒸気がシューシュー吹き出した。舷窓のない三等船室はほぼ真っ暗になった。「爆弾だ！」乗客のひとりが悲鳴をあげる。「船が爆撃されたんだ！」誰もが先を争ってドアを探した。

ブリッジにあがったスーレンセンには船が沈むのがわかった。船首はすでにすっかり水中に潜り、岸まではかなりの距離がある。船長は救命ボートに乗るよう乗客に大声で呼びかけると、ひとりの船員の手を借りてなんとかボートを一艇、湖面に降ろした。乗客のなかにはすでに水中に飛び込んだ者もいる。船長は舵手に船を降りるよう命じ、あとを引きついだ。それから舵を切って船首を右に向けようとしたが、船はみるみる左舷に傾いていく。かしいだ二両の貨車にはさまれ、船員がひとりつぶされそうになっている。

乗客は船室から主甲板になだれ込んだ。なかには湖に飛び込む前に救命浮き輪を探しあてた者もいた。だが分厚いコートを脱いだだけで船から飛び降りた者もいて、アルヴィード・フラドモーエもそのひとりだった。泳げない者は沈む船に残るか、冷たい湖にのみ込まれるか究極の選択を迫られた。三等室では乗客がやっとのことでドアを見つけて外に出たものの、真っ暗ななかどこに逃げたらいいかもわからない。水が通路に激流となって押し寄せてくる。

エーヴァ・グルブランセンという名の若い娘は、両の拳で舷窓を思いきり叩いた。ここから這い出せば光の射す外に出られるかもしれない。ところがガラスは頑丈でびくともしない。男がひとり走ってきたので助けを求めたが、男もひどく動転していた。「おれにどうしろってのか。おれは泳げないんだぞ」。悲鳴や助けを求める声がそこらじゅうに響いている。足もとの床が片側に激しく傾いた。やっとのことでエーヴァは上甲板に這いあがった。そしてウールのコートをさっと脱ぎ捨て手摺をのぼった。それから重たいブーツを脱ぐ間もなく船から飛び降りた。

スーレンセン船長も操舵室から這い出した。いまや船首は水中深く沈み込み、船尾では回転するスクリューが湖面からみるみる高みにあがっていく、すでに船は片側に恐ろしくかしいだ状態で、右舷側を腹這いになって進めるほどになった。と、その瞬間、またもガタンと大きな音がして一一両の貨車がはずれ、一気に湖に滑り落ちた。あと数秒ほどで船全体が湖面に消えるだろう。すぐに逃げなければ自分も船とともに沈むことになる。船長は飛び降りた。

爆発から四分後、ヒドロ号は湖のなかに見えなくなった。

一艇の救命ボートはあっという間に乗客でいっぱいになった。濡れたヴァイオリンケースをしっかり握ったままフラドモーエはボートに引きあげられた。同じくエーヴァ・グルブランセンも助けられた。ほかの者は、沈みゆく船の周りに散乱する残骸に必死でしがみついた。そのなかにスーツケースが何個かと、半分空になった「苛性カリ溶液」のドラム缶四本があった。

船からかろうじて脱出できた人たちは、氷のように冷たい水にのまれる前に、岸をめざして死にもの狂いで泳いだ。この惨事を目撃した地元の猟師や農夫たちがこぞってボートに乗り込むと、手に血がにじむほど懸命にオールを漕いで救助に駆けつけた。フェリーに乗っていた五三人のうち、船長と四人のドイツ兵をふくむ二七人が助かった。そして一一両の貨車は重水のドラム缶とボトルを道連れに、すべて湖の底に沈んだ。


ロルフ・スールリーは日曜の大半をハルダンゲル高原の小屋にこもりきりでいた。日のあるうちにニルスブーにいるシンナルランのところに向かうほどの勇気はない。昨夜からへとへとに疲れていたが、演習中のドイツ兵に見つかったらと思うと心配で一睡もできなかった。それにフェリーがどうなったかも気になって仕方なかった。船は沈んだのか？　犠牲者は出ただろうか？

日が暮れるとスールリーは小屋を出た。強風が吹き荒れ、寒さが骨までしみてくる。スキーを数時間駆って腕や足が焼けるように痛みだしたころ、ようやくハーマレンの農場にたどりついた。できればひと休みしたかったが、どうやら来客があるようで仕方なく先を急いだ。風がいよいよ咆哮をあげるが、ここで立ち止まるわけにはいかない。だが腕に力がはいらなくなり、これ以上先に進めるか心許なくなってきた。それに何度も思い返しては胸が苦しくなるのだ。ぼくはなんてことをしたのだろう。破壊工作がうまくいったとしたら、それと引き換えにノルウェー人の命が犠牲になったということだ。もう先へは一歩も行けないと観念しかけた瞬間、風がぴたりとやんだ。横殴りの風から初めて解放されたスールリーは、つかの間の休息のおかげでなんとか息を吹き返した。

ついに前方の月明かりにニルスブーの影が浮かびあがった。小屋に近づくとドアがあいて、シンナルランが雪面に飛び出しスールリーを迎えてくれた。スールリーはわが家に帰ったような心地だった。シンナルランがさっそくコーヒーを沸かし、食べる物を用意してくれた。食事を口にほおばりながら、スールリーは昨夜のことを報告した。明日ハーマレンのところに降りていき、何か知らせがはいっていないか訊いてこようとシンナルランが言った。それからスールリーは横になると、すとんと眠りに落ちた。

翌朝目が覚めると小屋のなかは空っぽだった。ハーマレンのもとに出かけたシンナルランは、ヒドロ号がその貴重な貨物ともども湖に沈んだこと、そして第一報では一四人のノルウェー人と四人のドイツ人が死亡したことを知った。ニルスブーに戻るやこの知らせをホームステーションに送信した。すぐにもスールリーとともにここを出て、ムース湖からさらに遠く離れた場所に身を隠さなくてはならない。指示に従ってのこととはいえ、自分たちのしたことがふたりの背に重くのしかかった。

月曜の朝、グンナル・シーヴェルスターが出勤すると、すぐにビャルネ・ニルッセンからリューカンの彼のオフィスまで来るよう命じられた。着いてみると、廊下は兵士やゲシュタポで押すな押すなの騒ぎだった。ニルッセンは、主任技師のラーセンがどこに行ったか知らないかとシーヴェルスターに尋ねた。ラーセンは家にもいないし、オフィスにも出社していないのだ。自分は何も知らないとシーヴェルスターは答えた。するとニルッセンは、すぐにもゲシュタポから徹底的に尋問されることになるぞと警告した。

逃げるしかない。シーヴェルスターは瞬時に悟った。ニルッセンのオフィスを出ると、自分と同じくヴェモルクから呼びだされた技師と鉢合わせした。技師は、怒り心頭のムッゲンターラーからすでに尋問を受けてきたという。顔を真っ赤にしたこのドイツ人は、技師の眼前の机に拳銃を置いて、こう脅しをかけたという。「おまえがもし消えたなら、おまえの家を女房もろとも吹っ飛ばしてやるからな」。シーヴェルスターはすぐに家に戻ると荷物をまとめ、妻とふたりの幼い子どもに別れを告げた。ムッゲンターラーが捕まえにくる前にスウェーデンに脱出しなければならない。ゲシュタポが到着したとき、すでにシーヴェルスターは姿を消したあとだった。

クヌート・リーエル＝ハンセンは町にとどまったが、彼がフェリーの沈没にからんでいることを知る者はほとんどいなかった。ヒェル・ニールセンの入院しているオスロの病院にも、ふたりのゲシュタポ将校が現れた。手術後の傷がまだ癒えないニールセンは、破壊工作のことなどいっさい知らないと答えた。なにしろ土曜日からここに入院しているのだから。すると将校たちはそれ以上何も訊かずに帰っていった。ゲシュタポがあの晩の当直員ヨン・バルグを尋問すると、彼はフェリーの出航前夜に三人の男が船に乗ってきたことを正直に認めた。ただし、そんなことはよくあることだと説明した。山間から降りてきた客が出港時刻よりもかなり早めに着いて、やむをえずどこかで暖をとって待つなど日常茶飯事なのだ。知らない男たちだったとバルグは答え、人相等のその説明もかなり曖昧なものだった。

ハルダンゲル高原の手入れが再び始まり、またもムース湖とシンナルランの実家周辺が重点的に調べられたが、工作員の捜索は前年のときと同じく徒労に終わった。捜査隊はまるで狐につままれたような気分だった。

クヌート・ハウケリが月曜の夕刊の見出しを読んだのは、オスロの北にある、レジスタンス仲間の所有する小屋にいたときだ。「鉄道連絡船ヒドロ号がティン湖にて沈没」。あの日曜の朝一〇時四五分、コングスベルグからオスロに向かう列車のなかで、ハウケリは腕の時計をじっと見つめ、湖でいま起きつつあることを脳裡に描いた。爆発。そして船が転覆。ヴェモルクの重水を消滅させるために、またしてもノルウェー人の命が「戦死者名簿《ブッチャーズ・ビル》」に追加された。どれほどの犠牲を払えばいいのか。そしていま、この知らせを手にしたのだ。「ヒドロ号はすべての積み荷とともに沈んだ」。自分は命令に従った。それがどれほどつらく耐えがたいものだとしても、最後までやり抜いたのだ。

その数日後、地下組織の手を借りてハウケリはアルフ・ラーセンとともに国境を越え、スウェーデンの首都にたどりついた。ホテルで温かい風呂にはいり、新品の服に着替えた。ノルウェーの荒野で何カ月も過ごしたあとに、レストランに行って腹いっぱい食べ、商品がうず高く積まれたウィンドウを眺めるのは、なんとも妙な気分だった。首都に着いてすぐにボーディルと会って仲直りしようと努力した。だがいまとなっては互いの道があまりに遠く離れてしまい、自分たちの結婚もまたドイツによる侵攻の犠牲になるのかと不安を覚えた。ストックホルムに二週間いたのち、ハウケリはレジスタンスの活動に戻ることに腹を決めた。それは唯一、自分が納得できる生き方だった。

一九四四年二月二六日、スコットランドからロンドンに引き返したトロンスターは、ユーストン駅に降り立った。オフィスに戻る途中で非常線の張られた大きなアパートの前を通った。この建物はドイツの爆撃機による再度の電撃戦により、ほんの半日前に爆弾の直撃を受けたのだ。ここ数晩というもの焼夷弾や爆弾が建物の壁をはぎとり、家や店を粉砕した。タヴィストック・クレセントでは学校が爆撃され、ウィンブルドンでは女子修道院が破壊された――尼僧たちは瓦礫の山をかきわけ同胞を探さなくてはならなかった。ロンドンの街全体で何百人もが死亡し、それよりはるかに多くの人が家を失った。

その晩トロンスターは自宅に戻り、上空を飛ぶ戦闘機や爆弾の音をひと晩じゅう聞いていた。そしてヒドロ号の破壊工作のことに思いをはせ、この作戦により、とにもかくにも連合軍による再度のヴェモルク空爆は防げたのだと自分の心に言いきかせた。空爆による死者の数は、おそらくフェリーの爆破による犠牲者の数どころではないだろう。

事実、それよりはるかに多くの人間がロンドンでは毎晩死んでいるのだ。万が一ドイツが原子爆弾の製造に成功すれば、このイギリスの首都は――ひょっとしたら他の都市も――無数の死体が散乱する焦土と化すだろう。戦時にあってリーダーたる者は、それが戦地だろうが作戦会議の場だろうが、こうした諸々を秤にかけて決断をくださねばならない。それでも、フェリーに乗っていた犠牲者の名前と年齢を見たトロンスターは無力感に苛まれ、ひどく気持ちが沈んだ。

数日のうちにシンナルランのスパイから最終報告がトロンスターのもとに届いた。ヴェモルクから出荷されたすべての重水が――濃度が低くほぼ価値のない重水のドラム缶数本を除いて――

ティン湖の底に沈んだという。トロンスターは日記に、ドイツとの戦いのこの「勇猛果敢な一幕」は終わったと綴った。ハウケリをはじめフェリー作戦に加わった者たちに褒美を授けてほしいとウィンストン・チャーチルに頼むつもりだ。ヴェモルクについては終戦後に工場を再建し、さらに改良を施したいと思っている。それまでは、部下たちがナチスの重水供給源の破壊に成功した――そしてひょっとしたらドイツが前代未聞の兵器を手にするのを阻止できた――とわかっただけで満足しようではないか。

第二九章　勝利

一九四四年の三月も末になると、ウラン・クラブの責任者ヴァルター・ゲルラッハとその管理補佐を務めるクルト・ディープナーは、容赦なく続く連合軍の空爆により研究施設を次々と破壊されていた。ヒドロ号が沈没したほんの数日前にも、爆撃機の大群がカイザー・ヴィルヘルム研究所を襲い、多くの部署に深刻な被害をもたらしたが、たまたま物理学部門だけは難を逃れた。それでも今後空爆のおさまる気配がないことから、ゲルラッハとディープナーは配下の科学者と装置を徐々に南部に避難させていた。

三月三〇日にゲーリングに送った報告書のなかでゲルラッハは、ウラン235を分離するための超遠心分離法の進展から、ウラン装置の設計における成功、さらに重水を濃縮する新たな方法まで、自らの開発計画の現況を詳細に説明した。そして、連合軍の度重なる攻撃により、この貴重な減速材の供給は「厳しい状況」にあるものの、ドイツ国内の工場にかなりの投資をすれば近い将来、一定の生産が見込めるだろうとの希望を綴った。しかも連合国がヴェモルクの重水を再三攻撃したということは、敵も新たな爆薬を開発するうえで核分裂研究を「最大級に重視」しているのは明らかで、わがチームも同じ道を進むしかないと主張した。

ディープナーは新たなウラン装置の実験に着手するいっぽうで、核融合爆弾に使う成形爆薬の設計にも取り組んでいた。ハルテックはロイナで重水工場の建設を進めるようＩＧファルベンにせっついている。ハイゼンベルクはいまも大型の新たな原子炉の研究に勤しみ、この計画にかかわるその他のドイツの科学者も、徴兵を免れ爆撃を避けながら実験室を地下壕に移しておのおの研究を続けていた。

一九四四年の半ばになると、ヒトラーはいよいよ妄想にかられて自暴自棄になり、枢軸国の勝利は間近であると高らかに宣言した。「必ずや近いうちに勝利をもたらす兵器を使うつもりであり、さすればこの戦争は栄光のもとに終わるだろう……そのとき、あの紳士どもは自分が何に襲われたかもわからないはずだ。これは未来の兵器で、これがあればドイツの未来もまた揺るがないものになる」。だがこの言葉を信じる者はすでにほとんどいなかった。ドイツは陸海空から攻撃されていた。連合軍は西からベルリンへと進軍し、ソ連軍は東から迫っている。七月には五六七機のフライングフォートレスによる空爆を受けてロイナの工場が破壊され、今後の重水供給のあてもなくなった。さらに別の襲撃によりウランの製造もウラン235の分離の道も断たれた。一九四四年の終わりには、ディープナーが――あるいは彼が一九三九年に核研究のために呼び寄せた科学者の誰もが――目標にできるのは、せいぜい連鎖反応が一定の割合で持続するウラン装置をつくることくらいになった。

連合国はこのことを知っていた。八月にアメリカ陸軍情報将校のボリス・パッシュ大佐は、パリのコレージュ・ド・フランスでフレデリック・ジョリオ＝キュリーを見つけだした。ジョリオ＝キュリーはパッシュに、クルト・ディープナー博士をはじめ多くのドイツ人物理学者とのやりとりについて語った。ドイツの原爆計画は到底進んでいるとはいえないとジョリオ＝キュリーは断言した。その年の一一月、パッシュとサミュエル・ゴーズミット博士（パッシュの指揮によりドイツの原爆開発計画を調査する「アルソス」作戦の科学顧問）は、ドイツが原子力計画のために接収していたストラスブールの病院で、機密文書の宝の山を掘りあてた。町の周辺でアメリカ軍がドイツ国防軍と戦っているあいだ、兵士たちにファイルを運び出させたゴーズミットは、凍える寒さのなかで二昼夜、パッシュとともにロウソクの明かりのもと、ろくに食事もとらず寝る間も惜しんですべての書類に目を通した。そして最後にたったひとつの結論に達したのだ。「ドイツは原爆を持っておらず、おそらく近いうちに持つ見込みもなかった」

それでも一九四五年の初頭、もはや戦争終結は避けられないというときになっても、あいかわらずゲルラッハとディープナーは自分たちの研究が何らかの影響を与えうるとの望みを捨てていなかった。連合軍機の機銃掃射を浴びる危険を覚悟で、ドイツ各地を行き来しては物資を分配し、実験を指揮し、せめて連鎖反応の持続するウラン装置だけでもつくろうと土壇場まであがいていた。ドイツ南西部の丘の中腹にあるハイガーロッホという村では、岩を削ってつくったワイン貯蔵庫のなかにハイゼンベルクが実験室をしつらえ、ウラン立方体を格子状に並べたものを重水に浸していたが、それはベルリンから避難する前にディープナーが設計した装置とよく似たものだった。一・五トンのウランと重水を使ったこの装置では、これまでで最高の中性子の増加を記録した。ハイゼンベルクの計算では、あとこの一・五倍の量のウランと重水があれば連鎖反応の持続する原子炉ができるはずだった。だがどちらも手にはいるあてはなかった。

一九四四年六月一五日。自宅にいたトロンスターは雨に濡れそぼるハムステッド・ヒースを見やりながら、自ら「サンシャイン作戦」と名づけた計画を練っていた。つい一週間ほど前に連合軍がフランスに上陸したことから、ノルウェーを解放すべく連合軍が故国に侵攻する見込みはどう見てもなくなった。こうなれば、われわれノルウェー人が自分たちの手でやるしかない。先ごろ少佐に昇格したトロンスターは自ら現場に赴くことを決意した。ドイツは総勢三五万人の部隊を撤退させる際に、イタリアからの撤退時と同様に焦土作戦をおこなう恐れがある。

ウィルソンとブルンからはロンドンにいてほしいと要請されたが、思いとどまるわけにはいかなかった。リームが教えるSTS17破壊工作訓練学校の三週間コースを、トロンスターは優秀な成績（「全項目で優等」）で終えたばかりだ。これより先は自分のかわりに誰かを戦闘に送り出すつもりはない。

真夜中近くに自宅上空ですさまじい轟音が響いた。それからすぐに爆発音がした。ジェットエンジンを搭載したV1飛行爆弾による攻撃がついに始まったのだ。それから来る日も来る日も、何百発ものドイツのミサイルがロンドンの街に降りそそいだ。そのあいだもトロンスターは、黙々とサンシャイン作戦の戦略を練っていた。そして七月の終わりには、ハンステーン将軍から承認を得てメンバーを招集した。まずはイェンス＝アントン・ポウルソンが部隊のひとつを指揮し、無線士は親友クラウス・ヘルバルグが務める。アーネ・ヒェルストルプには別の部隊をまかせる。ノルウェーにいるアイナル・シンナルランは自分の無線士として働いてもらう。フェリー襲撃のあと訓練を受けるためイギリスに来たグンナル・シーヴェルスターのほかにも、リンゲ中隊の大勢のメンバーがこの作戦に参加する。トロンスターはノルウェー南部の電力の約六割を供給する発電所群をはじめ、この一帯における「主要な産業関連の攻撃目標」の防衛を監督することになる。

八月二七日、自分に万一のことがあればわたしてもらおうと、トロンスターはバッサに別れの手紙をしたためた。ここにきてついにノルウェーに戻ることになったのだが、妻には自分の帰郷をいっさい知らせることはできないのだ。心を許す秘書のガルド・ヴォル・フールームにオフィスの金庫の小さな鍵を預けた。「私の日記をどうかよろしく頼む」。胸の詰まる思いで秘書は鍵を受けとった。「この戦争が終わったら、私の家族のもとに会いに行ってもらいたい」。そう言い残すと、四年近く過ごしたキングストン・ハウスのオフィスをあとにした。

一〇月五日。とうとうトロンスターはハルダンゲル高原にパラシュート降下し、祖国の地を再び踏んだ。「長い流浪の日々」は終わった。ともにパラシュートで降りてきた仲間が集まると、トロンスターが乾杯の音頭をとり、男たちはおのおの携帯用ボトルからウイスキーをくいっとあおった。そしてテントの設営にかかった。

それから五カ月のあいだ、トロンスターはミロルグのメンバーによる小規模の軍隊を組織し、最終的に部隊は総勢二二〇〇人にまで拡大した。本部にしたのはムース湖近くの深い雪に埋もれた幅三メートルの狭い小屋だ。トロンスターはサンシャイン作戦の指揮官として東はコングスベルグ、南はノートッデン、北はリューカン、西はラウランまでテレマルク一帯とその近隣をスキーで駆けまわり、ロンドンとミロルグのあいだをつなぎ、両者が円滑に協力できるようはからった。さらにノシュク・ヒドロ社をはじめノルウェー企業の経営陣と密会し、ドイツを追放したのちの復権を保証した。

ポウルソンやヒェルストルプをはじめとする部隊長らは別個に作戦基地を立ちあげた。ハウケリと仲間の兵士たちもこの作戦に加わった。彼らは武器や物資の投下を調整し、レジスタンスの兵士に銃や爆薬の訓練を施し、軍需品集積場を狙って小規模な破壊工作をおこなった。また発電所やダム、工場に潜入しては、ドイツが施設の破壊を企てた場合にこれをいかに阻止するかを伝授した。たとえば瓦礫を片づければ施設内の貴重な機械類がすぐに使えるよう、屋根を内破させる方法などだ。

トロンスターは部下とともに眠って食べて狩りをして、スキーで走りまわった。彼らの大半がロンドンで上官としての彼を高く評価していた。そしてここテレマルクの原野において、その忠誠と尊敬の念はなおいっそう深いものとなった。

一九四五年の春が近づくと、行動のときがいよいよ迫った。ナチス・ドイツは崩壊寸前であり、ベルリンへの侵攻でその息の根はまもなく止まると思われた。ノルウェー全土で発生した鉄道輸送、港湾、船舶、通信網の破壊工作がドイツ国防軍の足を引っぱり、ドイツ国内の守りを固めるべく撤収する部隊の動きを封じた。三月一一日の夜、トロンスターとふたりの部下シーヴェルスターとヨン・ランツヴァルクは、ナチスに任命されたノルウェー人保安官トールガイル・ロングンヴィークを尋問していた。トロンスターはこの男と仲間のナチ支持者の動きを知りたかった。またラウラン周辺で自分たちが展開する地下活動について、この男がゲシュタポに通報するのを何としても阻止したかった。男を始末すべきか話し合った結果、トロンスターの判断によりバムセブーに男を連れていき、そこでハウケリが男を監禁しておくことにした。

　ロングンヴィークを捕まえるのを手伝ったシンナルランは、自分たちのいるムース湖にほど近い二間の小屋から点々と続く足跡を消しにいった。それがすむと近くの農家での集まりに出かけていった。いっぽうロングンヴィークの尋問を終えたトロンスターも、シンナルランに合流しようと小屋を出る支度をしていた。そのとき、小屋のドアが勢いよくあいた。保安官の兄弟のヨハンスが銃を手にはいってくると、いきなり数発発砲した。シーヴェルスターが頭を撃たれ後ろにのけぞり、その体にぶつかって倒れたランツヴァルクの脇を弾がかすめ飛んだ。トロンスターがヨハンス・ロングンヴィークに突進して激しい取っ組みあいになり、さらに二発の銃声が響いた。

　トロンスターはどっと床に倒れ込んだ。ヨハンスが撃った弾に当たったせいか、乱闘のさなかトールガイル・ロングンヴィークがつかんだライフルで殴られたせいか、いずれにせよすでにこと切れていた。兄弟は逃げるときに外から鍵をかけていった。ランツヴァルクはやっとのことで小屋から抜け出すと、走ってシンナルランを呼びにいった。ふたりが小屋に戻ると、シーヴェルスターはすでに虫の息で、手の施しようもなかった。変わりはてたトロンスター、そしてシーヴェルスターの顔を目にしたシンナルランは茫然となった。辺りは血の海だ。それからはっと我に返った。あの保安官が戻ってくる。ドイツ兵らを引き連れて。

　シンナルランとランツヴァルクはすばやく行動した。書類や装置類、それから逮捕につながりそうなものを全部まとめた。荷造りが終わるころには、トロンスターと同じく妻と幼いふたりの子どもがいるシーヴェルスターが息を引きとった。シンナルランたちはふたりの亡骸を橇《そり》で湖まで運ぶと、凍った湖面に穴をくりぬき、ドイツの手にわたる前に湖に沈めた。それからハウケリら仲間のところに知らせにいき、もし報復を試みればドイツの駐屯軍と戦闘になるかもしれず、ミロルグにその準備はまだできていないと警告した。

　ふたりの俊敏な行動のおかげで一斉検挙も情報の漏洩も阻止できたが、ドイツ兵が死体を見つけるのにそれほど時間はかからなかった。トロンスターとシーヴェルスターの遺体は湖から引きあげられ、調べて写真をとるべく近くの村に運ばれた。それからドイツ兵が遺体に大量のガソリンをかけて火を放ち、焼け残った遺骸は川に捨てた。シンナルランはこの訃報をロンドンに伝え、サンシャイン作戦の指揮はポウルソンが引きつぐこととなった。そして戦争が終わるまでこの任務をまっとうした。ライフ・トロンスターがその目で見ることのかなわなかった勝利の日まで。

　動員令は一九四五年五月八日に発動された。その日、チャーチルはホワイトホール（ロンドン中央部にある官庁街）を見わたすバルコニーから、歓喜に沸く聴衆にドイツに対する勝利を宣言した。テレマルクの奥地をふくめノルウェー全土でレジスタンスが蜂起した。ここ数年、地下兵士として隠れて戦ってきた男たちは、いまでは制服と簡素な腕章を身につけてリューカンと周辺の町に戻ってきた。彼らはヴェモルクと一帯の発電所を占拠し、通信網や主要な公共建築物を奪還し、法と秩序をついにその手に取り戻した。それにはノルウェー人の対独協力者や親衛隊将校の逮捕もふくまれた。ドイツの駐屯兵たちは武器を差し出し、命じられるがままに連行された。

同じような場面がノルウェー全土で繰り広げられた。侵略者の数は四〇万人近く、かたやミロルグはその数ざっと四万人。人数からして熾烈な戦いも予想されたが、決着はあっけなくついた。ついにノルウェーは解放され、オスロの街で、そして国じゅうで祝宴がひらかれた。その晩、スカウグムの王室領地にいた国家弁務官テアボーフェンは、サンドイッチをつまみイギリスの探偵小説を読んだ。それから夜の一一時、死をもってヒトラーの後を追うほかないと観念し、地下壕にはいるとブランデーを半本空けてから、爆薬の箱につないだ五メートルの導火線に火をつけた。導火線は八分と二〇秒で燃え尽きる計算だ。一一時三〇分きっかりに敷地内に爆音が轟いた。

ハインリヒ・フェーリスは逃亡を企てた。けれども南部の港町ポシュグルンでドイツ国防軍中尉の制服姿でいるところを捕まった。尋問を受けて身元が割れる前に自ら毒を飲み、銃で頭を撃ち抜いた。ジークフリート・フェーマーをはじめ他のゲシュタポ捜査官もまた逃亡を試みた。そして捕まり、その罪によって裁判にかけられた。ヴィドクン・キスリングとニコラウス・フォン・ファルケンホルスト将軍も逮捕され、のちに裁判にかけられた。

ドイツの降伏からひと月後、祖国には平和が戻り、国王ホーコン七世がついにノルウェーの地――オスロのタウンホール前の桟橋――に降り立った。そぼ降る雨にもかかわらずおよそ五万人のノルウェー人が国王の帰還を祝い、旗を振って喝采した。国王に敬意を表すべく集まった人びとのなかに、ジョン・ウィルソン中佐と一〇〇人を超えるリンゲ中隊の隊員たちもいた。その大半が、参加した作戦の名を配したヘルメットや記章をつけている。グラウスとガンナーサイドの多くの隊員たちの顔もあった。「幾度となく状況は暗く思えたが」国王は落ち着いた声で群衆に語りかけた。「ノルウェーがその権利を取り戻すことを、私はかたときも疑ったことはなかった」

一九四五年六月二三日、この聖ヨハネの祝日前夜（北欧では夏の訪れを祝い盛大に夏至祭が開かれる）に、解放を祝って、もっとささやかだが陽気さでは負けない宴《うたげ》が、ムース湖畔に立つシンナルラン一族のホテルでひらかれた。ホテルの正面は絹のパラシュートで飾られ、この三日間にわたる行事の予定表が挿絵入りで掲げられた。マスとトナカイのステーキにシャンパン、アクアヴィット、ビールの晩餐を満喫しながら、リューカン周辺でレジスタンスに加わった者たちが、過去の数々の戦闘や自分たちの未来について語り合った。

名誉ある賓客に名を連ねたのは、ハーマレン、ホヴデン、シンダーレンの三家族、ポウルソン、ヘルバルグ、ハウケリ、ヒェルストルプ、スールリー、リリアン・シーヴェルスター、ディトレヴ・ディーセト、そしてヒェル・ニールセン。アイナル・シンナルランは兄のトーシュタインとオーラヴとともに参加し、グードヴァイグとも再会した。だが空席もちらほらあった。ダッハウ強制収容所を生き延びたオーラヴ・スコーゲンは、まだリューカンに戻っていない。そしてライフ・トロンスターとグンナル・シーヴェルスターは永遠に帰らない。

祝宴から一週間後の六月二八日、リンゲ中隊の隊員一八七人がポウルソンとルンネバルグを先頭に、軍服姿でホーコン国王の前をパレードした。この精鋭部隊のうち五一人が戦時に命を落としている。国王は隊員たちとその極秘任務に賛辞を送った。翌日、ウィルソン中佐が中隊を解散し、戦時と同じく平時においてもこの国に尽くしてほしいと言葉をかけた。

八月前半になるとノルウェーは長い占領時代から立ち直りをみせ、そしてバッサ・トロンスターもオスロ郊外の借家に戻った。夫の遺骸は川から引きあげられ、五月後半にオスロの墓地で胸を打つ追悼式のあとに埋葬された。そしていま、バッサは夫を失ったわけを知りたいと心から思っていた。夫が亡くなったいきさつはわかったけれど、ロンドンに滞在していたときのことや、どうしてノルウェーに戻ることになったのかなど、わからないことが多すぎた。そのとき、ガルド・ヴォル・フールームが玄関に現れたのだ。お悔やみの言葉を述べたあと、ガルドはバッサに八冊の日記を差し出した。それから手紙も一通あった。日記を読むのは何日もかかりそうだが、この別れの手紙は短くて率直な文面で、そこにはバッサの知りたかったことのすべてが語られていた。

「愛しいバッサへ……ぼくは故国で重要な部隊を率いる名誉に与りました。これはノルウェーの未来にとって、きわめて大きな意味をもつものとなるでしょう。この任務は、一九四〇年の四月九日にぼくが選んだ道に即したものです。祖国の平和のためにあらゆる努力をし、持てる力をすべて発揮すること……戦争はいまや最後の節を奏で、男子たる者全員が総力を尽くすことが必要なのです。君ならきっとわかってくれ

戦後にシンナルランー族のホテルで開かれた祝賀会
O. H. Skinnarland Family Photo

るよね？　ぼくたちはこれまで夢のような楽しい年を重ねてきて、ぼくの何よりの望みは、そんな幸せな人生をともにいつまでも送ること。たとえ神様がぼくに別の道を与えたもうたとしても、ぼくが一番に思っているのは君のことだと、どうかわかってください……もう時間がありません。何があったとしても、ぼくのことで悲しまないで。ぼくは充分幸せで、これまでの人生で得られたものに感謝しています。できれば生きながらえ、ノルウェーが再び自らの足で立つ手助けをしたいと心から思います」。それからシッセルとライフの幸せをトロンスターは祈った。もう一度子どもたちに会えるのを心から楽しみにしていると。手紙の署名は「君の愛する夫より」とあった。

ケンブリッジ郊外にある静かな田園の大邸宅ファーム・ホールでは、ウラン・クラブの科学者一〇人が自身の運命が決まるのを待っていた。彼らは一九四五年七月三日以降、ここに幽閉されている。ナチス政権が崩壊したのち、科学者たちは書類や実験装置、ウランや重水の在庫をすべて押収され、この屋敷に連れてこられた。そのなかにはオットー・ハーン、ヴェルナー・ハイゼンベルク、ヴァルター・ゲルラッハ、パウル・ハルテック、そしてクルト・ディープナーがいた。彼らは図書室で本を読んだり、バラの庭の手入れをしたり、トランプのブリッジに興じたり、そして家族にまた会えるだろうかと気を揉みながら日々を送った。しかし彼らは知る由もなかったが、この家の部屋という部屋には盗聴器が仕掛けられ、その一語一句がシェラック盤のレコード（ガイガラムシの分泌する天然樹脂を原料とした初期の円盤式レコード。のちのビニール盤に比べて割れやすい）に記録され、それをイギリスの諜報機関がすべてチェックしていたのだ。

一九四五年八月六日、ＢＢＣの夕方六時のニュースで、アメリカのＢ－29爆撃機エノラ・ゲイが日本に原子爆弾を落としたことが報じられた。ファーム・ホールの警備を預かるテレンス・リットナー少佐がこのことを知らせにハーンの部屋を訪ねた。リットナーが報告すると、核分裂を発見したこの科学者はこの知らせに「ひどく打ちのめされ」、「数十万もの人びとを死に追いやった責任は自分にあると感じていた」。リットナーはグラス一杯のジンを飲ませてハーンを落ち着かせた。

この知らせにファーム・ホールにいたほかのドイツの科学者たちもひどくショックを受けた。初めのうちはまったく信じられないというようすだったが、続いて冷笑的な見方をしはじめた。おそらく連合国ははったりをかまして日本を降伏させようとしているに違いない。アメリカもイギリスも原子爆弾などつくれるわけがない。彼らの驚きと疑念は、まもなくその数時間後のＢＢＣニュースで答えを得た。「ニュースです。これは連合国の科学者が達成した途方もない偉業によるものです――原子爆弾がつくられたのです」

続いてチャーチルが声明を発表した。「人類が発明した最大の破壊的な力が今朝放たれた……今日、広島の日本軍基地に落とされた爆弾は、高性能爆弾二万トンに相当する爆発力をもつものである……神のご加護により、英米の科学がドイツのあらゆる努力をしのいだのだ……ドイツがこの兵器をどこかの時点で手にしていれば、戦争の行末は変わっていたことだろう……わが国の情報部と空軍が尽力し、合衆国でつくられている工場と似通ったドイツ国内のあらゆる施設の所在を突きとめた。そして一九四二年から四三年にかけての冬に、イギリスの奇襲部隊とノルウェー軍の志願兵からなる小部隊がノルウェーで二度にわたり作戦を展開し、相当な数の人命を犠牲にしつつも、原爆の一製造工程で用いられる『重水』と呼ばれる材料の備蓄に勇猛果敢な攻撃をおこなった。この二回の襲撃のうち、二度目は文句なしの成功をおさめた」。チャーチルはこう締めくくった。「幸いにも長らく人類に隠されてきた、この自然の神秘が明かされたことは、道理のわかるあらゆる人間の心にきわめて厳粛な内省を促すに違いない」

科学者たちはさっそく白熱した議論を始めた。「ウラン同位体を分離したからこそできたことだ」とハーンが言った。

ハルテックが反論する。「それは必ずしも必要ありません。ウランのエンジンを稼働させられれば（プルトニウムが）分離できるのですから」

「それには長時間稼働するエンジンがなくてはならないから、かなり難しい作業のはずだ」とハーンが切り返す。「アメリカ人がウラン爆弾をつくったとしたなら、君たちは揃って二流だったってことだな」

ハイゼンベルクはこの発表にまだ愕然としていた。「さっきこの原子爆弾に関連して『ウラン』という言葉を使っていただろうか？」。仲間の科学者たちは首を横に振る。

ディープナーが口をはさんだ。「われわれは、爆弾をつくるにはあと二年はかかるとずっと思っていた」

その晩遅くまで一〇人の男たちは、盗聴器の仕掛けられた大食堂で話を続けた。連合国がこのような爆弾を使ったことに、恐怖をあらわにした者もいた。また自分たちの計画がいかに遅れていたかを嘆く者もいた。彼らは爆弾をつくるための理論やメカニズムについて議論を交わした――おそらくアメリカは莫大な投資をおこなったに違いない。

しばらくは言い訳や責任のなすり合いが続いた。人手が圧倒的に足りなかった。支援も物資も足りず、何より重水が不足していた。科学者同士で内輪もめばかりして充分な協力をしてこなかった。ウラン装置と減速材のことばかり考えて、同位体の分離にはほとんど関心を払わなかった。そして一九四二年六月のシュペーアとの会議で、産業規模の計画への望みが断たれてしまった。「役人たちは」とディープナーが言った。「目先の結果にしか興味がなかったのだ」。自分たちの研究機関はあいつぐ空爆で壊滅状態になった。しょせん勝ち目はなかったのだ。

彼らはさらに、これほどの破壊力をもつ兵器を使うことはそもそも人道に反していないのか、また自分たちは本気でこんなものをつくろうとしていたのかを議論し合った。なかにはハイゼンベルクをふくめ、早くも自己弁護の論理を組み立て、自分たちの失敗はヒトラーに原爆をわたしたくないがためにあえて画策したことだと、都合のよい弁解をはじめる者もいた。

エピローグ

一九四六年一月三日にウラン・クラブの一〇人の科学者たちは解放され、ドイツに戻って研究を続けることを許された。それから数年、そして数十年のうちに彼らは多くのインタビューに答え、回想録を執筆し、伝記や戦時の研究に関する書籍に貢献してきた。これらは第三帝国の崩壊後に収集された無数の機密報告書や手紙、書類をさらに補足するものとなった。

多くの歴史が綴られてきた。

一九四二年の初めにドイツと連合国は、原子の理論や研究という点においてほぼ互角だった。それからアメリカはマンハッタン計画を進め、かたやドイツの陸軍兵器局、続いてシュペーアは大規模な計画への投資から手を引いていった。

戦時においてもっぱらドイツのテクノロジーとの戦いに注力したイギリス人情報将校R・V・ジョーンズはこう書いている。「どちらか一方の実験が失敗すると、それがしばしば分かれ道になった」。もしもドイツが減速材として早々と黒鉛を除外しなければ、最初に原子炉の実現に成功していただろうか？　そうすれば役人たちを説得して、V1飛行爆弾やV2ロケットの開発ではなく原子爆弾の開発に資源を充当させることができただろうか？　爆弾用のプルトニウムを製造するため重水炉に固執するかわりに、ウラン235の同位体の分離にもっと時間と労力を注ぐべきだったのか？

歴史家のなかには、ブルンたちが手をくだしたタラ肝油による汚染から、ガンナーサイド作戦、続くアメリカ軍による空爆、そしてヒドロ号の撃沈に至るまで、ヴェモルク襲撃作戦のすべてが無意味だったと結論する者もいる。しかし、ドイツが重水を用いた原子炉を現実につくっていたとしたらどうなっていただろう？　ディープナーは原子炉をつくるのに充分な量の重水を一九四三年末までには入手できると信じていた。そして彼がそこでやめることなどありえなかっただろう。「ノルウェーで重水の生産が完全に断たれたことは、ドイツがついぞ原子炉をもてなかった大きな原因のひとつである」とディープナーはのちに自身の回想録で語っている。

歴史をつくることがノルウェーの工作員たちの目的では断じてなかったし、また彼らの前に送られたイギリス工兵たちの目的でもなかった。それでも、戦後、不運なフレッシュマン作戦で犠牲になったイギリス工兵隊とイギリス空軍の搭乗員が忘れ去られることはなかった。三七人の遺体が回収され、ノルウェーの墓地に埋葬された。ビル・ブレイの墓石にはこう刻まれている。「われを愛した者の心に生き続けること、それは死ではない」。スタヴァンゲルで殺害され、遺体を海に捨てられた四人の工兵を称えるために、彼らが亡くなった場所の近くに記念碑が立てられた。追悼式ではローレンス・ビニョンの詩「戦死者たちのために」が英語、そしてノルウェー語の翻訳により朗読された。

残されたわれらは老いていくも、彼らが老いることはなく
寄る年波に疲れ果て、年月の責め苦を負うこともない

陽が沈みゆくとき、朝の訪れるとき、思いだすは
　彼らのこと

そしてアメリカ軍によるヴェモルクの空爆、さらにヒドロ号の沈没によって犠牲となったノルウェー人の男性、女性、子どもたちのための記念碑も立てられた。

その後、重水破壊工作に参加した男たちには、母国ノルウェーをはじめイギリス、デンマーク、フランス、そしてアメリカ合衆国と、多くの国々から感謝を込めて勲章が贈られた。それでも、戦時においてとくに印象に残る重要な作戦は何かと訊かれると、ほとんどの男たちがヴェモルクのほかにもさまざまな作戦をあげるのだ。

左からハウケリ、ポウルソン、ルンネバルグ、カイセル、ヒェストルプ、ハウグラン、ストロスハイム、ストールハウグがその功績により公式に表彰される Norges Hjemmefrontmuseum

ヨアキム・ルンネバルグとビルゲル・ストロムスハイムはとりわけフィールドフェア作戦を誇らしく思っている。これは一九四四年の三月に彼らが着手した、ロムスダールの谷でドイツの補給路を断つ作戦で、主要な鉄橋の爆破に成功した。クヌート・ハウグランは、ロンドンとの無線通信を立ちあげた仕事が自分の最大の功績だと思っている。イェンス＝アントン・ポウルソンは、

ドイツとの自身の戦いではサンシャイン作戦での働きが何より大きな意味をもつと考える。ライフ・トロンスターがもし生きていたならば、やはり彼もまたヴェモルクにさほど特別な思い入れをもたなかったと言えるかもしれない。というのも彼が日記のなかで「ジュース」について触れているのはほんの二〇数カ所しかなく、ほかにも自ら立案したあまたの作戦がページを埋めているからだ。だがたとえ彼らがドイツ占領下でのほかの作戦も、勝るとも劣らぬ注目に値するものと思っていたとしても、最も称賛を浴びたのは、やはりこのヴェモルクに対するコマンド作戦だった。この作戦によって彼らはノルウェーの英雄、ひいては世界の英雄となったのだ。

数々の勲章や記念行事で称えられる裏で、この戦争はグラウスとガンナーサイドの隊員たちにまた別の意味で影響を与え、ときに暗い影も投げかけた。彼らは友が死んでいくのをその目で見た。人を殺した者もいる。誰もがつねに見つかることの、死の恐怖のなかで生きていた。戦争はとっくに終わったというのに、ときおり真夜中に目が覚めて、ドアの陰に敵のいる気配がし、あるはずのない銃を探す。アイナル・シンナルランの子どもたちは、父親にいきなり近づいてはいけないと心得ていた。体に染みついた感覚は抜けないものだ。つらい記憶を忘れるためにアルコールに頼る者もわずかながらいた。それでも多くの者は、かつて生き延びるために奮闘した場所にひたすら慰めを見いだした。「自然を前にした人間のちっぽけさ」を感じることが、ルンネバルグの心を鎮めた。「岩のうえにすわって頭のなかを空っぽにさせるのさ」。クヌート・ハウグランは一九四七年に一〇一日間をコンティキ号（ノルウェーの人類学者トール・ヘイエルダールがペルーの西海岸からポリネシアまで実験航海した、インカ期の製法でつくられた筏）の無線士として過ごした。たった六人の乗組員だけでこの簡素な筏に乗り太平洋をわたったのだ。まさ

ヴェモルクにある工作員たちの記念碑
Jürgen Sorges / akg-images

に大冒険を味わったのだが、この旅はまた心に取り憑く悪魔をも追い払ってくれた。自然や時の経過が癒してくれないものは、互いの友情が乗り越える助けとなった。命の終わりを迎えるまで、リンゲ中隊の隊員たちはよく集まっては、他人にはまず理解しえない体験を語り合った。

　クヌート・ハウケリは戦時の回想録を父に捧げた。父親はムッレル通り、その後はグリニの過酷な収容生活がこたえて一九四四年に亡くなった。献辞にはこう書かれている。「父は理由もわからずに死んでいった……」。倉庫で非合法の無線機が見つかったために逮捕されたのだが、じつのところ捜査の手が伸びたのは息子の活動が原因であり、その活動のいっさいをクヌートは父親に隠しておかねばならなかった。

　シンナルランが戦ったのは称賛を浴びたいためでも、山ほどもらった勲章のためでもない。勲章は地下室の棚のガラクタを入れた引き出しにしまい込んだままだ。トロンスターとシーヴェルスターの死がシンナルランの心に深い傷を残していた。それでも晩年になって、ようやく自分の綴った日記やハルダンゲル高原からえんえんと送り続けた通信記録に目を通し、祖国の――そしてこの世界の――ために自分が辛抱してきたことをいくらか誇りに思えるようになった。そして自分の体験を家族にも語り、そのなかに娘のヒルヴィールもいた。シンナルラン、そしてのちにめでたく妻ボーディルとよりを戻せたハウケリは、ふたりとも一九四三年の夏に交わした約束を守って、それぞれ生まれた娘にその名をつけていた。

最後になったが、ガンナーサイドの隊長で、現在生存するただひとりの工作員となったルンネバルグは、二〇一六年に齢九六歳になったが、いまでも折りにふれ、自分がなぜ危険を賭して北海をわたりイギリスで訓練を受けたのか、なぜパラシュートで二度もノルウェーの地に戻ってきたのかを雄弁に語ってくれる。「自由のためには自分で戦わなくちゃならない」と彼は言う。「平和のためにはね。毎日戦って守っていくんだ。それはガラスの舟のように壊れやすいものだから。すぐになくしてしまうものだから」

謝辞

ときおり読者の方々から、一冊の本を調べて書くのにどれくらいの時間がかかるのかと訊かれることがある。私の場合、情報が入手しやすいか、話の筋が込み入っているかにもよるが、だいたい三年くらいはかかる。この時間の量に納得する人もいれば、短すぎると思う人もいるだろう。だが本当のことをいえば、私の著書はどれも作品を書きあげる手助けをしてくれた多くの人たちの存在がなければ、もっと何年もの年月がかかっていたはずだ。そして彼らなくしては、その質もはるかに劣ったものとなっていただろう。

最初に、先鋒となって私の仕事を助けてくれたノルウェー（ウィンディ・ケステルとアーネ・ホルセン）とドイツ（アルムート・ショーンフェルト）でのリサーチアシスタントに拍手を贈りたい。彼らはじつに熱心に働き、私が古い記録をつぶさに読むのに手を貸し、インタビューをするために個人の消息を調べて連絡をとってくれた。

私がこの本のための調査を始める前に、ひとり（ヨアキム・ルンネバルグ）を除いたすべての工作員がすでにこの世を去っていた。私は数多くのインタビューの記録や回想録、日記に残された彼らの証言や記憶から恩恵を受けたが、この豊富な資料をもってしても私が描きたいと思った彼らひとり一人の豊かな人物像がなかなかつかめずにいた。ところが幸運なことに、彼らの家族の方々から直接話を聞く機会に恵まれ、一族に語り継がれる歴史を聞き、さらには未公開のたくさんの書類を見せてもらった。ハウケリ家（ヒルヴィール、ビョルグルフ、クヌート）、シンナルラン家（マリエッレ、ヒルヴィール、ロン、インゲル＝ベーリット・バッケ）、ハウグラン家（トロン、トールフィン、トーリル）、ポウルソン家（ウンニ、ミーア）、トロンスター家（ライフ・ジュニア、シッセル）そしてフィン・スールリーに深く感謝申し上げる。とりわけライフ・トロンスター・ジュニアに感謝の意を表したい。彼は私のためにじつに多くの時間を割いて家族の資料を見せてくれ、そのうえ本書の最終原稿まで読んでくれた。また、私からのうんざりするほど長い質問リストにも、嫌な顔ひとつせず応じてくれたマリエッレ・シンナルランにも感謝したい。そしてハウグラン家にも礼を申し上げる。一家はヴェモルクから少し離れたところにある自分たちの小屋に私を案内し、さらにクロスカントリースキーをはいて一帯のツアーにまで連れていってくれた（しかも父親の装備のいくつかを私に使わせてくれた）。またいろいろとご指摘をいただいたリンゲ中隊の元隊員であるラグナル・ウルスタイン、そしてこの一連の出来事をよく知っていて、大いにご指導を賜ったビョルン・イヴァルセン、スヴァイン・ヴェトレ・トラーエ、ベーリット・ヌクレビー、アスガイル・ウーエラン、トール・ニコライセンをはじめとするノルウェーの人びとに感謝したい。とくにスヴァイン・ヴェトレには、彼の小屋で素晴らしい週末を過ごさせてもらったうえ、本書のために地図まで用意していただいた。

歴史の本というものは得てして著者が入手できた一次資料を超えるものにはならないが、とりわけ今回は、じつに大量の豊富な資料が揃っていた。その一例はノルウェー・レジスタンス博物館である。ここは古文書の宝庫で、職員はノルウェー国内のレジスタンスに関する第一級の専門家だ。ここで案内をしてくれたフローデ・ファーロイ、イーヴァル・クラーグラン、ベンヤミン・ガイサール、アルフィン・モーラン（ガンナーサイド隊長ルンネバルグの、一〇〇ページにわたる貴重な未公開のインタビュー記録を提供してくれた）に感謝する。またリューカンのノルウェー産業労働者博物館にも大量の宝の山が眠っており、担当者のヒェティル・デューヴェとインゲリン・コールヴァンがいなければ私はここで途方に暮れていただろう。また私のために幾多の要望に応えてくれたイギリス国立公文書館の職員の方々、さらには帝国戦争博物館、ニールス・ボーア図書館、レンセラー工科大学その他の職員の方々に深く感謝する。また翻訳者のカール・ストールとマーク・マクノートがいなければ、この資料の多くが判読できなかっただろう。

調査が終わると――そして最初の原稿ができあがると、さらに別の方面の方たちに助けてもらった。初期の読者であるカール・バルトリ、ヘンリー・バルトリ、ジョン・テューイ、マイク・フェイリーに感謝する。彼らは原子物理学について、さらにはＢ－17爆撃機の詳細について確認してくれた。いつもながら私の一流の編集者、リトル・レッド・ペン社のリズ・オドネルが、この本のほぼすべての段落を整え修正し磨いてくれた。彼女への賛辞はいくらあっても足りないほどだ。また私の著作権代理人――そしてあらゆる出版物における相談相手――であるウィリアムス・モリス・エンデヴァー社のエリック・ルーファーとその同僚のアシュリー・フォックス、サイモン・トレウィン、ラファエラ・ドゥ・アンジュリスにも感謝する。エリックは私が長年世話になった出版社ホートン・ミフリン・ハーコート、そして私の優れた編集者スーザン・キャナヴァンと再び仕事をする機会をつくってくれた。彼女は私の本の絶大なる支持者――そして私の友人でもある。また、常日頃から優秀なメガン・ウィルソン、マーケティングの天才カーラ・グレイ、ジェニー・シュー、メリッサ・ドブソン、みんなありがとう。

そして最後に、作家の人生のいいときも悪いときもその中間も、ともに過ごしてくれるダイアン、それから私の大切な娘たち、シャーロットとジュリアに感謝する。君たちがいてくれるからこそ、すべてが意味あるものになる。

訳者あとがき

ナチスが原子爆弾を手にしたら、この世界はどうなってしまうのか？　そう考えた第二次世界大戦下の連合国の危機感はどれほどのものだったろう。

戦争の暗雲が迫る一九三八年、奇しくもドイツの化学者オットー・ハーンらが核分裂を発見すると、そこで生じる膨大なエネルギーを爆弾に使えるのではと世界中の物理学者が興奮し、また恐怖を募らせた。翌年ドイツがポーランドに侵攻し、ついに第二次世界大戦に突入すると、両陣営ともたがいの開発がどこまで進んでいるのか疑心暗鬼の探り合いがはじまった。そんななか原爆開発に利用される「重水」を、ドイツが占領下ノルウェーの工場に大量注文したとの情報がはいる。この希少な物質を製造する工場は世界で唯一、このノルウェーの辺鄙《へんぴ》な渓谷の崖に立つ「ヴェモルク」だけだ。そこで連合国はドイツの原爆開発を阻止すべく、この工場をなんとしても破壊すべきだと判断した。こうして第二次大戦中、最大規模とされる秘密工作が、イギリス特殊作戦執行部（ＳＯＥ）に属するノルウェー人部隊により決行されることになったのだ。

実際には「グラウス作戦」「フレッシュマン作戦」「ガンナーサイド作戦」そしてアメリカ軍による空爆を挟んで「ヒドロ号沈没作戦」と回を重ねて実行されたこの破壊工作は、日本ではあまり知られていないが、欧米では二度映画化され（一九四八年にノルウェーで、一九六五年にはカーク・ダグラス主演『テレマークの要塞』として）、ＢＢＣが特集を組み、最近ではノルウェーのTVドラマ『ヘビー・ウォーター・ウォー』も製作された。また第二次大戦を扱う書籍にもこれまでしばしば登場してきた。

本書は、この一連の作戦を、今まで未公開だった当事者の日記や手紙、SOEの機密文書、家族へのインタビュー等をもとにつぶさに描き切った *The Winter Fortress: The Epic Mission to Sabotage Hitler's Atomic Bomb* の全訳である。著者のニール・バスコムはアメリカ在住のノンフィクション作家で、これまで様々なジャンルの作品を書いているが、そこに共通するのは、実在する人物の稀有な偉業や冒険をテーマとする点だ。著者は緻密なリサーチをもとに、その筋書きをまさに臨場感たっぷりに再現し、読者はまるで小説や物語を読んでいるかのような錯覚を抱く。とはいえもちろん、その内容はすべて著者が調べた数多の記録文書にもとづくものだ（それを裏づける本書の詳細な原注と参考文献については亜紀書房のホームページに掲載されているので参照されたい）。

著者が本書を執筆するきっかけは、リチャード・ローズの『原子爆弾の誕生』を読んだことにあるという。その中でこの一連の作戦が記憶に残り、調べるうちに、これを書かずにおれないという思いが湧いた。著者いわく「最初はもっぱら戦闘ものの話かと思った……いわばネイビーシールズの歴史版かと。もちろんそんなドラマティックな場面もあるが……現実は、寄せ集めの兵士たちが荒野で何ヶ月も耐えるいわばサバイバルの物語なのだ。結束や士気をどうやって保つのか……過酷な土地でいかに自分を持ちこたえるか」。著者は工作員の家族から日記や手紙の提供を受け、ノルウェー高地に滞在して彼らの足どりを追い、雪に埋もれた小屋に泊まり、実際に隊員本人が使用した銃器や防寒用肌着まで使わせてもらった。この地の息をのむ美しさと冬の過酷な条件を身をもって知ったという。徹底した取材の成果は、「面白くて胸に迫る……まるで最高のサスペンス小説を読むようだ……ストーリーテラーとしてのバスコムの腕は第一級だ」(「ウォール・ストリート・ジャーナル」)など各紙や読者の絶賛の声が証明する。英独ノルウェーと場面が切り変わり、ドイツの計画、それを探る連合国の動向、極寒の地で繰り広げられる決死の作戦が同時進行する展開はスリルに溢れ、それぞれに個性ある勇敢な若者たちの気の遠くなるような奮闘が胸を打つ。

また著者は今回この作戦を新たな切り口でとらえてもいる。原子爆弾の開発に関係した科学者といえば、大統領に書簡を送り開発の端を開いたアインシュタインから、「マンハッタン」計画を成就させたオッペンハイマーまで錚々たる人物が話題にのぼるが、かたや原子爆弾の開発を阻止すべくひそかに尽力した科学者もいた。このノルウェーの若き科学者トロンスターこそ、そもそも重水工場を設計した本人で、その後イギリスに逃れ一連の作戦を指揮したのだが、これまで映画のなかではだいぶ脚色され、いっぽう書籍では工作員の活躍の陰に隠れてあまり(もしくはまったく)言及されない存在だった。本書はその彼を中心に据え、本人の日記や手紙を紐解くことで、故国に残した妻子を気遣い、部下を無事帰還させるべく心を砕き、祖国の解放をめざし闘ったその才気溢れる人物像に光を当てた。またこの作戦を陰で支えた縁の下の力持ち、諜報員シンナルランも今回細やかに描かれた。最後に一点、ドイツの計画では、これまでもっぱらハイゼンベルクの役割が注目されてきたが(彼に本気で原爆をつくる気があったかもふくめ)、著者は原爆計画の旗振り役ディープナーの果たした役割の大きさを指摘する。

ヒトラーが原爆を手にしなかったのは幸いだが、連合国がこれを手にしたのは不幸なことであった。結局、「ひとつの都市をまるごと破壊できる力」を持つ爆弾を手に入れ、その力を使ったのは「アメリカ」だった。広島、そして長崎に原爆が投下されて七二年、核兵器廃絶への道筋はまだ見えず、核への不安は日々高まっている。皮肉にも、この重水の情報が戦時に連合国を原爆開発に駆り立てた恐怖の火種のひとつとなった可能性は否めない。恐怖が恐怖を生む顛末、また思慮深いリーダーをもつありがたさ（思慮浅いトップの下の不幸も）、そして戦争とはその身をさらす一人ひとりの人間の物語から成ることも本書は伝えてくれるだろう。

なお、『アルマゲドン』『トランスフォーマー』等の作品で知られるマイケル・ベイ監督による本書の映画化も予定されており、どんなトロンスターや隊員たちに会えるのか楽しみだ。

翻訳にあたっては、ノルウェー語の固有名詞の読みをご教示いただいた、「ノルウェー夢ネット」を主催される青木順子さん、原稿を丁寧にチェックしていただいた大野陽子さん、本書を訳す貴重な機会をくださった亜紀書房の小原央明さん、英語関連の質問にいつも即答してくれるパトリシア・モリス、そのほか多くの方々にお世話になりました。ここに深く感謝します。

二〇一七年八月

西川美樹

人物一覧

ライフ・トロンスター
ヴェモルクの重水工場を設計したオスロ出身の科学者。ノルウェー工科大学教授。のちにイギリスにわたり、リンゲ中隊の指揮官を務める。

グラウス（のちに「スワロー」と改名）作戦のメンバー

イェンス＝アントン・ポウルソン
グラウス隊の隊長。リューカン出身。世界を旅したのちリンゲ中隊に加わる。シャイで生真面目、いつもパイプをくわえている。

クヌート・ハウグラン
グラウス隊の無線士。リューカン出身。レジスタンスに参加し故国を追われ、リンゲ中隊に加わる。つねに冷静沈着で、無線の腕前は第一級。

クラウス・ヘルバルグ
リューカン出身で、ポウルソンの親友。体力では誰にも負けない。ポウルソンとはハルダンゲル高原を飛びまわって遊んだ仲。

アーネ・ヒェルストルプ
リューカン出身の元配管工。ポウルソンとともに世界を旅したのち、リンゲ中隊に加わる。

アイナル・シンナルラン
ダム管理人の息子。一族はムース湖畔で代々暮らしてきた。ノシュク・ヒドロ社でダム工事の現場監督を務めるかたわら、諜報員として活動する。

ガンナーサイド作戦のメンバー

ヨアキム・ルンネバルグ
ガンナーサイド隊の隊長。オーレスン出身。イギリスにわたってリンゲ中隊に加わり、すぐに指導教官となる。妥協を許さない戦略家。爆破の技術に長ける。

クヌート・ハウケリ
ガンナーサイド隊の副隊長。通称ボンゾー。ルールが苦手の異端児。合衆国やドイツで暮らしたのち、故国に戻ってレジスタンスに参加。その後イギリスにわたり、リンゲ中隊に加わる。

ビルゲル・ストロムスハイム
ルンネバルグと同郷のオーレスン出身。元は建築請負業を営む。隊の最年長で、頼りになる人物。

フレドリック・カイセル
ベルゲン出身。イギリスにわたり、ストロムスハイムとともに訓練を受ける。臨機応変に動ける陽気な性格の持ち主。

カスペル・イードラン
スタヴァンゲル出身の元郵便局員。大柄で屈強、忠義に厚い。

ハンス・ストールハウグ
ヘードマルク出身。小柄で華奢だが、スキーの達人。

ヒドロ号沈没作戦のメンバー

アルフ・ラーセン
ヨーマル・ブルンの後任として、ヴェモルクの主任技師を務める。

ロルフ・スールリー
ヴェモルクで建築技師を務める。生まれつき手足に障害があるも、幼なじみのポウルソンやヘルバルグとハルダンゲル高原でともに遊んで育つ。スコーゲン、ディーセトも友人。

クヌート・リーエル＝ハンセン
リューカン出身の元ノルウェー陸軍軍曹。地元ミロルグの闘士。ノシュク・ヒドロ社で保守管理の仕事に就く。

グンナル・シーヴェルスター
ヴェモルクで実験助手を務める。タラ肝油による内部からの破壊工作にも従事。

ヒェル・ニールセン
ヴェモルクの輸送部長を務める。ノルウェーの赤十字で奉仕活動員を勤めた経験がある。以前はハールオイヤのマグネシウム工場に勤め、レジスタンス活動に従事。

ディトレヴ・ディーセト
ノシュク・ヒドロ社の元社員。年金生活を送るかたわら、時計の修理屋を営む。地元ミロルグのメンバーで、スールリーの友人。

その他のノルウェー人

ヨーマル・ブルン
ヴェモルクの主任技師。トロンスターの大学時代の級友で、ともにノシュク・ヒドロ社に重水製造を提案する。

トーシュタイン・シンナルラン
アイナルの兄で、ムース湖のダム管理人補佐を務める。地元で有名なスキージャンパー。

オーラヴ・スコーゲン
地元ミロルグのリーダー。アイナルの幼なじみで、スールリーの友人。リューカンにあるノシュク・ヒドロ社の工場に務める。

リリアン・シーヴェルスター
グンナル・シーヴェルスターの妹。アイナル・シンナルランの運び屋を務める。

ハーマレン、ホウデン、シンダーレンの三家族
シンナルランを助けるムース湖近隣の農家。

マルティン・リンゲ
ノルウェー陸軍大尉。イギリス特殊作戦執行部（SOE）に所属する第一ノルウェー独立中隊を創立し、自ら指揮をとる。

連合国

●イギリス

ウィンストン・チャーチル
イギリス首相

エリック・ウェルシュ
イギリス秘密情報部（SIS）ノルウェー課チーフ。トロンスターの渡英をお膳立てした人物。

ジョン・ウィルソン
イギリス特殊作戦執行部（SOE）のノルウェー担当局長。リンゲ中隊の作戦立案・指揮においてトロンスターに協力する。

ウォレス・エイカーズ
ICIの元研究部長で、イギリスの原爆開発計画「チューブ・アロイズ」の指揮をとる。

マーク・ヘニカー中佐
イギリス工兵隊が遂行するフレッシュマン作戦の指揮官を務める。

●アメリカ合衆国

フランクリン・D・ローズヴェルト
アメリカ合衆国大統領

オーウェン・ローン
アメリカ第八空軍パイロット。ヴェモルクの空爆に参加。

ナチスならびにノルウェーにおけるナチス支持者

ヨーゼフ・テアボーフェン
ドイツ占領下ノルウェーの国家弁務官。

ニコラウス・フォン・ファルケンホルスト将軍
ノルウェー駐留ドイツ国防軍司令官。

ハインリヒ・フェーリス
ナチス親衛隊中佐。ドイツ占領下のノルウェーにおいて秘密国家警察《ゲシュタポ》、刑事警察《クリポ》、親衛隊保安部《ジッヒャーハイツディーンスト》（SD）をふくめた治安部隊の指揮をとる。

ジークフリート・フェーマー大尉
フェーリスからノルウェーに呼ばれ、オスロに駐留するゲシュタポの「猟犬（捜査官）」。

ムッゲンターラー少尉
リューカンに駐留する、フェーリス配下のナチス親衛隊将校。

ヴィドクン・キスリング
ノルウェーのファシスト政党「国民連合」の党首。ドイツによる侵攻後、新政府樹立を宣言する。

ドイツの科学者

クルト・ディープナー
ドイツの物理学者。陸軍兵器局研究部に所属し、「ウラン・クラブ」を立ち上げる。

ヴェルナー・ハイゼンベルク
ドイツの物理学者。不確定性原理を発見し、量子力学の基礎を築く。ノーベル物理学賞を受賞。第二次大戦中、実験用原子炉の研究に従事する。

パウル・ハルテック
ドイツの物理化学者。原子爆弾の可能性を帝国戦争省に伝える。重水施設の改良およびウラン濃縮法の開発に取り組む。

アブラハム・エサウ
ドイツの物理学者。一時期、ディープナーの上司として「ウラン・クラブ」の指揮をとる。

ヴァルター・ゲルラッハ
ドイツの物理学者。魚雷信管の設計に取り組む。エサウの後任として「ウラン・クラブ」の指揮をとる。

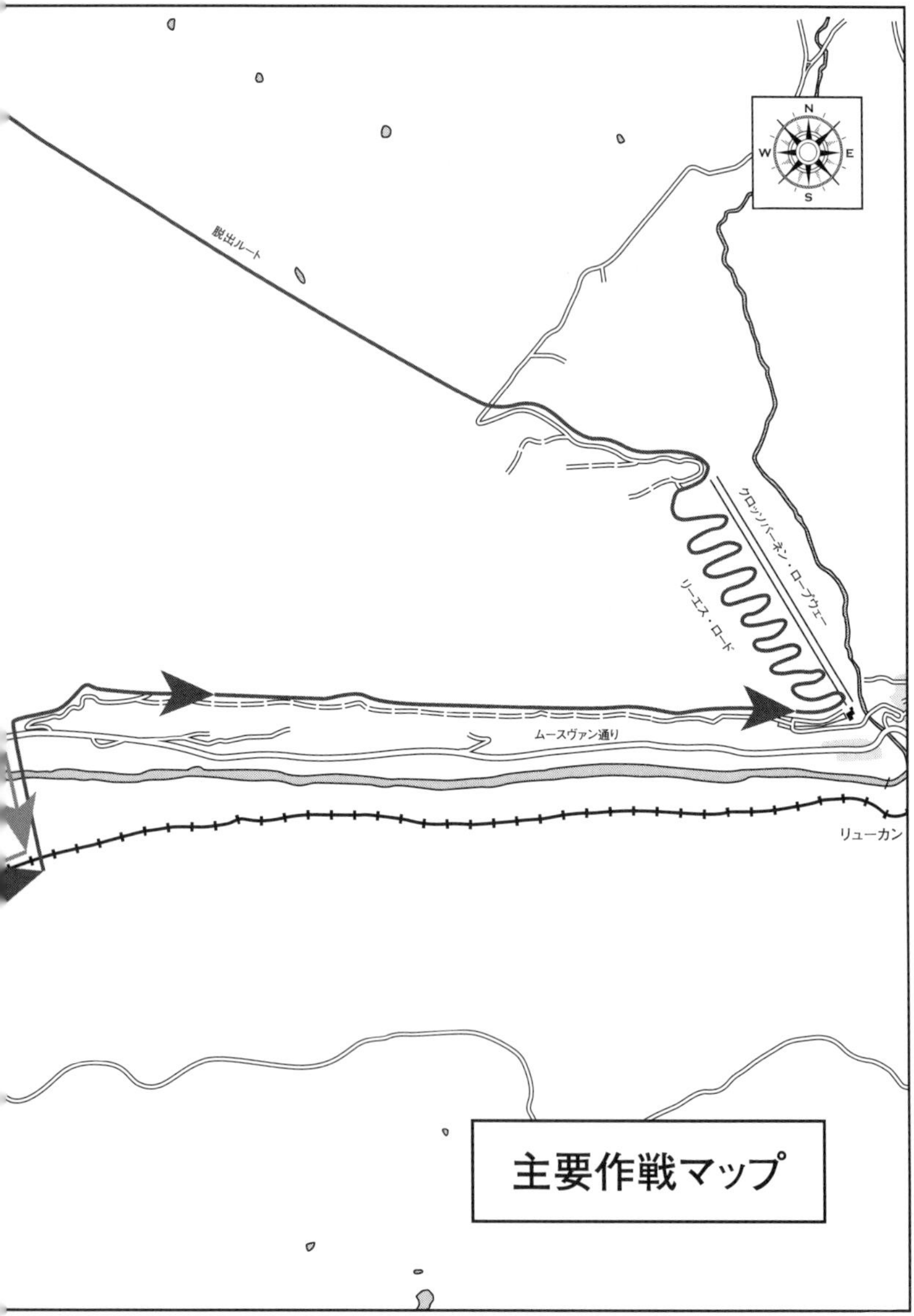
N
W
E
S
脱出ルート
クロッツバーネン・ロープウェー
リーエス・ロード
ムースヴァン通り
リューカン
主要作戦マップ

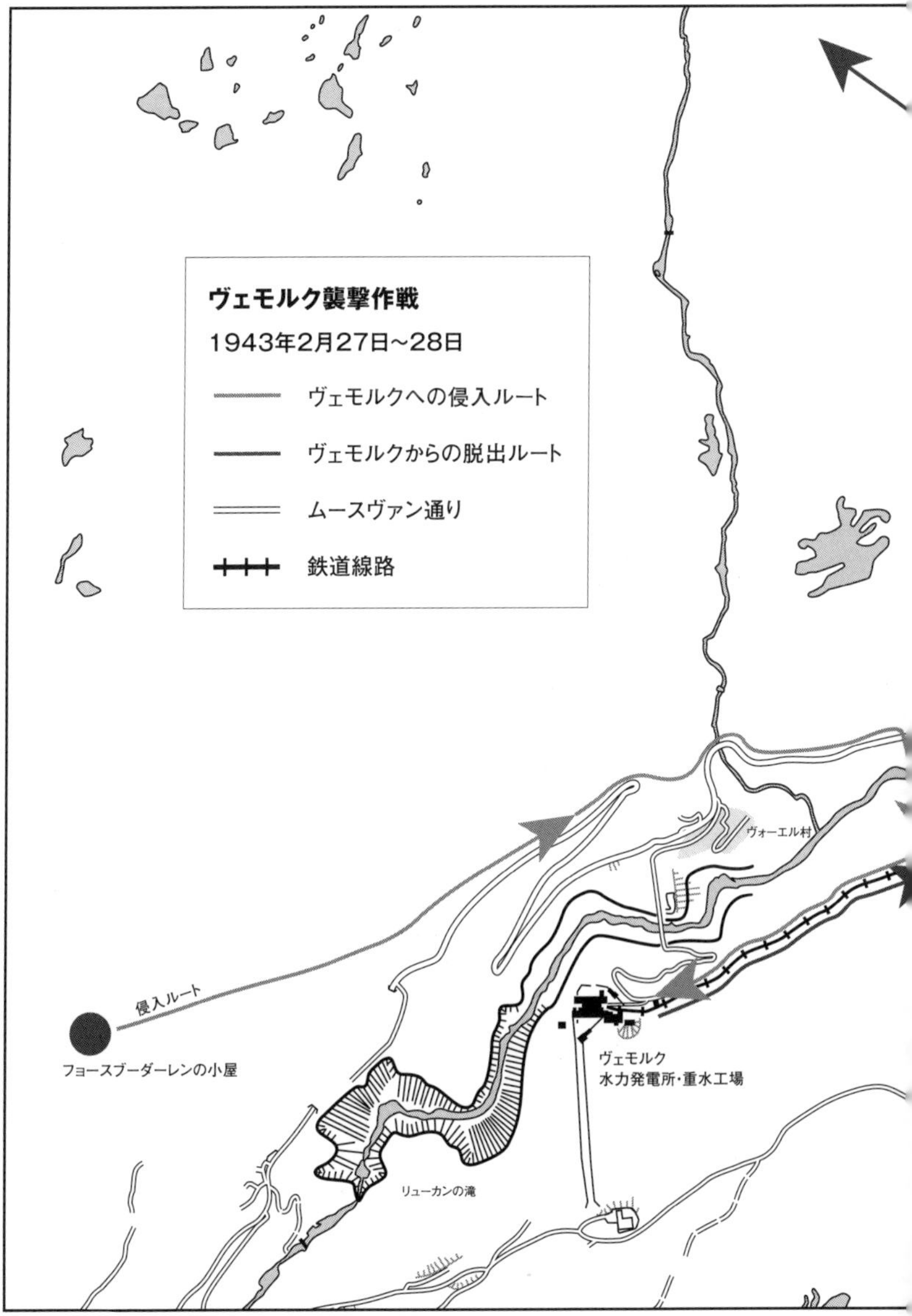
ヴェモルク襲撃作戦
1943年2月27日~28日
ヴェモルクへの侵入ルート
ヴェモルクからの脱出ルート
ムースヴァン通り
鉄道線路
ヴォーエル村
侵入ルート
フォースブーダーレンの小屋
ヴェモルク
水力発電所・重水工場
リューカンの滝

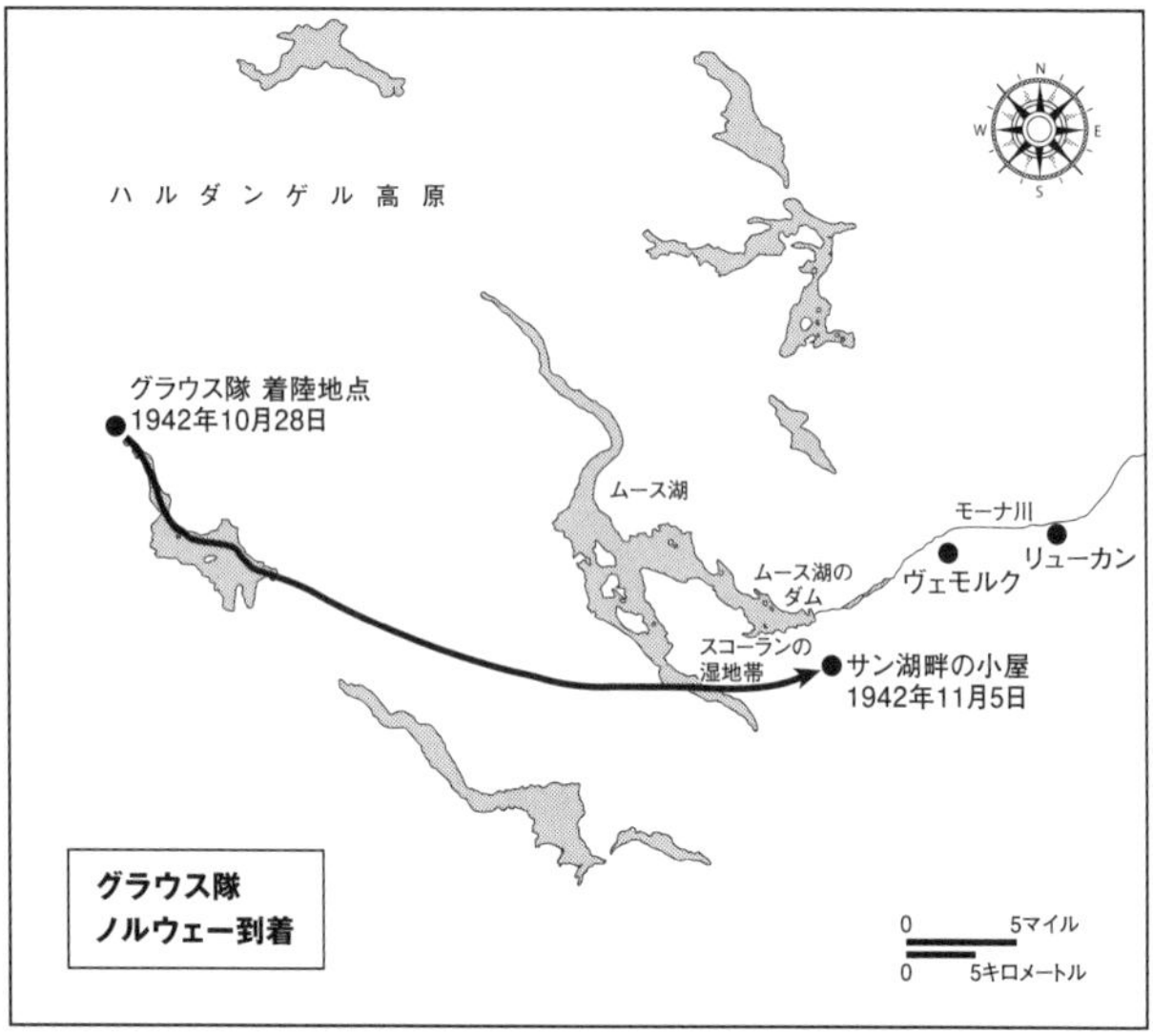
ハルダンゲル高原
グラウス隊 着陸地点
1942年10月28日
ムース湖
モーナ川
ムース湖の
ダム
ヴェモルク
リューカン
スコーランの
湿地帯
サン湖畔の小屋
1942年11月5日
グラウス隊
ノルウェー到着
0　5マイル
0　5キロメートル
N
W
E
S

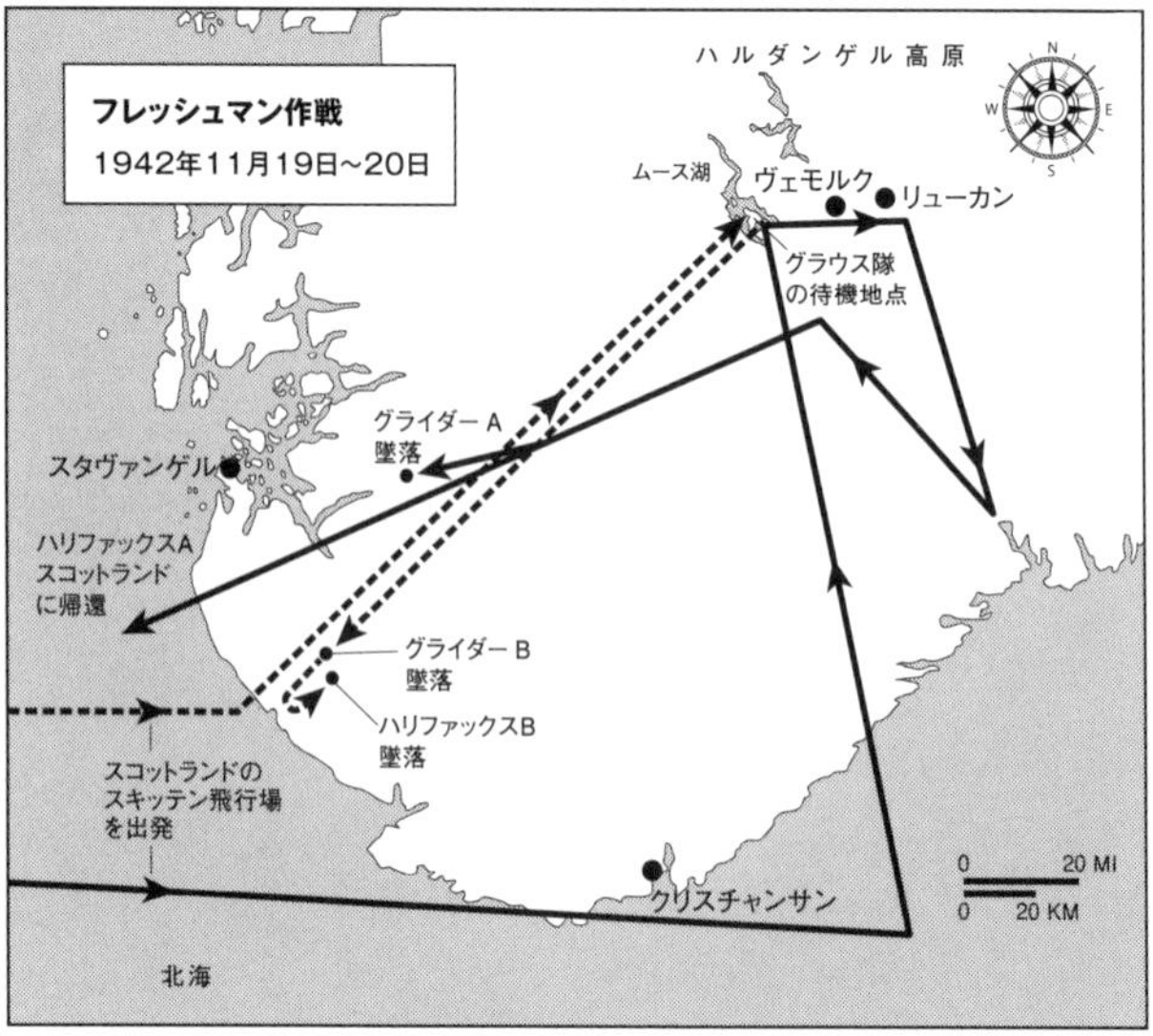
フレッシュマン作戦
1942年11月19日～20日
ハルダンゲル高原
ムース湖
ヴェモルク
リューカン
グラウス隊
の待機地点
グライダーA
墜落
スタヴァンゲル
ハリファックスA
スコットランド
に帰還
グライダーB
墜落
ハリファックスB
墜落
スコットランドの
スキッテン飛行場
を出発
クリスチャンサン
北海
0　20 MI
0　20 KM
N
W
E
S

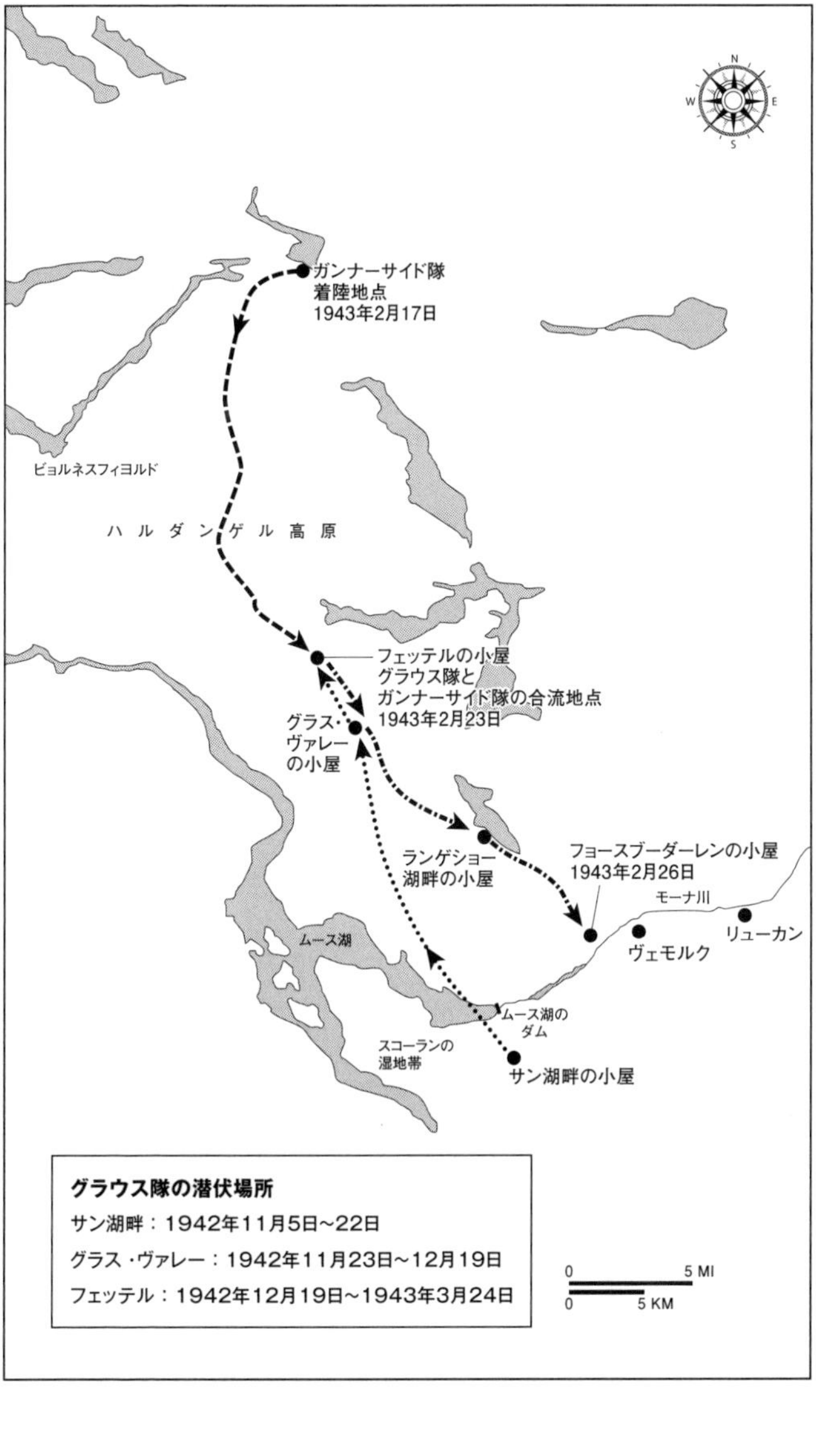
ガンナーサイド隊
着陸地点
1943年2月17日
ビョルネスフィヨルド
ハルダンゲル高原
フェッテルの小屋
グラウス隊と
ガンナーサイド隊の合流地点
1943年2月23日
グラス・
ヴァレー
の小屋
ランゲショー
湖畔の小屋
フォースブーダーレンの小屋
1943年2月26日
モーナ川
ヴェモルク
リューカン
ムース湖
ムース湖の
ダム
スコーランの
湿地帯
サン湖畔の小屋
グラウス隊の潜伏場所
サン湖畔：1942年11月5日~22日
グラス・ヴァレー：1942年11月23日~12月19日
フェッテル：1942年12月19日~1943年3月24日
0 5 MI
0 5 KM
N
W
E
S

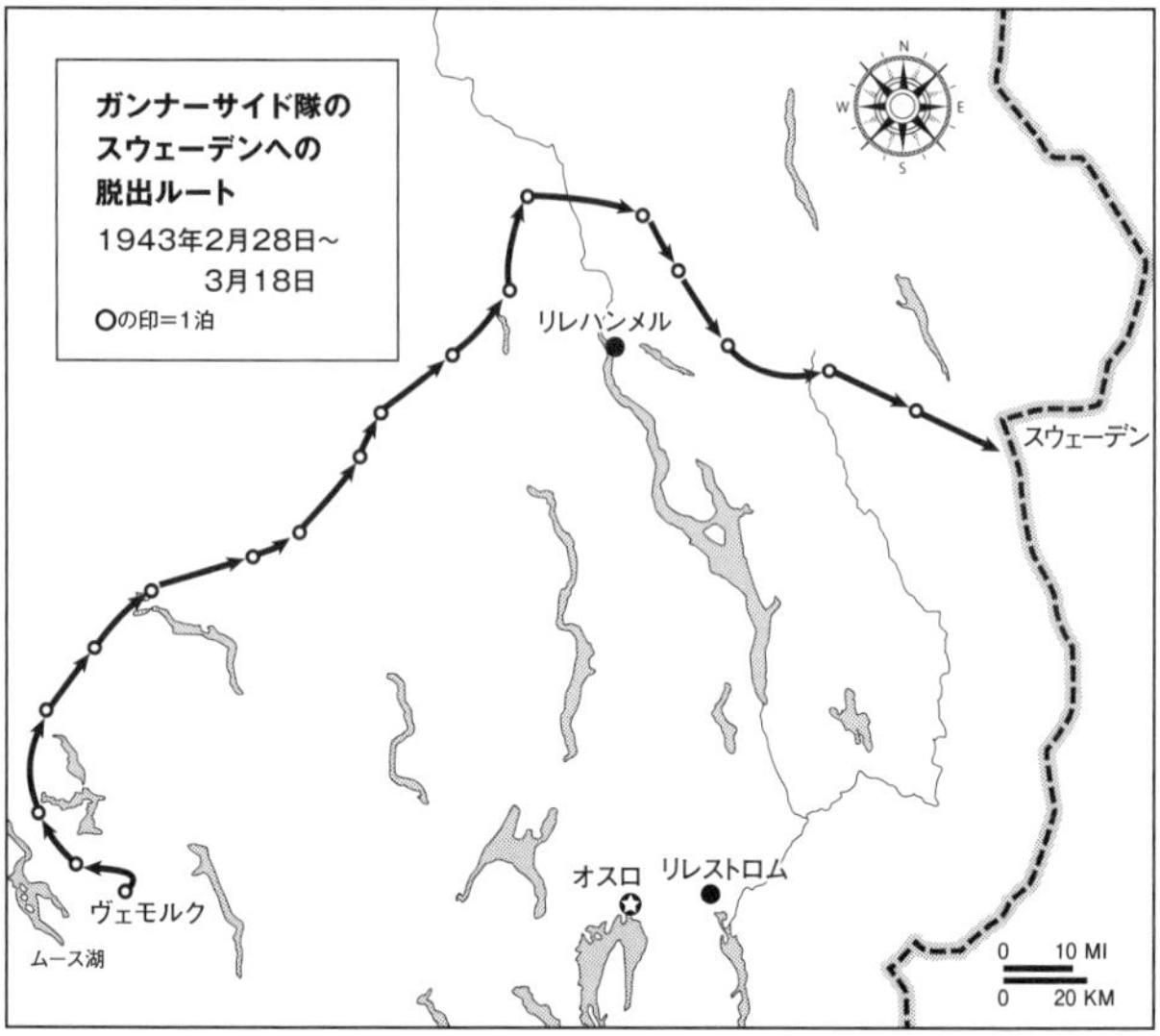
ガンナーサイド隊の
スウェーデンへの
脱出ルート
1943年2月28日～
3月18日
○の印＝1泊
N
W
E
S
リレハンメル
スウェーデン
オスロ
リレストロム
ヴェモルク
ムース湖
0 10 MI
0 20 KM

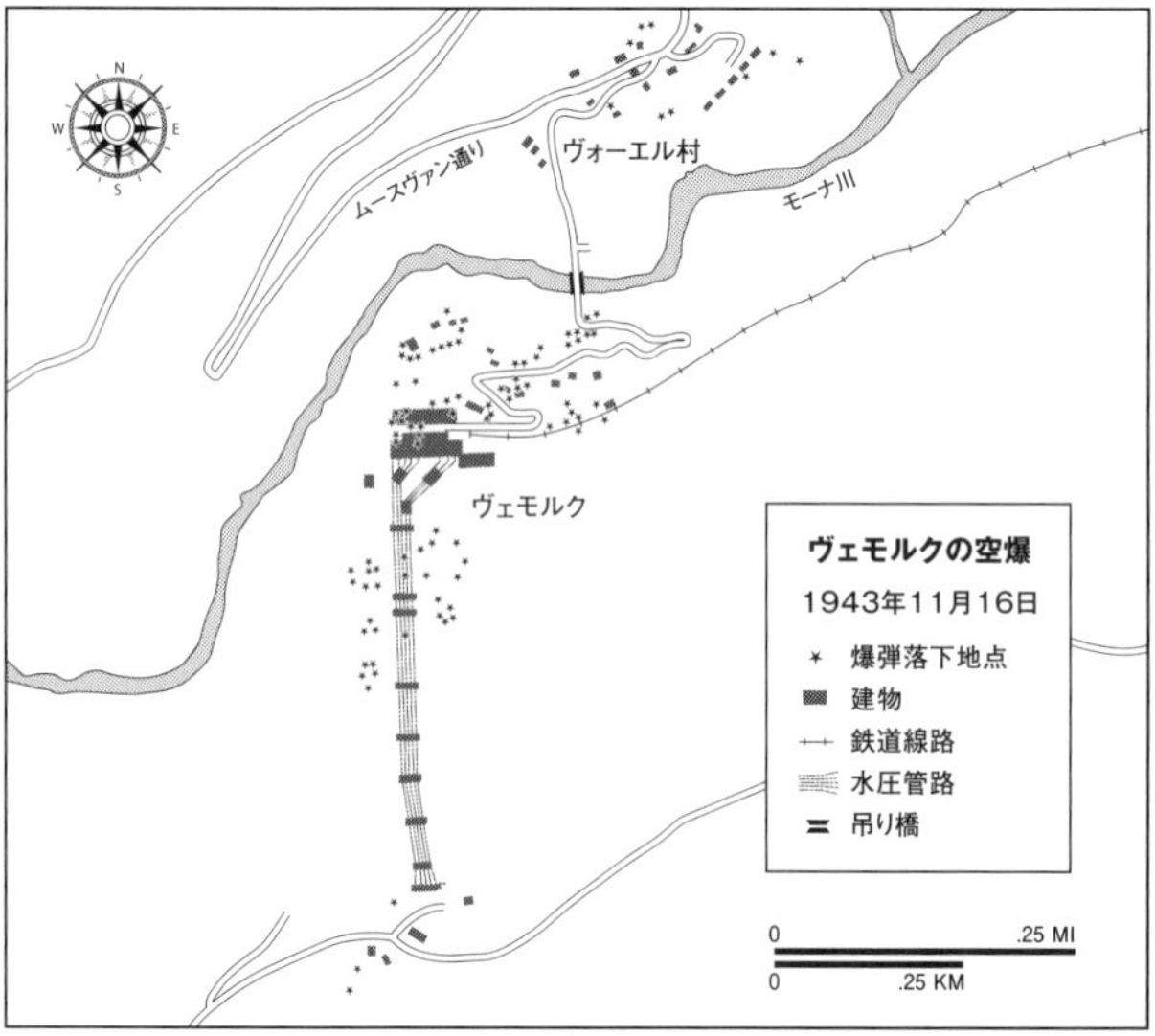
N
W
E
S
ヴォーエル村
ムースヴァン通り
モーナ川
ヴェモルク
ヴェモルクの空爆
1943年11月16日
爆弾落下地点
建物
鉄道線路
水圧管路
吊り橋
0 .25 MI
0 .25 KM

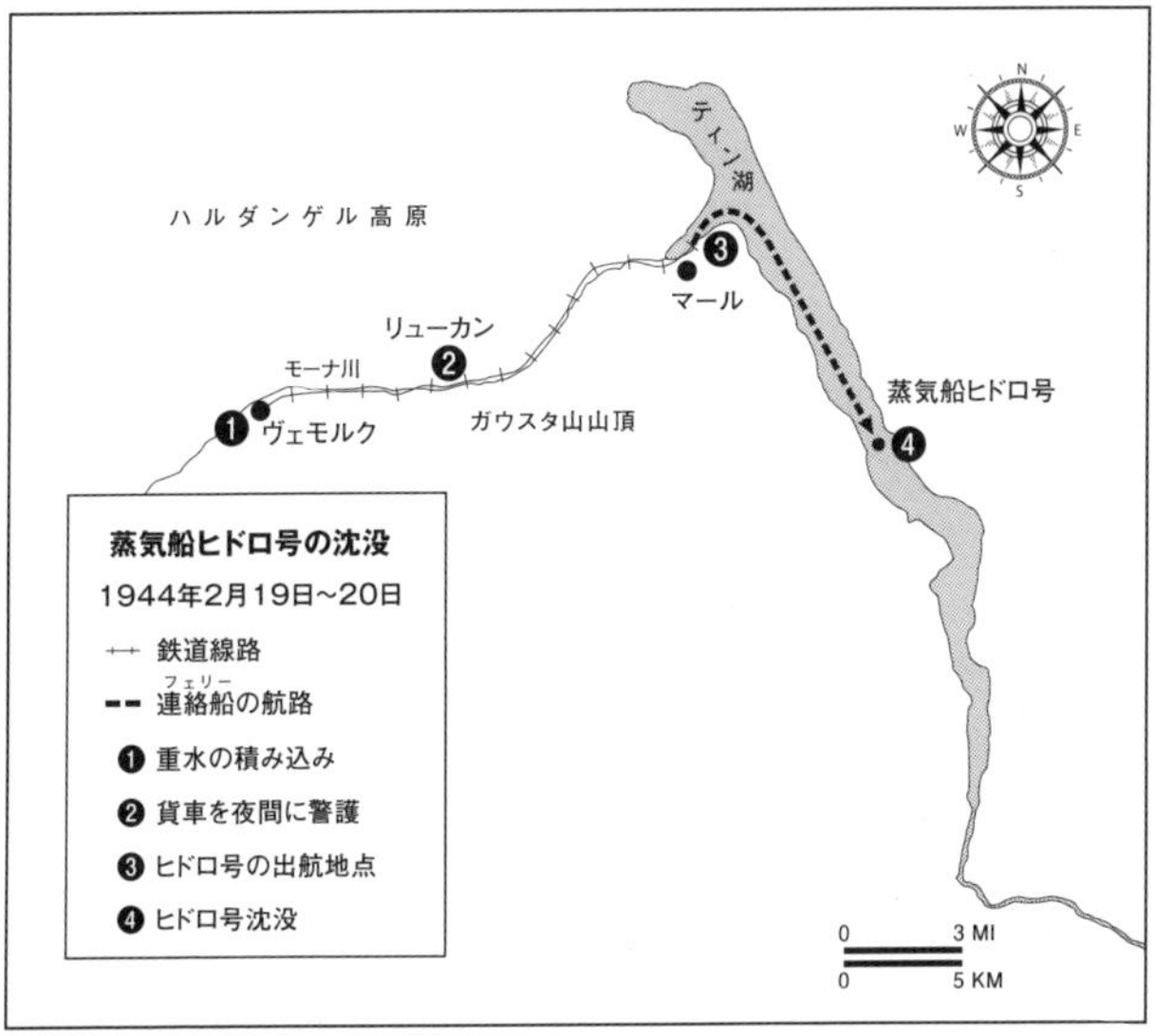
ハルダンゲル高原
ティン湖
マール
リューカン
モーナ川
ヴェモルク
ガウスタ山山頂
蒸気船ヒドロ号
N
W
E
S
0
3 MI
0
5 KM
蒸気船ヒドロ号の沈没
1944年2月19日～20日
鉄道線路
連絡船《フェリー》の航路
❶ 重水の積み込み
❷ 貨車を夜間に警護
❸ ヒドロ号の出航地点
❹ ヒドロ号沈没

ニール・バスコム Neal Bascomb

1971年米国コロラド州生まれ。ノンフィクション作家。マイアミ大学（オハイオ州）で経済学と英文学を学んだのち、欧州で数年間ジャーナリストとして働く。その後、ニューヨークの大手出版社の編集者を経て2000年から作家活動にはいる。著書は邦訳『パーフェクトマイル　1マイル4分の壁に挑んだアスリート』（ヴィレッジブックス）、『ロボコンイケてない僕らのイカした特別授業』（集英社）のほかにも、高層ビル建設にしのぎを削る人々を描いた*Higher*、ナチス残党の追跡劇*Hunting Eichmann*など多数。著書の多くがニューヨーク・タイムズ紙のベストセラーとなり、全米で数々の賞を受賞。作品は15を超える言語に翻訳され、20カ国以上で出版されている。ワシントン州シアトル在住。

西川美樹（にしかわ・みき）

東京女子大学英米文学科卒。外資系製薬会社（現グラクソ・スミスクライン）勤務を経て、フリーランスの翻訳者となる。訳書にデイヴィッド・カービー『フィンランドの歴史』（共訳、明石書店）、メアリー・ルイーズ・ロバーツ『兵士とセックス　第二次世界大戦下のフランスで米兵は何をしたのか?』（明石書店）、ダイアン・アッカーマン『愛のための100の名前』（亜紀書房）など。

亜紀書房翻訳ノンフィクション・シリーズⅢ-1

ヒトラーの原爆開発を阻止せよ!
“冬の要塞”ヴェモルク重水工場破壊工作

2017年10月17日　第1版第1刷発行

著　者　ニール・バスコム
訳　者　西川美樹
発行所　株式会社亜紀書房
〒101-0051　東京都千代田区神田神保町1-32
TEL 03-5280-0261（代表）
振替 00100-9-144037
装　丁　金井久幸［TwoThree］
装　画　伊藤健介

印刷・製本　株式会社トライ http://www.try-sky.com

ISBN978-4-7505-1523-6 C0095